삼성병원간호사
GSAT

삼성서울병원 · 강북삼성병원 · 삼성창원병원

최신기출유형 + 모의고사 5회 + 무료삼성특강

SD에듀
(주)시대고시기획

✿ 머리말

삼성병원에 소속된 의료기관에는 삼성서울병원, 강북삼성병원, 삼성창원병원이 있다. 이 3개의 병원은 삼성그룹의 사회공헌활동을 수행하고 있으며, 환자행복을 위한 의료혁신을 위해 긴밀한 협력체계로 운영되고 있다.

삼성서울병원은 1994년 개원 당시 환자 중심과 고객 만족이라는 앞선 슬로건으로 국내 의료계의 패러다임을 바꿔왔다. 지난 20년 동안 NCSI(국가고객만족도) 14회 1위, 브랜드스타 병원 부문 12년 연속 1위에 선정되는 등 국민들로부터 많은 사랑을 받아오고 있다.

강북삼성병원은 1968년 11월 2일 유서깊은 경교장 터에 대한민국 최고의 병원을 모토로 개원하였으며, 오랜 전통과 함께 우수한 의료진, 첨단 시설로 건강한 대한민국을 선도해 왔다. 2012년에는 건강보험심사평가원이 발표한 '위암, 대장암, 간암 3대암 수술을 잘하는 병원'으로 선정되는 등 우수한 성과를 보여 왔다.

삼성창원병원은 2010년 7월, 학교법인 성균관대학교의 부속병원으로 전환되어 창원시의 첫 대학병원으로 출범하였다. 대학병원의 역할인 수준 높은 진료, 의료인재양성을 위한 교육, 미래의학발전을 위한 연구활동을 활발히 수행하고 있다.

삼성병원은 우수한 인재를 확보하기 위해 간호사 채용 절차 중 하나로 GSAT(Global Samsung Aptitude Test : 삼성직무적성검사)를 시행하고 있다. 삼성병원 GSAT의 경우 일반 삼성 계열사에서 실시하는 GSAT 과목과 일치하나, 간호라는 업무특성상 직무상식 영역을 시험 과목에 추가하고 있다. 이 영역에서는 기본적인 간호 관련 지식을 묻는 문제가 출제되며, 이를 통해 지원자들이 삼성병원의 간호사로서 일하기에 적합한 인재인지 평가한다.

이에 SD에듀에서는 수험생들이 GSAT에 대한 '철저한 준비'를 할 수 있도록 다음과 같이 교재를 구성하였으며, 이를 통해 단기에 성적을 올릴 수 있는 학습법을 제시하였다.

도서의 특징

❶ 2022~2018년 삼성병원 간호사 채용 5개년 기출복원문제를 수록하여 최신 출제 경향을 파악할 수 있도록 하였다

❷ 영역별 이론점검, 대표유형, 유형점검을 수록하여 단계별로 학습이 가능하도록 하였다.

❸ 최종점검 모의고사와 온라인 모의고사, 문제풀이 용지를 제공하여 온라인 시험에 대비할 수 있도록 하였다.

❹ 면접까지 수록하여 한 권으로 삼성병원 채용을 대비할 수 있도록 하였다.

끝으로 본서로 삼성병원 채용 시험을 준비하는 여러분 모두의 건강과 합격을 진심으로 기원한다.

SD적성검사연구소 씀

삼성병원 간호사
GSAT

Always **with you**

사람의 인연은 길에서 우연하게 만나거나
함께 살아가는 것만을 의미하지는 않습니다.
책을 펴내는 출판사와 그 책을 읽는 독자의 만남도 소중한 인연입니다.
SD에듀는 항상 독자의 마음을 헤아리기 위해 노력하고 있습니다.
늘 독자와 함께하겠습니다.

I N T R O D U C E

삼성병원 이야기

| 삼성서울병원 |

❀ 설립이념

건강한 사회와 복지국가 실현을 위하여 이웃과 함께 하는 따뜻한 기업으로서의 사명을 다한다.

❀ 미션

우리는 생명존중의 정신으로 최상의 진료, 연구, 교육을 실현하여 인류의 건강하고 행복한 삶에 기여한다.

❀ 비전

미래 의료의 중심 SMC

최고의 의료기술로 중증 고난도 환자를 맞춤 치료하여 최고의 치료 성과를 구현한다.

❀ 전략 방향

환자 중심	환자를 최우선으로 하는 환자 중심 병원
중증 고난도	최고의 치료성적을 내는 중증 고난도 집중 병원
첨단 지능	미래의료를 선도하는 첨단 지능형 병원
메디컬 클러스터	新치료법을 구현하는 메디컬 혁신 클러스터
케어 네트워크	의료사회와 상생하는 케어 네트워크 허브

❀ 채용절차

온라인 지원서 작성 ▶ 서류전형 ▶ GSAT ▶ 면접전형 ▶ 건강검진 ▶ 최종합격

강북삼성병원

✿ 미션

최상의 진료와 끊임없는 연구로 환자의 건강과 행복을 실현하여 신뢰받는 의료기관

✿ 비전

환자 중심의 헬스케어를 선도하는 100년 병원

✿ 핵심가치

지식탐구 Knowledge	[지식에 대한 끊임없는 연구와 체계적인 교육으로 전문성과 기술을 향상시켜 의료분야의 최고를 지향한다.]
최상의료 Better Quality	[진취적인 행동과 의식의 변화를 통해 최상의 의료 서비스를 제공한다.]
환자안전 Safety	[시설, 환경, 감염, 정보보안 등 각 분야의 기준을 준수하여 안전한 병원 환경을 구축한다.]
동기부여 Motivation	[신뢰와 사랑으로 서로를 존중하고 격려하여 구성원 모두가 행복한 병원 문화를 만들어 간다.]
미래지향 Challenge	[미래를 향한 열정과 끊임없는 도전을 바탕으로 지속적인 혁신을 추구한다.]

✿ 인재상

다양한 의견제시와 자신의 개발에 주저없이 몸을 던지는 창의적인 사람

✿ 채용절차

온라인 지원서 작성 ▶ 서류전형 ▶ 1차 면접 ▶ GSAT ▶ 2차 면접 ▶ 신체검사 ▶ 최종합격

삼성창원병원

미션

우리는 생명존중의 정신으로 최상의 진료, 교육, 연구를 실천하여 인류건강, 인재육성, 의학발전에 기여한다.

비전

동남권역 선도 병원

핵심가치

Clinical Excellence	최적의 선진 의료시스템 구축
Service	환자 중심의 감동 서비스 제공
Satisfaction	직원 만족을 통한 자부심 함양
Innovation	미래의료를 개척하는 지속적 혁신

채용절차

온라인 지원서 작성 ▶ 서류전형 ▶ 1차 면접 ▶ GSAT ▶ 2차 면접 ▶ 신체검사 ▶ 최종합격

합격 선배들이 알려주는
삼성서울병원/강북삼성병원 합격기

간호사 GSAT, 반복학습이 답이다!

고대하던 삼성서울병원 채용공고가 뜨자마자 원서 접수를 하고, GSAT 같은 인적성검사를 한 번도 경험해 보지 못했던 터라, 감도 안 잡히고 막막했어요. 그러던 중에 제가 공부했던 간호사 시험 책의 출판사인 SD에듀에서 간호사 GSAT 책을 냈다는 것을 알고 망설임 없이 구매했습니다. 막상 문제를 풀어보니 생각보다 높은 난도와 계속되는 오답에 좌절했지만, 처음부터 잘하는 사람은 없을 것이라고 생각하며 문제를 풀어나갔습니다. 오답이었던 문제들을 따로 표시해놓고 반복해서 보는 것도 잊지 않았고요. 반복해서 봐왔던 유형들이 시험문제에서 많이 보이더라고요. 그래서 당황하지 않고 문제를 풀어나갈 수 있었습니다. 직무상식 영역은 다 풀었고요ㅎㅎ. GSAT 공부도 학교 공부와 본질은 다르지 않은 것 같아요. 꾸준히 문제를 풀고 반복하는 것이 답이었고, 결국 당당히 합격할 수 있었습니다!

문제를 푸는 방법을 알려준 친절한 책!

1차 면접을 보고 필기시험일까지 2주 가량밖에 남지 않았는데 두꺼운 책을 다 공부해야 한다는 생각에 눈앞이 깜깜했지만, 결과적으로 책을 외우는 것이 아니라 일단 전부 다 푼 후 취약한 부분 위주로 반복해야겠다는 생각으로 공부했습니다. 저는 추리가 약한 편이었는데, 반복해서 보다 보니 문제 패턴이 눈에 보이게 되었고, 실제로 시험장에서 잘 써먹었습니다. 직무상식 부분도 자신 있다고 생각했지만 막상 풀어보니 틀리는 부분들이 좀 있어서, 따로 표시해놓고 시험 보러 가는 날 아침까지 봤구요. 광대한 범위를 다 공부한다는 부담감 없이, 약한 부분만 골라 보고 반복해서 본 깃이 지에게는 효과적인 학습이 되었던 것 같습니다!!

❖ 본 독자 후기는 실제 SD에듀의 도서를 통해 공부하여 합격한 독자들께서 보내주신 후기를 재구성한 것입니다.

2022년

기출 분석

총평

유형별로 난이도 차이가 다소 있었지만, 전체적으로 난이도가 평이했다는 의견이 많았다. 신유형 없이 기존에 출제되던 유형으로만 출제되었으며, 영역별 유형의 비율 또한 기존 GSAT 시험과 비슷했다. 시험 영역, 유형 등이 전체적으로 안정된 시험이었고, 난이도도 평이했다. 다만, 추리 영역의 조건추리 유형을 풀이하는 데 시간이 걸려 다소 까다로웠다고 느껴졌다. 올해 온라인 GSAT는 집이나 기숙사 등 본인이 선택한 개인 공간에서 보기도 했지만 시험장에 모여 제공된 컴퓨터로 보기도 하였다.

온라인 GSAT의 핵심 전략

시간 내에 풀 수 있는 문제를 전략적으로 선택하여 높은 정답률로 가장 많이 푸는 것이 핵심이다. 따라서 먼저 본인이 가장 자신 있는 유형과 자신 없는 유형을 파악해야 하고 문제 순서를 미리 정해 자신 있는 유형을 먼저 풀고 약한 유형에 나머지 시간을 투자해야 한다.

시험 진행(2022년 기준)

영역	문항 수	제한시간
수리논리	20문항	30분
추리	30문항	30분
직무상식	30문항	30분

❖ 시험 내용은 채용유형, 채용직무, 채용시기 등에 따라 변동될 수 있으므로 반드시 발표되는 최신 채용공고를 확인하시기 바랍니다.

✿ 온라인 GSAT 합격 팁!

❶ 실제 온라인 GSAT에서는 풀고자 하는 문제 번호를 검색하면 해당 문제로 바로 갈 수 있다.
  페이지를 마우스 클릭으로 일일이 넘기지 않아도 된다.
❷ 오답은 감점 처리된다. 따라서 확실하게 푼 문제만 답을 체크하고 나머지는 그냥 둔다.
❸ 온라인 시험에서는 풀이를 문제풀이 용지에 작성하고 정답은 화면에서 체크해야 하므로 문제를
  풀고 정답을 바로바로 체크하는 연습이 필요하다.
❹ 풀이가 작성된 문제풀이 용지는 시험 직후 jpg로 제출해야 하며 부정행위가 없었는지 확인하는
  데에 사용된다.
❺ 찍으면 감점되므로 모르는 문제는 넘어간다.

✿ 주의사항

❶ 시험시간 최소 20분 전에 접속 완료해야 한다.
❷ 촬영 화면 밖으로 손이나 머리가 나가면 안 된다.
❸ '응시자 매뉴얼'을 준수해야 한다.
❹ 시험 문제를 메모하거나 촬영하는 행위는 금지된다.
❺ 외부 소음이 나면 시험이 중지될 수 있다.
❻ 휴대전화는 방해금지 모드를 설정하는 것이 좋다.
❼ 거울, 화이트보드, CCTV가 있는 장소에서는 응시가 불가능하다.
❽ 부정행위는 절대 금지된다.

✿ 부정행위

❶ 신분증 및 증빙서류를 위·변조하여 검사를 치르는 행위
❷ 대리 시험을 의뢰하거나 대리로 검사에 응시하는 행위
❸ 문제를 메모 또는 촬영하는 행위
❹ 문제의 일부 또는 전부를 유출하거나 외부에 배포하는 행위
❺ 타인과 답을 주고받는 행위

주요 대기업 적중문제

삼성

수리논리 ▶ 확률

06 S부서에는 팀원이 4명인 제조팀, 팀원이 2명인 영업팀, 팀원이 2명인 마케팅팀이 있다. 한 주에 3명씩 청소 당번을 뽑으려고 할 때, 이번 주 청소 당번이 세 팀에서 한 명씩 뽑힐 확률은?

① $\frac{1}{3}$

② $\frac{1}{4}$

③ $\frac{2}{5}$

④ $\frac{2}{7}$

⑤ $\frac{2}{9}$

추리 ▶ ❶ 조건추리

04 신발가게에서 일정 금액 이상 구매 한 고객에게 추첨을 통해 다양한 경품을 주는 이벤트를 하고 있다. 함께 쇼핑을 한 A ~ E는 이벤트에 응모했고 이 중 1명만 신발에 당첨되었다. 다음 A ~ E의 대화에서 한 명이 거짓말을 한다고 할 때, 신발 당첨자는?

> A : C는 신발이 아닌 할인권에 당첨됐어.
> B : D가 신발에 당첨됐고, 나는 커피 교환권에 당첨됐어.
> C : A가 신발에 당첨됐어.
> D : C의 말은 거짓이야.
> E : 나는 꽝이야.

① A

② B

③ C

④ D

추리 ▶ ❷ 독해추론

10 다음 글의 내용이 참일 때 항상 거짓인 것을 고르면?

> 사회 구성원들이 경제적 이익을 추구하는 과정에서 불법 행위를 감행하기 쉬운 상황일수록 이를 억제하는 데에는 금전적 제재 수단이 효과적이다.
> 현행법상 불법 행위에 대한 금전적 제재 수단에는 민사적 수단인 손해 배상, 형사적 수단인 벌금, 행정적 수단인 과징금이 있으며, 이들은 각각 피해자의 구제, 가해자의 징벌, 법 위반 상태의 시정을 목적으로 한다. 예를 들어 기업들이 담합하여 제품 가격을 인상했다가 적발된 경우, 그 기업들은 피해자에게 손해 배상 소송을 제기당하거나 법원으로부터 벌금형을 선고받을 수 있고 행정 기관으로부터 과징금도 부과받을 수 있다. 이처럼 하나의 불법 행위에 대해 세 가지 금전적 제재가 내려질 수 있지만 제재의 목적이 서로 다르므로 중복 제재는 아니라는 것이 법원의 판단이다.
> 그런데 우리나라에서는 기업의 불법 행위에 대해 손해 배상 소송이 제기되거나 벌금이 부과되는 사례는 드물어서, 과징금 등 행정적 제재 수단이 억제 기능을 수행하는 경우가 많다. 이런 상황에서는 과징금 등 행정적 제재의 강도를 높임으로써 불법 행위의 억제력을 끌어올릴 수 있다. 그러나 적발

수리 ▶ 응용수리

☑ 제한시간 30초

02 같은 헤어숍에 다니고 있는 A양과 B군은 일요일에 헤어숍에서 마주쳤다. 서로 마주친 이후 A양은 10일 간격으로 헤어숍에 방문했고, B군은 16일마다 헤어숍에 방문했다. 두 사람이 다시 헤어숍에서 만났을 때의 요일은 언제인가?

① 월요일
② 화요일
③ 수요일
④ 목요일
⑤ 금요일

언어 ▶ 일치·불일치

※ 다음 글의 내용과 일치하지 않는 것을 고르시오. [1~2]

01

> 1994년 미국의 한 과학자는 흥미로운 실험 결과를 발표하였다. 정상 유전자를 가진 쥐에게 콜레라 독소를 주입하자 심한 설사로 죽었다. 그러나 낭포성 섬유증 유전자를 한 개 가진 쥐에게 독소를 주입하자 설사 증상은 보였지만 그 정도는 반감했다. 낭포성 섬유증 유전자를 두 개 가진 쥐는 독소를 주입해도 전혀 증상을 보이지 않았다.
> 낭포성 섬유증 유전자를 가진 사람은 장과 폐로부터 염소 이온을 밖으로 퍼내는 작용을 정상적으로 하지 못한다. 반면 콜레라 독소는 장에서 염소 이온을 비롯한 염분을 과다하게 분비하게 하고, 이로 인해 물을 과다하게 배출시켜 설사를 일으킨다. 그 과학자는 이에 따라 1800년대 유럽을 강타했던 콜레라의 대유행에서 살아남은 사람은 낭포성 섬유증 유전자를 가졌을 것이라고 추측하였다.

① 장과 폐에서 염소 이온을 밖으로 퍼내는 작용을 하지 못하면 생명이 위험하다.

추리 ▶ 조건추리

☑ 제한시간 60초

08 한 마트에서는 4층짜리 매대에 과일들을 진열해 놓았다. 매대의 각 층에는 서로 다른 과일이 한 종류씩 진열되어 있을 때, 다음에 근거하여 바르게 추론한 것은?

> • 정리된 과일은 사과, 귤, 감, 배의 네 종류이다.
> • 사과 위에는 아무 과일도 존재하지 않는다.
> • 배는 감보다 아래쪽에 올 수 없다.
> • 귤은 감보다는 높이 위치해 있지만, 배보다 높이 있는 것은 아니다.

① 사과는 3층 매대에 있을 것이다.
② 귤이 사과 바로 아래층에 있을 것이다.
③ 배는 감 바로 위층에 있을 것이다.
④ 귤은 감과 배 사이에 있다.

포스코

언어이해 ▶ 주제찾기

Easy

02 다음 글의 주제로 가장 적절한 것은?

> 빅데이터는 스마트 팩토리 등 산업 현장 및 ICT 소프트웨어 설계 등에 주로 활용되어 왔다. 유통이나 물류 업계의 '콘텐츠가 대량으로 이동하는 현장'에서는 데이터가 발생하면, 이를 분석하고 활용하는 쪽으로 주로 사용됐다. 이제는 다양한 영역에서 빅데이터의 적용이 빨라지고 있다. 대표적인 사례가 금융권이다. 국내의 은행들은 현재 빅데이터 스타트업 회사를 상대로 대규모 투자에 나서고 있다. 뉴스와 포털 등 현존하는 데이터를 확보하여 금융 키워드 분석에 활용하기 위해서다. 의료업계도 마찬가지다. 정부는 바이오헬스 산업의 혁신전략을 통해 연구개발 투자를 2025년까지 4조 원 이상으로 확대하겠다고 밝혔으며, 빅데이터와 인공 지능 등을 연계한 다양한 로드맵을 준비하고 있다. 벌써 의료 현장에 빅데이터 전략을 구사하고 있는 병원도 다수이다. 국세청도 빅데이터에 관심이 많다. 빅데이터 플랫폼 인프라 구축을 끝내는 한편, 50명 규모의 빅데이터 센터를 가동하기 시작했다. 조세 행정에서 빅데이터를 통해 탈세를 예방·적발하는 등 다양한 쓰임새를 고민하고 있다.

자료해석

02 다음은 연도별 자원봉사 참여현황을 나타낸 자료이다. 자료에 대한 설명으로 〈보기〉 중 적절하지 않은 것을 모두 고르면?

〈연도별 자원봉사 참여현황〉

(단위 : 명)

구분	2017년	2018년	2019년	2020년	2021년
총 성인 인구수	41,649,010	42,038,921	43,011,143	43,362,250	43,624,033
자원봉사 참여 성인 인구수	2,667,575	2,874,958	2,252,287	2,124,110	1,383,916

보기

ㄱ. 자원봉사에 참여하는 성인 참여율은 2018년도가 가장 높다.
ㄴ. 2019년도의 성인 자원봉사 참여율은 2020년보다 높다.

공간지각 ▶ 전개도

※ 제시된 전개도를 접었을 때 나타나는 입체도형으로 옳은 것을 고르시오. [1~2]

01

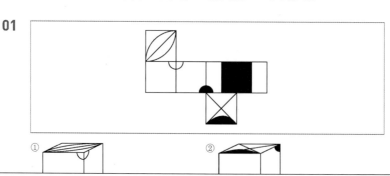

LG

언어추리 ▶ 명제

01 다음 문장을 읽고, 올바르게 유추한 것은?

> • 한나는 장미를 좋아한다.
> • 노란색을 좋아하는 사람은 사과를 좋아하지 않는다.
> • 장미를 좋아하는 사람은 사과를 좋아한다.

① 사과를 좋아하지 않는 사람은 장미를 좋아한다.
② 노란색을 좋아하지 않는 사람은 사과를 좋아한다.
③ 장미를 좋아하는 사람은 노란색을 좋아한다.
④ 한나는 노란색을 좋아하지 않는다.
⑤ 사과를 좋아하는 사람은 장미를 싫어한다.

자료해석

02 다음은 최근 5년 동안 아동의 비만율을 나타낸 자료이다. 이에 대한 설명으로 옳은 것을 〈보기〉에서 모두 고른 것은?

〈연도별 아동 비만율〉

(단위 : %)

구분	2017년	2018년	2019년	2020년	2021년
유아(만 6세 미만)	11	10.80	10.20	7.40	5.80
어린이(만 6세 이상 만 13세 미만)	9.80	11.90	14.50	18.20	19.70
청소년(만 13세 이상 만 19세 미만)	18	19.20	21.50	24.70	26.10

> **보기**
> ㄱ. 모든 아동의 비만율은 전년 대비 증가하고 있다.
> ㄴ. 어린이 비만율은 유아 비만율보다 크고, 청소년 비만율보다 작다.

창의수리 ▶ 수추리

01 다음 시계는 일정한 규칙을 갖는다. $2B-\dfrac{A}{20}$ 의 값은?(단, 분침은 시간이 아닌 숫자를 가리킨다)

① 25
② 20
③ 15
④ 10
⑤ 5

도서 200% 활용하기

기출복원문제로 출제 경향 파악

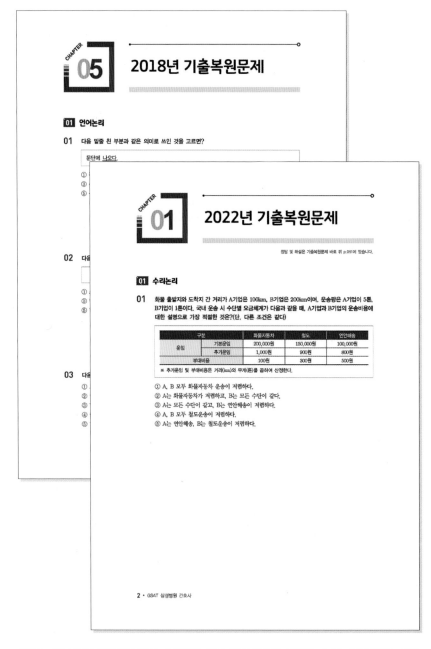

2022~2018년 기출복원문제를 수록하여 최신 출제 경향을 파악할 수 있도록 하였다. 또한 이를 바탕으로 학습을 시작하기 전에 자신의 실력을 판단할 수 있도록 하였다.

02 이론점검, 대표유형, 유형점검으로 영역별 단계적 학습

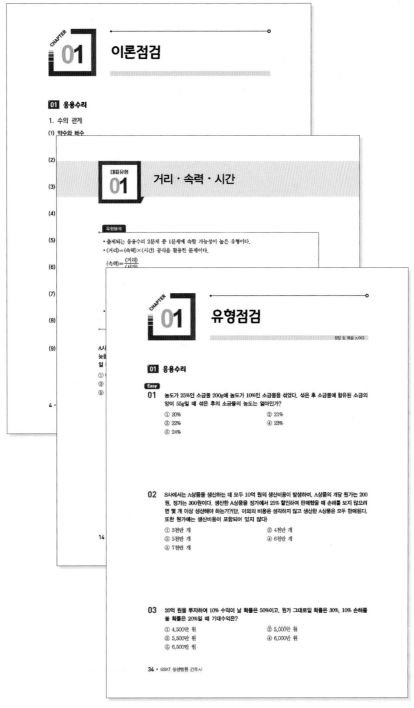

출제되는 영역에 대한 이론점검, 대표유형, 유형점검을 수록하여 최근 출제되는 유형을 익히고 점검할 수 있도록 하였다. 이를 바탕으로 기본기를 튼튼히 준비할 수 있도록 하였다.

최종점검 모의고사 + 도서 동형 온라인 실전연습 서비스로 실전연습

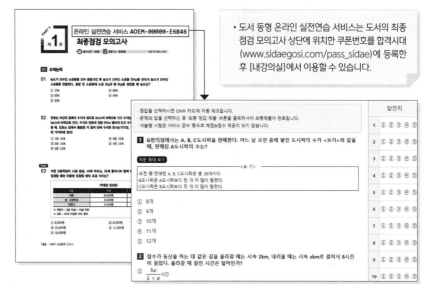

• 도서 동형 온라인 실전연습 서비스는 도서의 최종 점검 모의고사 상단에 위치한 쿠폰번호를 합격시대 (www.sidaegosi.com/pass_sidae)에 등록한 후 [내강의실]에서 이용할 수 있습니다.

실제 시험과 유사하게 구성된 최종점검 모의고사를 통해 최종 마무리를 할 수 있으며, 이와 동일한 문제로 구성된 도서 동형 온라인 실전연습 서비스로 실전처럼 연습해 볼 수 있다.

온라인 모의고사 + 문제풀이 용지로 실전연습

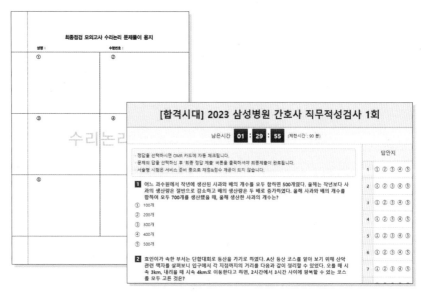

온라인 모의고사와 문제풀이 용지를 활용하여 실제 시험처럼 연습할 수 있다.

Easy & Hard로 난이도별 시간 분배 연습

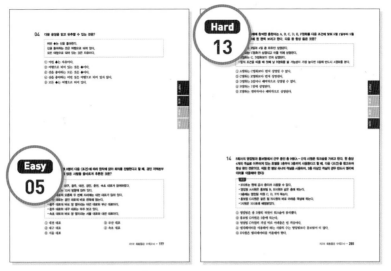

조금만 연습하면 시간을 절약할 수 있는 난이도가 낮은 문제와 함께, 다른 문제에서 절약한 시간을 투자해야 하는 고난도 문제를 각각 표시하였다. 이를 통해 일반적인 문제들과는 다르게 시간을 적절하게 분배하여 풀이하는 연습이 가능하도록 하였다.

상세한 설명 및 오답분석으로 풀이까지 완벽 마무리

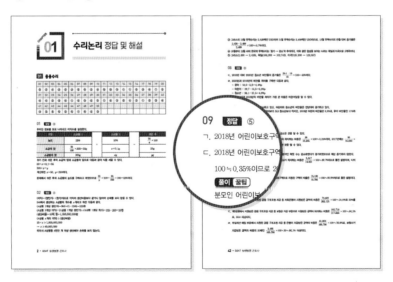

정답에 대한 자세한 해설은 물론 문제별 오답분석을 수록하여 오답이 되는 이유를 올바르게 이해할 수 있도록 하였다.

학습플랜

1주 완성 학습플랜

본서에 수록된 전 영역을 단기간에 끝낼 수 있도록 구성한 학습플랜이다. 한 번에 전 영역을 공부하지 않고, 한 영역을 집중적으로 공부할 수 있도록 하였다. 인성검사 및 필기시험에 대한 기초 학습은 되어 있으나, 학습 계획 세우기에 자신이 없는 분들이나 미리 시험에 대비하지 못해 단시간에 많은 분량을 봐야 하는 수험생에게 추천한다.

ONE WEEK STUDY PLAN

	1일 차 ☐	2일 차 ☐	3일 차 ☐
Start!	_____월_____일	_____월_____일	_____월_____일

4일 차 ☐	5일 차 ☐	6일 차 ☐	7일 차 ☐
_____월_____일	_____월_____일	_____월_____일	_____월_____일

📋 STUDY CHECK LIST

구분	1일 차	2일 차	3일 차	4일 차	5일 차	6일 차	7일 차
기출복원문제							
PART 1							
최종점검 모의고사 1회							
최종점검 모의고사 2회							
최종점검 모의고사 3회							
다회독 1회							
다회독 2회							
오답분석							

스터디 체크리스트 활용법

1주 완성 학습플랜에서 계획한 학습량을 어느 정도 실천하였는지 표시하여 자신의 학습량을 효율적으로 관리할 수 있다.

📋 STUDY CHECK LIST

구분	1일 차	2일 차	3일 차	4일 차	5일 차	6일 차	7일 차
기출복원문제	수리논리	X	X	완료			

이 책의 차례

5개년
기출복원문제

※ 정답 및 해설은 기출복원문제 바로 뒤 p.051에 있습니다.

01 수리논리

01 화물 출발지와 도착지 간 거리가 A기업은 100km, B기업은 200km이며, 운송량은 A기업이 5톤, B기업이 1톤이다. 국내 운송 시 수단별 요금체계가 다음과 같을 때, A기업과 B기업의 운송비용에 대한 설명으로 가장 적절한 것은?(단, 다른 조건은 같다)

구분		화물자동차	철도	연안해송
운임	기본운임	200,000원	150,000원	100,000원
	추가운임	1,000원	900원	800원
부대비용		100원	300원	500원

※ 추가운임 및 부대비용은 거리(km)와 무게(톤)를 곱하여 산정한다.

① A, B 모두 화물자동차 운송이 저렴하다.

② A는 화물자동차가 저렴하고, B는 모든 수단이 같다.

③ A는 모든 수단이 같고, B는 연안해송이 저렴하다.

④ A, B 모두 철도운송이 저렴하다.

⑤ A는 연안해송, B는 철도운송이 저렴하다.

02 다음은 2017 ~ 2021년의 한부모 및 미혼모·부 가구 수를 조사한 자료이다. 자료에 대한 설명으로 적절하지 않은 것은?

〈2017 ~ 2021년 한부모 및 미혼모·부 가구 수〉

(단위 : 천 명)

구분		2017년	2018년	2019년	2020년	2021년
한부모 가구	모자 가구	1,600	2,000	2,500	3,600	4,500
	부자 가구	300	340	480	810	990
미혼모·부 가구	미혼모 가구	80	68	55	72	80
	미혼부 가구	28	17	22	27	30

① 한부모 가구 중 모자 가구 수는 2018 ~ 2021년까지 2020년을 제외하고 매년 1.25배씩 증가한다.
② 한부모 가구에서 부자 가구가 모자 가구 수의 20%를 초과한 연도는 2020년과 2021년이다.
③ 2020년 미혼모 가구 수는 모자 가구 수의 2%이다.
④ 2018 ~ 2021년 전년 대비 미혼모 가구와 미혼부 가구 수의 증감 추이가 바뀌는 연도는 같다.
⑤ 2018년 부자 가구 수는 미혼부 가구 수의 20배이다.

03 S사 인사이동에서 A부서 사원 6명이 B부서로 넘어갔다. 부서 인원이 각각 15% 감소, 12% 증가했을 때, 인사이동 전 두 부서의 인원 차이는?

① 6명
② 8명
③ 10명
④ 12명
⑤ 14명

04 다음은 휴대폰 A ~ D의 항목별 고객평가 점수를 나타낸 자료이다. 다음 〈보기〉에서 이에 대한 설명으로 적절한 것을 모두 고르면?

〈휴대폰 A ~ D의 항목별 고객평가 점수〉

구분	A	B	C	D
디자인	8	7	4	6
가격	4	6	7	8
해상도	5	6	8	4
음량	6	4	7	5
화면크기·두께	7	8	3	4
내장·외장메모리	5	6	7	8

※ 각 항목의 최고점은 10점이다.
※ 기본점수 산정방법 : 각 항목에서 제일 높은 점수 순서로 5점, 4점, 3점, 2점 배점
※ 성능점수 산정방법 : 해상도, 음량, 내장·외장메모리 항목에서 제일 높은 점수 순서로 5점, 4점, 3점, 2점 배점

보기

ㄱ. 휴대폰 A ~ D 중 기본점수가 가장 높은 휴대폰은 C이다.
ㄴ. 휴대폰 A ~ D 중 성능점수가 가장 높은 휴대폰은 D이다.
ㄷ. 각 항목의 고객평가 점수를 단순 합산한 점수가 가장 높은 휴대폰은 B이다.
ㄹ. 성능점수 항목을 제외한 고객평가 점수만을 단순 합산했을 때, 휴대폰 B의 점수는 휴대폰 C 점수의 1.5배이다.

① ㄱ, ㄷ
② ㄴ, ㄹ
③ ㄱ, ㄴ, ㄷ
④ ㄱ, ㄷ, ㄹ
⑤ ㄴ, ㄷ, ㄹ

05 다음은 S사 최종합격자 A ~ D 4명의 채용시험 점수표이다. 점수표를 기준으로 〈조건〉의 각 부서가 원하는 요구사항 대로 A ~ D를 배치한다고 할 때, 최종합격자 A ~ D와 각 부서가 바르게 연결된 것은?

〈최종합격자 A ~ D의 점수표〉

구분	서류점수	필기점수	면접점수	평균
A	⊙	85	68	ⓛ
B	66	71	85	74
C	65	©	84	ⓔ
D	80	88	54	74
평균	70.75	80.75	72.75	74.75

> **조건**
>
> **〈부서별 인원배치 요구사항〉**
>
> 홍보팀 : 저희는 대외활동이 많다보니 면접점수가 가장 높은 사람이 적합할 것 같아요.
> 총무팀 : 저희 부서는 전체적인 평균점수가 높은 사람의 배치를 원합니다.
> 인사팀 : 저희는 면접점수보다도, 서류점수와 필기점수의 평균이 높은 사람이 좋을 것 같습니다.
> 기획팀 : 저희는 어느 영역에서나 중간 정도 하는 사람이면 될 것 같아요.
>
> ※ 배치순서는 홍보팀 – 총무팀 – 인사팀 – 기획팀 순으로 결정한다.

	홍보팀	총무팀	인사팀	기획팀
①	A	B	C	D
②	B	C	A	D
③	B	C	D	A
④	C	B	D	A
⑤	C	B	A	D

01 다음 제시된 명제가 모두 참일 때, 빈칸에 들어갈 명제로 가장 적절한 것은?

> • 아는 것이 적으면 인생에 나쁜 영향이 생긴다.
> • _____
> • 지식을 함양하지 않으면 아는 것이 적다.
> 따라서 공부를 열심히 하지 않으면 인생에 나쁜 영향이 생긴다.

① 공부를 열심히 한다고 해서 지식이 생기지는 않는다.
② 지식을 함양했다는 것은 공부를 열심히 했다는 뜻이다.
③ 아는 것이 많으면 인생에 나쁜 영향이 생긴다.
④ 아는 것이 많으면 지식이 많다는 뜻이다.
⑤ 아는 것이 적으면 지식을 함양하지 않았다는 것이다.

02 다음 제시된 단어의 대응 관계로 볼 때, 빈칸에 들어가기에 가장 적절한 것은?

> 호평 : 악평 = 예사 : (   )

① 비범   ② 통상
③ 보통   ④ 험구
⑤ 인기

03 A, B, C 세 사람은 점심식사 후 아메리카노, 카페라테, 카푸치노, 에스프레소 4종류의 음료를 파는 카페에서 커피를 마신다. 주어진 〈조건〉이 항상 참일 때, 다음 중 옳은 것은?

> **조건**
> • A는 카페라테와 카푸치노를 좋아하지 않는다.
> • B는 에스프레소를 좋아한다.
> • A와 B는 좋아하는 커피가 서로 다르다.
> • C는 에스프레소를 좋아하지 않는다.

① C는 아메리카노를 좋아한다.
② A는 아메리카노를 좋아한다.
③ C와 B는 좋아하는 커피가 같다.
④ A가 좋아하는 커피는 주어진 조건만으로는 알 수 없다.
⑤ C는 카푸치노를 좋아한다.

※ 다음 도식에서 기호들은 일정한 규칙에 따라 문자를 변화시킨다. ?에 들어갈 적절한 문자를 고르시오
(단, 규칙은 가로와 세로 중 한 방향으로만 적용된다). **[4~7]**

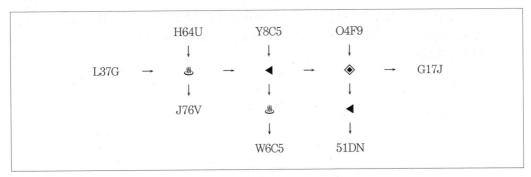

04

S4X8 → ♨ → ◈ → ?

① 37YT   ② YT37
③ 95ZU   ④ 5Z9U
⑤ Y73T

05

W53M → ◀ → ◈ → ?

① L12S   ② M32P
③ L21S   ④ MP32
⑤ 3M2P

06

T83I → ♨ → ◀ → ?

① H52Q   ② Q52H
③ R63I   ④ 63SI
⑤ 6S3I

07

6SD2 → ◀ → ◈ → ♨ → ?

① 34RE   ② 4R3E
③ D43R   ④ R4D3
⑤ 3QD3

01 특실, 일반실, 1·2·6인용 병실을 갖춘 병원에서 간호 관리자로부터 1인용 병실에 입원한 환자에게 더 특별히 간호를 잘하도록 요구받았다. 이런 요구에 윤리적 갈등을 느끼기 시작했다면 이 갈등의 핵심윤리는?

① 정의의 원리　　　　　　　　　　② 선행의 원리
③ 자율성의 원리　　　　　　　　　④ 의무화의 원리
⑤ 성실의 원리

02 다음 중 삼차신경통(Trigeminal Neuralgia) 환자의 식이요법과 관련된 교육내용으로 가장 적절한 것은?

① 손상받지 않은 쪽으로 씹도록 한다.
② 단단하고 질긴 고섬유 식이를 권장한다.
③ 음식은 뜨겁게 데워서 준다.
④ 얼음이 섞인 음료를 준다.
⑤ 저단백 식이를 권장한다.

03 석고붕대 환자가 청색증이 오고 냉감과 감각이 없어질 때 간호사가 해야 할 행위는?

① 따뜻한 물수건을 대준다.　　　　② 탄력붕대를 감아준다.
③ 석고붕대 부위를 상승시킨다.　　④ 신경사정을 한다.
⑤ 석고붕대를 제거해 준다.

04 덤핑증후군을 경험하는 대상자의 간호중재로 적절하지 않은 것은?

① 충분한 수분섭취를 권장한다.　　② 저탄수화물 식이를 준다.
③ 양질의 단백질을 공급한다.　　　④ 음식은 소량씩 나누어 먹는다.
⑤ 횡와위 자세로 식사를 하도록 한다.

05 만성기관지염 환자의 동맥혈가스분석 검사결과이다. 다음 중 간호중재로 적절한 것을 모두 고르면?

---

pH : 7.25, PaO_2 : 65mmHg, $PaCO_2$: 61mmHg, HCO_3^- : 26mEq/L

㉠ 환자를 앙와위로 눕힌다.
㉡ 수분섭취를 권장한다.
㉢ 마스크를 사용하여 100% 산소를 투여한다.
㉣ 복식호흡을 하도록 권한다.

① ㉠, ㉡, ㉢   ② ㉠, ㉢
③ ㉡, ㉣   ④ ㉣
⑤ ㉠, ㉡, ㉢, ㉣

06 다음 중 경변증 환자를 위한 간호중재로 적절한 것을 모두 고르면?

㉠ 필요시 가는 바늘로 주사하고 주사 후 부드럽게 압박하여 지혈한다.
㉡ 복수와 부종이 있는 환자는 수분과 염분섭취를 제한한다.
㉢ 매일 체중과 섭취량, 배설량을 확인한다.
㉣ 가능한 한 단백질과 암모니아가 풍부한 식이를 권장한다.

---

① ㉠, ㉡, ㉢   ② ㉠, ㉢
③ ㉡, ㉣   ④ ㉣
⑤ ㉠, ㉡, ㉢, ㉣

01 수리논리

01 S사에서는 스마트패드와 스마트폰을 제조하여 각각 80만 원, 17만 원에 판매하고 있고, 두 개를 모두 구매하는 고객에게는 91만 원으로 할인하여 판매하고 있다. 한 달 동안 S사에서 스마트패드와 스마트폰을 구매한 고객은 총 69명이고, 총 매출액은 4,554만 원이다. 한 달 동안 스마트폰만 구입한 고객이 19명일 때, 스마트패드와 스마트폰을 모두 구입한 고객은 몇 명인가?

① 20명
② 21명
③ 22명
④ 23명
⑤ 24명

02 A가 속한 동아리에는 총 6명이 활동 중이며, 올해부터 조장을 뽑기로 하였다. 조장은 매년 1명이며, 1년마다 새로 뽑는다. 연임은 불가능할 때 올해부터 3년 동안 A가 조장을 2번 할 확률은?(단, 3년 동안 해당 동아리에서 인원 변동은 없었다)

① $\frac{1}{3}$
② $\frac{1}{10}$
③ $\frac{1}{15}$
④ $\frac{1}{30}$
⑤ $\frac{1}{40}$

03 다음은 주요업종별 영업이익을 비교한 자료이다. 자료에 대한 설명으로 적절하지 않은 것은?

〈주요업종별 영업이익 비교〉

(단위 : 억 원)

구분	2019년 1분기 영업이익	2019년 4분기 영업이익	2020년 1분기 영업이익
반도체	40,020	40,540	60,420
통신	5,880	6,080	8,880
해운	1,340	1,450	1,660
석유화학	9,800	9,880	10,560
건설	18,220	19,450	16,410
자동차	15,550	16,200	5,240
철강	10,740	10,460	820
디스플레이	4,200	4,620	−1,890
자동차부품	3,350	3,550	−2,110
조선	1,880	2,110	−5,520
호텔	980	1,020	−3,240
항공	−2,880	−2,520	120

① 2019년 4분기의 영업이익은 2019년 1분기 영업이익보다 모든 업종에서 높다.

② 2020년 1분기 영업이익이 전년 동기 대비 영업이익보다 높은 업종은 5개이다.

③ 2020년 1분기 영업이익이 적자가 아닌 업종 중 영업이익이 직전 분기 대비 감소한 업종은 3개 이다.

④ 2019년 1, 4분기에 흑자였다가 2020년 1분기에 적자로 전환된 업종은 4개이다.

⑤ 항공업은 2019년 1, 4분기에 적자였다가 2020년 1분기에 흑자로 전환되었다.

04 다음은 지역별 7급 공무원 현황을 나타낸 자료이다. 자료에 대한 설명으로 가장 적절한 것은?

<그림별 7급 공무원 현황>

⟨지역별 7급 공무원 현황⟩

(단위 : 명)

구분	남성	여성	합계
서울	14,000	11,000	25,000
경기	9,000	6,000	15,000
인천	9,500	10,500	20,000
부산	7,500	5,000	12,500
대구	6,400	9,600	16,000
광주	4,500	3,000	7,500
대전	3,000	1,800	4,800
울산	2,100	1,900	4,000
세종	1,800	2,200	4,000
강원	2,200	1,800	4,000
충청	8,000	12,000	20,000
전라	9,000	11,000	20,000
경상	5,500	4,500	10,000
제주	2,800	2,200	5,000
합계	85,300	82,500	167,800

※ 수도권 : 서울, 인천, 경기

① 남성 공무원 수가 여성 공무원 수보다 많은 지역은 5곳이다.
② 광역시 중 남성 공무원 수와 여성 공무원 수 차이가 가장 큰 지역은 울산이다.
③ 인천 여성 공무원 비율과 세종 여성 공무원 비율의 차이는 2.5%p이다.
④ 수도권 전체 공무원 수와 광역시 전체 공무원 수의 차이는 5,000명 이상이다.
⑤ 제주지역 전체 공무원 중 남성 공무원의 비율은 55%이다.

05 다음은 2016년부터 2020년까지 시행된 국가고시 현황에 관한 표이다. 자료를 참고하여 그래프로 나타낸 것으로 적절하지 않은 것은?(단, 응시자와 합격자 수는 일의 자리에서 반올림한다)

〈국가고시 현황〉

(단위 : 명)

구분	2016년	2017년	2018년	2019년	2020년
접수자	3,540	3,380	3,120	2,810	2,990
응시율	79.40%	78.70%	82.70%	75.10%	74.20%
합격률	46.60%	44.70%	46.90%	47.90%	53.20%.

※ 응시율(%)$=\dfrac{\text{응시자 수}}{\text{접수자 수}}\times100$

※ 합격률(%)$=\dfrac{\text{합격자 수}}{\text{응시자 수}}\times100$

① 연도별 미응시자 수 추이

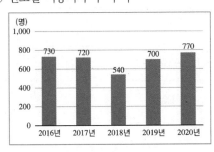

② 연도별 응시자 중 불합격자 수 추이

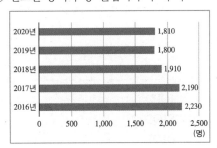

③ 2017 ~ 2020년 전년 대비 접수자 수 변화량

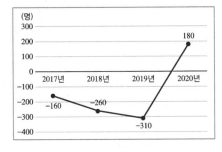

④ 2017 ~ 2020년 전년 대비 합격자 수 변화량

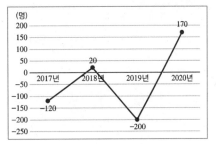

⑤ 2017 ~ 2020년 전년 대비 합격률 증감량

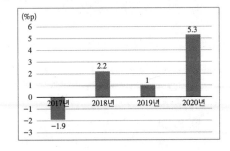

02 추리

※ 다음 도식에서 기호들은 일정한 규칙에 따라 문자를 변화시킨다. ?에 들어갈 적절한 문자를 고르시오 (단, 규칙은 가로와 세로 중 한 방향으로만 적용된다). [1~4]

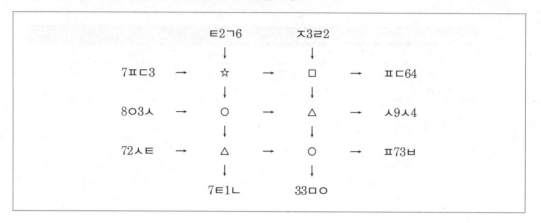

01

QE1O → □ → ☆ → ?

① 1QPD

② EQP1

③ E1QO

④ E1QP

⑤ D1QP

02

JW37 → △ → O → ?

① 82JX

② 82XJ

③ 8JX2

④ 37JW

⑤ JX28

03

| ? → △ → □ → OVUE |

① UNWD 　　　　　　　　② UNVC
③ UOVE 　　　　　　　　④ UVEO
⑤ TNWD

04

| ? → ☆ → ○ → 5845 |

① 3675 　　　　　　　　② 4557
③ 9465 　　　　　　　　④ 6753
⑤ 2167

05 다음 제시된 단어의 대응 관계로 볼 때, 빈칸에 들어가기에 가장 적절한 것은?

| 영건 : 순간 = ( ) : 고귀 |

① 숭고 　　　　　　　　② 비속
③ 고상 　　　　　　　　④ 존귀
⑤ 신성

06 다음 제시된 명제가 모두 참일 때, 빈칸에 들어갈 명제로 가장 적절한 것은?

> 전제1. 작곡가를 꿈꾸는 사람은 TV 시청을 한다.
> 전제2. ＿＿＿＿＿＿＿＿＿＿＿＿＿＿＿＿
> 결론. 안경을 쓰지 않은 사람은 작곡가를 꿈꾸지 않는다.

① 작곡가를 꿈꾸는 사람은 안경을 쓰지 않았다.
② TV 시청을 하는 사람은 안경을 쓰지 않았다.
③ 작곡가를 꿈꾸지 않은 사람은 안경을 쓰지 않았다.
④ 안경을 쓰지 않은 사람은 TV 시청을 하지 않는다.
⑤ 안경을 쓴 사람은 TV 시청을 한다.

07 A ~ E 5명은 아이스크림 가게에서 바닐라, 딸기, 초코맛 중에 한 개씩 주문하였다. 〈조건〉과 같을 때 다음 중 옳지 않은 것은?

> **조건**
> • C 혼자 딸기맛을 선택했다.
> • A와 D는 서로 같은 맛을 선택했다.
> • B와 E는 다른 맛을 선택했다.
> • 바닐라, 딸기, 초코맛 아이스크림은 각각 2개씩 있다.
> • 마지막에 주문한 E는 인원 초과로 선택한 아이스크림을 먹지 못했다.

① A가 바닐라 맛을 선택했다면, E는 바닐라 맛을 선택했다.
② C가 딸기맛이 아닌 초코맛을 선택하고 딸기맛은 아무도 선택하지 않았다면 B는 아이스크림을 먹지 못했을 것이다.
③ D보다 E가 먼저 주문했다면, E는 아이스크림을 먹었을 것이다.
④ A와 E가 같은 맛을 주문했다면, B와 D는 서로 다른 맛을 주문했다.
⑤ E가 딸기맛을 주문했다면, 모두 각자 선택한 맛의 아이스크림을 먹을 수 있었다.

01 다음 중 L-tube로 자주 Feeding시 부작용으로 옳지 않은 것은?

① Aspiration   ② 구토

③ 장 기능 저하   ④ 비위관 폐쇄

⑤ 환자 컨디션 저하

02 다음 중 혈소판 수치가 떨어져 출혈 위험이 있는 환자에게 제공해야 할 것으로 적절하지 않은 것은?

① 아스피린이나 항응고제 사용 피하기

② 대변의 잠혈반응 검사하기

③ 부드러운 칫솔이나 면봉 사용하기

④ 치실 사용 피하기

⑤ 전기면도기 피하기

03 다음 중 요로결석 환자에 대한 생활습관 교육으로 적절하지 않은 것은?

① 짜게 먹는 습관 고치기

② 고기보다는 과일이나 채소 위주로 식사하기

③ 발열 등 감염 여부 확인

④ 처방받은 항생제는 복용 중단하기

⑤ 지시가 있다면 소변의 산도(pH) 측정

04 다음 중 ICP가 상승했을 때 나타나는 증상으로 옳지 않은 것은?

① 오심 및 구토

② 인후통

③ 경련

④ 활력징후 변화(맥압 차이 커짐, 서맥, 체온 상승)

⑤ 느린 동공반사(수축 혹은 확대, 무반응, 유두부종 등)

05 5% 포도당생리식염수를 1L 1pm에 연결하고, 지시 처방으로 이 fluid를 11pm까지 다 주라고 하였다. 주입속도는 얼마로 조절해야 하는가?

① 29

② 30

③ 32

④ 33

⑤ 34

06 10% 포도당수액 2000mL(2L)를 24시간 동안 주입하려고 한다. 몇 gtt/min으로 해야 되는가?

① 27

② 28

③ 30

④ 32

⑤ 35

2020년 기출복원문제

01 수리논리

01 5% 설탕물 500g에서 설탕물을 덜어내 버린 후, 12% 설탕물 300g에 넣었더니 8%의 설탕물이 되었다. 처음에 덜어내 버린 설탕물의 양은?

① 80g
② 100g
③ 120g
④ 140g
⑤ 160g

02 B대리는 주말마다 집 앞 산책로에서 운동을 한다. 10km인 산책로를 시속 3km의 속력으로 걷다가 중간에 시속 6km로 뛰어 2시간 만에 완주할 때, 시속 6km로 뛰어간 거리는 얼마인가?

① 4km
② 6km
③ 8km
④ 10km
⑤ 12km

03 다음은 2019년 교통사고 유형별 현황을 조사한 자료이다. 자료에 대한 설명으로 적절하지 않은 것은?

〈2019년 교통사고 현황〉

(단위 : 건, 명)

구분	사고건수	사망자	부상자
신호위반	88,000	2,200	118,800
중앙선침범	80,000	2,400	120,000
제한속도초과	6,400	544	8,832
앞지르기위반	3,200	640	3,648
횡단보도사고	1,200	480	1,500
보도침범사고	600	369	966
무면허사고	480	24	504
음주운전사고	2,800	840	3,360
어린이보호구역사고	840	210	966
합계	183,520	7,707	258,576

① 사고건수가 가장 많은 교통사고 유형이 사망자와 부상자도 가장 많다.
② '횡단보도사고'의 사고건수 대비 사망자의 비율은 '앞지르기위반'의 2배이다.
③ '신호위반'과 '중앙선침범'으로 인한 사고는 전체 사고의 절반보다 많다.
④ '음주운전사고'로 인한 부상자 수는 사고건수의 1.2배이다.
⑤ '앞지르기위반'으로 인한 부상자 수는 사망자 수의 5배 이상이다.

04 다음은 각종 암환자의 육식률 대비 사망률을 나타내는 자료이다. 자료에 대한 설명으로 적절하지 않은 것은?

<각종 암 환자의 육식률 대비 사망률>

암 구분	육식률 80% 이상	육식률 50% 이상 80% 미만	육식률 30% 이상 50% 미만	육식률 30% 미만	채식률 100%
전립선암	42%	33%	12%	5%	8%
신장암	62%	48%	22%	11%	5%
대장암	72%	64%	31%	15%	8%
방광암	66%	52%	19%	12%	6%
췌장암	68%	49%	21%	8%	5%
위암	85%	76%	27%	9%	4%
간암	62%	48%	21%	7%	3%
구강암	52%	42%	18%	11%	10%
폐암	48%	41%	17%	13%	11%
난소암	44%	37%	16%	14%	7%

※ '육식률 30% 미만'에는 '채식률 100%'가 속하지 않는다.

① '육식률 80% 이상'의 사망률과 '채식률 100%'에서의 사망률의 차이가 가장 큰 암은 '위암'이다.
② '육식률 80% 이상'에서의 사망률이 50% 미만인 암과 '육식률 50% 이상 80% 미만'에서 사망률이 50% 이상인 암의 수는 동일하다.
③ 채식률이 100%여도 육식하는 사람보다 사망률이 항상 낮지 않다.
④ '육식률 30% 이상' 구간에서의 사망률이 1위인 암은 모두 동일하다.
⑤ '채식률 100%'에서 사망률이 10%를 초과하는 암은 '폐암'뿐이다.

05 다음은 암 종류별 암 유병자 수에 대한 현황을 나타낸 표이다. 표에 대한 해석으로 가장 적절한 것은?(단, 소수점 둘째 자리에서 반올림한다)

〈연도별 암 유병자 수〉

(단위 : 명)

구분	2013년	2014년	2015년	2016년	2017년	2018년	2019년
식도암	4,802	5,123	5,403	5,553	5,710	5,885	6,037
위암	107,704	113,158	116,239	117,456	117,547	117,147	116,568
대장암	97,865	104,732	108,703	110,111	110,132	109,636	107,689
간암	34,393	35,532	36,555	36,813	37,290	37,569	37,561
췌장암	5,261	5,692	6,129	6,725	7,295	8,018	8,700
폐암	37,290	40,066	42,937	45,731	48,366	51,229	54,890
신장암	14,190	15,323	16,382	17,310	18,152	19,131	20,108
갑상선암	157,082	180,298	195,846	194,555	183,203	168,381	150,081
백혈병	7,463	7,748	8,156	8,535	8,908	9,194	9,522

※ 암 유병자 수는 9종류의 암 유병자 총 인원이다.

① 2013년부터 2016년까지 암 유병자의 수는 2014년도에 가장 적었다.
② 폐암은 2013년부터 2017년까지 매년 암 중에서 세 번째로 유병자가 가장 많다.
③ 전년 대비 2018년도의 위암의 증감률은 간암의 증감률보다 높다.
④ 백혈병 대비 갑상선암의 유병자 비율은 2019년이 가장 낮다.
⑤ 연도별 식도암 유병자 수가 적은 순서는 위암 유병자 수의 적은 순서와 동일하다.

02 추리

01 다음 제시된 단어의 대응 관계로 볼 때, 빈칸에 들어가기에 가장 적절한 것은?

> 소유하다 : 차지하다 = 표방하다 : (   )

① 방자하다
② 겸손하다
③ 모방하다
④ 내세우다
⑤ 요량하다

02 다음 제시된 명제가 모두 참일 때, 반드시 참인 명제는?

> • 물을 녹색으로 만드는 조류는 냄새 물질을 배출한다.
> • 독소 물질을 배출하는 조류는 냄새 물질을 배출하지 않는다.
> • 물을 황색으로 만드는 조류는 물을 녹색으로 만들지 않는다.

① 독소 물질을 배출하지 않는 조류는 물을 녹색으로 만든다.
② 물을 녹색으로 만들지 않는 조류는 냄새 물질을 배출하지 않는다.
③ 독소 물질을 배출하는 조류는 물을 녹색으로 만들지 않는다.
④ 냄새 물질을 배출하지 않는 조류는 물을 황색으로 만들지 않는다.
⑤ 냄새 물질을 배출하는 조류는 독소 물질을 배출한다.

※ 다음 도식에서 기호들은 일정한 규칙에 따라 문자를 변화시킨다. ?에 들어갈 적절한 문자를 고르시오 (단, 규칙은 가로와 세로 중 한 방향으로만 적용된다). [3~6]

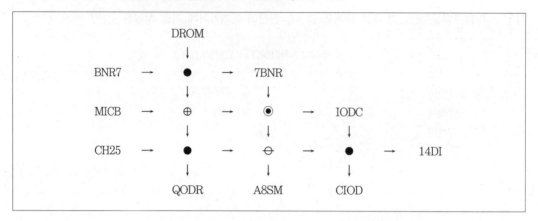

03

	BUS8 → ◉ → ⊕ → ?

① WB8U   ② BUW8
③ UB8S   ④ BUS8
⑤ SUB8

04

	IU93 → ◉ → ● → ⊖ → ?

① 8J2V   ② 8VJ2
③ 9UI3   ④ 39UI
⑤ UI39

05

$$? \rightarrow \ominus \rightarrow \odot \rightarrow \text{XMAS}$$

① MSAX ② MXSA

③ NBRW ④ NWRB

⑤ WRBW

06

$$? \rightarrow \oplus \rightarrow \ominus \rightarrow \text{PINK}$$

① OHJM ② OHMJ

③ QHML ④ QMHL

⑤ MHQL

07 S사에 근무하고 있는 A, B, C, D, E 5명의 직원 중 한 명이 오늘 지각하였고, 이들은 다음과 같이 진술하였다. 이들 중 1명의 진술이 거짓일 때, 지각한 사람은 누구인가?

A : 지각한 사람은 E이다.
B : 나는 지각하지 않았다.
C : B는 지각하지 않았다.
D : 내가 지각했다.
E : A의 말은 거짓말이다.

① A ② B

③ C ④ D

⑤ E

01 다음 중 부적합한 혈액형을 수혈할 경우 나타날 수 있는 부작용은?

① 발열성 반응   ② 용혈성 반응
③ 알레르기 반응   ④ 정맥염
⑤ 침윤

02 다음 중 DVT의 위험인자가 아닌 것은?

① 저체중   ② 고령
③ 흡연자   ④ 호르몬제 치료 중인 자
⑤ 피임약 사용 중인 자

03 다음 중 간질환자가 병실 바닥에 쓰러져 발작하고 있을 때 간호중재로 적절한 것을 모두 고르면?

> ㉠ 환자를 측위로 분비물이 흡인되지 않도록 한다.
> ㉡ 반드시 조용하며 냉정을 잃지 않는다.
> ㉢ 발작이 일어나는 순간 환자를 바닥에 눕힌다.
> ㉣ 환자가 움직이지 못하게 손, 발을 꽉 잡거나 주물러준다.

① ㉠, ㉡, ㉢   ② ㉠, ㉢
③ ㉡, ㉣   ④ ㉣
⑤ ㉠, ㉡, ㉢, ㉣

04 다음 중 산욕기에 응고인자가 상승하여 발생할 수 있는 합병증은?

① 산후출혈   ② 서맥
③ 심장기능의 변화   ④ 혈전성 정맥염
⑤ 퇴축부전

05 다음 중 만성기관지염의 간호중재에 대한 설명으로 적절하지 않은 것은?

① 탈수를 예방하기 위하여 따뜻한 생리식염수를 공급한다.
② 독감 예방주사와 폐렴 예방주사를 맞는다.
③ 흉부에 얼음주머니를 올려준다.
④ 호흡기를 자극하는 물질을 들여 마시지 않도록 한다.
⑤ 복식호흡으로 횡경막의 운동을 증가시킨다.

CHAPTER 04 2019년 기출복원문제

01 언어논리

01 다음 중 문장 구조가 다른 하나는?

① 죽이 되직하다.

② 낙엽이 떨어지다.

③ 해가 뜨다.

④ 새가 날다.

⑤ 꽃이 피다.

02 다음 밑줄 친 부분과 같은 의미로 쓰인 것은?

재개발 지역으로 지정된 곳에 아파트가 <u>들어섰다</u>.

① 아이가 잠들고 나니 할머니가 사는 마을 어귀에 <u>들어섰다</u>.

② 어떤 학생도 교장선생님께 <u>들어서지</u> 못했다.

③ 만수의 아내는 아이가 <u>들어섰는지</u> 입덧이 심하다.

④ 영수네 집 근처에 공장이 <u>들어설</u> 예정이다.

⑤ 가을에 <u>들어서니</u> 지리산에 단풍이 들었다.

03 다음 중 〈보기〉의 단어를 모두 포괄할 수 있는 단어는?

> 보기
>
> 얻다   앓다   맞이하다   받다   구하다

① 얻다

② 앓다

③ 맞이하다

④ 받다

⑤ 구하다

04 다음 글의 내용과 일치하지 않는 것은?

베토벤의 '교향곡 5번'은 흔히 '운명 교향곡'으로 널리 알려졌다. '운명'이라는 이름은 그의 비서였던 안톤 쉰들러가 1악장 서두에 대해 물었을 때 베토벤이 '운명은 이처럼 문을 두드린다!'라고 말했다는 사실을 베토벤 사후에 밝힌 것에서 시작되었다. 그러나 운명 교향곡이라는 별칭은 서양에서는 널리 쓰이지 않고, 일본과 우리나라를 포함한 동양 일부에서만 그렇게 부르고 있다.

베토벤은 이 곡을 3번 교향곡 '영웅'을 완성한 뒤인 1804년부터 작곡을 시작했는데, 다른 곡들 때문에 작업이 늦어지다가 1807 ~ 1808년에 집중적으로 작곡하여 완성시켰다. 이 곡을 작업할 당시 그는 6번 교향곡인 '전원'의 작곡도 병행하고 있었다. 때문에 5번 교향곡의 초연이 있던 1808년 12월 22일에 6번 교향곡의 초연이 같이 이루어졌는데, 6번 교향곡이 먼저 연주되어 세상에 공개된 것은 5번 교향곡이 6번 교향곡보다 나중이라는 것도 흥미로운 사실이다.

이 곡을 작곡할 당시 베토벤은 30대 중반으로 귀의 상태는 점점 나빠지고 있었으며, 나폴레옹이 빈을 점령하는 등 그가 살고 있는 세상도 혼란스러웠던 시기였다. 그런 점에서 이 교향곡을 운명을 극복하는 인간의 의지와 환희를 그렸다고 해석하는 것도 그럴 듯하다. 곡을 들으면 1악장에서는 시련과 고뇌가, 2악장에서는 다시 찾은 평온함이 느껴지고, 3악장에서는 쉼 없는 열정이, 4악장에서는 운명을 극복한 자의 환희가 느껴진다.

이 곡은 초연 직후 큰 인기를 얻게 되었고 많은 사랑을 받아 클래식을 상징하는 곡이 되었다. 특히 서두의 부분이 제2차 세계 대전 당시 영국의 BBC 뉴스의 시그널로 쓰이면서 더욱 유명해졌는데, BBC가 시그널로 사용한 이유는 서두의 리듬이 모스 부호의 'V', 즉 승리를 표현하기 때문이었다. 전쟁 시에 적국의 작곡가의 음악을 연주하는 것은 꺼리기 마련임에도, 독일과 적이었던 영국 국영 방송의 뉴스 시그널로 쓰였다는 것은 이 곡이 인간 사이의 갈등이나 전쟁 따위는 뛰어넘는 명곡이라는 것을 인정했기 때문이 아니었을까?

① 베토벤의 5번 교향곡은 1804년에 작곡을 시작했다.
② 영국의 BBC 뉴스는 적국 작곡가의 음악을 시그널로 사용했다.
③ 베토벤의 5번 교향곡 1악장에서는 시련과 고뇌가 느껴진다.
④ 베토벤이 5번 교향곡을 작곡할 당시 제2차 세계 대전이 발발했다.
⑤ 베토벤의 5번 교향곡의 별명은 '운명 교향곡'이다.

02 수리논리

01 S병원은 환자들을 위해 공기청정기를 구입하려고 한다. 최종으로 A, B 두 회사의 공기청정기를 구입하려고 하는데, 각 회사는 다음과 같은 행사를 진행하고 있다. 예산인 500만 원에서 공기청정기를 최대로 구입하려고 할 때, 어느 회사에서 구입하는 것이 얼마 더 저렴한가?(단, 공기청정기는 10개 단위로만 구입 가능하다)

구분	가격(1대당)	행사 내용
A사	10만 원	• 10대 구입 시 1대 추가 증정 • 100만 원당 5만 원 할인
B사		• 9대 구입 시 1대 추가 증정

① A사, −20만 원   ② A사, −10만 원
③ A사, −5만 원   ④ B사, −5만 원
⑤ B사, −10만 원

02 10원짜리 3개, 50원짜리 1개, 100원짜리 2개, 500원짜리 1개로 지불할 수 있는 금액은 총 몇 가지인가?(단, 0원은 지불한 것으로 보지 않는다)

① 44가지   ② 45가지
③ 46가지   ④ 47가지
⑤ 48가지

03 체육관에 아령이 1kg, 2kg, 3kg짜리가 있다. 각각 짝수개만큼 있고 개수가 다르며, 3kg짜리 개수가 가장 적다. 또한 2kg짜리 아령은 3kg짜리 아령의 개수보다 두 배 이상 세 배 이하로 많고 1kg짜리 아령은 2kg짜리 아령의 개수보다 2개 더 많다. 모든 아령의 무게가 50kg일 때 2kg짜리 아령은 몇 개 있는가?

① 14개   ② 12개
③ 10개   ④ 8개
⑤ 6개

03 추리

※ 다음 제시된 단어의 대응 관계로 볼 때 빈칸에 들어가기에 가장 적절한 것을 고르시오. **[1~2]**

01

세입 : 세출 = 할인 : (   )

① 감가   ② 재할인
③ 어음할인   ④ 할증
⑤ 덜이

02

예술 : 미술 = (   ) : 돌고래

① 어류   ② 양서류
③ 범고래   ④ 포유류
⑤ 북극곰

※ 다음 짝지어진 단어 사이의 관계가 나머지와 다른 하나를 고르시오. **[3~4]**

03
  ① 캐나다 – 미국 – 멕시코
  ② 한국 – 중국 – 일본
  ③ 태국 – 캄보디아 – 베트남
  ④ 독일 – 이탈리아 – 벨기에
  ⑤ 브라질 – 러시아 – 인도

04
  ① 클라이밍 – 산
  ② 윈드서핑 – 바다
  ③ 스키 – 겨울
  ④ 싱크로나이즈 – 수영장
  ⑤ 아이스하키 – 빙상

05 마지막 명제가 참일 때, 다음 빈칸에 들어갈 명제로 가장 적절한 것은?

전제 1. 비가 오는 날에는 개구리가 울지 않는다.
전제 2. _____
결론. 비가 오는 날에는 제비가 낮게 난다.

① 제비가 낮게 날지 않으면 개구리가 운다.
② 비가 오는 날에는 개구리가 운다.
③ 비가 오지 않는 날에는 제비가 낮게 난다.
④ 제비가 낮게 날면 개구리가 운다.
⑤ 개구리가 울지 않으면 제비가 낮게 날지 않는다.

06 S그룹 H부서에는 차장 1명, 부장 1명, 과장 1명, 대리 1명, 사원 몇 명이 있다. 부서원들의 출근 시각이 다음 〈조건〉을 만족할 때 옳지 않은 것은?

조건
ㄱ. A는 7시 35분에 도착했다.
ㄴ. B는 7시와 8시 사이에 시침과 분침이 일치하는 시각에 도착했다.
ㄷ. 사원은 부장보다 빨리 도착했다.
ㄹ. C는 세 번째에 도착했다.
ㅁ. 차장보다 먼저 도착한 사람은 3명이다.

① A는 B보다 빨리 도착했다.
② 사원이 3명 이상이라면 부장은 차장보다 늦게 도착했다.
③ 차장이 세 번째로 도착했다.
④ A가 두 번째로 도착했다면 B는 C보다 늦게 도착했다.
⑤ C가 부장이고 7시 40분에 도착했다면 A와 B 중에 사원이 있다.

04 시각적사고

01 다음 그림과 같이 접었을 때 나올 수 있는 뒷면의 모양으로 가장 적절한 것은?

앞으로 접기
뒤로 접기

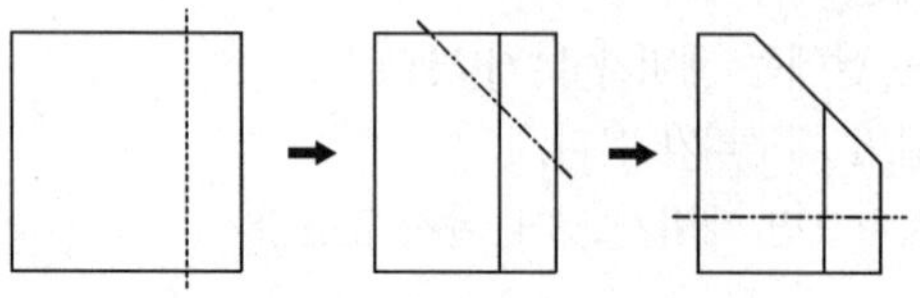

① 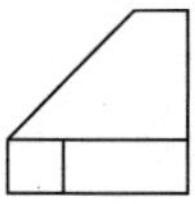

② 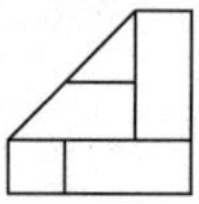

③ 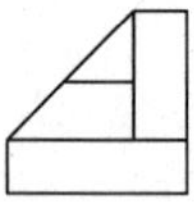

④ 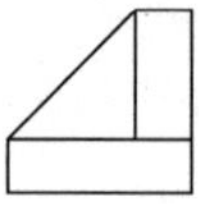

⑤ 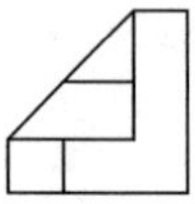

02 다음 그림과 같이 화살표 방향으로 종이를 접은 후 펀치로 구멍을 뚫어 다시 펼쳤을 때의 그림으로 가장 적절한 것은?

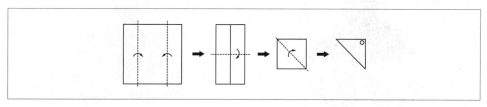

①

②

③

④

⑤

03 다음 주어진 입체도형 중 일치하지 않는 것은?

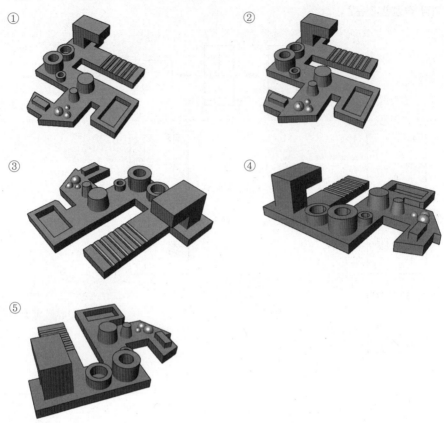

① ② ③ ④ ⑤

01 다음 중 활동성 결핵의 진단검사로 옳은 것을 모두 고르면?

> ㉠ X–선 검사결과 폐의 침윤과 소결절이 보인다.
> ㉡ 객담 세균배양검사 시 결과가 음성이다.
> ㉢ 투베르쿨린 반응 시 양성이다.
> ㉣ 적혈구 침강속도가 정상인보다 빠르다.

① ㉠, ㉡, ㉢
② ㉠, ㉢
③ ㉡, ㉣
④ ㉣
⑤ ㉠, ㉡, ㉢, ㉣

02 다음 중 COPD 환자에게 분당 2L 산소 투여와 같이 저농도의 산소를 투여하는 이유로 가장 적절한 것은?

① 호흡성 알칼리 중독증을 예방하기 위해
② 호기가 어려우므로
③ 부교감 신경계가 자극되므로
④ 말초혈관이 수축하므로
⑤ 호흡을 자극하기 위해

03 다음 중 옥시토신이 정맥주입되고 있는 산부에게 행할 간호중재로 적절하지 않은 것은?

① 약물의 이뇨효과로 인한 요배설량의 증가에 따른 탈수 현상을 관찰한다.
② 자궁수축이 60초 이상이면 옥시토신 주입을 중단한다.
③ 15분마다 태아심음, 산부의 혈압과 맥박을 측정한다.
④ 강한 자궁수축이 오기 전까지 산부의 징후를 관찰한다.
⑤ 태아심박수가 현저히 감소되면 즉시 투여를 중지하여야 한다.

04 다음 중 신장질환자가 과다한 이뇨제 투여로 저칼륨혈증이 왔을 때 증상은?

① 쇠약, 마비성 장폐색, 식욕부진, 부정맥, 내려간 T파
② 오심, 구토, 현기증, 상승된 T파
③ 오심, 구토, 설사, 넓어진 QRS파
④ 식욕부진, 근육약화, 넓어진 QRS파
⑤ 핍뇨, 변비, 현저한 U파

05 다음 중 비청색증형 선천성 심장질환 환아의 흔한 증상을 모두 고르면?

| ㉠ 빈번한 상기도 감염 | ㉡ 심잡음 |
| ㉢ 허약, 발육부진 | ㉣ 곤봉형 손가락 |

① ㉠, ㉡, ㉢　　　　　　　　　　　　② ㉠, ㉢
③ ㉡, ㉣　　　　　　　　　　　　　　④ ㉣
⑤ ㉠, ㉡, ㉢, ㉣

06 다음 중 낙상예방을 위한 간호가 요구되는 대상자를 모두 고르면?

| ㉠ 체위성 저혈압이 있는 70세 노인 | ㉡ 우측편 마비를 가진 뇌졸중 환자 |
| ㉢ 골다공증이 있는 65세 여성 | ㉣ 시력 손상이 있는 당뇨병 환자 |

① ㉠, ㉡, ㉢　　　　　　　　　　　　② ㉠, ㉢
③ ㉡, ㉣　　　　　　　　　　　　　　④ ㉣
⑤ ㉠, ㉡, ㉢, ㉣

07 다음 중 초기 저혈량성 쇼크가 의심되는 환자의 증상을 모두 고르면?

| ㉠ 발한, 차고 축축한 피부 | ㉡ 폐모세혈관쐐기압(PCWP)의 증가 |
| ㉢ 소변의 삼투압과 비중의 증가 | ㉣ 맥박수는 증가하나 호흡수는 감소 |

① ㉠, ㉡, ㉢　　　　　　　　　　　　② ㉠, ㉢
③ ㉡, ㉣　　　　　　　　　　　　　　④ ㉣
⑤ ㉠, ㉡, ㉢, ㉣

08 정신분열증으로 입원한 성인남자가 간호사 말을 듣다가 혼자 중얼거리고 웃기도 한다. 그리고 예수님이 나타나서 세상의 모든 것이 다 바뀔 것이라고 말씀한다고 하면서 두려움에 빠져 있다. 이때 가장 적절한 간호중재는?

① 환자의 손을 잡아주면서 마음을 안정시킨다.
② 환자가 이야기하는 내용에 대해 아무런 반응을 보이지 않는다.
③ 환자가 들은 소리를 간호사는 듣지 못하였다고 말하며 현실감을 제공한다.
④ 단조롭고 자극 없는 상황에서 환각이 증가함을 이해시킨다.
⑤ 환자가 자극받지 않도록 조명을 은은하게 조절한다.

2018년 기출복원문제

01 언어논리

01 다음 밑줄 친 부분과 같은 의미로 쓰인 것은?

> 문단에 <u>나오다</u>.

① 광고에 <u>나오다</u>.　　　　　　② 사회에 <u>나오다</u>.
③ 실험 결과가 <u>나오다</u>.　　　　④ 월급이 <u>나오다</u>.
⑤ 공식 석상에 <u>나오다</u>.

02 다음 중 제시된 단어가 나타내는 뜻을 모두 포괄할 수 있는 단어는?

> 쓰다　　짓다　　발휘하다　　부리다　　덮다

① 쓰다　　　　　　　　　　② 짓다
③ 발휘하다　　　　　　　　④ 부리다
⑤ 덮다

03 다음 중 문장 내에서 '보다'의 쓰임이 바르게 연결되지 않은 것은?

① 그 책은 읽어 <u>본</u> 적이 없어. (경험)
② 영화 <u>보러</u> 갈래? (감상)
③ 나를 어떻게 <u>보고</u> 그런 말을 하는 거니? (평가)
④ 이 빵 한번 먹어 <u>볼래</u>? (어떤 행동을 시험 삼아 하다)
⑤ 너를 <u>보고</u> 하는 말이 아니야. (눈으로 대상의 존재, 형태적 특징 등을 알다)

04 다음 제시된 문장에서 사용이 적절하지 않은 단어는?

> • 그는 완력으로 범인을 (　　)하였다.
> • 너는 네가 지은 죄에 (　　)하는 벌을 받게 될 것이다.
> • 그 회사는 지원자의 학력에 (　　)을(를) 두지 않는다.
> • 프레젠테이션에 대한 부담감이 나를 끊임없이 (　　)하고 있다.

① 억제　　　　　　　　　　② 제한
③ 상응　　　　　　　　　　④ 압박
⑤ 제압

05 다음 글에서 〈보기〉의 문장이 들어갈 위치로 가장 적절한 곳은?

> 우리 주위에는 잠이 부족해서 힘들어하는 사람도 있지만, 잠이 오지 않아서 고생하는 사람도 있습니다. 특히, 다음날 아침에 중요한 일이 있는데도 잠이 오지 않을 때에는 참으로 난감만 합니다. 그러면 어떻게 하면 잠을 잘 수 있을까요. 오늘은 이에 대해 도움을 드릴까 합니다. **(가)**
> 사람의 뇌에는 베타파, 세타파 등이 감지됩니다. 이 중 베타파는 불안해하거나 긴장하거나 복잡한 두뇌 활동을 할 때 우세하게 나타납니다. **(나)**
> 불면증 환자의 뇌파를 조사해 보면 세타파보다 베타파가 우세하게 나타납니다. 이것은 불면증 환자가 꼬리에 꼬리를 물면서 여러 가지 생각을 하기 때문입니다. **(다)** 그래서 수를 세거나 새로운 이미지를 떠올리는 것은 잠을 자기 위한 방법으로는 바람직하지 않습니다. **(라)**
> 뇌파의 특징을 이용해 잠을 잘 수 있게 하는 방법으로 '뉴로피드백'이란 것이 있습니다. 이것은 불면증 환자에게 특정 이미지를 반복적으로 떠올리게 하는 것입니다. 똑같은 이미지를 반복해서 떠올리면 베타파는 줄어드는 대신 수면을 유도하는 세타파의 비율이 높아집니다. 이때 주의해야 할 점은 이미지가 변해서는 안된다는 것입니다. 그리고 똑같은 모양을 규칙적으로 반복해서 떠올려야 한다는 것입니다. **(마)**

> **보기**
> 반면에 세타파는 정서가 안정되어 있거나 잠이 드는 과정에서 주로 나타납니다.

① (가)　　　　　　　　　　② (나)
③ (다)　　　　　　　　　　④ (라)
⑤ (마)

※ 다음 글을 읽고 이어지는 질문에 답하시오. [6~7]

발레는 원래 이탈리아와 프랑스에서 시작되었지만 현재 우리가 보고 즐기는 서양의 발레는 러시아의 고전 발레를 기본으로 하여 발전한 것이다. 러시아 황실은 1673년 러시아에서 처음 열린 발레 공연을 보고 크게 감명하였고, 당시 추진 중이던 유럽화 정책의 하나로 발레의 민중 오락화를 꾀하였다. 이를 위해 러시아 황실은 황실 무용 학교를 세우고 우수한 안무가를 초빙하여 전문적인 교육을 실시하는 등 발레 발전을 위한 전폭적인 지원을 아끼지 않았다.

발레는 피터 대제(大帝) 때 러시아 민중 오락으로 채택된 이후 예카테리나 여황제 시기에 그 기초가 다져졌다. 당시 러시아 발레의 기초를 확립한 사람들은 모두 러시아인이 아닌 외국인이었는데, 그중 가장 대표적인 인물이 프랑스인이던 M. 프티파였다. 수석(首席) 무용가를 거쳐 안무가가 된 그는 러시아 발레에 뚜렷한 민족적 형식을 도입하였고, 1862년 발레 마스터에 임명되어 죽을 때까지 약 40년간 러시아 발레계에 군림하였다. 〈돈키호테〉, 〈라 바야델〉, 〈잠자는 숲속의 미녀〉, 〈백조의 호수〉, 〈라이몬다〉, 〈사계〉 등 60편이 넘는 장편 발레와 수많은 단편의 안무를 맡아 러시아 발레의 황금기를 이룩하는 데 기여하였다. 특히 〈호두까기 인형〉을 작곡한 차이코프스키와 협력하여 이 위대한 곡의 안무를 만들어냈다. 프티파는 고전 발레의 화려하고 스펙터클한 양식을 완성한 19세기 최고의 안무가였으며, 만년에는 러시아에 귀화하여 러시아식(式) 이름 페티파라고도 불렸다.

이처럼 외국인의 손에 의하여 다져진 러시아 발레는 이제 러시아인의 힘으로 발전해야 할 시기를 맞게 되었다. 19세기 후반 유럽 각국에서 발레가 쇠퇴하던 시기에 러시아 발레는 홀로 전성기를 누리며 비약적인 발전을 이루었다. 이러한 성공의 바탕에는 프랑스의 뛰어난 안무가와 발레 교사, 이탈리아의 일급 무용수들을 초빙하는 데 투자를 아끼지 않았던 러시아의 열린 자세가 큰 영향을 끼쳤다.

20세기 들어와 S. P. 댜길레프와 같은 사람은 '러시아 발레단'을 조직하여 마린스키극장의 젊은 무용가들을 이끌고 1909년 파리 공연의 막을 열어 근대 발레의 역사를 시작하였다.

06 다음 중 글의 주제로 가장 적절한 것은?

① 17세기 서유럽과 러시아의 관계
② 러시아의 발레 발전사
③ 발레의 유래
④ 러시아 문화·예술의 역사
⑤ 유럽의 발레 발전사

07 다음 중 글의 내용과 일치하지 않는 것은?

① 프티파는 러시아 발레의 걸작 〈호두끼기 인형〉을 작곡·연출하였다.
② 프티파는 프랑스 출신이다.
③ 러시아 발레의 기초는 외국인들에 의해 확립되었다.
④ 발레는 러시아 황실이 추진하고 있던 유럽화 정책의 일환으로 민중들에게 장려되었다.
⑤ 러시아 발레는 외국인의 손에 의해 기초를 다졌으나 19세기 후반에는 러시아인의 힘으로 전성기를 누리게 되었다.

다음 글의 내용과 일치하지 않는 것은?

1879년 8월 23일 400명의 포르투갈 이민족을 태운 레이븐슨 클라크호가 하와이 왕국 호놀룰루 항에 도착하였다. 당시 많은 노동력이 필요했던 하와이 왕국은 일본을 비롯한 다른 여러 나라의 이민을 받아들이고 있었다. 포르투갈 이주민들을 태운 배가 도착하고, 무사 도착을 알리는 축하연을 열었는데 당시 배에 타고 있던 뮤지션 출신의 호안 페르난데스(Joan Fernandez)가 포르투갈 민속 악기인 브라기냐(Braguinha)를 연주하였다. 당시 브라기냐 연주를 처음 본 하와이 사람들은 이 작고 귀여운 이국의 악기에 관심을 갖게 되었고, 연주하는 손 모양이 마치 벼룩이 통통 튀는 것 같다고 하여 'Uke(벼룩)+Lele(통통 튀다)'라는 하와이어를 붙여 우쿨렐레라고 이름 짓게 되었다.

레이븐슨 클라크호에는 마누엘 누네스(Manuel Nunes)라는 악기와 가구를 만드는 장인도 타고 있었는데, 호놀룰루에 정착한 누네스는 브라기냐를 개량하여 우쿨렐레를 제작하기 시작하였다. 세계 최초로 우쿨렐레를 제작한 마누엘 누네스는 바이올린과 만돌린에 사용되던 5도 튜닝을 기타와 비슷한 4도 튜닝으로 바꾸어 코드폼을 심플하게 바꾸는 데 기여하였다. 그리고 금속줄을 거트현으로 바꾸고, 하와이산 코아나무를 사용하여 악기를 제작하였다. 당시 하와이 국왕이었던 칼라카우에와 마지막 여왕이었던 릴리우오칼라니도 직접 우쿨렐레를 연주하고 이를 보급하는 데에 많은 노력을 기울였다.

하와이가 미국에 합병된 후 우쿨렐레는 하와이를 넘어 미국 본토에까지 알려지기 시작하면서 큰 붐을 일으켰다. 레이븐슨 클라크호가 호놀룰루항에 도착한 지 100년 후인 1979년 8월 23일 미국 주정부는 이 날을 우쿨렐레의 날로 지정하였고, 그 덕분에 우쿨렐레는 하와이의 전통악기로서 전 세계에 널리 알려지게 되었다. 우쿨렐레는 외관상 기타와 매우 비슷하지만 기타의 현이 6줄로 이루어져 있는 반면 우쿨렐레는 4줄로 구성되어 있다. 그리고 우쿨렐레는 크기에 따라 소프라노(Soprano), 콘서트(Concert), 테너(Tenor), 바리톤(Baritone)과 같은 네 가지 종류로 나뉜다. 우쿨렐레의 오리지널 사이즈인 소프라노는 가장 작은 사이즈로 통통 튀듯 밝고 귀여운 소리가 특징이다. '스탠다드(Standard)'라고도 불리며 전형적인 클래식 우쿨렐레의 소리를 낸다. 콘서트는 우리나라에서 가장 보편적으로 사용되는 종류로 플랫수와 울림이 적은 소프라노의 단점을 보완하여 만들어졌다. 사이즈도 울림도 적당하여 우쿨렐레 입문용으로 많이 사용된다. 테너는 소프라노나 콘서트에 비해 고전적인 기타 소리에 가깝다. 음량이 풍부하여 우쿨렐레 뮤지션 다수가 사용하고 있으며, 연주곡에 많이 사용된다. 바리톤은 우쿨렐레 중 가장 큰 사이즈로 기타와 같이 깊고 중후한 소리가 난다.

① 우쿨렐레는 포르투갈의 민속 악기에서 기원하였다.
② 우쿨렐레는 4개의 현으로 이루어진 기타보다 현의 수가 적다.
③ 우쿨렐레는 그 크기에 따라 총 4가지 종류로 나뉜다.
④ 우리나라에서 가장 대중적으로 사용되는 우쿨렐레는 콘서트(Concert)이다.
⑤ 우쿨렐레가 전 세계적으로 유명세를 타게 된 데에는 미국의 힘이 컸다.

02 수리논리

01 A충전기로 스마트폰을 충전할 때 사용하지 않으면서 충전만 할 경우 분당 2%씩 충전이 되고, 충전기에 연결한 상태로 스마트폰을 사용하면 분당 1%씩 충전이 된다. 배터리가 20% 남아있는 상태에서 스마트폰을 충전하기 시작하였더니 48분 후에 충전이 완료되었다면 충전 중 스마트폰을 사용한 시간은 몇 분인가?

① 13분　　　　　　　　　　　② 14분

③ 15분　　　　　　　　　　　④ 16분

⑤ 17분

02 농도 10% 소금물과 농도 8% 소금물을 섞어서 농도 9.2%의 소금물을 만들었다. 농도 8% 소금물이 40g이라면 농도 10% 소금물의 양은 얼마인가?

① 50g　　　　　　　　　　　② 54g

③ 60g　　　　　　　　　　　④ 64g

⑤ 70g

03 둘레가 20km인 운동장의 반은 시속 20km로 달리고, 나머지 반은 시속 $x$km로 달렸더니 운동장 전체를 완주하기까지 평균 24km/h의 속력으로 달린 셈이 되었다. x의 값을 구하면?

① 24　　　　　　　　　　　② 26

③ 28　　　　　　　　　　　④ 30

⑤ 32

03 추리

01 다음 제시된 단어의 대응 관계로 볼 때, 빈칸에 들어가기에 가장 적절한 것은?

문학 : 수필 = 포유류 : (　　)

① 박쥐　　　　　　　　　　② 펭귄
③ 도마뱀　　　　　　　　　④ 상어
⑤ 개구리

02 다음 짝지어진 단어 사이의 관계가 나머지와 다른 하나는?

① 이따금 – 간혹　　　　　　② 다독 – 정독
③ 값 – 액수　　　　　　　　④ 파견 – 파송
⑤ 우수리 – 잔돈

03 A, B, C 세 사람이 각각 빨간색, 파란색, 노란색 모자를 쓰고 일렬로 서 있다. 누가 어떤 모자를 쓰고 몇 번째 줄에 서 있는지 모른다고 할 때 주어진 조건을 보고 반드시 거짓인 것은?

조건
• B는 파란색 모자를 쓰지 않았다.
• C는 바로 앞에 있는 파란색 모자를 보고 있다.

① C는 빨간색 모자를 쓰고 맨 뒤에 서 있다.
② B는 빨간색 모자를 쓰고 세 번째에 서 있다.
③ B는 노란색 모자를 쓰고 두 번째에 서 있다.
④ A는 B와 C 사이에 서 있다.
⑤ A는 무조건 파란색 모자밖에 쓸 수 없다.

04 다음 글을 바탕으로 한 추론으로 적절하지 않은 것은?

사람들이 즐겨 마시는 맥주에는 사실 알고 보면 뛰어난 효능이 많이 잠재되어 있다. 전문가들은 맥주에 특정 질병과 싸우는 효능이 있으므로 적당히 섭취하면 건강에 좋다고 말한다.

맥주가 건강에 미치는 긍정적 영향에는 크게 세 가지가 있는데, 그 첫 번째는 바로 '암 예방'이다. 맥주의 '잔토휴몰' 성분에는 항산화 기능이 있어 인간의 몸에 암을 일으키는 요소를 몸 밖으로 배출하는 데 큰 도움이된다. 남성의 경우 전립선암을, 여성의 경우 유방암을 예방하는 데 효과적이다. 특히 맥주의 대표적인 미네랄인 '셀레늄'은 비타민 E의 1,970배에 달하는 강력한 항산화 작용을 함으로써 활성산소를 제거하는 효과가 있으며, 수용성 섬유질은 콜레스테롤 수치를 낮추고 고혈압과 동맥경화 등의 성인병을 예방하는 데에도 도움이 된다.

맥주의 두 번째 효능은 '심장 질환 예방'이다. 맥주는 보리로 만들어지기 때문에 수용성 섬유질이 많이 들어있다. 섬유질은 나쁜 콜레스테롤로 불리는 혈중 LDL의 수치를 낮추는 데 도움을 준다. 또한, 맥주의 원료인 홉과 맥아에는 심장 건강에 좋은 항산화제가 풍부하게 함유되어 있으며, 특히 흑맥주에 그 함유량이 많은 것으로 알려져 있다. 이탈리아의 한 연구에 따르면 매일 맥주 한 잔을 마시면 심장 질환을 앓을 확률이 31%로 감소한다고 한다. 맥주 효모에 풍부하게 함유되어 있는 핵산은 면역세포의 생성을 도와 면역을 증진하고, 피부나 모발의 생성을 도와 노화 방지에도 탁월하다. 마지막으로 런던 케임브리지 대학에서 실시한 연구 결과에 따르면 적당량의 맥주 섭취가 알츠하이머병 예방에도 도움이 된다고 한다. 연구팀에 의하면 적당량의 맥주를 주기적으로 섭취한 사람들에게서 알츠하이머 발병률이 23%나 감소했다고 한다.

맥주에는 맥아, 효모, 규소, 효소 등의 성분이 함유되어 있다. 맥주의 맥아에는 각종 비타민이 풍부하게 함유되어 있으며, 이중 비타민 B는 신진대사를 원활히 하는 데 도움을 주므로 피로 회복에 효과적이다. 또한, 노폐물과 독소 배출에도 좋은 것으로 널리 알려져 있다. 그밖에 '루풀린'과 '후물론'이라는 성분이 중추신경에 영향을 미쳐 신경을 안정시키고 숙면을 취할 수 있게 해준다.

탈모 개선에 도움이 되는 것으로 알려진 맥주 효모는 단백질이 풍부하며, 특히 비타민 B2인 리보플라빈은 지방과 단백질 대사를 도와 두피 건강에 좋다.

콜라겐을 묶어 결합조직을 튼튼하게 하는 화학물질인 규소는 뼈를 튼튼하게 하는 데 도움이 된다. 피부, 혈관, 뼈, 치아, 근육 등 모든 결합조직의 주된 단백질인 콜라겐은 뼈의 밀도를 강화하고, 관절을 유연하게 유지하는 역할을 한다. 따라서 홉과 맥아로 만든 맥주는 뼈 건강에 아주 좋으며 골다공증을 예방하는 데 큰 도움이 된다.

효소는 맥주의 맥아에 들어 있으며, 항균력이 뛰어나 여드름, 두드러기 등의 피부 트러블을 예방한다. 또한, 여성호르몬과 유사한 '호프케톤' 성분은 유방암을 예방하는 데 도움을 준다.

이와 같이 적당량의 맥주 섭취는 건강에 도움이 된다. 하지만 과용은 금물이다. 뉴저지와 매사추세츠의 알코올 상담교사 폴라 벨라 주니어는 "세계에서 가장 건강한 사람들에게 술은 항상 식사자리에 있다."라고 말하며, 이와 더불어 과음의 위험성을 지적하는 것 또한 잊지 않았다.

① 적당한 음주는 건강에 긍정적인 영향을 미친다.
② 맥주의 효모는 심장 건강에 좋은 항산화제를 다량 함유하고 있어 심장 질환 예방에 도움이 된다.
③ 맥주를 적당량 섭취하는 것은 탈모 환자들에게도 도움이 된다.
④ 맥주에는 강력한 항산화 효과가 있으며, 특히 흑맥주에 항산화제가 풍부히 함유되어 있다.
⑤ 여드름 때문에 고민하는 사람들에게 적당량의 맥주 섭취를 권장할 수 있다.

01 주어진 전개도로 정육면체를 만들 때, 만들어질 수 없는 것은?

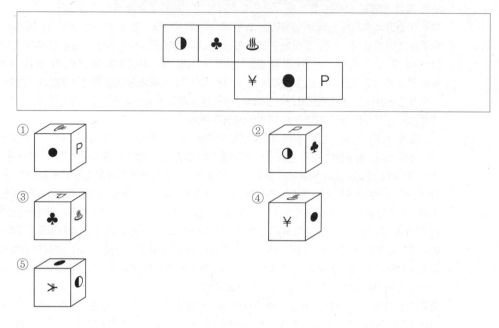

02 왼쪽의 직육면체 모양의 입체도형은 두 번째, 세 번째 입체도형과 ?를 조합하여 만들 수 있다. ?에 가장 적절한 도형은?

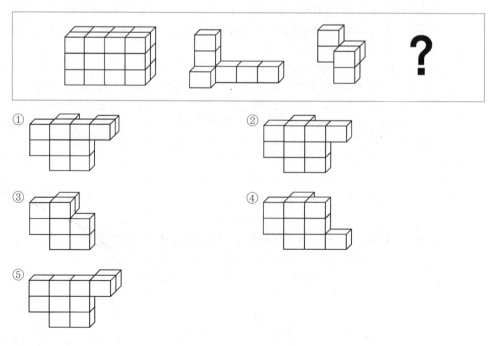

03 다음 제시된 도형을 조합하였을 때 나올 수 없는 모형은?

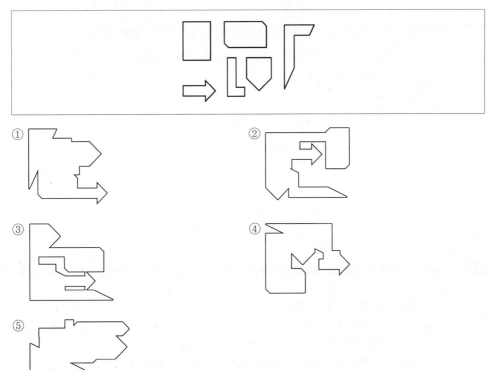

①

②

③

④

⑤

01 다음 중 울혈성 심부전 환자에게 이뇨제를 투여하는 이유로 옳은 것은?

① 전부하 감소   ② 후부하 감소

③ 심근의 수축력 감소   ④ 심실의 신장성 감소

⑤ 심박수 감소

02 다음 중 55세 환자에게 니트로글리세린 투여 시 교육내용으로 적절한 것을 모두 고르면?

ㄱ. 약물을 항상 지니고 다닌다.
ㄴ. 약물을 어두운 병에 담아서 보관한다.
ㄷ. 서맥, 극단적인 빈맥이 있을 경우 투여를 중단한다.
ㄹ. 10회까지 투여할 수 있으며 그래도 완화되지 않으면 즉시 의사를 찾아간다.

① ㄱ, ㄴ, ㄷ   ② ㄱ, ㄷ
③ ㄴ, ㄹ   ④ ㄹ
⑤ ㄱ, ㄴ, ㄷ, ㄹ

03 다음 중 니트로글리세린 복용 시 간호중재로 적절한 것을 모두 고르면?

ㄱ. 약은 앉은 자세에서 투약하는 것이 효력이 좋다.
ㄴ. 알약은 삼키지 않고 혀 밑에 넣은 뒤 녹여서 삼킨다.
ㄷ. 1회 복용(5분간) 후에도 통증이 계속되면 응급실로 간다.
ㄹ. 몸에 붙지 않는 의복 주머니나 지갑에 넣어 다닌다.

① ㄱ, ㄴ, ㄷ   ② ㄱ, ㄷ
③ ㄴ, ㄹ   ④ ㄹ
⑤ ㄱ, ㄴ, ㄷ, ㄹ

04 다음 중 침상에서 식사를 하던 환자가 경련을 일으킨 경우 간호중재로 적절하지 않은 것은?

① 발작 중에는 환자를 억제하지 않는다.
② 숟가락을 물려 기도를 유지한다.
③ 어둡고, 조용한 환경을 갖춘다.
④ 고개를 옆으로 돌려 기도를 유지한다.
⑤ 환자의 반응을 관찰 기록한다.

05 다음 중 인슐린 과량 투여로 인해 의식장애가 발생할 경우 응급처치방법으로 적절한 것을 모두 고르면?

ㄱ. 글루카곤 정맥주사	ㄴ. 생리식염수 정맥주사
ㄷ. 50% 포도당 정맥주사	ㄹ. 아드레날린 정맥주사

① ㄱ, ㄴ, ㄷ   ② ㄱ, ㄷ
③ ㄴ, ㄹ   ④ ㄹ
⑤ ㄱ, ㄴ, ㄷ, ㄹ

06 Ampicillin 2.0g을 qid로 주라는 처방이다. 암피실린 1정이 250mg일 때, 1회 투여량은?

① 2정   ② 4정
③ 6정   ④ 8정
⑤ 10정

07 'Phenbrex 500mg qid p.o'라는 투약처방에서 5일간 필요한 Phenbrex의 총량은?

① 3,000mg   ② 6,000mg
③ 10,000mg   ④ 12,000mg
⑤ 15,000mg

08 5% 포도당 1,000mL를 정맥으로 6시간 동안 주입하려고 한다. 주입세트가 1mL당 15방울인 것으로 주입할 경우 1분간 방울 수는?

① 10 ~ 15방울   ② 30 ~ 35방울

③ 40 ~ 45방울   ④ 70 ~ 115방울

⑤ 120 ~ 125방울

09 체중이 4kg인 영아에게 1 : 4 용액 400mL를 24시간 동안 정맥주입 하려고 한다. 적절한 분당 주입속도는?(단, 1mL는 15방울로 계산한다)

① 2 ~ 3방울   ② 4 ~ 5방울

③ 6 ~ 7방울   ④ 8 ~ 9방울

⑤ 10 ~ 11방울

10 320cc의 약물을 2시간에 걸쳐 투여하라는 의사의 처방이 나왔다. 적절한 분당 주입속도는?(단, 1mL는 15방울로 계산한다)

① 10gtt   ② 20gtt

③ 30gtt   ④ 40gtt

⑤ 50gtt

11 39주된 28세의 임부가 빠르고 약한 맥박을 나타내었다. 5% 포도당 1,000cc에 옥시토신 10유니트를 주입하던 중 자궁수축이 2분 간격으로 80초간 계속되었다면, 간호사가 제일 먼저 해야 할 일은?

① 1분에 5방울 주입한다.

② 1분에 2방울 주입한다.

③ 즉시 수액주입을 중지하고 주치의를 부른다.

④ 1분에 10방울 주입한다.

⑤ 계속 그대로 주입한다.

12 다음 중 COPD 환자의 간호로 가장 적절한 것은?

① 입으로 숨을 깊게 들이마시게 한다.

② 실내의 공기를 따뜻하고 건조하게 유지한다.

③ 영양가가 풍부한 음식을 포만감을 느낄 때까지 섭취하도록 한다.

④ 숨을 쉴 때 내쉬는 시간이 들이마시는 시간보다 두 배 이상 길게 하도록 한다.

⑤ 입술을 내밀면서 빠르게 숨을 내쉬도록 한다.

13 다음 중 담낭절제술 환자의 회복을 관찰하기 위해 7 ~ 10일 정도에 사정해야 하는 것은?

① 대변색   ② 소변색

③ 담즙색   ④ 공막색

⑤ 피부색

14 다음 중 위관영양의 실시에 관한 설명으로 옳은 것을 모두 고르면?

> ㄱ. 주입용기를 튜브에 연결한 후 먼저 음식을 주입하고 마지막에 물을 주입한다.
> ㄴ. 중력에 의해 음식이 위 안으로 흘러 들어가도록 영양액 주입 시 좌위나 반좌위를 취해 준다.
> ㄷ. 주입용기가 다 비워진 후 영양액을 다시 채워 주입하는 것을 반복한다.
> ㄹ. 위관영양을 시행하기 전에 위 내용물을 흡인해 보고 흡인한 내용물은 다시 넣어준다.

① ㄱ, ㄴ, ㄷ   ② ㄱ, ㄷ

③ ㄴ, ㄹ   ④ ㄹ

⑤ ㄱ, ㄴ, ㄷ, ㄹ

15 혼자서 심폐소생술을 할 때, 호흡수 대 심장마사지 횟수의 비율로 옳은 것은?

① 1 : 1   ② 1 : 5

③ 2 : 5   ④ 2 : 13

⑤ 2 : 30

16 다음 중 미열과 약간의 피로감이 있는 결핵을 치료 중인 사춘기 소년에 대한 간호로 적절한 것을 모두 고르면?

ㄱ. 저지방 섭취
ㄴ. 지나치게 격렬한 운동 제한
ㄷ. 적절한 영양관리와 휴식의 필요성 강조
ㄹ. 호흡기 감염 노출 주의

① ㄱ, ㄴ, ㄷ   ② ㄱ, ㄷ
③ ㄴ, ㄹ   ④ ㄹ
⑤ ㄴ, ㄷ, ㄹ

17 다음 중 담낭 절제술 후, T-Tube를 제거할 수 있는 상황은?

① 배액량이 500 ~ 600mL일 때
② 담즙이 배액되지 않을 때
③ 담관 조영술을 통해 총담관의 개방성이 확인된 후
④ 배액량에 관계없이 수술 후 5 ~ 6일째
⑤ 담즙성분을 분석한 결과 정상일 때

2022년 기출복원문제 정답 및 해설

01 수리논리

01	02	03	04	05					
③	④	③	④	③					

01 정답 ③

• A기업
 – 화물자동차 : 200,000+(1,000×5×100)+(100×5×100)=750,000원
 – 철도 : 150,000+(900×5×100)+(300×5×100)=750,000원
 – 연안해송 : 100,000+(800×5×100)+(500×5×100)=750,000원
• B기업
 – 화물자동차 : 200,000+(1,000×1×200)+(100×1×200)=420,000원
 – 철도 : 150,000+(900×1×200)+(300×1×200)=390,000원
 – 연안해송 : 100,000+(800×1×200)+(500×1×200)=360,000원
따라서 A는 모든 수단의 운임이 같고, B는 연안해송이 가장 저렴하다.

02 정답 ④

미혼모 가구 수는 2019년까지 감소하다가 2020년부터 증가하였고, 미혼부 가구 수는 2018년까지 감소하다가 2019년부터 증가하였으므로 증감 추이가 바뀌는 연도는 같지 않다.

[오답분석]
① 한부모 가구 중 모자 가구 수의 전년 대비 증가율은 다음과 같다.
 • 2018년 : 2,000÷1,600=1.25배
 • 2019년 : 2,500÷2,000=1.25배
 • 2020년 : 3,600÷2,500=1.44배
 • 2021년 : 4,500÷3,600=1.25배
 따라서 2020년을 제외하고 1.25배씩 증가하였다.
② 한부모 가구 중 모자 가구 수의 20%를 구하면 다음과 같다.
 • 2017년 : 1,600×0.2=320천 명
 • 2018년 : 2,000×0.2=400천 명
 • 2019년 : 2,500×0.2=500천 명
 • 2020년 : 3,600×0.2=720천 명
 • 2021년 : 4,500×0.2=900천 명
 따라서 부자 가구가 20%를 초과한 해는 2020년(810천 명), 2021년(990천 명)이다.
③ 2020년 미혼모 가구 수는 모자 가구 수의 $\frac{72}{3,600}×100$=2%이다.
⑤ 2018년 부자 가구 수는 미혼부 가구 수의 340÷17=20배이다.

03 정답 ③

인사 이동 전 A부서와 B부서의 인원을 각각 a명, b명이라고 하면 $a \times \frac{15}{100} = 6$, $b \times \frac{12}{100} = 6$이므로 a=40, b=50이다.

따라서 인사이동 전 두 부서의 인원 차이는 10명이다.

04 정답 ④

ㄱ. 휴대폰 A~D의 항목별 기본점수를 계산하면 다음과 같다.

구분	A	B	C	D
디자인	5	4	2	3
가격	2	3	4	5
해상도	3	4	5	2
음량	4	2	5	3
화면크기·두께	4	5	2	3
내장·외장메모리	2	3	4	5
합계	20	21	22	21

따라서 기본점수가 가장 높은 휴대폰은 22점인 휴대폰 C이다.

ㄷ. 휴대폰 A~D의 항목별 고객평가 점수를 단순 합산하면 다음과 같다.

구분	A	B	C	D
디자인	8	7	4	6
가격	4	6	7	8
해상도	5	6	8	4
음량	6	4	7	5
화면크기·두께	7	8	3	4
내장·외장메모리	5	6	7	8
합계	35	37	36	35

따라서 각 항목의 점수를 단순 합산한 점수가 가장 높은 휴대폰은 제품 B이다.

ㄹ. 성능점수인 해상도, 음량, 내장·외장메모리 항목의 점수를 제외한, 디자인, 가격, 화면크기·두께 항목의 점수만을 단순 합산한 점수를 계산하면 다음과 같다.

기본점수	A	B	C	D
디자인	8	7	4	6
가격	4	6	7	8
화면크기·두께	7	8	3	4
합계	19	21	14	18

따라서 휴대폰 B의 점수는 휴대폰 C 점수의 $\frac{21}{14} = 1.5$배이다.

오답분석

ㄴ. 휴대폰 A~D의 성능점수를 계산하면 다음과 같다.

구분	A	B	C	D
해상도	3	4	5	2
음량	4	2	5	3
내장·외장메모리	2	3	4	5
합계	9	9	14	10

따라서 성능점수가 가장 높은 휴대폰은 14점인 휴대폰 C이다.

05 정답 ③

먼저 표의 빈칸을 구하면 다음과 같다.

- A의 서류점수 : $\dfrac{\bigcirc+66+65+80}{4}=70.75$점

  $\therefore \bigcirc=72$

- A의 평균점수 : $\dfrac{72+85+68}{3}=75$점

  $\therefore \bigcirc=75$

- C의 필기점수 : $\dfrac{85+71+\bigcirc+88}{4}=80.75$점

  $\therefore \bigcirc=79$

- C의 평균점수 : $\dfrac{65+79+84}{3}=76$점

  $\therefore \bigcirc=76$

이에 따라 각 부서에 배치할 인원은 다음과 같다.
- 홍보팀 : 면접점수가 85점으로 가장 높은 B
- 총무팀 : 평균점수가 76점으로 가장 높은 C
- 인사팀 : A와 D의 서류점수와 필기점수의 평균을 구하면 A가 $\dfrac{72+85}{2}=78.5$점, D가 $\dfrac{80+88}{2}=84$점이다.

  따라서 인사팀에는 D가 적절하다.
- 기획팀 : 가장 마지막 배치순서이므로 A가 배치될 것이다.

02 추리

01	02	03	04	05	06	07			
②	①	②	③	③	③	⑤			

01 정답 ②

'공부를 열심히 한다.'를 A, '지식을 함양하지 않는다.'를 B, '아는 것이 적다.'를 C, '인생에 나쁜 영향이 생긴다.'를 D로 놓고 보면 첫 번째 명제는 C → D, 세 번째 명제는 B → C, 네 번째 명제는 ~A → D이므로 네 번째 명제가 도출되기 위해서는 ~A → B가 필요하다. 따라서 대우 명제인 ②가 답이 된다.

02 정답 ①

제시된 단어는 반의 관계이다.
'호평'은 '좋게 평함. 또는 그런 평판이나 평가'를 뜻하고, '악평'은 '나쁘게 평함. 또는 그런 평판이나 평가'를 뜻한다. 따라서 '보통 있는 일'의 뜻인 '예사'와 반의 관계인 단어는 '보통 수준보다 훨씬 뛰어나게'의 뜻인 '비범'이다.

[오답분석]
② 통상 : 특별하지 아니하고 예사임
③ 보통 : 특별하지 아니하고 흔히 볼 수 있음. 또는 뛰어나지도 열등하지도 아니한 중간 정도
④ 험구 : 남의 흠을 들추어 헐뜯거나 험상궂은 욕을 함
⑤ 인기 : 어떤 대상에 쏠리는 대중의 높은 관심이나 좋아하는 기운

03 정답 ②

주어진 조건을 표로 정리하면 다음과 같다.

구분	아메리카노	카페라테	카푸치노	에스프레소
A	○	×	×	×
B				○
C				×

오답분석

① · ⑤ 주어진 조건만으로는 C가 좋아하는 커피를 알 수 없다.

③ B는 에스프레소를 좋아하지만, C는 에스프레소를 좋아하지 않는다.

④ A와 B는 좋아하는 커피가 다르다고 했으므로, A는 에스프레소를 좋아하지 않는다. 또한 주어진 조건에서 카페라테와 카푸치노
도 좋아하지 않는다고 했으므로 A가 좋아하는 커피는 아메리카노이다.

04 정답 ③

♨ : 각 자릿수 +2, +1, +2, +1

◀ : 각 자릿수 −4, −3, −2, −1

◈ : 1234 → 4231

$$S4X8 \quad \xrightarrow{\text{♨}} \quad U5Z9 \quad \xrightarrow{\text{◈}} \quad 95ZU$$

05 정답 ③

$$W53M \quad \xrightarrow{\text{◀}} \quad S21L \quad \xrightarrow{\text{◈}} \quad L21S$$

06 정답 ③

$$T83I \quad \xrightarrow{\text{♨}} \quad V95J \quad \xrightarrow{\text{◀}} \quad R63I$$

07 정답 ⑤

$$6SD2 \quad \xrightarrow{\text{◀}} \quad 2PB1 \quad \xrightarrow{\text{◈}} \quad 1PB2 \quad \xrightarrow{\text{♨}} \quad 3QD3$$

03 직무상식

01	02	03	04	05	06				
①	①	⑤	①	③	①				

01 정답 ①

정의의 원리

정의란 어떤 사람의 타인에 대한 행위의 기본, 즉 도덕성의 기본이다. 달리 표현하면, 정의라는 것은 사회생활의 영위와 관련된 개인의 규범이며 동시에 사회를 구성하는 데 기본이 되는 사회적 규범이라고 할 수 있다. 이러한 분배적 정의의 유형에는 획일적 분배, 필요에 따른 분배, 노력에 따른 분배, 성과에 다른 분배, 공적에 따른 분배 등이 있다.

02 정답 ①

오답분석

② 저작이 용이한 음식을 소량씩 자주 제공한다. 고섬유 식이는 저작이 어려운 경우가 많다.
③·④ 지나치게 뜨겁거나 차가운 음식 섭취를 삼가야 한다.
⑤ 고단백 식이를 권장한다.

03 정답 ⑤

석고붕대를 반원통으로 자르거나 원통석고붕대의 일부를 잘라 압박을 감해준다.

04 정답 ①

위 절제수술 후 식이요법

• 위 절제수술 후 음식물이 장 내로 너무 빨리 내려가 구토, 복통, 설사 등의 덤핑증후군이 나타나는 것을 방지하고 수술 후 회복과 영양상태 유지를 위해 식사조절을 시행한다.
• 수술 직후에는 전체적인 식사 섭취량이 적고 소화 및 흡수율도 낮아 체중이 단기간 많이 빠질 수 있으므로 일정하게 체중을 체크하면서 적절한 영양상태를 유지할 수 있도록 식사를 섭취한다.
• 식사 시에는 앉아서 먹지 말고 횡와위나 반횡와위 등을 취한 상태에서 한다.
• 식사량은 한 번에 많이 먹지 말고 조금씩 소량으로 나누어 여러 번 먹는다.
• 수분섭취는 식전 1시간이나 식후 2시간까지는 제한하여 음식소화를 지연시킨다.
• 고단백, 고지방, 저탄수화물 식이를 제공해준다.

05 정답 ③

호흡성 산증 환자의 적절한 간호중재

• 저산소혈증을 예방하기 위하여 처방된 낮은 농도의 산소를 투여한다.
• 탈수를 예방하기 위하여 따뜻한 생리식염수를 공급한다.
• 복식호흡을 하도록 권하고, 금연을 시킨다.

06 정답 ①

오답분석

㉣ 암모니아가 풍부한 음식은 간성 뇌병증을 유발할 수 있으므로 제한한다.

01 수리논리

01	02	03	04	05					
②	④	①	③	②					

01 정답 ②

스마트패드만 구입한 고객의 수를 x명, 스마트패드와 스마트폰을 모두 구입한 고객의 수를 y명이라고 하자.

스마트폰만 구입한 고객은 19명이고, 스마트패드와 스마트폰을 구매한 고객은 총 69명이므로 $x+y+19=69$이다.

한 달 동안 S사의 매출액은 4,554만 원이므로 $80 \times x+91 \times y+17 \times 19=4,554$이다.

두 식을 정리하여 연립하면 다음과 같다.

$x+y=50$ ⋯ ㉠

$80x+91y=4,231$ ⋯ ㉡

㉡$-80 \times$㉠ → $x=29$, $y=21$

따라서 스마트패드와 스마트폰을 모두 구입한 고객의 수는 21명이다.

02 정답 ④

• 전체 경우

구분	1년	2년	3년
조장 가능 인원	6명	5명(첫 번째 연도 조장 제외)	5명(두 번째 연도 조장 제외)

연임이 불가능할 때 3년 동안 조장을 뽑는 경우의 수는 6×5×5가지이다.

• A가 조장을 2번 하는 경우

구분	1년	2년	3년
조장	1명(A)	5명(A 제외 5명 중 1명)	1명(A)

연임은 불가능하므로 3년 동안 A가 조장을 2번 할 수 있는 경우는 첫 번째와 마지막에 조장을 하는 경우이다. 그러므로 A가 조장을 2번 하는 경우의 수는 1×5×1가지이다.

∴ $\dfrac{1 \times 5 \times 1}{6 \times 5 \times 5} = \dfrac{1}{30}$

03 정답 ①

대부분의 업종에서 2019년 1분기보다 2019년 4분기의 영업이익이 더 높지만, 철강업에서는 2019년 1분기(10,740억 원)가 2019년 4분기(10,460억 원)보다 높다.

② 2020년 1분기 영업이익이 전년 동기(2019년 1분기) 대비 영업이익보다 높은 업종은 다음과 같다.

- 반도체(40,020 → 60,420)
- 통신(5,880 → 8,880)
- 해운(1,340 → 1,660)
- 석유화학(9,800 → 10,560)
- 항공(-2,880 → 120)

③ 2020년 1분기 영업이익이 적자가 아닌 업종 중 영업이익이 직전 분기(2019년 4분기) 대비 감소한 업종은 건설(19,450 → 16,410), 자동차(16,200 → 5,240), 철강(10,460 → 820)이다.

④ 2019년 1, 4분기에 흑자였다가 2020년 1분기에 적자로 전환된 업종은 디스플레이, 자동차부품, 조선, 호텔로 4개이다.

⑤ 항공업은 2019년 1분기(-2,880억 원)와 4분기(-2,520억 원) 모두 적자였다가 2020년 1분기(120억 원)에 흑자로 전환되었다.

04 정답 ③

인천과 세종의 여성공무원 비율은 다음과 같다.

- 인천 : $\frac{10,500}{20,000} \times 100 = 52.5\%$

- 세종 : $\frac{2,200}{4,000} \times 100 = 55\%$

따라서 비율 차이는 $55 - 52.5 = 2.5\%p$이다.

① 남성 공무원 수가 여성 공무원 수보다 많은 지역은 서울, 경기, 부산, 광주, 대전, 울산, 강원, 경상, 제주로 총 9곳이다.

② 광역시의 남성 공무원 수와 여성 공무원 수의 차이는 다음과 같다.

- 인천 : 10,500-9,500=1,000명
- 부산 : 7,500-5,000=2,500명
- 대구 : 9,600-6,400=3,200명
- 광주 : 4,500-3,000=1,500명
- 대전 : 3,000-1,800=1,200명
- 울산 : 2,100-1,900=200명

따라서 차이가 가장 큰 광역시는 대구이다.

④ 수도권(서울, 경기, 인천)과 광역시(인천, 부산, 대구, 광주, 대전, 울산)의 공무원 수는 다음과 같다.

- 수도권 : 25,000+15,000+20,000=60,000명
- 광역시 : 20,000+12,500+16,000+7,500+4,800+4,000=64,800명

따라서 차이는 64,800-60,000=4,800명이다.

⑤ 제주지역의 전체 공무원 중 남성 공무원의 비율은 $\frac{2,800}{5,000} \times 100 = 56\%$이다.

05 정답 ②

제시된 식으로 응시자와 합격자 수를 계산하였을 때 다음과 같다.

구분	2016년	2017년	2018년	2019년	2020년
응시자	2,810	2,660	2,580	2,110	2,220
합격자	1,310	1,190	1,210	1,010	1,180

응시자 중 불합격자 수는 응시자에서 합격자 수를 빼준 값으로 연도별 알맞은 수치는 다음과 같다.

- 2016년 : 2,810-1,310=1,500명
- 2017년 : 2,660-1,190=1,470명
- 2018년 : 2,580-1,210=1,370명

- 2019년 : 2,110−1,010=1,100명
- 2020년 : 2,220−1,180=1,040명

제시된 수치는 접수자에서 합격자 수를 뺀 값으로 옳지 않은 그래프이다.

오답분석

① 미응시자 수는 접수자 수에서 응시자 수를 제외한 값이다.
- 2016년 : 3,540−2,810=730명
- 2017년 : 3,380−2,660=720명
- 2018년 : 3,120−2,580=540명
- 2019년 : 2,810−2,110=700명
- 2020년 : 2,990−2,220=770명

02 추리

01	02	03	04	05	06	07			
⑤	③	①	④	②	④	②			

01 정답 ⑤

- 문자표

A	B	C	D	E	F	G	H	I	J	K	L	M	N
O	P	Q	R	S	T	U	V	W	X	Y	Z		
ㄱ	ㄴ	ㄷ	ㄹ	ㅁ	ㅂ	ㅅ	ㅇ	ㅈ	ㅊ	ㅋ	ㅌ	ㅍ	ㅎ

- 규칙

△ : 0, +1, −1, +1
○ : 1234 → 4123으로 순서 바꾸기
☆ : −1, 0, 0, +1
□ : 1234 → 2314로 순서 바꾸기

QE1O → E1QO → D1QP
　　　□　　　　☆

02 정답 ③

JW37 → JX28 → 8JX2
　　　△　　　○

03 정답 ①

UNWD → UOVE → OVUE
　　　△　　　□

04 정답 ④

6753　　→　　5754　　→　　5845
　　　　　☆　　　　　△

05 정답 ②

제시된 단어는 반의 관계이다.
'영겁'은 '영원한 세월'의 뜻으로 '아주 짧은 동안'이라는 뜻인 '순간'과 반의 관계이다. 따라서 '훌륭하고 귀중함'의 뜻을 가진 '고귀'와 반의 관계인 단어는 '격이 낮고 속됨'이라는 뜻인 '비속'이다.

[오답분석]
① 숭고 : 뜻이 높고 고상함
③ 고상 : 고귀한 인상
④ 존귀 : 지위나 신분이 높고 귀함
⑤ 신성 : 고결하고 거룩함

06 정답 ④

'작곡가를 꿈꾼다.'를 '작', 'TV 시청을 한다.'를 'T', '안경을 썼다.'를 '안'이라고 하자.

구분	명제	대우
전제1	작 → T	T× → 작×
결론	안× → 작×	작 → 안

전제1의 대우가 결론으로 연결되려면, 전제2는 안× → T×가 되어야 한다. 따라서 전제2는 '안경을 쓰지 않은 사람은 TV 시청을 하지 않는다.'가 적절하다.

07 정답 ②

C 혼자 딸기맛을 선택했고, A와 D는 서로 같은 맛을 선택했으므로 A와 D는 바닐라맛 또는 초코맛을 선택했음을 알 수 있다. 또한 B와 E는 서로 다른 맛을 선택했고 마지막에 주문한 E는 인원 초과로 선택한 아이스크림을 먹지 못했으므로 E는 A, D와 같은 맛을 선택했다.

구분	A	B	C	D	E
경우 1	바닐라	초코맛	딸기맛	바닐라	바닐라
경우 2	초코맛	바닐라	딸기맛	초코맛	초코맛

따라서 C가 딸기맛이 아닌 초코맛을 선택했어도 B는 C와 상관없이 아이스크림을 먹을 수 있으므로 ②는 옳지 않다.

`03` 직무상식

01	02	03	04	05	06				
②	⑤	④	②	④	②				

01 　정답　 ②

L-tube로 Feeding시 부작용으로는 Aspiration, 설사, 장 기능 저하, 비위관 폐쇄, 환자 컨디션 저하, 환자의 불편감 등이 있다. 따라서 구토는 부작용으로 옳지 않다.

02 　정답　 ⑤

혈소판 수치가 떨어져 출혈 위험이 있는 환자에게 제공해야 하는 것
- 아스피린이나 항응고제 사용 피하기
- 대변의 잠혈반응 검사하기
- 부드러운 칫솔이나 면봉 사용하기
- 치실 사용 피하기
- 코 세게 풀지 않기
- 외상, 충돌, 자상 등 피하기
- 전기면도기 사용하기

03 　정답　 ④

요로결석 환자의 생활습관 교육
- 물 많이 마시도록 하기(최소 2L)
- 짜게 먹는 습관 고치기
- 고기보다는 과일이나 채소 위주로 식사하기
- 발열 등 감염 여부 확인
- 처방받은 항생제 꾸준히 복용
- 지시가 있다면 소변의 산도(pH) 측정

04 　정답　 ②

ICP가 상승했을 때 나타나는 증상으로는 두통이 있다. 따라서 인후통은 옳지 않다.

05 　정답　 ④

$$\frac{1,000 \times 20}{60 \times 10} = \frac{100}{3} ≒ 33.333\cdots$$

따라서 33gtt/min이다.

06 　정답　 ②

$$\frac{2,000 \times 20}{60 \times 24} = \frac{250}{9} ≒ 27.777\cdots$$

따라서 28gtt/min이다.

2020년 기출복원문제 정답 및 해설

01 수리논리

01	02	03	04	05					
②	③	①	④	④					

01 정답 ②

처음에 덜어내 버린 설탕물의 양을 xg이라고 하자.

$$\frac{\frac{5}{100}\times(500-x)+\frac{12}{100}\times300}{(500-x)+300}\times100=8$$

$$\rightarrow \frac{2,500-5x+3,600}{800-x}=8$$

$$\rightarrow 2,500-5x+3,600=8\times(800-x)$$

$$\rightarrow 6,100-5x=6,400-8x$$

$$\rightarrow 3x=300$$

$$\rightarrow x=100$$

따라서 처음에 덜어내 버린 설탕물의 양은 100g이다.

02 정답 ③

시속 6km로 뛰어간 거리를 $x$km라 하면, 시속 3km로 걸어간 거리는 $(10-x)$가 된다. 시간에 대한 방정식을 세우면 다음과 같다.

$$\frac{x}{6}+\frac{10-x}{3}=2 \rightarrow x+2\times(10-x)=6\times2 \rightarrow -x=12-20 \rightarrow x=8$$

따라서 시속 6km로 뛰어간 거리는 8km이다.

03 정답 ①

사고건수가 가장 많은 교통사고 유형은 '신호위반(88,000건)'이지만, 사망자와 부상자가 가장 많은 교통사고 유형은 '중앙선침범 (2,400명, 120,000명)'이다.

오답분석

② 횡단보도사고 및 앞지르기위반의 사고건수 대비 사망자 비율은 다음과 같다.

- 횡단보도사고 : $\frac{480}{1,200}\times100=40\%$

- 앞지르기위반 : $\frac{640}{3,200}\times100=20\%$

따라서 횡단보도사고가 앞지르기위반의 2배이다.

③ '신호위반'과 '중앙선침범'으로 인한 사고는 88,000+80,000=168,000건으로 전체 사고의 절반인 183,520÷2=91,760건보다 많다.

④ '음주운전사고'로 인한 부상자 수(3,360명)는 사고건수(2,800건)의 $3,360 \div 2,800 = 1.2$배이다.

⑤ '앞지르기위반'으로 인한 부상자 수는 3,648명으로 이는 사망자 수인 640명의 $3,648 \div 640 = 5.7$배로 5배 이상이다.

04 　정답　④

구간 '육식률 80% 이상'과 '육식률 50% 이상 80% 미만'에서의 사망률 1위 암은 '위암'으로 동일하나, '육식률 30% 이상 50% 미만'에서의 사망률 1위 암은 '대장암'이다.

　오답분석　

① '육식률 80% 이상'에서의 위암 사망률(85%)과 '채식률 100%'에서 위암 사망률(4%) 차이는 81%로 유일하게 80%가 넘게 차이 난다.

② • '육식률 80% 이상'에서의 사망률이 50% 미만인 암 : '전립선암(42%)', '폐암(48%)', '난소암(44%)'
　• '육식률 50% 이상 80% 미만'에서의 사망률이 50% 이상인 암 : '대장암(64%)', '방광암(52%)', '위암(76%)'
　따라서 동일하다.

③ '전립선암'은 '채식률 100%'에서 사망률 8%로 '육식률 30% 미만' 구간의 사망률 5%보다 높다.

⑤ '채식률 100%'에서 사망률이 10%를 초과하는 암은 '폐암(11%)'뿐이다.

05 　정답　④

연도별 백혈병 대비 갑상선암의 유병자 비율은 다음과 같고 2019년도 비율이 가장 낮다.

구분	2013년	2014년	2015년	2016년	2017년	2018년	2019년
비율	$\dfrac{157,082}{7,463}$ $\fallingdotseq 21.0$	$\dfrac{180,298}{7,748}$ $\fallingdotseq 23.3$	$\dfrac{195,846}{8,156}$ $\fallingdotseq 24.0$	$\dfrac{194,555}{8,535}$ $\fallingdotseq 22.8$	$\dfrac{183,203}{8,908}$ $\fallingdotseq 20.6$	$\dfrac{168,381}{9,194}$ $\fallingdotseq 18.3$	$\dfrac{150,081}{9,522}$ $\fallingdotseq 15.8$

　풀이　꿀팁　

직접 계산하기 전 백혈병 대비 갑상선암 유병자 수 비율은 $\dfrac{(갑상선암 \ 유병자)}{(백혈병 \ 유병자)}$ 이다. 분모의 수는 크고, 분자의 수가 작은 값일수록 비율은 낮아진다. 따라서 분모인 백혈병은 2019년도의 유병자 수가 가장 많고, 분자인 갑성선암은 2019년도 유병자 수가 가장 적음으로 계산과정 없이 2019년도의 백혈병 대비 갑상선압의 유병자 비율이 가장 낮음을 알 수 있다.

　오답분석　

① 연도별 암 유병자의 총합은 아래 표와 같으며 2013년도 암 유병자 수가 가장 적다.

구분	2013년	2014년	2015년	2016년
암 유병자 수	466,050명	507,672명	536,350명	542,789명

② 2013년부터 2017년까지 매년 암 종류별 유병자 수가 많은 4가지 종류는 '갑상선암 - 위암 - 대방암 - 폐암'으로 폐암은 네 번째로 유병자가 많다.

③ 전년 대비 2018년도의 위암의 감소율은 $\dfrac{117,547 - 117,147}{117,547} \times 100 \fallingdotseq 0.3\%$로 간암의 증가율인 $\dfrac{37,569 - 37,290}{37,290} \times 100 \fallingdotseq 0.7\%$보다 낮다.

⑤ 연도별 식도암 유병자 수가 적은 순서는 '2013 - 2014 - 2015 - 2016 - 2017 - 2018 - 2019'이며, 위암 유병자 수의 경우 '2013 - 2014 - 2015 - 2019 - 2018 - 2016 - 2017' 순서로 동일하지 않다.

02 추리

01	02	03	04	05	06	07			
④	③	①	②	④	②	④			

01 정답 ④

'소유하다'는 '가지고 있다.'는 뜻으로 '사물이나 공간, 지위 따위를 자기 몫으로 가지다.'라는 뜻인 '차지하다'와 유의 관계이다. 따라서 '어떤 명목을 붙여 주의나 주장 또는 처지를 앞에 내세우다.'는 뜻을 가진 '표방하다'와 유의 관계인 단어는 '주장이나 의견 따위를 내놓고 주장하거나 지지하다.'라는 뜻인 '내세우다'이다.

[오답분석]
① 방자하다 : 어려워하거나 조심스러워하는 태도가 없이 무례하고 건방지다.
② 겸손하다 : 남을 존중하고 자기를 내세우지 않는 태도가 있다.
③ 모방하다 : 다른 것을 본뜨거나 본받다.
⑤ 요량하다 : 앞일을 잘 헤아려 생각하다.

02 정답 ③

'물을 녹색으로 만든다.'를 p, '냄새 물질을 배출한다.'를 q, '독소 물질을 배출한다.'를 r, '물을 황색으로 만든다.'를 s라고 하면 제시된 명제는 $p \rightarrow q$, $r \rightarrow \sim q$, $s \rightarrow \sim p$이며, 첫 번째 명제의 대우인 $\sim q \rightarrow \sim p$가 성립함에 따라 $r \rightarrow \sim q \rightarrow \sim p$가 성립한다. 따라서 명제 '독소 물질을 배출하는 조류는 물을 녹색으로 만들지 않는다.'는 반드시 참이 된다.

03 정답 ①

• 문자표

A	B	C	D	E	F	G	H	I	J
K	L	M	N	O	P	Q	R	S	T
U	V	W	X	Y	Z				
0	1	2	3	4	5	6	7	8	9

• 규칙
  ⊕ : 각 자릿수 $+2$, $+0$, $+0$, $+2$
  ⊖ : 각 자릿수 -1, $+1$, $+1$, -1
  ◉ : 1234 → 2143
  ● : 1234 → 4123

  BUS8   →   UB8S   →   WB8U
          ◉   ⊕

04 정답 ②

  IU93   →   UI39   →   9UI3   →   8VJ2
       ◉   ●   ⊖

05 정답 ④

NWRB → MXSA → XMAS
     ⊖   ◉

06 정답 ②

OHMJ → QHML → PINK
     ⊕   ⊖

07 정답 ④

A와 E의 진술이 상반되므로 둘 중 한 명이 거짓을 말하고 있음을 알 수 있다.
1) E의 진술이 거짓인 경우 : 지각한 사람이 D와 E 2명이 되므로 성립하지 않는다.
2) A의 진술이 거짓인 경우 : B, C, D, E의 진술이 모두 참이 되며, 지각한 사람은 D이다.
따라서 거짓을 말하는 사람은 A이며, 지각한 사람은 D이다.

03 직무상식

01	02	03	04	05					
②	①	①	④	③					

01 정답 ②

부적합한 혈액형을 수혈할 경우 나타날 수 있는 부작용은 용혈성 반응이다. 즉, 용혈자의 혈액형과 수혈자의 혈액형이 서로 다를 때 나타나는 부작용이다. 수혈의 부작용으로는 용혈성, 발열성, 알레르기성, 순환과부담 등이 있다.

02 정답 ①

심부정맥혈전증(DVT, Deep Vein Thrombosis)의 위험인자
• 고령, 장기침상 환자
• 정맥혈전색전증의 과거력이 있는 경우
• 암환자, 비만인 사람, 흡연자
• 울혈성 심부전 환자, 혈액 이상 질환자
• 일차성 과응고 상태의 임신부
• 피임약 사용과 호르몬제 치료 중인 자
• 중심정맥관 삽입, 염증성 장질환, 전신성홍반성낭창 등이 있는 경우

03   정답 ①

간질발작환자의 간호중재
• 바닥에 고이 눕힌다.
• 발작시 혀를 물지 않게 한다.
• 방을 어둡게 하고, 조용히 한다.
• 억제대를 사용하지 않는다.
• 마사지하지 않는다.

04   정답 ④

혈전성 정맥염
• 혈관벽에 달라붙는 혈전의 형성을 동반하는 정맥염증으로 산모들의 산욕기 동안 혈액의 응고인자들이 상승하여 혈전성 정맥염의 발생률이 높다.
• 혈전은 대개 장딴지에 위치한 슬와정맥이나 대퇴정맥에서 시작하여 그 상하부로 진행되는데, 복부에 위치하는 장골정맥이나, 하대정맥에 혈전이 파급되면 치사율이 대단히 높은 폐색전증으로 발전되기 쉽다.

05   정답 ③

흉부에 얼음주머니를 올려주는 것은 만성기관지염을 더욱 악화시킨다.

만성기관지염의 간호중재
• 호흡기를 자극하는 물질을 들여 마시지 않도록 해야 하며, 금연을 해야 한다.
• 저산소혈증을 예방하기 위하여 처방된 낮은 농도의 산소를 투여한다.
• 탈수를 예방하기 위하여 따뜻한 생리식염수를 공급한다.
• 영양섭취에 제한을 둘 필요는 없다. 수분을 충분히 섭취하는 것이 가래를 묽게 하는 데 도움이 된다.
• 적절한 습도유지 및 수분섭취는 기관지를 보호하고 가래를 배출하는 데 도움이 된다.
• 쉬기만 하는 것보다는 본인에게 적합한 운동과 활동을 하는 것이 호흡기능과 신체기능 유지, 향상에 더 도움이 된다. 그러나 크게 웃거나 소리 지르거나 심한 운동을 하는 것과 같은 모든 행동은 피하는 것이 좋다.
• 복식호흡으로 횡경막의 운동을 증가시키면 폐기능 개선에 많은 도움이 되며, 입술을 모아서 천천히 숨을 내쉬는 방법도 호흡곤란을 감소시키는 데 도움이 된다.
• 만성기관지염을 가진 사람은 독감이나 폐구균성 폐렴에 걸릴 경우 합병증이 많이 발생하며, 사망할 가능성도 높아진다. 따라서 만성기관지염이 있는 사람은 독감(인플루엔자) 예방주사와 폐렴(폐렴구균에 의한) 예방주사를 맞는 것이 좋다.

01 언어논리

01	02	03	04						
①	④	①	④						

01 정답 ①

①은 주어+형용사의 구조이고 ②·③·④·⑤는 주어+동사의 구조이다.

02 정답 ④

밑줄 친 '들어서다'는 '어떤 곳에 자리 잡고 서다.'를 의미한다. 따라서 '어떤 곳에 자리 잡고 서다.'의 의미로 쓰인 ④가 적절하다.

오답분석
① 밖에서 안쪽으로 옮겨 서다.
② 대들어서 버티고 서다.
③ 아이가 뱃속에 생기다.
⑤ 어떤 상태나 시기가 시작되다.

03 정답 ①

오답분석
② 병을 얻다(앓다).
③ 며느리를 얻다(맞이하다).
④ 거울 하나를 친구에게서 얻었다(받았다).
⑤ 일자리를 얻다(구하다).

04 정답 ④

영국의 BBC에서 뉴스 시그널로 베토벤의 5번 교향곡을 사용한 것이 제2차 세계 대전 때이고, 작곡은 그 전에 이루어졌다.

02 수리논리

01	02	03							
②	④	②							

01 정답 ②

A사의 경우 10대 구입 시 1대 추가 증정과 100만 원당 5만 원 할인 행사를 진행하고 있으므로 11대를 95만 원에 구입 가능하다. 11대를 한 묶음이라고 할 때, n묶음을 구입한다고 하자. 10개 단위로만 구입해야 하므로 n묶음의 10 미만의 개수를 제외한 $(10-n)$대를 추가로 구입해야 한다.

$95n+10(10-n) \leq 500 \rightarrow 85n \leq 400 \rightarrow n \leq 4.7$

따라서 A사가 구입할 수 있는 공기청정기 수는 최대 $11 \times 4 + 6 = 50$대이고, $95 \times 4 + 6 \times 10 = 380 + 60 = 440$만 원이다.

B사의 경우 9대 구입 시 1대를 추가 증정하는 행사를 진행하고 있으므로 10대를 90만 원에 구입할 수 있다. 따라서 B사의 구입 가능한 공기청정기 수는 최대 50대이고, 비용은 450만 원이다.

그러므로 A사에서 구입하는 것이 10만 원 더 저렴하게 구입할 수 있다.

02 정답 ④

각 동전을 지불하는 경우의 수는 다음과 같다.

- 10원짜리 : 0원, 10원, 20원, 30원(4가지)
- 50원짜리 : 0원, 50원(2가지)
- 100원짜리 : 0원, 100원, 200원(3가지)
- 500원짜리 : 0원, 500원(2가지)

따라서 동전을 모두 이용해 지불할 수 있는 경우의 수는 $4 \times 2 \times 3 \times 2 = 48$가지이고, 0원은 지불한 것으로 보지 않으므로, 모든 동전을 지불하지 않는 1가지 경우를 제외하면 47가지이다.

03 정답 ②

아령의 개수를 1kg짜리는 x개, 2kg짜리는 y개, 3kg짜리는 z개라고 하자.

$x + 2y + 3z = 50$

$x = y + 2$

$\rightarrow 3y + 3z = 48$

$\rightarrow y + z = 16$

$3z \geq y \geq 2z$

$\rightarrow z = 4, \; y = 12, \; x = 14$

03 추리

01	02	03	04	05	06				
④	④	⑤	③	①	③				

01 정답 ④

- 세입 : 한 회계 연도에 있어서의 정부 또는 지방 자치 단체의 모든 수입
- 세출 : 한 회계 연도에 있어서의 국가나 지방 자치 단체의 모든 지출
- 할인 : 일정한 값에서 얼마를 뺌
- 할증 : 일정한 값에서 얼마를 더함

오답분석

①·③·⑤ 할인=감가=어음할인=덜이
② 재할인 : 한 은행이 할인한 어음을 다른 은행에서 또다시 할인하는 일

02 정답 ④

'미술'은 '예술'에 포함되므로 '돌고래'가 포함된 '포유류'가 적절하다.

03 정답 ⑤

2000년대를 전후해 빠른 경제성장을 거듭하고 있는 신흥경제 5국을 일컫는 브릭스(BRICS)에 해당하는 국가이다.

오답분석

①은 북아메리카, ②·③은 아시아, ④는 유럽에 속하는 국가끼리 단어가 연결되어 있다.

04 정답 ③

스키는 겨울에 하는 스포츠이다.

오답분석

①·②·④·⑤ 스포츠와 스포츠 활동을 할 수 있는 장소로 연결되어 있다.

05 정답 ①

'비가 오는 날'을 p, '개구리가 운다.'를 q, '제비가 낮게 난다.'를 r이라고 하면 전제 1은 $p \rightarrow \sim q$이고 결론은 $p \rightarrow r$이므로 $\sim q \rightarrow r$이 전제 2에 와야 한다. 따라서 $\sim q \rightarrow r$의 대우 명제인 '제비가 낮게 날지 않으면 개구리가 운다.'가 전제 2로 가장 적절하다.

06 정답 ③

ㅁ의 조건에 의해 차장보다 3명이 먼저 도착해야 하므로 차장은 네 번째로 도착했음을 알 수 있다.

[오답분석]
① ㄴ의 조건에 의해 B는 7시 35분보다 늦게 도착했음을 알 수 있으므로 7시 35분에 도착한 A보다 늦게 도착했음을 알 수 있다.
② ㅁ의 조건에 의해 차장이 네 번째로 도착했고, ㄷ의 조건에 의해 사원은 부장보다 빨리 도착했음을 알 수 있다. 따라서 차장보다 일찍 온 사람은 3명이므로 부장이 차장보다 일찍 오면 나머지 사원은 부장보다 일찍 와야 하는데, 부장보다 일찍 올 수 있는 사람은 2명뿐이다. 그러므로 사원이 3명 이상이면 부장은 차장보다 늦게 도착했음을 알 수 있다.
④ A는 B보다 늦게 도착했으므로 A가 C보다 빨리 도착했다면 B는 C보다 늦게 도착했음을 알 수 있다.
⑤ C가 부장이고 7시 40분에 도착했다면 A와 B는 C보다 일찍 온 것을 알 수 있다. 사원은 부장보다 빨리 도착했으므로 A와 B 중에 사원이 있음을 알 수 있다.

04 시각적사고

01	02	03							
②	②	②							

01 정답 ②

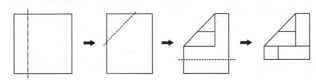

02 정답 ②

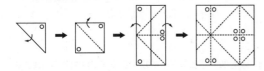

03 정답 ②

01	02	03	04	05	06	07	08		
②	⑤	①	①	①	⑤	②	③		

01   정답 ②

활동성 결핵의 진단검사
- 결핵진단은 여러 가지 의학적, 사회적 병력과 신체검진, 흉부 X−선 검사, Tuberculin 반응검사 그리고 객담이나 다른 검사물의 세균검사를 행하여 내릴 수 있다.
- Tuberculin 반응검사에서 양성 반응을 보인다는 의미는 결핵균에 감염되었다는 것을 의미하지만 그것이 현재 활동성인가 아닌가를 의미하는 것이 아니고 단지 결핵균에 대한 조직의 과민성이나 알러지를 의미한다.
- Tuberculin 반응검사가 양성으로 나타나면 흉부 X선 검사를 하여 활동성 결핵인가를 알아내야 한다.
- 결핵의 진단은 투베르쿨린 반응검사의 양성, X−선 검사결과 폐의 침윤과 소결절, 객담 세균배양검사 양성일 때 활동성 결핵을 확진할 수 있다.

(오답분석)
© 객담 세균배양검사가 음성이 아니라 양성이다.

02   정답 ⑤

만성 폐쇄성 폐질환(Chronic Obstructive Pulmonary Disease) 환자에게 저농도의 산소를 투여하는 이유는 만성적으로 PCO_2 가 상승되어 있는 환자는 PO_2 의 저하가 호흡중추를 자극하는 기능을 하기 때문이다.

03   정답 ①

옥시토신의 정맥점적방법
- 옥시토신의 평균 반감기는 약 5분 정도이며 옥시토신에 의해 과자극자궁수축이 나타나는 경우 즉시 투여를 중지하면 혈장 내 옥시토신의 농도가 급격히 저하되어 과자극을 피할 수 있다.
- 옥시토신을 투여하는 동안 자궁수축과 태아의 심박수를 15분마다 세심히 감시해야 하며, 자궁수축이 10분 내에 5회 이상 일어나거나 1분 이상 수축이 나타나거나 또는 태아심박수가 현저히 감소되면 즉시 투여를 중지하여야 한다.

옥시토신의 간호중재
- 태아상태 사정 : 저산소증, 태반기능 부전
- 자궁 과다수축 징후 사정 : 전두부 통증, 수분중독과 동반된 고혈압, 경련, 짧은 호흡(자궁수축이 90초 이상 지속되면 주입속도를 줄이거나 중단)
- 활력징후 측정
- 섭취량, 배설량 기록 : 항이뇨 작용 → 소변량 감소되면 의사에게 보고
- 옥시토신의 연속 주입으로도 분만에 실패할 경우 재왕절개 시행 준비

04   정답 ①

저칼륨혈증의 증상은 의식정도의 변화와 불안정감, 심부건반사의 증가, 언어구사의 어려움, 저혈압, 심부정맥, 마비성 장폐색, 식욕부진 등이 나타나며, 심전도상에서 저칼륨혈증은 T파 역전, ST 분절 하강한다.

05 정답 ①

선천성 심장질환은 환자가 외견상 청색증(정맥혈이 동맥혈에 섞여서 손톱, 발톱, 입술, 뺨 등이 파랗게 보이는 상태)을 보이느냐, 그렇지 않느냐에 따라서 비청색증형(청색색조를 띠지 않는 상태) 심장질환과 청색증형(청색색조를 띠는 상태) 심장질환의 두 가지로 크게 나눈다.

비청색증형 심장질환
- 대개 심장에 구멍이 있거나(산소화된 동맥혈이 정맥혈 쪽으로 구멍이나 관을 통하여 새는 것, 좌 – 우 단락 병변), 심장에서 몸이나 폐로 혈액을 보내는 대혈관이나 판막이 좁아져서 생기는 폐쇄성 병변의 두 종류가 있다.
- 비청색증형 단락병변은 모두 좌 – 우 단락 병변에 속하고 심방중격 결손증, 심실중격 결손증, 동맥관개존증, 방실중격 결손증 등이 대표적 질환이며, 폐쇄성 병변에는 폐동맥 협착증, 대동맥 협착증, 대동맥 축착증 등이 있다. 비청색증형 심장질환도 심한 폐고혈압증으로 인해 단락의 방향이 바뀔 때에는 청색증형으로 될 수 있다.

청색증
주로 입술, 손톱, 발톱, 뺨 등에 청색의 색조를 띠는 것으로 몸 안에 있는 혈액에 산소가 부족하여 생기는 것을 말한다. 대표적인 병변으로 팔로사증후(TOF), 대혈관 전위증(TGA), 삼첨판 폐쇄증(TA), 양대혈관 우심실 기시증(DORV), 단심실증(SV) 등이 있으며 일반적으로 비청색증형 심장질환이 청색성 질환에 비해 환자의 자연경과가 좋은 편이고 수술을 받는 경우 그 예후도 상대적으로 좋다.

[오답분석]
② 울혈성 심부전, 폐농양의 증상이다.

06 정답 ⑤

낙상예방을 위한 간호가 요구되는 대상자
낙상 과거력, 65세 이상, 시력 및 균형감각의 손상, 보행자세의 변화, 이뇨제, 진통제를 포함한 약물 복용자, 체위성 저혈압, 반응시간이 느림, 혼돈상태, 지남력 상실자, 운동장애 등 위험요인이 있는 대상자 등이 있다.

07 정답 ②

저혈량성 쇼크 초기에는 소변의 삼투압과 비중이 증가하지만 쇼크가 더 진행되면 감소한다. 피부의 조직관류가 감소되어 피부는 차고 축축하며 창백해진다. 맥박수와 호흡수가 증가하며, 청색증이 나타난다.

08 정답 ③

환각을 가지고 있는 환자는 환각으로부터 벗어나게 하기 위하여 실제적인 일이나 활동에 초점을 맞추어 정신병적 세계와 현실세계 사이를 구별할 수 있도록 도와야 한다.

01 언어논리

01	02	03	04	05	06	07	08		
②	①	⑤	①	②	②	①	②		

01 정답 ②

일정한 목적을 가지고 어떠한 곳에 오다.

오답분석
① 책, 신문, 매체 등에 글이나 그림, 영상 등이 실리다.
③ 처리나 결과로 이루어지거나 생기다.
④ 받을 돈이 주어지거나 세금이 물려지다.
⑤ 어떠한 곳에 모습을 나타내다.

02 정답 ①

오답분석
② 글을 쓰다(짓다).
③ 힘을 쓰다(발휘하다).
④ 사람을 쓰다(부리다).
⑤ 머리끝까지 이불을 쓰고(덮고) 방 안에 하루 종일 누워 있었다.

03 정답 ⑤

'너를 보고 하는 말이 아니야.'에서 '보고'는 '고려의 대상이나 판단의 기초로 삼다.'라는 의미로 '~한테', '~에게' 등으로 바꾸어 쓸 수 있다.

04 정답 ①

- 그는 완력으로 범인을 (제압)하였다.
- 너는 네가 지은 죄에 (상응)하는 벌을 받게 될 것이다.
- 그 회사는 지원자의 학력에 (제한)을 두지 않는다.
- 프레젠테이션에 대한 부담감이 나를 끊임없이 (압박)하고 있다.

억제(抑制) : 1. 감정이나 욕망, 충동적 행동 등을 억눌러서 그치게 함
　　　　　　 2. 정도, 한도를 넘어 나아가려는 것을 멈추게 하기 위해 억누름

② 제한(制限) : 일정한 한도, 한계를 정하거나 그 한도를 넘지 못하게 함
③ 상응(相應) : 서로 응하거나 어울림
④ 압박(壓迫) : 기운을 못 펴게 세력으로 내리누름
⑤ 제압(制壓) : 위력이나 위엄을 통해 기세를 억눌러 통제함

05 　정답　②

보기의 문장은 세타파가 감지되는 상황에 대한 이야기이다. 그리고 문두에 오는 '반면에'는 앞의 내용과 상반되는 내용이 뒤에 이어질 때 사용되는 어휘이므로, 보기의 문장 앞에는 세타파와 반대되는 상황에서 감지되는 베타파에 대한 이야기가 나와야 한다. 따라서 보기는 (나)에 들어가는 것이 적절하다.

06 　정답　②

제시문은 17세기에 발레가 러시아에서 장려되기 시작하여 자리를 잡고 비약적인 발전을 누리게 되기까지의 역사적 과정을 서술하고 있다.

07 　정답　①

프티파는 〈호두까기 인형〉의 안무만 담당하였을 뿐이며, 작곡은 차이코프스키에 의해 이루어졌다.

② 프티파는 프랑스인이었으나 만년에 러시아로 귀화하였다.

08 　정답　②

마지막 문단에 의하면 우쿨렐레는 4개의 현으로 구성되어 있다.

① 첫 번째 문단에 의하면 우쿨렐레는 포르투갈의 민속 악기 브라기냐(Braguinha)에서 유래하였다.
③ 우쿨렐레는 크기에 따라 소프라노(Soprano), 콘서트(Concert), 테너(Tenor), 바리톤(Baritone)으로 나뉜다.
④ 마지막 문단에 언급되어 있다.
⑤ 레이븐슨 클라크호가 호놀룰루 항에 도착한 지 100년 후인 1979년 8월 23일 미국 주정부는 이 날을 우쿨렐레의 날로 지정하였고, 그 덕분에 우쿨렐레는 하와이의 전통악기로서 전 세계에 널리 알려지게 되었다.

02 수리논리

	01	02	03							
	④	③	④							

01　정답　④

스마트폰을 사용하지 않고 충전만 한 시간을 x분, 사용하면서 충전한 시간을 y분이라고 하면

$x+y=48$ … ㉠

$2x+y=100-20$ … ㉡

㉠, ㉡을 연립하여 풀면

$x=32$, $y=16$

따라서 충전 중 스마트폰을 사용한 시간은 16분이다.

02　정답　③

농도 10%인 소금물의 양을 xg이라 하면

$\dfrac{0.1x+3.2}{x+40}\times100=9.2$

$0.1x+3.2=0.092(x+40)$

$0.008x=0.48$

$x=60$

따라서 농도 10% 소금물의 양은 60g이다.

03　정답　④

(속력)$=\dfrac{(거리)}{(시간)}$ 이므로 평균 속력과 관련하여 식을 세우면 $24=\dfrac{20}{\dfrac{10}{20}+\dfrac{10}{x}}$ 이다.

$24=\dfrac{400x}{10x+200}$

$400x=240x+4{,}800$

$160x=4{,}800$

$\therefore\ x=30$

01	02	03	04						
①	②	③	②						

01 정답 ①

'수필'은 '문학'에 포함되는 개념이고, '포유류'에 포함되는 개념은 '박쥐'이다.

오답분석

펭귄은 조류, 도마뱀은 파충류, 상어는 어류, 개구리는 양서류에 해당한다.

02 정답 ②

'다독 – 정독'을 제외한 나머지는 모두 유의 관계를 이루고 있다.
• 다독(多讀) : 많이 읽다.
• 정독(精讀) : 뜻을 새기며 자세히 읽다.

오답분석

④ 파견(派遣)과 파송(派送)은 '일정한 업무를 주고 사람을 보냄'을 뜻한다.
⑤ 우수리는 '물건 값을 제하고 거슬러 받는 잔돈'을 뜻한다.

03 정답 ③

B는 파란색 모자를 쓰지 않았고, C는 파란색 모자를 보고 있는 입장이므로 파란색 모자를 쓸 수 있는 사람은 A뿐이다. 조건에 따라 나올 수 있는 경우는 다음과 같다.
ⅰ) B(노란색) – A(파란색) – C(빨간색)
ⅱ) B(빨간색) – A(파란색) – C(노란색)
ⅲ) A(파란색) – C(노란색) – B(빨간색)
ⅳ) A(파란색) – C(빨간색) – B(노란색)
따라서 그 어떤 경우에도 B는 노란색 모자를 쓰고 두 번째에 서 있을 수 없다.

04 정답 ②

심장 질환 예방에 도움을 주는 것은 맥주 원료인 홉과 맥아이다.

오답분석

① 글의 전체적인 내용을 통해 확인할 수 있다.
③ 여섯 번째 문단에 따르면 맥주 효모는 탈모 개선에 도움이 된다고 하였으므로 탈모 환자에게 도움이 될 것이라 추론할 수 있다.
④ 두 번째 문단과 세 번째 문단을 통해 확인할 수 있다.
⑤ 여덟 번째 문단에 따르면 맥주의 효소가 여드름 등의 피부 트러블을 예방하는 데 도움이 된다고 하였으므로 여드름으로 고민 중인 사람들에게 추천해 줄 수 있다.

04 시각적사고

01	02	03							
⑤	①	⑤							

01 정답 ⑤

02 정답 ①

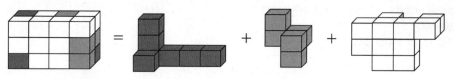

03 정답 ⑤

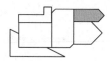

오답분석

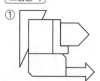

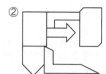

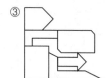

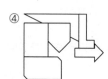

05 직무상식

01	02	03	04	05	06	07	08	09	10	11	12	13	14	15	16	17			
①	①	③	②	②	④	③	③	②	④	③	④	①	③	⑤	⑤	③			

01 　정답　 ①

심근 수축력 강화로 심장에 대한 전부하를 경감시키기 위해 이뇨제를 투여하고, 저염식이를 한다. 울혈성 심부전의 부종완화를 위함이기도 하다.

02 　정답　 ①

오답분석
ㄹ. 3회까지 투여할 수 있으며 그래도 완화되지 않으면 즉시 의사를 찾아간다.

03 　정답　 ③

니트로글리세린 복용법
• 흉통 시 증상이 완화될 때까지 5분마다 반복해서 사용한다.
• 혀 밑에 넣어서 녹이고, 약은 누운 자세에서 투약하는 것이 효력이 좋다.
• 3회 복용한 후(15분간)에도 통증이 계속되면 응급실로 간다.
• 재킷 등의 몸에 붙지 않는 의복 주머니나 지갑에 넣어 다닌다.

04 　정답　 ②

경련환자의 간호중재
• 경련 시 환자를 보호하고 고개를 옆으로 돌려 기도를 유지해야 한다.
• 냉정한 판단과 신속한 행동이 필요하고, 발작 중에는 환자를 억제하지 않는다.
• 발작 동안 혀를 깨물지 않도록 혀 사이에 가제로 싼 설압자를 끼워 준다.
• 환자를 바로 눕히고 목과 가슴 주위의 옷을 풀어준다.
• 환자가 움직일 때 부상을 입지 않도록 보호하고 반응을 관찰 기록한다.
• 어둡고, 조용한 환경을 갖추고 주변의 위험한 물건은 치운다.

05 　정답　 ②

인슐린 과량 투여 시 처치법
• 과량 투여 시 감정둔마, 정신착란, 심계항진, 발한, 구토, 두통과 같은 증상을 동반한 저혈당이 유발될 수 있다.
• 의식이 있을 때 : 가벼운 저혈당 증상은 보통 경구용 포도당으로 치료할 수 있으며 치료약의 용량, 식사형태, 운동 등의 조절도 필요하다.
• 혼수, 발작, 신경손상과 같은 중증의 증상이 나타날 때 : 글루카곤의 근육 내 피하주사 또는 정맥 내 포도당 주사로 치료할 수 있다.

06 　정답　 ④

Ampicillin 2.0g을 qid로 구강투여하라는 처방에서 2.0g은 투약총량을 의미하고, qid는 하루에 4회 복용을 의미하므로 1회 8정을 투여한다.

07 정답 ③

Phenbrex 500mg은 1회 용량으로 하루에 네 번 경구투약하라는 의미이다. 따라서 5일 동안의 양을 산출하면 10,000mg이다.

08 정답 ③

분당 방울 수

(전체주입량)×(mL당 방울 수 또는 drip facter)÷{총 주입 시간(분)}=(1,000×15)÷(6×60)=41.7방울

09 정답 ②

주입률(Drip Rate)

- {분당 방울 수(gtt/min)}={총 주입량(mL)}×(mL당 방울 수)÷{(총 시간)×60분}
- Drop Factor : 10, 15, 20, 60으로 제품에 따라 다르다.
  - 수액세트의 포장지에 명시되어 있다.
  - 일반적으로 성인은 15, 영아는 60 사용

400mL×15gtt÷(24시간×60분)=4.17(4~5방울)

10 정답 ④

분당 주입속도

{분당 방울 수(gtt/min)}={총 주입량(mL)}×{mL당 방울 수}÷{(총 시간)×60분}

따라서 분당 방울 수는 320×15÷(2×60)=40gtt/min이다.

11 정답 ③

자궁수축이 1분 이상 나타나면 즉시 투여를 중지해야 한다.

12 정답 ④

COPD 환자의 경우 기도가 좁아지거나 조기에 폐쇄되어 호기가 곤란해지므로 숨을 내쉴 때 시간을 연장시키고, 입을 오므려 기도 압력을 높임으로써 기관이 완전히 폐쇄되는 증상을 막을 수 있다.

13 정답 ①

수술 후 7~10일 경에 대변이 갈색으로 돌아오는지 관찰을 통해 회복을 알 수 있다.

14 정답 ③

[오답분석]

ㄱ. 주입용기를 튜브에 연결한 후 먼저 30~50cc의 물을 주입하고 영양액을 주입한 후 다시 물을 30~50cc 주입한다.

ㄷ. 주입용기가 다 비워지면 공기가 들어갈 수 있으므로, 주입용기가 다 비워지기 전에 영양액을 다시 채워 주입하는 것을 반복한다.

15 정답 ⑤

심폐소생술을 할 때 혼자 할 경우는 호흡수 대 심장마사지의 비율이 2 : 30이고, 두 사람이 함께 할 경우는 2 : 15이다.

16 정답 ⑤

결핵 환자의 간호관리
- 안정
  - 환자의 상태에 따르는 안정도가 결정되기 전에는 양치질, 세수, 식사 정도의 운동만 허락하고 안정을 취하도록 한다.
  - 육체적 안정 못지않게 정신적 안정도 중요하다.
  - 불면증을 없애도록 노력한다. 증상에 의한 불면증에는 대증요법을 사용한다.
  - 베개 또는 방석으로 잘 괴어 주고 침상에는 널판이나 딱딱한 매트리스 등을 깔아 주어 동통을 완화시켜 준다.
- 피부간호 : 피부를 노출시켜 공기가 잘 통하도록 하고, 환아의 상태에 따라 등 마찰을 자주 한다.
- 객담 : 기관에 담이 있으면 자연히 배출되므로 환자 자신이 과도하게 기침을 하여 정력을 소비하고, 치유가 늦어지지 않도록 한다.
- 식이간호 : 지방이 풍부한 음식은 지용성 비타민 섭취에 도움이 되며, 적은 양으로 많은 에너지를 낼 수 있다. 탄수화물도 충분히 보충하고, 특히 결핵환자는 유기물질이 풍부한 음식을 먹어야 한다.
- 간호사의 기록 : 환아의 식욕, 기침 횟수, 객담의 성상 및 양, 정신적 및 정서적인 변화

17 정답 ③

담관 조영술을 통해 총담관의 개방성이 확인된 후 X선 검사상 담석이 발견되지 않으면 T-Tube를 제거한다.

T-Tube 제거 가능한 시기
- 담관 조영술을 실시하여 총담관 개방성을 확인한 후
- 제거 시기는 X선 검사상 담석이 발견되지 않을 때
- 주입한 염료의 흐름이 원활할 때
- T-Tube를 잠근 뒤 5 ~ 7일 동안 특이증상이 나타나지 않을 경우

행운이란 100%의 노력 뒤에 남는 것이다.

− 랭스턴 콜먼 −

PART

1

직무적성검사

CHAPTER 01
수리논리

합격 Cheat Key

GSAT의 수리논리 영역은 크게 응용수리와 자료해석으로 나눌 수 있다. 응용수리는 주로 수의 관계(약수와 배수, 소수, 합성수, 인수분해, 최대공약수 / 최소공배수 등)를 이용하는 기초적인 계산 문제, 방정식과 부등식을 수립(날짜 / 요일 / 시간, 시간 / 거리 / 속도, 나이 / 수량, 원가 / 정가, 일 / 일률, 농도, 비율 등)하여 미지수를 계산하는 응용계산 문제, 경우의 수와 확률을 구하는 문제 등이 출제된다. 자료해석은 제시된 표를 이용하여 그래프로 변환하거나 자료를 해석하는 문제, 자료의 추이를 파악하여 빈칸을 찾는 문제 등이 출제된다. 출제비중은 응용수리 2문제(10%), 자료해석 18문제(90%)가 출제되며, 30분 내에 20문항을 해결해야 한다.

01 응용수리

수의 관계에 대해 알고 그것을 응용하여 계산할 수 있는지, 그리고 미지수를 구하기 위해 필요한 계산식을 세울 수 있는지를 평가하는 유형이다. 최근에는 단순하게 계산하는 문제가 아닌 두, 세 단계의 풀이과정을 거쳐서 답을 도출하는 문제가 출제되고 있으므로 기초적인 유형을 정확하게 알고, 이를 활용하는 연습을 해야 한다.

> ● 학습포인트 ●
> • 문제풀이 시간 확보가 관건이므로 이 유형에서 점수를 따기 위해서는 다양한 문제를 최대한 많이 풀어보는 수밖에 없다.
> • 고등학교 시절을 생각하며 오답노트를 만드는 것도 좋은 방법이 될 수 있다.

자료해석

표나 그래프 등 주어진 자료를 보고 필요한 정보를 빠르게 찾아 해석할 수 있는지를 평가하는 유형이다. 자료계산, 자료해석은 다른 기업의 인적성에도 흔히 출제되는 유형이지만, 규칙적인 변화 추이를 파악해서 미래를 예측하고, 자료의 적절한 값을 구하는 문제는 GSAT에서만 출제되는 특이한 유형이므로 익숙해지도록 연습해야 한다.

┌─● 학습포인트 ●─────────────────────────────

• 표, 꺾은선 그래프, 막대 그래프, 원 그래프 등 다양한 형태의 자료를 눈에 익힌다. 그래야 실제 시험에서 자료가 제시되었을 때 중점을 두고 파악해야 할 부분이 더욱 선명하게 보일 것이다.
• 자료해석 유형의 문제는 제시되는 정보의 양이 매우 많으므로 시간을 절약하기 위해서는 문제를 읽은 후 바로 자료 분석에 들어가는 것보다는, 선택지를 먼저 읽고 필요한 정보만 추출하여 답을 찾는 것이 좋다.

이론점검

01 응용수리

1. 수의 관계

(1) 약수와 배수

a가 b로 나누어떨어질 때, a는 b의 배수, b는 a의 약수

(2) 소수

1과 자기 자신만을 약수로 갖는 수. 즉, 약수의 개수가 2개인 수

(3) 합성수

1과 자신 이외의 수를 약수로 갖는 수. 즉, 소수가 아닌 수 또는 약수의 개수가 3개 이상인 수

(4) 최대공약수

2개 이상의 자연수의 공통된 약수 중에서 가장 큰 수

(5) 최소공배수

2개 이상의 자연수의 공통된 배수 중에서 가장 작은 수

(6) 서로소

1 이외에 공약수를 갖지 않는 두 자연수. 즉, 최대공약수가 1인 두 자연수

(7) 소인수분해

주어진 합성수를 소수의 거듭제곱의 형태로 나타내는 것

(8) 약수의 개수

자연수 $N = a^m \times b^n$에 대하여, N의 약수의 개수는 $(m+1) \times (n+1)$개

(9) 최대공약수와 최소공배수의 관계

두 자연수 A, B에 대하여, 최소공배수와 최대공약수를 각각 L, G라고 하면 $A \times B = L \times G$가 성립한다.

2. 방정식의 활용

(1) 날짜 · 요일 · 시계

① 날짜 · 요일
  ㉠ 1일=24시간=1,440분=86,400초
  ㉡ 날짜 · 요일 관련 문제는 대부분 나머지를 이용해 계산한다.

② 시계
  ㉠ 시침이 1시간 동안 이동하는 각도 : 30°
  ㉡ 시침이 1분 동안 이동하는 각도 : 0.5°
  ㉢ 분침이 1분 동안 이동하는 각도 : 6°

(2) 거리 · 속력 · 시간

① (거리)=(속력)×(시간)
  ㉠ 기차가 터널을 통과하거나 다리를 지나가는 경우
    • (기차가 움직인 거리)=(기차의 길이)+(터널 또는 다리의 길이)
  ㉡ 두 사람이 반대 방향 또는 같은 방향으로 움직이는 경우
    • (두 사람 사이의 거리)=(두 사람이 움직인 거리의 합 또는 차)

② (속력)=$\dfrac{(거리)}{(시간)}$
  ㉠ 흐르는 물에서 배를 타는 경우
    • (하류로 내려갈 때의 속력)=(배 자체의 속력)+(물의 속력)
    • (상류로 올라갈 때의 속력)=(배 자체의 속력)−(물의 속력)

③ (시간)=$\dfrac{(거리)}{(속력)}$

(3) 나이 · 인원 · 개수

구하고자 하는 것을 미지수로 놓고 식을 세운다. 동물의 경우 다리의 개수에 유의해야한다.

(4) 원가 · 정가

① (정가)=(원가)+(이익), (이익)=(정가)−(원가)

② (a원에서 $b\%$ 할인한 가격)=$a\times\left(1-\dfrac{b}{100}\right)$

(5) 일률 · 톱니바퀴

① 일률

전체 일의 양을 1로 놓고, 시간 동안 한 일의 양을 미지수로 놓고 식을 세운다.

- $(일률) = \dfrac{(작업량)}{(작업기간)}$

- $(작업기간) = \dfrac{(작업량)}{(일률)}$

- $(작업량) = (일률) \times (작업기간)$

② 톱니바퀴

$(톱니\ 수) \times (회전수) = (총\ 맞물린\ 톱니\ 수)$

즉, A, B 두 톱니에 대하여, $(A의\ 톱니\ 수) \times (A의\ 회전수) = (B의\ 톱니\ 수) \times (B의\ 회전수)$가 성립한다.

(6) 농도

① $(농도) = \dfrac{(용질의\ 양)}{(용액의\ 양)} \times 100$

② $(용질의\ 양) = \dfrac{(농도)}{100} \times (용액의\ 양)$

(7) 수 I

① 연속하는 세 자연수 : $x-1,\ x,\ x+1$
② 연속하는 세 짝수(홀수) : $x-2,\ x,\ x+2$

(8) 수 II

① 십의 자릿수가 x, 일의 자릿수가 y인 두 자리 자연수 : $10x+y$

이 수에 대해, 십의 자리와 일의 자리를 바꾼 수 : $10y+x$
② 백의 자릿수가 x, 십의 자릿수가 y, 일의 자릿수가 z인 세 자리 자연수 : $100x+10y+z$

(9) 증가 · 감소

① x가 $a\%$ 증가 : $\left(1+\dfrac{a}{100}\right)x$

② y가 $b\%$ 감소 : $\left(1-\dfrac{b}{100}\right)y$

3. 경우의 수 · 확률

(1) 경우의 수

① 경우의 수 : 어떤 사건이 일어날 수 있는 모든 가짓수

② 합의 법칙

    ㉠ 두 사건 A, B가 동시에 일어나지 않을 때, A가 일어나는 경우의 수를 m, B가 일어나는 경우의 수를 n이라고 하면, 사건 A 또는 B가 일어나는 경우의 수는 $m+n$이다.

    ㉡ '또는', '~이거나'라는 말이 나오면 합의 법칙을 사용한다.

③ 곱의 법칙

    ㉠ A가 일어나는 경우의 수를 m, B가 일어나는 경우의 수를 n이라고 하면, 사건 A와 B가 동시에 일어나는 경우의 수는 $m \times n$이다.

    ㉡ '그리고', '동시에'라는 말이 나오면 곱의 법칙을 사용한다.

④ 여러 가지 경우의 수

    ㉠ 동전 n개를 던졌을 때, 경우의 수 : 2^n

    ㉡ 주사위 m개를 던졌을 때, 경우의 수 : 6^m

    ㉢ 동전 n개와 주사위 m개를 던졌을 때, 경우의 수 : $2^n \times 6^m$

    ㉣ n명을 한 줄로 세우는 경우의 수 : $n! = n \times (n-1) \times (n-2) \times \cdots \times 2 \times 1$

    ㉤ n명 중, m명을 뽑아 한 줄로 세우는 경우의 수 : $_n\mathrm{P}_m = n \times (n-1) \times \cdots \times (n-m+1)$

    ㉥ n명을 한 줄로 세울 때, m명을 이웃하여 세우는 경우의 수 : $(n-m+1)! \times m!$

    ㉦ 0이 아닌 서로 다른 한 자리 숫자가 적힌 n장의 카드에서, m장을 뽑아 만들 수 있는 m자리 정수의 개수 : $_n\mathrm{P}_m$

    ㉧ 0을 포함한 서로 다른 한 자리 숫자가 적힌 n장의 카드에서, m장을 뽑아 만들 수 있는 m자리 정수의 개수 : $(n-1) \times {}_{n-1}\mathrm{P}_{m-1}$

    ㉨ n명 중, 자격이 다른 m명을 뽑는 경우의 수 : $_n\mathrm{P}_m$

    ㉩ n명 중, 자격이 같은 m명을 뽑는 경우의 수 : $_n\mathrm{C}_m = \dfrac{_n\mathrm{P}_m}{m!}$

    ㉪ 원형 모양의 탁자에 n명을 앉히는 경우의 수 : $(n-1)!$

⑤ 최단거리 문제 : A에서 B 사이에 P가 주어져 있다면, A와 P의 최단거리, B와 P의 최단거리를 각각 구하여 곱한다.

(2) 확률

① (사건 A가 일어날 확률)$=\dfrac{(\text{사건 A가 일어나는 경우의 수})}{(\text{모든 경우의 수})}$

② 여사건의 확률

　㉠ 사건 A가 일어날 확률이 p일 때, 사건 A가 일어나지 않을 확률은 $(1-p)$이다.

　㉡ '적어도'라는 말이 나오면 주로 사용한다.

③ 확률의 계산

　㉠ 확률의 덧셈

　　두 사건 A, B가 동시에 일어나지 않을 때, A가 일어날 확률을 p, B가 일어날 확률을 q라고 하면, 사건 A 또는 B가 일어날 확률은 $p+q$이다.

　㉡ 확률의 곱셈

　　A가 일어날 확률을 p, B가 일어날 확률을 q라고 하면, 사건 A와 B가 동시에 일어날 확률은 $p \times q$이다.

④ 여러 가지 확률

　㉠ 연속하여 뽑을 때, 꺼낸 것을 다시 넣고 뽑는 경우 : 처음과 나중의 모든 경우의 수는 같다.

　㉡ 연속하여 뽑을 때, 꺼낸 것을 다시 넣지 않고 뽑는 경우 : 나중의 모든 경우의 수는 처음의 모든 경우의 수보다 1만큼 작다.

　㉢ (도형에서의 확률)$=\dfrac{(\text{해당하는 부분의 넓이})}{(\text{전체 넓이})}$

(1) 꺾은선(절선)그래프

    ① 시간적 추이(시계열 변화)를 표시하는 데 적합하다.

       예 연도별 매출액 추이 변화 등

    ② 경과·비교·분포를 비롯하여 상관관계 등을 나타낼 때 사용한다.

〈한국 자동차부품 수입 국가별 의존도〉

(단위 : %)

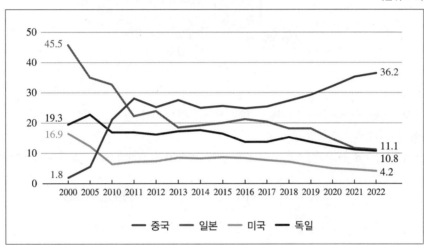

(2) 막대그래프

    ① 비교하고자 하는 수량을 막대 길이로 표시하고, 그 길이를 비교하여 각 수량 간의 대소 관계를 나타내는 데 적합하다.

       예 영업소별 매출액, 성적별 인원분포 등

    ② 가장 간단한 형태로 내역·비교·경과·도수 등을 표시하는 용도로 사용한다.

〈경상수지 추이〉

(잠정치, 단위 : 억 달러)

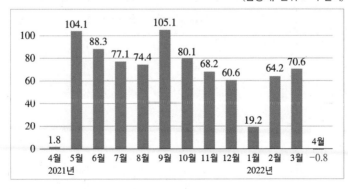

(3) 원그래프

① 내역이나 내용의 구성비를 분할하여 나타내는 데 적합하다.
　　예 제품별 매출액 구성비 등
② 원그래프를 정교하게 작성할 때는 수치를 각도로 환산해야 한다.

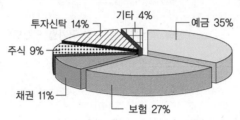

〈C국의 가계 금융자산 구성비〉

(4) 점그래프

① 지역분포를 비롯하여 도시, 지방, 기업, 상품 등의 평가나 위치, 성격을 표시하는 데 적합하다.
　　예 광고비율과 이익률의 관계 등
② 종축과 횡축에 두 요소를 두고, 보고자 하는 것이 어떤 위치에 있는가를 알고자 할 때 사용한다.

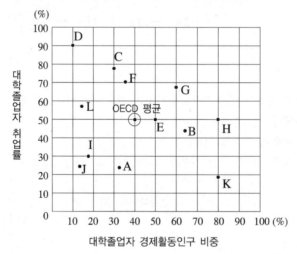

〈OECD 국가의 대학졸업자 취업률 및 경제활동인구 비중〉

(5) 층별그래프

① 합계와 각 부분의 크기를 백분율로 나타내고 시간적 변화를 보는 데 적합하다.

② 합계와 각 부분의 크기를 실수로 나타내고 시간적 변화를 보는 데 적합하다.

　예 상품별 매출액 추이 등

③ 선의 움직임보다는 선과 선 사이의 크기로써 데이터 변화를 나타내는 그래프이다.

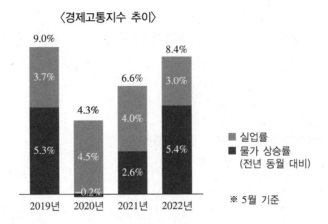

〈경제고통지수 추이〉

(6) 레이더 차트(거미줄그래프)

① 다양한 요소를 비교할 때, 경과를 나타내는 데 적합하다.

　예 매출액의 계절변동 등

② 비교하는 수량을 직경, 또는 반경으로 나누어 원의 중심에서의 거리에 따라 각 수량의 관계를 나타내는 그래프이다.

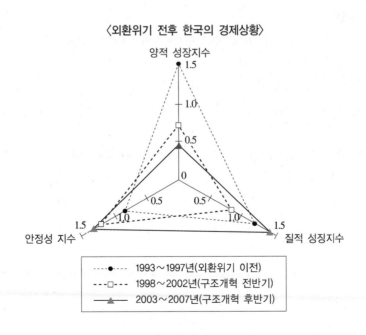

〈외환위기 전후 한국의 경제상황〉

03 수열

(1) 등차수열 : 앞의 항에 일정한 수를 더해 이루어지는 수열

예 1 3 5 7 9 11 13 15
　+2 +2 +2 +2 +2 +2 +2

(2) 등비수열 : 앞의 항에 일정한 수를 곱해 이루어지는 수열

예 1 2 4 8 16 32 64 128
　×2 ×2 ×2 ×2 ×2 ×2 ×2

(3) 계차수열 : 수열의 인접하는 두 항의 차로 이루어진 수열

예 1 2 4 7 11 16 22 29
　+1 +2 +3 +4 +5 +6 +7
　　+1 +1 +1 +1 +1 +1

(4) 피보나치수열 : 앞의 두 항의 합이 그 다음 항의 수가 되는 수열

예 1 1 2 3 5 8 13 21
　　　1+1 1+2 2+3 3+5 5+8 8+13

(5) 건너뛰기 수열

• 두 개 이상의 수열이 일정한 간격을 두고 번갈아가며 나타나는 수열

예 1 1 3 7 5 13 7 19

• 홀수항 : 1 3 5 7
　　　　　　+2 +2 +2

• 짝수항 : 1 7 13 19
　　　　　　+6 +6 +6

• 두 개 이상의 규칙이 일정한 간격을 두고 번갈아가며 적용되는 수열

예 0 1 3 4 12 13 39 40
　+1 ×3 +1 ×3 +1 ×3 +1

(6) 군수열 : 일정한 규칙성으로 몇 항씩 묶어 나눈 수열

예 •1 1 2 1 2 3 1 2 3 4

⇒ 1 1 2 1 2 3 1 2 3 4

•1 3 4 6 5 11 2 6 8 9 3 12

⇒ 1 3 4 6 5 11 2 6 8 9 3 12

$\underset{1+3=4}{}$ $\underset{6+5=11}{}$ $\underset{2+6=8}{}$ $\underset{9+3=12}{}$

•1 3 3 2 4 8 5 6 30 7 2 14

⇒ 1 3 3 2 4 8 5 6 30 7 2 14

$\underset{1×3=3}{}$ $\underset{2×4=8}{}$ $\underset{5×6=30}{}$ $\underset{7×2=14}{}$

유형분석

- 출제되는 응용수리 2문제 중 1문제에 속할 가능성이 높은 유형이다.
- (거리)=(속력)×(시간) 공식을 활용한 문제이다.

  $(속력)=\dfrac{(거리)}{(시간)}$

  $(시간)=\dfrac{(거리)}{(속력)}$

거리	
속력	시간

  으로 기억해두면 세 가지 공식을 한 번에 기억할 수 있다.
- 기차와 터널의 길이, 물과 같이 속력이 있는 장소 등 추가적인 거리나 속력 시간에 관한 조건과 결합하여 난이도 높은 문제로 출제된다.

A사원은 회사 근처 카페에서 거래처와 미팅을 갖기로 했다. 처음에는 4km/h로 걸어가다가 약속 시간에 늦을 것 같아서 10km/h로 뛰어서 24분 만에 미팅 장소에 도착했다. 회사에서 카페까지의 거리가 2.5km일 때, A사원이 뛴 거리는?

① 0.6km   ② 0.9km

③ 1.2km   ④ 1.5km

⑤ 1.8km

정답 ④

총 거리와 총 시간이 주어져 있으므로 걸은 거리와 뛴 거리 또는 걸은 시간과 뛴 시간을 미지수로 잡을 수 있다. 미지수를 잡기 전에 문제에서 묻는 것을 정확하게 파악해야 나중에 답을 구할 때 헷갈리지 않는다. 문제에서 A사원이 뛴 거리를 물어보았으므로 거리를 미지수로 놓는다.

A사원이 회사에서 카페까지 걸어간 거리를 $x$km, 뛴 거리를 $y$km라고 하자. 회사에서 카페까지의 거리는 2.5km이므로 걸어간 거리 $x$km와 뛴 거리 $y$km를 합하면 2.5km이다.

$x+y=2.5 \cdots \bigcirc$

A사원이 회사에서 카페까지 24분이 걸렸으므로 걸어간 시간$\left(\dfrac{x}{4} \text{시간}\right)$과 뛰어간 시간$\left(\dfrac{y}{10} \text{시간}\right)$을 합치면 24분이다. 이때 속력은 시간 단위이므로 분으로 바꾸어 계산한다.

$\dfrac{x}{4} \times 60 + \dfrac{y}{10} \times 60 = 24 \rightarrow 5x+2y=8 \cdots \bigcirc$

$\bigcirc - 2\bigcirc$을 하여 $\bigcirc$과 $\bigcirc$을 연립하면 $x=1$이고, 구한 x의 값을 $\bigcirc$에 대입하면 $y=1.5$이다.

따라서 A사원이 뛴 거리는 $y$km이므로 1.5km이다.

30초 컷 풀이 Tip

1. 미지수를 정할 때에는 문제에서 묻는 것을 정확하게 파악해야 한다.
2. 속력과 시간의 단위를 처음에 정리하여 계산하면 계산 실수 없이 풀이할 수 있다.
   - 1시간=60분=3,600초
   - 1km=1,000m=100,000cm

온라인 풀이 Tip

온라인 GSAT는 풀이를 문제풀이 용지에 작성하여 시험이 끝난 후 제출해야 한다. 따라서 문제풀이 용지를 최대한 활용해야 한다. 문제를 풀 때 필요한 정보를 문제풀이 용지에 옮겨 적어 문제풀이 용지만 보고 답을 구할 수 있도록 한다. 다음은 문제풀이 용지를 활용한 풀이 예시이다.

걸은 속력 : 4km/h
뛴 속력 : 10km/h
총 걸린 시간 : 24분
총 거리 : 2.5km
뛴 거리는 몇 km?

주어진 정보

걸어간 거리를 $x$km, 뛴 거리를 $y$km 가정
$x+y=2.5$
$\dfrac{x}{4} \times 60 + \dfrac{y}{10} \times 60 = 24$
$\rightarrow 5x+2y=8$
$x=1, \underline{y=1.5}$

문제 풀이

농도

- 출제되는 응용수리 2문제 중 1문제에 속할 가능성이 높은 유형이다.

- $(농도)=\dfrac{(용질의 양)}{(용액의 양)}\times 100$ 공식을 활용한 문제이다.

  $(용질의 양)=\dfrac{(농도)}{100}\times(용액의 양)$

  다음과 같이 주어진 정보를 한눈에 알아볼 수 있도록 표를 그리면 식을 세우기 쉽다.

구분	용액1	용액2	⋯
용질의 양			
용액의 양			
농도			

- (소금물의 양)=(물의 양)+(소금의 양)이라는 것에 유의하고, 더해지거나 없어진 것을 미지수로 두고 풀이한다.

- 온라인으로 시행되고 나서 한 번도 빠짐없이 출제된 유형이다.

소금물 500g이 있다. 이 소금물에 농도가 3%인 소금물 200g을 온전히 섞었더니 소금물의 농도는 7%가 되었다. 500g의 소금물에 녹아 있던 소금의 양은?

① 31g

② 37g

③ 43g

④ 49g

⑤ 55g

정답 ③

문제에서 구하고자 하는 500g의 소금물에 녹아 있던 소금의 양을 미지수로 놓는다.

500g의 소금물에 녹아 있던 소금의 양을 xg이라고 하자.

소금물 500g에 농도 3%인 소금물 200g을 섞었을 때 소금물의 농도가 주어졌으므로 농도를 기준으로 식을 세울 수 있다. 식을 세우기 전에 주어진 정보를 바탕으로 표를 그리면 식을 세우기 훨씬 쉬워진다.

구분	섞기 전	섞을 소금물	섞은 후
소금(g)	x	6	$x+6$
소금+물(g)	500	200	500+200
농도(%)	구할 필요 없음	3	7

섞은 후의 정보를 가지고 식을 구하면 다음과 같다.

$\dfrac{x+6}{500+200} \times 100 = 7$

$\rightarrow (x+6) \times 100 = 7 \times (500+200)$

$\rightarrow (x+6) \times 100 = 4,900$

$\rightarrow 100x + 600 = 4,900$

$\rightarrow 100x = 4,300$

$\therefore x = 43$

따라서 500g의 소금물에 녹아 있던 소금의 양은 xg이므로 43g이다.

30초 컷 풀이 Tip

간소화

숫자의 크기를 최대한 간소화해야 한다. 특히, 농도의 경우 분수와 정수가 같이 제시되고, 최근에는 비율을 활용한 문제가 많이 출제되고 있으므로 통분이나 약분을 통해 수를 간소화시켜 계산 실수를 줄일 수 있도록 한다.

주의사항

항상 미지수를 구해서 그 값을 계산하여 풀이해야 하는 것은 아니다. 문제에서 원하는 값은 정확한 미지수를 구하지 않아도 풀이과정에서 답이 제시되는 경우가 있으므로 문제에서 묻는 것을 명확히 해야 한다.

섞은 소금물 풀이 방법

1. 정보 정리

   주어진 정보를 각 소금물 단위로 정리한다. 각 소금물에서 2가지 정보가 주어졌다면 계산으로 나머지 정보를 찾는다.

2. 미지수 설정

   각 소금물에서 2가지 이상의 정보가 없다면 그중 한 가지 정보를 미지수로 설정한다. 나머지 모르는 정보도 앞서 설정한 미지수로 표현해놓는다.

3. 식 세우기

   섞기 전과 섞은 후의 소금의 양, 소금물의 양을 이용하여 식을 세운다.

일의 양

- 전체 일의 양을 1로 두고 풀이하는 유형이다.
- 분이나 초 단위 계산이 가장 어려운 유형으로 출제되고 있다.
- (일률)$=\dfrac{(작업량)}{(작업기간)}$

  (작업기간)$=\dfrac{(작업량)}{(일률)}$

  (작업량)$=$(일률)$\times$(작업기간)

한 공장에서는 기계 2대를 운용하고 있다. 이 공장의 전체 작업을 수행할 때 A기계로는 12시간이 걸리며, B기계로는 18시간이 걸린다. 이미 절반의 작업이 수행된 상태에서, A기계로 4시간 동안 작업하다가 이후로는 A, B 두 기계를 모두 동원해 작업을 수행했다면 남은 절반의 작업을 완료하는 데 소요되는 총 시간은?

① 1시간   ② 1시간 12분

③ 1시간 20분   ④ 1시간 30분

⑤ 1시간 40분

정답 ②

전체 일의 양을 1이라고 하자. A기계가 한 시간 동안 작업할 수 있는 일의 양은 $\dfrac{1}{12}$ 이고, B기계가 한 시간 동안 작업할 수 있는 일의 양은 $\dfrac{1}{18}$ 이다.

이미 절반의 작업이 진행되었으므로 남은 일의 양은 $1-\dfrac{1}{2}=\dfrac{1}{2}$ 이다. 이중 A기계로 4시간 동안 작업을 진행했으므로 A기계와 B기계가 함께 작업해야 하는 일의 양은 $\dfrac{1}{2}-\left(\dfrac{1}{12}\times4\right)=\dfrac{1}{6}$ 이다.

따라서 남은 $\dfrac{1}{6}$ 을 수행하는 데 걸리는 시간은 $\dfrac{\dfrac{1}{6}}{\left(\dfrac{1}{12}+\dfrac{1}{18}\right)}=\dfrac{\dfrac{1}{6}}{\dfrac{5}{36}}=\dfrac{6}{5}$ 시간, 즉 1시간 12분이 걸린다.

1. 전체의 값을 모르는 상태에서 비율을 묻는 문제의 경우 전체를 1이라고 하면 쉽게 풀이할 수 있다.

　예 S가 1개의 빵을 만드는 데 3시간이 걸린다. 1개의 빵을 만드는 일의 양을 1이라고 하면 S는 한 시간에 $\frac{1}{3}$ 만큼의

　빵을 만든다.

2. 난이도가 있는 일의 양 문제를 접근할 때 전체 일의 양을 막대 그림으로 표현하면서 풀이하면 한눈에 파악할 수 있다.

예		
$\frac{1}{2}$ 수행됨	A기계로 4시간 동안 작업	A, B 두 기계를 모두 동원해 작업

문제를 보자마자 기계별로 단위 시간당 일의 양부터 적고 시작한다. 그리고 남은 일의 양과 동원되는 기계는 몇 대인지를 확인하여 적어두고 풀이한다.

구분	A기계	B기계
시간당 일의 양	$\frac{1}{12}$	$\frac{1}{18}$

* 절반 작업됨 & A기계 4시간 작업 & A, B 두 기계를 모두 사용

남은 절반의 작업 소요 시간?　　　　　　　　　주어진 정보

A기계 4시간 작업 후 남은 일의 양 : $\frac{1}{2}-\left(\frac{1}{12}\times 4\right)=\frac{1}{6}$

$\rightarrow \dfrac{\frac{1}{6}}{\left(\frac{1}{12}+\frac{1}{18}\right)}=\dfrac{\frac{1}{6}}{\frac{5}{36}}=\frac{6}{5}$　　　　　　문제 풀이

$\therefore 4+\frac{6}{5}$

PART 1

01

02

03

유형분석

- 원가, 정가, 할인가, 판매가 등의 개념을 명확히 한다.
  (정가)=(원가)+(이익)
  (이익)=(정가)-(원가)

  a원에서 b% 할인한 가격$=a\times\left(1-\dfrac{b}{100}\right)$

- 난이도가 어려운 편은 아니지만 비율을 활용한 계산 문제이기 때문에 실수하기 쉽다.
- 최근에는 경우의 수와 결합하여 출제되기도 했다.

종욱이는 25,000원짜리 피자 두 판과 8,000원짜리 샐러드 세 개를 주문했다. 통신사 멤버십 혜택으로 피자는 15%, 샐러드는 25%를 할인 받을 수 있고, 이벤트로 통신사 멤버십 혜택을 적용한 금액의 10%를 추가 할인받았다고 한다. 종욱이가 할인받은 금액은?

① 12,150원

② 13,500원

③ 18,600원

④ 19,550원

⑤ 20,850원

정답 ④

할인받기 전 종욱이가 지불할 금액은 $25,000 \times 2 + 8,000 \times 3 = 74,000$원이다.

통신사 할인과 이벤트 할인을 적용한 금액은 $(25,000 \times 2 \times 0.85 + 8,000 \times 3 \times 0.75) \times 0.9 = 54,450$원이다.

따라서 종욱이가 할인받은 금액은 $74,000 - 54,450 = 19,550$원이다.

30초 컷 풀이 Tip

전체 금액을 구하는 것이 아니라 할인된 금액을 구하면 수의 크기도 작아지고, 풀이 과정을 단축시킬 수 있다.

예를 들어 위의 문제에서 피자는 15%, 샐러드는 25%를 할인받았으므로 할인받은 금액은 각각 7,500원, 6,000원이다. 할인받은 금액의 합을 원래 지불했어야 하는 금액에서 빼면 60,500원이고, 이의 10%는 6,050원이므로 종욱이가 할인받은 총 금액은 $7,500 + 6,000 + 6,050 = 19,550$원이다.

온라인 풀이 Tip

다음은 문제풀이 용지를 활용한 풀이 예시이다.

금액 유형은 한번 잘못 계산하면 되돌아가기 쉽지 않다. 문제를 두 번 정도 읽는다는 생각으로 정확하게 정리해야 한다.

$25,000 \times 2$	$8,000 \times 3$
15% 할인	25% 할인
10% 할인	

할인받은 금액?

주어진 정보

할인 전 금액 : $25,000 \times 2 + 8,000 \times 3 = 74,000$원

할인 후 금액 : $(25,000 \times 2 \times 0.85 + 8,000 \times 3 \times 0.75) \times 0.9 = 54,450$원

할인받은 금액 : $74,000 - 54,450 = 19,550$원

문제 풀이

경우의 수

- 출제되는 응용수리 2문제 중 1문제에 속할 가능성이 높은 유형이다.
- 순열(P)과 조합(C)을 활용한 문제이다.

$$_n\mathrm{P}_m = n \times (n-1) \times \cdots \times (n-m+1)$$

$$_n\mathrm{C}_m = \frac{_n\mathrm{P}_m}{m!} = \frac{n \times (n-1) \times \cdots \times (n-m+1)}{m!}$$

- 벤다이어그램을 활용한 문제가 출제되기도 한다.

S전자는 토요일에는 2명의 사원이 당직 근무를 서도록 사칙으로 규정하고 있다. S전자의 B팀에는 8명의 사원이 있다. B팀이 앞으로 3주 동안 토요일 당직 근무를 선다고 했을 때, 가능한 모든 경우의 수는?(단, 모든 사원은 당직 근무를 2번 이상 서지 않는다)

① 1,520가지
② 2,520가지
③ 5,040가지
④ 10,080가지
⑤ 15,210가지

8명을 2명씩 3그룹으로 나누는 경우의 수는 $_8C_2 \times _6C_2 \times _4C_2 \times \dfrac{1}{3!} = 28 \times 15 \times 6 \times \dfrac{1}{6} = 420$가지이다.

3개의 그룹을 각각 A, B, C라 하면, 3주 동안 토요일에 근무자를 배치하는 경우의 수는 A, B, C를 일렬로 배열하는 방법의 수와 같다. 3그룹을 일렬로 나열하는 경우의 수는 $3 \times 2 \times 1 = 6$가지이다.

$\therefore 420 \times 6 = 2,520$가지

30초 컷 풀이 Tip

경우의 수의 합의 법칙과 곱의 법칙 등에 관해 명확히 한다.

합의 법칙
㉠ 두 사건 A, B가 동시에 일어나지 않을 때, A가 일어나는 경우의 수를 m, B가 일어나는 경우의 수를 n이라고 하면, 사건 A 또는 B가 일어나는 경우의 수는 $m+n$이다.
㉡ '또는', '～이거나'라는 말이 나오면 합의 법칙을 사용한다.

곱의 법칙
㉠ A가 일어나는 경우의 수를 m, B가 일어나는 경우의 수를 n이라고 하면, 사건A와 B가 동시에 일어나는 경우의 수는 $m \times n$이다.
㉡ '그리고', '동시에'라는 말이 나오면 곱의 법칙을 사용한다.

온라인 풀이 Tip

경우의 수 유형은 길게 풀어져 있는 문장을 알고 있는 공식에 대입할 수 있게 숫자를 잘 정리하는 게 포인트이다. 온라인으로 경우의 수 유형을 풀 때에도 수만 잘 정리하면 쉽게 풀 수 있다.

예 해당 문제에서는 '8명의 사원을 2명씩 3주에 배치'가 핵심이다.

8명의 사원

↓

2명씩 / 3주

$\therefore _8C_2 \times _6C_2 \times _4C_2$

- 출제되는 응용수리 2문제 중 1문제에 속할 가능성이 높은 유형이다.
- 순열(P)과 조합(C)을 활용한 문제이다.
- 조건부 확률 문제가 출제되기도 한다.

주머니에 1부터 10까지의 숫자가 적힌 카드 10장이 들어있다. 주머니에서 카드를 세 번 뽑는다고 할 때, 1, 2, 3이 적힌 카드 중 하나 이상을 뽑을 확률은?(단, 꺼낸 카드는 다시 넣지 않는다)

① $\dfrac{5}{8}$

② $\dfrac{17}{24}$

③ $\dfrac{7}{24}$

④ $\dfrac{7}{8}$

⑤ $\dfrac{5}{6}$

(1, 2, 3이 적힌 카드 중 하나 이상을 뽑을 확률)=1−(세 번 모두 4~10이 적힌 카드를 뽑을 확률)

• 세 번 모두 4~10이 적힌 카드를 뽑을 확률 : $\dfrac{7}{10} \times \dfrac{6}{9} \times \dfrac{5}{8} = \dfrac{7}{24}$

∴ 1, 2, 3이 적힌 카드 중 하나 이상을 뽑을 확률 : $1 - \dfrac{7}{24} = \dfrac{17}{24}$

30초 컷 풀이 Tip

여사건의 확률
㉠ 사건 A가 일어날 확률이 p일 때, 사건 A가 일어나지 않을 확률은 $(1-p)$이다.
㉡ '적어도'라는 말이 나오면 주로 사용한다.

확률의 덧셈
두 사건 A, B가 동시에 일어나지 않을 때, A가 일어날 확률을 p, B가 일어날 확률을 q라고 하면, 사건 A 또는 B가 일어날 확률은 $p+q$이다.

확률의 곱셈
A가 일어날 확률을 p, B가 일어날 확률을 q라고 하면, 사건 A와 B가 동시에 일어날 확률은 $p \times q$이다.

온라인 풀이 Tip

경우의 수 유형과 마찬가지로 확률 유형을 풀이하는 방법은 같다.
예 1~10 10장
↓
3장 / 1, 2, 3 중 적어도 1장 이상
$\therefore 1 - \dfrac{7}{10} \times \dfrac{6}{9} \times \dfrac{5}{8}$

유형분석

- 자료를 보고 해석하거나 추론한 내용을 고르는 문제가 출제된다.
- 증감 추이, 증감률, 증감폭 등의 간단한 계산이 포함되어 있다.
- %, %p 등의 차이점을 알고 적용할 수 있어야 한다.
  %(퍼센트) : 어떤 양이 전체(100)에 대해서 얼마를 차지하는가를 나타내는 단위
  %p(퍼센트 포인트) : %로 나타낸 수치가 이전 수치와 비교했을 때 증가하거나 감소한 양

다음은 지방자치단체 재정력 지수에 대한 자료이다. 이에 대한 설명으로 가장 적절한 것은?

〈지방자치단체 재정력 지수〉

구분	2020년	2021년	2022년	평균
서울	1.106	1.088	1.010	1.068
부산	0.942	0.922	0.878	0.914
대구	0.896	0.860	0.810	0.855
인천	1.105	0.984	1.011	1.033
광주	0.772	0.737	0.681	0.730
대전	0.874	0.873	0.867	0.871
울산	0.843	0.837	0.832	0.837
경기	1.004	1.065	1.032	1.034
강원	0.417	0.407	0.458	0.427
충북	0.462	0.446	0.492	0.467
충남	0.581	0.693	0.675	0.650
전북	0.379	0.391	0.404	0.393
전남	0.319	0.330	0.320	0.323

※ 매년 지방자치단체의 기준 재정수입액이 기준 재정수요액에 미치지 않는 경우, 중앙정부는 그 부족만큼의 지방교부세를 당해 연도에 지급함

※ (재정력 지수)=(기준 재정수입액)÷(기준 재정수요액)

① 3년간 지방교부세를 지원받은 적이 없는 지방자치단체는 서울, 인천, 경기 3곳이다.
② 2022년의 서울 재정력 지수 대비 전북 재정력 지수의 비율은 30% 미만이다.
③ 3년간 재정력 지수가 지속적으로 상승한 지방자치단체는 전북이 유일하다.
④ 3년간 지방교부세를 가장 많이 지원받은 지방자치단체는 전남이다.
⑤ 3년간 대전과 울산의 기준 재정수입액이 매년 서로 동일하다면 기준 재정수요액은 대전이 울산보다 항상 많다.

3년간 재정력 지수가 지속적으로 상승한 지방자치단체는 전북이 유일하다고 하였으므로 우선 전북부터 재정력 지수가 지속적으로 상승하였는지 확인한다. 전북은 3년간 재정력 지수가 지속적으로 상승하였으므로 나머지 지방자치단체 중 3년간 재정력 지수가 상승하는 지방자치단체가 있는지 파악하여 전북이 유일한지를 확인한다. 3년간이므로 2020년 대비 2021년에 상승한 지방만 2021년 대비 2022년에 상승했는지 확인한다.

구분	2020년 대비 2021년	2021년 대비 2022년
서울	하락	−
부산	하락	−
대구	하락	−
인천	하락	−
광주	하락	−
대전	하락	−
울산	하락	−
경기	상승	하락
강원	하락	−
충북	하락	−
충남	상승	하락
전북	상승	상승
전남	상승	하락

오답분석

① 기준 재정수입액이 수요액보다 작으면 정부의 지원을 받는데 기준 재정수입액이 수요액보다 작으면 재정력지수는 1 미만이다. 인천의 경우 2021년에 재정력 지수가 1 미만이므로 정부의 지원을 받은 적이 있다.

② 2022년의 서울 재정력 지수 대비 전북 재정력 지수의 비율은 $\frac{0.404}{1.010} \times 100 = 40\%$로 30% 이상이다.

④ 재정력 지수는 액수에 대한 비율을 나타낸 값이므로 절대적인 액수를 파악할 수 없다.

⑤ 기준 재정수입액이 동일하면 재정력 지수가 클수록 기준 재정수요액이 적다. 따라서 대전은 울산보다 기준 재정수요액이 항상 적다.

30초 컷 풀이 Tip

간단한 선택지부터 해결하기
계산이 필요 없거나 생각하지 않아도 되는 선택지를 먼저 해결한다.
예 ③은 제시된 수치의 증감 추이를 판단하는 문제이므로 가장 먼저 풀이 가능하다.

적절한 것 / 적절하지 않은 것 헷갈리지 않게 표시하기
자료해석은 적절한 것 또는 적절하지 않은 것을 찾는 문제가 출제된다. 문제마다 매번 바뀌므로 이를 확인하는 것은 매우 중요하다. 따라서 선택지에 표시할 때에도 선택지가 적절하지 않은 내용이라서 '×' 표시를 했는지, 적절한 내용이지만 문제가 적절하지 않은 것을 찾는 문제라 '×' 표시를 했는지 헷갈리지 않도록 표시 방법을 정해야 한다.

제시된 자료를 통해 계산할 수 있는 값인지 확인하기
제시된 자료만으로 계산할 수 없는 값을 묻는 선택지인지 먼저 판단해야 한다. 문제를 읽고 바로 계산부터 하면 함정에 빠지기 쉽다.

온라인 풀이 Tip

자료에서 가장 큰 값 찾기
자료를 위에서 아래로 또는 왼쪽에서 오른쪽으로 훑으면서 지금까지 확인한 숫자 중 가장 큰 값을 손가락으로 가리킨다. 자료가 많으면 줄이 헷갈릴 수 있으므로 마우스 포인터로 줄을 따라가며 읽는다.

유형분석

- 주어진 자료를 통해 문제에서 주어진 특정한 값을 찾고, 자료의 변동량을 구할 수 있는지를 평가하는 유형이다.
- 각 그래프의 선이 어떤 항목을 의미하는지와 단위를 정확히 확인한다.
- 그림을 통해 계산하지 않고 눈으로 확인할 수 있는 내용(증감추이)이 있는지 확인한다.

다음은 연도별 국내 출생아 및 혼인건수에 대한 자료이다. 정보를 보고 (ㄱ), (ㄴ), (ㄷ)에 들어갈 수를 적절하게 나열한 것은?

〈연도별 출생아 및 혼인 현황〉

(단위 : 명)

구분	2014년	2015년	2016년	2017년	2018년	2019년	2020년	2021년	2022년
출생아수	471,265	484,550	436,455	435,435	438,420	406,243	357,771	326,822	(ㄷ)
합계출산율	(ㄱ)	1.297	1.187	1.205	1.239	1.172	1.052	0.977	0.918
출생성비	105.7	105.7	105.3	105.3	(ㄴ)	105.0	106.3	105.4	105.5
혼인건수 (건)	329,087	327,073	322,807	305,507	302,828	281,635	264,455	257,622	239,159

※ 합계출산율은 한 여자가 가임기간(15 ~ 49세)에 낳을 것으로 기대되는 평균 출생아수이다.

※ 출생성비 $\left(= \dfrac{\text{남자 출생아}}{\text{여자 출생아}} \times 100 \right)$ 는 여자 출생아 100명 당 남자 출생아수이다.

〈정보〉

- 출생아수는 2019 ~ 2022년 동안 전년 대비 감소하는 추세이며, 그 중 2022년도 전년 대비 감소한 출생아 수가 가장 적다.
- 2014 ~ 2022년까지 연도별 합계출산율에서 2014년 합계출산율은 두 번째로 많다.
- 2016년부터 3년 동안 출생성비는 동일하다.

	(ㄱ)	(ㄴ)	(ㄷ)
①	1.204	105.0	295,610
②	1.237	105.0	295,610
③	1.244	105.3	302,676
④	1.237	105.3	302,676
⑤	1.251	105.3	295,873

정답 ③

(ㄱ) : 두 번째 정보에 따라 2014년부터 2022년까지 연도별 합계출산율 순위중 2014년도가 두 번째로 높은 연도이므로 가장 많은 2015년 합계출산율인 1.297명보다 낮고, 세 번째로 많은 2018년도의 1.239명보다 높아야 된다. 따라서 선택지에서 1.244명과 1.251명이 범위에 포함된다.

(ㄴ) : 세 번째 정보로부터 2016년부터 2018년까지의 출생성비가 동일함을 알 수 있다. 따라서 빈칸에 들어갈 수는 105.3명이다.

(ㄷ) : 첫 번째 정보에서 2019 ~ 2022년 동안 전년 대비 출생아수는 감소하는 추세이며, 빈칸에 해당하는 2022년 전년 대비 감소한 출생아수가 가장 적다고 하였다. 연도별 전년 대비 출생아수 감소 인원은 다음과 같다.

연도	2019년	2020년	2021년
전년 대비 출생아수 감소 인원	438,420－406,243 ＝32,177명	406,243－357,771 ＝48,472명	357,771－326,822 ＝30,949명

2019 ~ 2021년 중 2021년도가 전년 대비 감소 인원이 가장 적으므로 이보다 적게 차이가 나는 수를 찾으면 선택지 중 302,676명이 된다.

• 2022년 전년 대비 출생아수 감소 인원 : 326,822－302,676＝24,146명＜30,949명

따라서 (ㄱ), (ㄴ), (ㄷ)에 들어갈 수가 적절하게 나열된 선택지는 ③이다.

30초 컷 풀이 Tip

• 자료계산 유형은 선택지를 소거하면서 풀이하면 시간을 단축시킬 수 있다.

온라인 풀이 Tip

• 숫자를 정확하게 옮겨 적은 후, 정확하게 계산을 할지 어림계산을 할지 고민한다.
• 최근 시험에서는 숫자 계산이 깔끔하게 떨어지는 경우가 많다.

자료변환

- 제시된 표나 그래프의 수치를 그래프로 올바르게 변환한 것을 묻는 유형이다.
- 복잡한 표가 제시되지 않으므로 수의 크기만을 판단하여 풀이할 수 있다.
- 정확한 수치가 제시되지 않을 수 있으므로 그래프의 높낮이나 넓이를 판단하여 풀이해야 한다.
- 제시된 표나 그래프의 수치를 계산하여 변환하는 유형도 출제될 수 있다.

다음은 연도별 치킨전문점의 개·폐업점 수에 관한 자료이다. 이를 적절하게 나타낸 그래프는?

〈연도별 개·폐업점 수〉

(단위 : 개)

구분	개업점 수	폐업점 수	구분	개업점 수	폐업점 수
2007년	3,449	1,965	2013년	3,252	2,873
2008년	3,155	2,121	2014년	3,457	2,745
2009년	4,173	1,988	2015년	3,620	2,159
2010년	4,219	2,465	2016년	3,244	3,021
2011년	3,689	2,658	2017년	3,515	2,863
2012년	3,887	2,785	2018년	3,502	2,758

①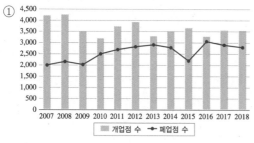

②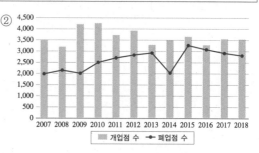

③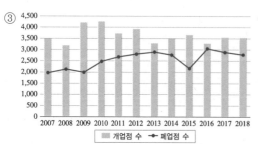

④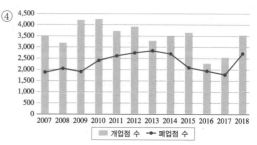

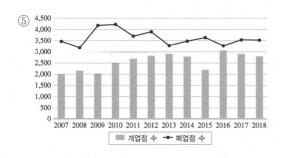

⑤

정답 ③

제시된 자료의 개업점 수와 폐업점 수의 증감 추이를 나타내면 다음과 같다.

구분	2007년	2008년	2009년	2010년	2011년	2012년	2013년	2014년	2015년	2016년	2017년	2018년
개업점 수	–	감소	증가	증가	감소	증가	감소	증가	증가	감소	증가	감소
폐업점 수	–	증가	감소	증가	증가	증가	증가	감소	감소	증가	감소	감소

이와 일치하는 추이를 보이고 있는 ③의 그래프가 적절하다.

오답분석

① 2007 ~ 2008년 개업점 수가 자료보다 높고, 2009 ~ 2010년 개업점 수는 낮다.
② 2014년 폐업점 수는 자료보다 낮고, 2015년의 폐업점 수는 높다.
④ 2016 ~ 2017년 개업점 수와 폐업점 수가 자료보다 낮다.
⑤ 2007 ~ 2018년 개업점 수와 폐업점 수가 바뀌었다.

30초 컷 풀이 Tip

1. 수치를 일일이 확인하는 것보다 해당 풀이처럼 증감 추이를 먼저 판단해서 선택지를 1차적으로 거르고 나머지 선택지 중 그래프 모양이 크게 차이 나는 곳의 수치를 확인하면 빠르게 풀이할 수 있다.
2. 막대그래프가 자료로 제시되는 경우 막대의 가운데 부분을 연결하면 꺾은선 그래프가 된다.

온라인 풀이 Tip

이 유형은 계산이 없다면 눈으로만 풀이해도 되지만, 문제풀이 용지에 풀이를 남겨야 하므로 다음과 같이 작성한다.

1. 계산이 있는 경우
   계산 부분만 문제풀이 용지에 적어도 충분하다.
2. 계산이 없는 경우
   해당 문제 풀이처럼 주어진 자료에서 증가, 감소를 파악하여 작성하거나 오답분석 처럼 '①은 2007년 개업점 수가 자료보다 높음'으로 자료하고 다른 부분만 요약하여 작성한다.

수추리

유형분석

- 제시된 자료의 규칙을 바탕으로 미래의 값을 추론하는 유형이다.
- 등차수열이나 등비수열, log, 지수 등의 수학적인 지식을 묻기도 한다.

주요 수열 종류

구분	설명
등차수열	앞의 항에 일정한 수를 더해 이루어지는 수열
등비수열	앞의 항에 일정한 수를 곱해 이루어지는 수열
계차수열	수열의 인접하는 두 항의 차로 이루어진 수열
피보나치수열	앞의 두 항의 합이 그 다음 항의 수가 되는 수열
건너뛰기 수열	1. 두 개 이상의 수열이 일정한 간격을 두고 번갈아가며 나타나는 수열
	2. 두 개 이상의 규칙이 일정한 간격을 두고 번갈아가며 적용되는 수열
군수열	일정한 규칙성으로 몇 항씩 묶어 나눈 수열

S제약회사에서는 유산균을 배양하는 효소를 개발 중이다. 이 효소와 유산균이 만났을 때 다음과 같이 유산균의 수가 변화하고 있다면 효소의 양이 12g일 때 남아있는 유산균의 수는?

효소의 양(g)	1	2	3	4	5
유산균의 수(억 마리)	120	246	372	498	624

① 1,212억 마리 ② 1,346억 마리
③ 1,480억 마리 ④ 1,506억 마리
⑤ 1,648억 마리

정답 ④

1. 규칙 파악

  문제에서 효소와 유산균이 만났을 때 유산균의 수가 변화한다고 하였으므로 효소의 양과 유산균의 수의 변화는 관련이 있는 것을 알 수 있다. 효소의 수는 한 개씩 늘어나고 있고 그에 따른 유산균의 수는 계속 증가하고 있다. 수열 문제에 접근할 때 가장 먼저 등차수열이나 등비수열이 아닌지 확인해야 한다. 이 문제에서 유산균의 수는 공차가 126인 등차수열임을 알 수 있다.

2. 계산

  삼성 수추리는 직접 계산해도 될 만큼의 계산력을 요구한다. 물론 식을 세워서 계산하는 방법이 가장 빠르고 정확하지만 공식이 기억나지 않는다면 머뭇거리지 말고 직접 계산을 해야 한다.

  이 문제 역시 효소의 양이 12g일 때 유산균의 수를 물었으므로 공식이 생각나지 않는다면 직접 계산으로 풀이할 수 있다. 하지만 시험 보기 전까지 식을 세워보는 연습을 하여 실전에서 빠르게 풀 수 있도록 다음과 같이 2가지의 풀이 방법을 제시하였다.

  ㉠ 직접 계산하기

효소의 양(g)	5		6		7		8		9		10		11		12
유산균의 수(억 마리)	624	→	750	→	876	→	1,002	→	1,128	→	1,254	→	1,380	→	1,506
		+126		+126		+126		+126		+126		+126		+126	

  ㉡ 식 세워 계산하기

  식을 세우기 전에 미지수를 지정한다. 효소의 양이 ng일 때 유산균의 수를 a_n억 마리라고 하자.

  등차수열의 공식이 $a_n =$ (첫 항) $+$ (공차) $\times (n-1)$임을 활용한다.

  유산균의 수는 매일 126억 마리씩 증가하고 있다. 등차수열 공식에 의해 $a_n = 120 + 126(n-1) = 126n - 6$이다.

  따라서 효소의 양이 12g일 때의 유산균의 수는 $a_{12} = 126 \times 12 - 6 = 1,512 - 6 = 1,506$억 마리이다.

30초 컷 풀이 Tip

자료해석의 수추리는 복잡한 규칙을 묻지 않고, 지나치게 큰 n(미래)의 값을 묻지 않는다. 등차수열이나 등비수열 등이 출제되었을 때, 공식이 생각나지 않는다면 써서 나열하는 것이 문제 풀이 시간을 단축할 수 있는 방법이다.

온라인 풀이 Tip

쉬운 수열은 눈으로 풀 수 있지만 대부분은 차이를 계산해봐야 하는 등 여러 경우를 생각해봐야 한다. 문제풀이 용지도 활용해야 하므로 문제를 읽고 바로 수열을 문제풀이 용지에 옮겨 적도록 한다.

01 응용수리

Easy

01 농도가 25%인 소금물 200g에 농도가 10%인 소금물을 섞었다. 섞은 후 소금물에 함유된 소금의 양이 55g일 때 섞은 후의 소금물의 농도는 얼마인가?

① 20%   ② 21%
③ 22%   ④ 23%
⑤ 24%

02 S사에서는 A상품을 생산하는 데 모두 10억 원의 생산비용이 발생하며, A상품의 개당 원가는 200원, 정가는 300원이다. 생산한 A상품을 정가에서 25% 할인하여 판매했을 때 손해를 보지 않으려면 몇 개 이상 생산해야 하는가?(단, 이외의 비용은 생각하지 않고 생산한 A상품은 모두 판매된다. 또한 원가에는 생산비용이 포함되어 있지 않다)

① 3천만 개   ② 4천만 개
③ 5천만 개   ④ 6천만 개
⑤ 7천만 개

03 20억 원을 투자하여 10% 수익이 날 확률은 50%이고, 원가 그대로일 확률은 30%, 10% 손해를 볼 확률은 20%일 때 기대수익은?

① 4,500만 원   ② 5,000만 원
③ 5,500만 원   ④ 6,000만 원
⑤ 6,500만 원

04 A, B, C가 함께 작업하였을 때에는 6일이 걸리는 일이 있다. 이 일을 A와 B가 같이 작업하였을 때에는 12일이 걸리고, B와 C가 같이 작업하였을 때에는 10일이 걸린다. B가 혼자 일을 다 했을 때에는 며칠이 걸리겠는가?(단, A, B, C 모두 혼자 일했을 때의 능률과 함께 일했을 때의 능률은 같다)

① 56일   ② 58일

③ 60일   ④ 62일

⑤ 64일

05 은경이는 태국 여행에서 A, B, C, D 네 종류의 손수건을 총 9장 구매했으며, 그 중 B손수건은 3장, 나머지는 각각 같은 개수를 구매했다. 기념품으로 친구 3명에게 종류가 다른 손수건 3장씩 나눠줬을 때, 가능한 경우의 수는?

① 5가지   ② 6가지

③ 7가지   ④ 8가지

⑤ 9가지

06 S사는 A, B사로부터 동일한 양의 부품을 공급받는다. A사가 공급하는 부품의 0.1%는 하자가 있는 제품이고, B사가 공급하는 부품은 0.2%가 하자가 있는 제품이다. S사는 공급받은 부품 중 A사로부터 공급받은 부품 50%와 B사로부터 공급받은 부품 80%를 선별하였다. 이 중 한 부품을 검수하였는데 하자가 있는 제품일 때, 그 제품이 B사 부품일 확률은?(단, 선별 후에도 제품의 불량률은 변하지 않는다)

① $\dfrac{15}{21}$ ② $\dfrac{16}{21}$

③ $\dfrac{17}{21}$ ④ $\dfrac{18}{21}$

⑤ $\dfrac{19}{21}$

07 5% 소금물에 소금 40g을 넣었더니 25%의 소금물이 됐다. 이때 처음 5% 소금물의 양은?

① 130g   ② 140g

③ 150g   ④ 160g

⑤ 170g

08 욕조에 A탱크로 물을 채웠을 때 18분에 75%를 채울 수 있다. 욕조의 물을 전부 뺀 후, 15분간 A탱크로 물을 채우다 B탱크로 채울 때 B탱크로만 물을 채우는 데 걸리는 시간은?(단, B탱크는 A보다 1.5배 빠르게 채운다)

① 2분   ② 3분
③ 4분   ④ 5분
⑤ 6분

09 S사 직원은 각자 하나의 프로젝트를 선택하여 진행해야 하며 X, Y, Z프로젝트 중 선택되지 않은 프로젝트는 진행하지 않아도 상관없다. X, Y, Z프로젝트 중 X프로젝트는 대리만, Y프로젝트는 사원만, Z프로젝트는 누구나 진행할 수 있다. 대리 2명, 사원 3명이 프로젝트를 선택하여 진행하는 경우의 수는?

① 16가지   ② 32가지
③ 36가지   ④ 48가지
⑤ 72가지

10 A는 0.8km의 거리를 12분 만에 걸어간 후 36km/h의 속력의 버스에 탑승해 8분 동안 이동하여 목적지에 도착했다. 다음날 A가 자전거를 이용해 같은 시간 동안 같은 경로로 이동할 때 평균 속력은?

① 1.80km/분   ② 1.00km/분
③ 0.50km/분   ④ 0.28km/분
⑤ 0.15km/분

11 서울 지사에 근무하는 A와 B는 X와 Y경로를 이용하여 부산 지사로 외근을 갈 예정이다. X경로를 이용하여 이동을 하면 A가 B보다 1시간 늦게 도착한다. A는 X경로로 이동하고 B는 X경로보다 160km 긴 Y경로로 이동하면 A가 B보다 1시간 빨리 도착한다. 이때 B의 속력은?

① 40km/h   ② 50km/h
③ 60km/h   ④ 70km/h
⑤ 80km/h

12 1 ~ 9까지의 수가 적힌 카드를 철수와 영희가 한 장씩 뽑았을 때 영희가 철수보다 큰 수가 적힌 카드를 뽑는 경우의 수는?

① 16가지
② 32가지
③ 36가지
④ 38가지
⑤ 64가지

13 S사는 주사위를 굴려 1이 나오면 당첨, 2, 3, 4가 나오면 꽝이고, 5 이상인 경우는 가위바위보를 통해 이겼을 때 당첨이 되는 이벤트를 하였다. 가위바위보에 비겼을 때에는 가위바위보를 한 번 더 할 수 있는 재도전의 기회를 얻으며 재도전은 한 번만 할 수 있다. 이때 당첨될 확률은?

① $\dfrac{1}{54}$
② $\dfrac{13}{54}$
③ $\dfrac{17}{54}$
④ $\dfrac{7}{14}$
⑤ $\dfrac{9}{14}$

Easy
14 S사는 작년에 직원이 총 45명이었다. 올해는 작년보다 안경을 쓴 사람은 20%, 안경을 쓰지 않은 사람은 40% 증가하여 총 58명이 되었다. 퇴사한 직원은 없다고 할 때 올해 입사한 사람 중 안경을 쓴 사람의 수는?

① 5명
② 10명
③ 15명
④ 20명
⑤ 25명

15 S사 서비스센터의 직원들은 의류 건조기의 모터를 교체하는 업무를 진행하고 있다. 1대의 모터를 교체하는 데 A직원이 혼자 업무를 진행하면 2시간이 걸리고, A와 B직원이 함께 업무를 진행하면 80분이 걸리며, B와 C직원이 함께 진행하면 1시간이 걸린다. A, B, C직원이 모두 함께 건조기 1대의 모터를 교체하는 데 걸리는 시간은?(단, A, B, C직원 모두 혼자 일했을 때의 능률과 함께 일했을 때의 능률은 같다)

① 40분
② 1시간
③ 1시간 12분
④ 1시간 20분
⑤ 1시간 35분

16 S미술관의 올해 신입사원 수는 작년에 비해 남자는 50% 증가하고, 여자는 40% 감소하여 60명이다. 작년의 전체 신입사원 수가 55명이었을 때, 올해 여자 신입사원 수는?

① 11명　　　　　　　　　　　　　　② 12명

③ 13명　　　　　　　　　　　　　　④ 14명

⑤ 15명

Hard

17 A와 B는 제품을 포장하는 아르바이트를 하고 있다. A는 8일마다 남은 물품의 $\dfrac{1}{2}$씩 포장하고, B는 2일마다 남은 물품의 $\dfrac{1}{2}$씩 포장한다. A가 처음 512개의 물품을 받아 포장을 시작했는데 24일 후의 A와 B의 남은 물품의 수가 같았다. B는 처음에 몇 개의 물품을 받았는가?

① 2^{16}개　　　　　　　　　　　　② 2^{17}개

③ 2^{18}개　　　　　　　　　　　　④ 2^{19}개

⑤ 2^{20}개

Hard

18 동전을 던져 앞면이 나오면 $+2$만큼 이동하고, 뒷면이 나오면 -1만큼 이동하는 게임을 하려고 한다. 동전을 5번 던져서 다음 수직선 위의 A가 4지점으로 이동할 확률은?

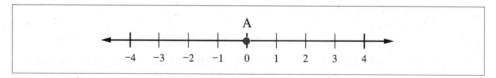

① $\dfrac{3}{32}$　　　　　　　　　　　　② $\dfrac{5}{32}$

③ $\dfrac{1}{4}$　　　　　　　　　　　　④ $\dfrac{5}{16}$

⑤ $\dfrac{7}{16}$

19 테니스 경기를 진행하는데 1팀은 6명, 2팀은 7명으로 구성되었고, 팀별 예선을 진행한다. 예선전은 팀에 속한 선수들이 빠지지 않고 모두 한 번씩 경기를 진행한 후 각 팀의 1, 2등이 준결승전에 진출하는 방식이다. 그리고 본선에 진출한 선수 4명을 임의로 2명씩 나눠 준결승전을 진행한 후 이긴 두 선수는 결승전, 진 두 선수는 3·4위전을 진행한다. 예선 경기의 입장권 가격이 20,000원이고, 본선 경기의 입장권 가격이 30,000원이라면 전체경기를 관람하는 데 총 얼마가 필요한가?

① 84만 원
② 85만 원
③ 86만 원
④ 87만 원
⑤ 88만 원

20 0, 1, 2, 3, 4가 적힌 5장의 카드가 있다. A와 B는 이 중 3장의 카드를 뽑아 큰 숫자부터 나열하여 가장 큰 세 자리 숫자를 만든 사람이 이기는 게임을 하기로 했다. A가 0, 2, 3을 뽑았을 때, B가 이길 확률은 얼마인가?

① 60%
② 65%
③ 70%
④ 75%
⑤ 80%

21 집에서 회사까지의 거리는 1.8km이다. O사원은 운동을 위해 회사까지 걷거나 자전거를 타고 출근하기로 했다. 전체 거리의 25%는 3km/h의 속력으로 걷고, 나머지 거리는 30km/h의 속력으로 자전거를 이용해서 회사에 도착했다. 출근하는 데 걸린 시간은?

① 10분 46초
② 10분 52초
③ 11분 20초
④ 11분 42초
⑤ 12분 10초

22 농도가 15%인 소금물을 5% 증발시킨 후 농도가 30%인 소금물 200g을 섞어서 농도가 20%인 소금물을 만들었다. 증발 전 농도가 15%인 소금물의 양은 얼마인가?

① 350g
② 400g
③ 450g
④ 500g
⑤ 550g

23 어떤 테니스 대회는 총 8개의 팀이 상대 팀과 각각 한 번씩 경기하는 리그 형식으로 예선을 치른 후, 상위 4개 팀이 토너먼트 형식으로 본선을 치른다. 예선 티켓 값이 1만 원, 본선 티켓 값이 2만 원이라고 할 때, 모든 경기를 한 번씩 보려면 티켓을 사는 데 드는 비용은 얼마인가?

① 30만 원
② 32만 원
③ 34만 원
④ 36만 원
⑤ 38만 원

24 어떤 프로젝트를 A사원이 혼자서 진행하면 시작부터 끝내기까지 총 4시간이 걸린다고 한다. A사원과 B사원이 함께 프로젝트 업무를 2시간 동안 진행하다가, B사원이 급한 업무가 생겨 퇴근한 후 A사원 혼자 40분을 더 일하여 마무리 지었다. B사원이 혼자 프로젝트를 진행했을 때 걸리는 시간은?

① 4시간
② 5시간
③ 6시간
④ 7시간
⑤ 8시간

Hard

25 S연구소에서 식물 배양세포의 증식이 얼마나 빠른지 알아보기 위해 두 가지 세포의 증식 속도를 측정해 보았다. A세포는 한 개당 하루에 4개로 분열되며, B세포는 한 개당 하루에 3개로 분열된다. A세포 한 개와 B세포 두 개가 있을 때, 두 세포의 개수가 각각 250개 이상이 되는 것은 며칠 후부터 인가?(단, $\log 2 = 0.30$, $\log 3 = 0.48$, $\log 10 = 1$로 계산한다)

	A세포	B세포			A세포	B세포
①	5일	4일		②	5일	5일
③	4일	4일		④	4일	5일
⑤	4일	6일				

26 S전자에서는 컴퓨터 모니터를 생산한다. 지난달에 생산한 모니터의 불량률은 10%였고, 모니터 한 대당 17만 원에 판매하였다. 이번 달도 지난달과 동일한 양을 생산했는데, 불량률은 15%로 올랐다고 한다. 지난달보다 매출액이 떨어지지 않으려면 모니터의 한 대당 가격은 최소 얼마로 책정해야 하는가?(단, 불량품은 매출액에서 제외한다)

① 18만 원
② 19만 원
③ 20만 원
④ 21만 원
⑤ 22만 원

27 서울에서 부산까지의 거리는 400km이고 서울에서 부산까지 가는 기차는 120km/h의 속력으로 달리며, 역마다 10분씩 정차한다. 서울에서 9시에 출발하여 부산에 13시 10분에 도착했다면, 기차는 가는 도중 몇 개의 역에 정차하였는가?

① 4개   ② 5개

③ 6개   ④ 7개

⑤ 8개

28 운송업체에서 택배 기사로 일하고 있는 A씨는 5곳에 배달을 할 때, 첫 배송지에서 마지막 배송지까지 총 1시간 20분이 걸린다. 평균적으로 위와 같은 속도로 배달을 할 때 12곳에 배달을 하는데 첫 배송지에서 출발해서 마지막 배송지까지 택배를 마치는 데 걸리는 시간은?(단, 배송지에서 머무는 시간은 고려하지 않는다)

① 3시간 12분   ② 3시간 25분

③ 3시간 36분   ④ 3시간 40분

⑤ 3시간 52분

29 S회사에 근무 중인 S사원은 업무 계약 건으로 출장을 가야 한다. 시속 75km로 이동하던 중 점심시간이 되어 전체 거리의 40% 지점에 위치한 휴게소에서 30분 동안 점심을 먹었다. 시계를 확인하니 약속된 시간에 늦을 것 같아 시속 25km를 더 올려 이동하였더니, 회사에서 출장지까지 총 3시간 20분이 걸려 도착하였다. S회사에서 출장지까지의 거리는?

① 100km   ② 150km

③ 200km   ④ 250km

⑤ 300km

30 400명의 사람들을 대상으로 A, B, C물건에 대한 선호도를 조사하다. 그랬더니 A를 좋아하는 사람은 280명, B를 좋아하는 사람은 160명, C를 좋아하는 사람은 200명이었고, 아무 것도 좋아하지 않는 사람은 30명이었다. 세 가지 물건 중 두 가지만 좋다고 답한 사람의 수는 110명이라고 할 때, 세 물건을 모두 좋아하는 사람은 몇 명인가?(단, 투표는 중복투표이다)

① 40명   ② 50명

③ 60명   ④ 70명

⑤ 80명

31 A지점에서 B지점으로 가는 길이 다음과 같을 때 P지점을 거쳐서 갈 수 있는 경우의 수는 얼마인가?(단, 이미 지나간 길은 되돌아갈 수 없다)

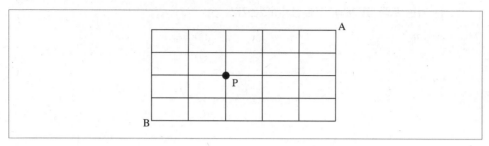

① 60가지   ② 70가지
③ 80가지   ④ 90가지
⑤ 100가지

Easy

32 정혁이가 집에서 역까지 갈 때는 50m/min, 돌아올 때는 60m/min의 속력으로 걸어서 총 22분이 걸렸다. 이때 역에서 집에 돌아올 때 걸린 시간은?

① 7분   ② 8분
③ 9분   ④ 10분
⑤ 11분

Easy

33 총 500m 거리의 산책로에 50m 간격으로 가로등을 설치하고, 100m 간격으로는 벤치를 설치할 때, 가로등과 벤치 개수의 합은 얼마인가?(단, 시작과 끝 지점에는 모두 설치한다)

① 15개   ② 16개
③ 17개   ④ 18개
⑤ 19개

Easy

34 길이가 800m인 다리에 기차가 진입하는 순간부터 다리를 완전히 벗어날 때까지 걸린 시간은 36초였다. 기차의 속력은 몇 km/h인가?(단, 기차의 길이는 100m이다)

① 70km/h

② 75km/h

③ 80km/h

④ 85km/h

⑤ 90km/h

Hard

35 J기획에서는 사업 확장에 따라 30명의 신입사원을 배치하려고 한다. 급여를 일당으로 환산했을 때 영업직은 10만 원을 받고, 일반사무직은 영업직의 80%만큼 받고, 마케팅직은 영업직보다 20% 더 받게 된다. 일반사무직이 영업직보다 10명 더 많고 마케팅직의 2배라고 할 때, 추가 편성해야 할 총 일일 인건비는 얼마인가?

① 272만 원

② 276만 원

③ 280만 원

④ 284만 원

⑤ 288만 원

36 영희는 3시에 학교 수업이 끝난 후 할머니를 모시고 병원에 간다. 학교에서 집으로 갈 때는 4km/h의 속력으로 이동하고 집에서 10분 동안 할머니를 기다린 후, 할머니와 병원까지 3km/h의 속력으로 이동한다고 한다. 학교와 집, 집과 병원 사이의 거리 비가 2 : 1이고 병원에 도착한 시각이 4시 50분일 때, 병원에서 집까지의 거리는?

① 1km

② 2km

③ 3km

④ 4km

⑤ 5km

37 작년 A고등학교의 전교생 수는 1,200명이고, 2학년 학생 수는 1학년과 3학년 학생 수의 평균이다. 올해 2학년 학생 수는 작년보다 5% 증가하였고, 3학년 학생 수는 2학년보다 12명이 더 적다고 한다. A고등학교가 올해도 작년과 같은 수준의 학생 수를 유지하기 위해서 필요한 신입생의 수는?

① 372명

② 373명

③ 374명

④ 375명

⑤ 376명

38 영진이는 다가오는 여름을 위해 다이어트를 결심했다. 영진이는 평소 아침, 점심, 저녁을 모두 먹으며 한 끼를 먹을 때마다 0.3kg씩 살이 찐다. 하지만 헬스장에서 한 시간 동안 운동을 하면 몸무게가 0.5kg 줄어든다고 한다. 영진이는 월요일부터 운동을 시작하고 10일 동안 지금의 몸무게보다 10kg을 감량하는 것이 목표이다. 일요일에는 헬스장에 가지 않는다고 할 때, 목표 체중이 되기 위해서는 하루에 몇 시간씩 운동해야 하는가?(단, 소수점 둘째 자리에서 반올림한다)

① 4.1시간   ② 4.2시간

③ 4.3시간   ④ 4.4시간

⑤ 4.5시간

39 수현이와 해영이는 새로 산 무전기의 성능을 시험하려고 한다. 두 사람은 같은 곳에서부터 출발하여 수현이는 북쪽으로 10m/s, 해영이는 동쪽으로 25m/s의 일정한 속력으로 이동한다. 해영이가 수현이보다 20초 늦게 출발한다고 했을 때, 해영이가 이동한 지 1분이 되자 더는 통신이 불가능했다고 한다. 무전 통신이 끊겼을 때, 수현이와 해영이 사이의 직선 거리는?

① 1.5km   ② 1.6km

③ 1.7km   ④ 1.8km

⑤ 1.9km

Hard

40 S부서에는 부장 1명, 과장 1명, 대리 2명, 사원 2명 총 6명이 근무하고 있다. 새로운 프로젝트를 진행하기 위해 S부서를 2개의 팀으로 나누려고 한다. 팀을 나눈 후의 인원수는 서로 같으며, 부장과 과장이 같은 팀이 될 확률은 30%라고 한다. 대리 2명의 성별이 서로 다를 때, 부장과 남자 대리가 같은 팀이 될 확률은?

① 41%   ② 41.5%

③ 42%   ④ 42.5%

⑤ 43%

41 어느 공장에서 A제품을 생산하여 팔면 600원의 이익이 남고, 불량품이 발생할 경우 2,400원의 손해를 본다. A제품을 생산하여 팔 때, 손해를 보지 않으려면 이 제품의 불량률은 최대 몇 %가 되어야 하는가?

① 10%   ② 15%

③ 20%   ④ 25%

⑤ 30%

42 각각의 무게가 1kg, 2kg, 3kg인 추가 총 30개 있다. 다음의 조건을 모두 만족할 때, 무게가 2kg인 추는 몇 개 있는가?

> • 추의 무게의 총합은 50kg이다.
> • 추의 개수는 모두 짝수이다.
> • 2kg 추의 개수는 3kg 추의 개수보다 2배 이상 많다.
> • 추의 개수는 무게가 적은 순으로 많다.

① 8개   ② 10개
③ 12개   ④ 14개
⑤ 16개

43 평상시에 A아파트 12층까지 올라갈 때, 엘리베이터를 이용하면 1분 15초가 걸리고, 비상계단을 이용하면 6분 50초가 걸린다. A아파트는 저녁 8시부터 8시 30분까지 사람들이 몰려서, 엘리베이터 이용 시간이 2분마다 35초씩 늘어난다. 저녁 8시부터 몇 분이 지나면 엘리베이터를 이용하는 것보다 계단을 이용할 때 12층에 빨리 도착하는가?

① 12분   ② 14분
③ 16분   ④ 18분
⑤ 20분

44 총무부에서는 물품구매예산으로 월 30만 원을 받는다. 이번 달 예산 중 80%는 사무용품 구매에 사용하고, 남은 예산 중 40%는 서랍장 구매에 사용했다. 남은 예산으로 전가가 500원인 볼펜을 사려고 한다. 인터넷을 이용하면 정가에서 20% 할인된 가격으로 살 수 있다고 할 때, 몇 개를 살 수 있는가?

① 40개   ② 50개
③ 70개   ④ 80개
⑤ 90개

45 K사원은 평상시에 지하철을 이용하여 출퇴근한다. 그러다 프로젝트를 맡게 되면 출퇴근 시간이 일정치 않아, 프로젝트 기간에는 자동차를 이용한다. 이번 달에는 프로젝트 없이 업무가 진행됐지만, 다음 달에는 5일간 프로젝트 업무를 진행할 예정이다. 지하철을 이용하여 출퇴근하면 3,000원이 들고, 자동차를 이용할 경우 기름값이 1일 5,000원, 톨게이트 이용료가 1회 2,000원이 든다. K사원이 이번 달에 사용한 교통비와 다음 달에 사용할 교통비의 차액은 얼마인가?(단, 한 달에 20일을 출근하며, 톨게이트는 출퇴근 시 각각 1번씩 지난다)

① 2만 원   ② 3만 원
③ 5만 원   ④ 6만 원
⑤ 9만 원

46 S대리는 주말이면 등산을 즐긴다. 이번 주말에 오른 산은 올라갈 때 이용하는 길보다 내려갈 때 이용하는 길이 3km 더 길었다. S대리가 산을 올라갈 때는 시속 4km의 속력으로 걸었고, 내려갈 때는 시속 5km의 속력으로 걸었다. 등산을 끝마치는 데 5시간이 걸렸다면, S대리가 걸은 거리는 얼마인가?(단, 소수점 둘째 자리에서 반올림한다)

① 12.8km   ② 19.5km
③ 19.6km   ④ 22.5km
⑤ 22.6km

47 I기업에서는 사무실에서 쓸 가습기 50대를 구매하기 위해, 동일 모델을 기준으로 업체 간 판매조건을 비교 중이다. A업체는 가습기 10대 구매 시 1대를 무료로 제공하고, 추가로 100만 원당 5만 원을 할인해주며, B업체는 가습기 9대 구매 시 1대를 무료로 제공하고, 추가로 가격 할인은 제공하지 않는다. 어느 업체에서 구매하는 것이 얼마만큼 더 저렴한가?(단, 가습기 1대당 가격은 10만 원이다)

① A업체, 10만 원   ② A업체, 20만 원
③ B업체, 10만 원   ④ B업체, 20만 원
⑤ B업체, 30만 원

48 T기업은 창립기념일을 맞이하여 10km 사내 마라톤 대회를 열었다. 전 직원이 참여한 마라톤 대회 결과는 아래 표와 같다. 이 중 무작위로 남자 사원 한 명을 뽑았을 때, 완주했을 확률은 얼마인가? (단, 소수점 첫째 자리에서 반올림한다)

구분	남자	여자
완주	122명	71명
미완주	58명	49명

① 41% ② 48%
③ 51% ④ 61%
⑤ 68%

49 S그룹 본사에는 1명의 직원이 토요일에 당직 근무를 서도록 사칙으로 규정하고 있다. 본사 G팀에는 4명의 임원과 6명의 사원이 있다. G팀이 앞으로 10주 동안 토요일 당직 근무를 서야 한다고 할 때, 두 번째 주 토요일에 임원이 당직 근무를 설 확률은 얼마인가?(단, 모든 사원은 당직 근무를 2번 이상 서지 않는다)

① 25% ② 30%
③ 35% ④ 40%
⑤ 45%

50 S그룹의 자회사인 K기업은 올해 하반기 공채를 통해 신입사원을 뽑았다. 올해 상반기 퇴직자로 인해, 신입사원을 뽑았음에도 남자 직원은 전년 대비 5% 감소했고, 여자 지원은 전년 대비 10% 증가했다. K기업의 전체 직원 수는 전년 대비 4명 증가하여, 284명의 직원이 근무하고 있다. 올해 공채 이후 남자 직원은 몇 명인가?

① 120명 ② 132명
③ 152명 ④ 156명
⑤ 160명

Hard

01 다음은 2022년도 주택보급률에 대한 표이다. 표에 대한 해석으로 가장 적절한 것은?

〈2022년 주택보급률 현황〉

구분	2018		
	가구 수(만 가구)	주택 수(만 호)	주택보급률(약 %)
전국	1,989	2,072	104
수도권	967	957	99
지방	1,022	1,115	109
서울	383	368	96
부산	136	141	103
대구	95	99	104
인천	109	110	101
광주	57	61	107
대전	60	61	102
울산	43	47	110
세종	11	12	109
경기	475	479	100
강원	62	68	110
충북	64	72	113
충남	85	95	112
전북	73	80	110
전남	73	82	112
경북	109	127	116
경남	130	143	110
제주	24	26	108

※ (주택보급률) $= \dfrac{(주택\ 수)}{(가구\ 수)} \times 100$

※ 수도권은 서울, 인천, 경기 지역이며, 지방은 수도권 외에 모든 지역이다.

① 전국 주택보급률보다 낮은 지역은 모두 수도권 지역이다.

② 수도권 외 지역 중 주택 수가 가장 적은 지역의 주택보급률보다 높은 지역은 다섯 곳이다.

③ 가구 수가 주택 수보다 많은 지역은 전국에서 가구 수가 세 번째로 많다.

④ 지방 전체 주택 수의 10% 이상을 차지하는 수도권 외 지역 중 지방 주택보급률보다 낮은 지역의 주택보급률과 전국 주택보급률의 차이는 약 1%p이다.

⑤ 주택 수가 가구 수의 1.1배 이상인 지역에서 가구 수가 세 번째로 적은 지역의 주택보급률은 지방 주택보급률보다 약 2%p 높다.

※ 다음은 A국가의 인구동향에 관한 자료이다. 이어지는 질문에 답하시오. **[2~3]**

〈인구동향〉

(단위 : 만 명, %)

구분	2018년	2019년	2020년	2021년	2022년
전체 인구수	12,381	12,388	12,477	12,633	12,808
남녀성비	101.4	101.8	102.4	101.9	101.7
가임기 여성비율	58.2	57.4	57.2	58.1	59.4
출산율	26.5	28.2	29.7	31.2	29.2
남성 사망률	8.3	7.4	7.2	7.5	7.7
여성 사망률	6.9	7.2	7.1	7.8	7.3

※ 남녀성비 : 여자 100명당 남자 수

02 다음 〈보기〉 중 제시된 자료에 대한 설명으로 적절한 것을 모두 고르면?(단, 인구수는 버림하여 만 명까지만 나타낸다)

> **보기**
>
> ㄱ. 전체 인구수는 2018년 대비 2022년에 5% 이상이 증가하였다.
> ㄴ. 제시된 기간 동안 가임기 여성의 비율과 출산율의 증감 추이는 동일하다.
> ㄷ. 출산율은 2019년부터 2021년까지 전년 대비 계속 증가하였다.
> ㄹ. 출산율과 남성 사망률의 차이는 2021년에 가장 크다.

① ㄱ, ㄴ 　　　　　　　② ㄱ, ㄷ
③ ㄴ, ㄷ 　　　　　　　④ ㄴ, ㄹ
⑤ ㄷ, ㄹ

Easy

03 다음 보고서에 밑줄 친 내용 중 적절하지 않은 것은 모두 몇 개인가?

> **〈보고서〉**
>
> 자료에 의하면 ㉠ 남녀성비는 2020년까지 증가하는 추이를 보이다가 2021년부터 감소했고, ㉡ 전체 인구수는 계속하여 감소하였다. ㉢ 2018년에는 남성 사망률이 최고치를 기록했다.
> 그 밖에도 ㉣ 2018년부터 2022년 중 여성 사망률은 2022년이 가장 높았으며, 이와 반대로 ㉤ 2022년은 출산율이 계속 감소하다가 증가한 해이다.

① 1개 　　　　　　　② 2개
③ 3개 　　　　　　　④ 4개
⑤ 5개

04 다음은 10년간 국내 의사와 간호사 인원 현황에 대한 자료이다. 자료에 대한 〈보기〉의 설명 중 적절한 것을 모두 고르면?(단, 비율은 소수점 셋째 자리에서 버림한다)

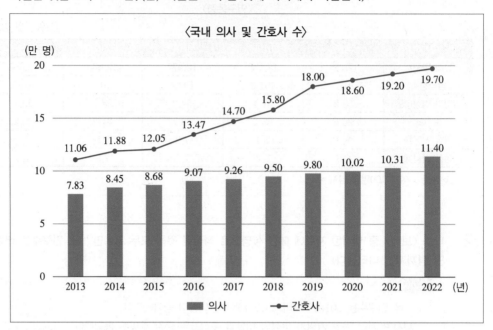

〈국내 의사 및 간호사 수〉

보기

ㄱ. 2020년 대비 2022년 의사 수의 증가율은 간호사 수의 증가율보다 5%p 이상 높다.
ㄴ. 2014 ~ 2022년 동안 전년 대비 의사 수 증가량이 2천 명 이하인 해의 의사와 간호사 수의 차이는 5만 명 미만이다.
ㄷ. 2013 ~ 2017년 동안 의사 한 명당 간호사 수가 가장 많은 연도는 2017년도이다.
ㄹ. 2016 ~ 2019년까지 간호사 수의 평균은 15만 명 이상이다.

① ㄱ
② ㄱ, ㄴ
③ ㄷ, ㄹ
④ ㄴ, ㄹ
⑤ ㄱ, ㄷ, ㄹ

05 다음은 우리나라 국가채권 현황에 대한 자료이다. 이에 대한 〈보기〉의 설명 중 적절한 것을 모두 고르면?

〈우리나라 국가채권 현황〉

(단위 : 조 원)

구분	2019년		2020년		2021년		2022년	
	국가채권	연체채권	국가채권	연체채권	국가채권	연체채권	국가채권	연체채권
합계	238	27	268	31	298	36	317	39
조세채권	26	18	30	22	34	25	38	29
경상 이전수입	8	7	8	7	9	8	10	8
융자회수금	126	0	129	0	132	0	142	0
예금 및 예탁금	73	0	97	0	118	0	123	0
기타	5	2	4	2	5	3	4	2

보기

㉠ 2019년 총 연체채권은 2021년 총 연체채권의 80% 이상이다.
㉡ 국가채권 중 조세채권의 전년 대비 증가율은 2020년이 2022년보다 높다.
㉢ 융자회수금의 국가채권과 연체채권의 총합이 가장 높은 해에는 경상 이전수입의 국가채권과 연체채권의 총합도 가장 높다.
㉣ 2019년 대비 2022년 경상 이전수입 중 국가채권의 증가율은 경상 이전수입 중 연체채권의 증가율보다 낮다.

① ㉠, ㉡
② ㉠, ㉢
③ ㉡, ㉢
④ ㉡, ㉣
⑤ ㉢, ㉣

06 다음은 2022년 달러와 엔화의 환율 변동에 대한 자료이다. 다음 자료를 참고할 때, 가장 적절한 설명은?(단, 소수점 둘째 자리에서 반올림한다)

〈2022년 달러 및 엔화 환율 변동 현황〉

구분	1월	2월	3월	4월	5월	6월	7월	8월	9월	10월
달러 환율 (원/달러)	1,065	1,090	1,082	1,070	1,072	1,071	1,119	1,117	1,119	1,133
엔화 환율 (원/100엔)	946	990	1,020	992	984	980	1,011	1,003	1,004	1,003

① 2월에 일본 여행을 갔다면, 2월보다 1월에 미리 환전해야 5% 이상 이득이었다.
② 5월부터 10월까지 달러 환율은 계속 증가하고 있다.
③ 달러 환율과 엔화 환율의 차가 가장 큰 것은 1월이다.
④ 전월 대비 달러 환율 증가율은 7월의 증가율이 10월의 증가율보다 4배 이상 높다.
⑤ 달러 환율이 가장 낮을 때의 엔화 환율은 달러 환율이 가장 높을 때의 엔화 환율에 비해 5% 이상 낮다.

07 다음은 2018 ~ 2022년 A국의 네 종류의 스포츠 경기 수를 나타낸 자료이다. 다음 자료를 참고할 때 적절하지 않은 내용은?

〈국내 연도별 스포츠 경기 수〉

(단위 : 회)

구분	2018년	2019년	2020년	2021년	2022년
농구	413	403	403	403	410
야구	432	442	425	433	432
배구	226	226	227	230	230
축구	228	230	231	233	233

① 농구의 경기 수는 2019년의 전년 대비 감소율이 2022년의 전년 대비 증가율보다 크다.

② 제시된 네 가지 스포츠의 경기 수 총합이 가장 많았던 연도는 2022년이다.

③ 2018년부터 2022년까지 야구의 평균 경기 수는 축구의 평균 경기 수의 2배 이하이다.

④ 2019년부터 2021년까지 전년 대비 경기 수가 증가하는 종목은 없다.

⑤ 2022년도 경기 수가 5년 동안의 평균 경기 수보다 적은 스포츠는 1종류이다.

08 다음은 임차인 A ~ E의 전·월세 전환 현황에 대한 자료이다. 이에 대한 〈보기〉의 설명 중 적절한 것을 모두 고르면?

〈임차인 A ~ E의 전·월세 전환 현황〉

(단위 : 만 원)

임차인	전세금	월세보증금	월세
A	( )	25,000	50
B	42,000	30,000	60
C	60,000	( )	70
D	38,000	30,000	80
E	58,000	53,000	( )

※ [전·월세 전환율(%)]$= \dfrac{(월세) \times 12}{(전세금) - (월세보증금)} \times 100$

보기

ㄱ. A의 전·월세 전환율이 6%라면, 전세금은 3억 5천만 원이다.

ㄴ. B의 전·월세 전환율은 10%이다.

ㄷ. C의 전·월세 전환율이 3%라면, 월세보증금은 3억 6천만 원이다.

ㄹ. E의 전·월세 전환율이 12%라면, 월세는 50만 원이다.

① ㄱ, ㄴ   ② ㄱ, ㄷ

③ ㄱ, ㄹ   ④ ㄴ, ㄹ

⑤ ㄷ, ㄹ

09 다음 자료는 8개 기관의 장애인 고용 현황이다. 자료와 〈조건〉에 근거하여 A ~ D에 해당하는 기관을 바르게 나열한 것은?

〈기관별 장애인 고용 현황〉

(단위 : 명, %)

기관	전체 고용인원	장애인 고용의무인원	장애인 고용인원	장애인 고용률
남동청	4,013	121	58	1.45
A	2,818	85	30	1.06
B	22,323	670	301	1.35
북동청	92,385	2,772	1,422	1.54
C	22,509	676	361	1.60
D	19,927	598	332	1.67
남서청	53,401	1,603	947	1.77
북서청	19,989	600	357	1.79

※ [장애인 고용률(%)] $= \dfrac{(장애인\ 고용인원)}{(전체\ 고용인원)} \times 100$

조건

ㄱ. 동부청의 장애인 고용의무인원은 서부청보다 많고, 남부청보다 적다.
ㄴ. 장애인 고용률은 서부청이 가장 낮다.
ㄷ. 장애인 고용의무인원은 북부청이 남부청보다 적다.
ㄹ. 동부청은 남동청보다 장애인 고용인원은 많으나, 장애인 고용률은 낮다.

	A	B	C	D
①	동부청	서부청	남부청	북부청
②	동부청	서부청	북부청	남부청
③	서부청	동부청	남부청	북부청
④	서부청	동부청	북부청	남부청
⑤	서부청	남부청	동부청	북부청

10 다음은 우리나라의 시·도별 사교육비 및 참여율에 대한 자료이다. 자료를 해석한 것으로 적절하지 않은 것은?

〈시·도별 학생 1인당 월평균 사교육비 및 참여율〉

(단위 : 만 원, %, %p)

구분	사교육비				참여율			
	2021년	전년 대비	2022년	전년 대비	2021년	전년 대비	2022년	전년 대비
전체	24.2	1.1	24.4	1.0	68.6	−0.2	68.8	0.2
서울	33.5	2.1	33.8	0.9	74.4	−0.6	74.3	−0.2
부산	22.7	−0.8	23.4	2.9	65.8	−1.5	67.8	2.0
대구	24.2	0.1	24.4	0.6	70.3	−1.6	71.3	1.0
인천	21.1	1.7	21.3	0.9	65.9	0.6	65.9	−
광주	23.1	−3.3	22.8	−1.4	68.7	−1.1	68.8	0.1
대전	25.7	−0.9	25.4	−1.0	70.5	−2.2	70.2	−0.3
울산	22.2	−1.1	21.9	−1.2	67.6	0.3	69.6	2.0
세종	18.6	−	19.6	5.6	66.3	−	67.7	1.4
경기	26.0	2.6	26.5	2.0	72.8	0.8	72.3	−0.5
강원	16.7	−3.0	17.1	2.5	60.9	−1.0	62.2	1.3
충북	18.8	−	19.0	1.0	60.7	−1.8	61.6	0.9
충남	18.1	3.9	18.0	−0.5	61.1	0.4	61.2	−
전북	18.3	4.3	18.6	1.8	59.4	−0.5	60.6	1.1
전남	16.4	−2.3	16.5	0.3	58.5	−0.5	59.6	1.1
경북	19.1	1.9	19.0	−0.2	64.5	0.2	64.5	−0.1
경남	20.3	−2.6	20.4	0.7	67.1	−0.2	66.9	−0.1
제주	19.9	1.4	20.1	1.0	63.3	−1.1	64.2	0.9

※ 사교육비는 전년 대비 증감률을 구한 값이고, 참여율은 전년 대비 증감량을 구한 값이다.
※ 사교육비는 백 원에서 반올림하고, 참여율과 증감률, 증감량은 소수점 둘째 자리에서 반올림했다.

① 2021년 대비 2022년 사교육비가 감소한 지역의 수와 참여율이 감소한 지역의 수는 같다.
② 2022년 시·도를 통틀어 사교육 참여율이 가장 높은 지역과 낮은 지역의 차는 14.7%p이다.
③ 제시된 기간 동안 전년 대비 사교육비와 참여율의 증감 추세가 동일한 지역은 5곳이다.
④ 2021년 도 지역 중 학생 1인당 월평균 사교육비가 가장 높은 지역과 낮은 지역의 차는 9.6만 원이다.
⑤ 서울·경기 지역은 2021 ~ 2022년 모두 평균 이상의 수치를 보여주고 있다.

11 다음은 1970 ~ 2022년 성·연령별 기대여명 추이에 대한 자료이다. 자료를 해석한 것으로 적절하지 않은 것은?

<1970 ~ 2022년 성·연령별 기대여명 추이>

(단위 : 세)

연령	남자					여자				
	1970년	2002년	2012년	2021년	2022년	1970년	2002년	2012년	2021년	2022년
0	58.7	69.7	74.9	78.6	79.0	65.8	77.9	81.6	85.0	85.2
1	60.3	69.3	74.2	77.8	78.2	67.6	77.6	80.9	84.3	84.4
10	52.8	60.7	65.4	68.9	69.3	60.2	68.9	72.1	75.3	75.5
20	43.9	51.1	55.5	59.0	59.4	51.3	59.1	62.2	65.4	65.5
30	35.4	41.7	45.9	49.3	49.7	43.0	49.4	52.4	55.6	55.7
40	26.7	32.6	36.4	39.7	40.1	34.3	39.8	42.7	45.9	46.0
50	19.0	24.2	27.5	30.5	30.8	26.0	30.5	33.2	36.3	36.4
60	12.7	16.7	19.3	22.0	22.2	18.4	21.7	24.0	26.9	27.0
70	8.2	10.5	12.2	14.1	14.3	11.7	13.7	15.4	17.9	17.9
80	4.7	6.1	6.9	7.8	8.0	6.4	7.8	8.5	10.1	10.1
90	2.8	3.3	3.6	4.0	4.1	3.4	4.2	4.2	4.9	4.8
100세 이상	1.7	1.8	1.9	2.1	2.1	1.9	2.2	2.2	2.4	2.3

① 2022년에 1970년 대비 변동폭이 가장 작은 연령대는 100세 이상이다.

② 2022년에 1970년 대비 기대여명이 가장 많이 늘어난 것은 0세 남자이다.

③ 남녀 모든 연령에서 기대여명은 2022년까지 지속해서 증가했다.

④ 기대여명은 동일 연령에서 여자가 항상 높았다.

⑤ 2021년 대비 2022년의 기대여명의 증감 수치는 모든 연령대에서 남자가 여자보다 크다.

12 다음의 표는 2022년 방송 산업 매출실적 도표의 일부이다. 빈칸에 들어갈 알맞은 수치를 A, B, C 순서로 짝지은 것은 무엇인가?

(단위 : 개, 명, 백만 원)

구분	사업체 수	종사자 수	매출액	업체당 평균매출액	1인당 평균매출액
지상파방송 사업자	53	13,691	3,914,473	73,858	286
종합유선방송 사업자	94	4,846	2,116,851	22,520	427
일반위성방송 사업자	1	295	373,853	(B)	(C)
홈쇼핑PP	6	3,950	2,574,848	429,141	652
IPTV	3	520	616,196	205,399	1,185
전체	(A)	23,302	9,596,221	61,122	412

① 147, 373,853, 1,257
② 147, 383,853, 1,257
③ 157, 373,853, 1,267
④ 157, 373,863, 1,267
⑤ 167, 373,853, 1,287

13 다음은 통계청에서 조사한 전국의 농가수 및 총 가구 중 농가 비중에 대한 자료이다. 자료에 대한 설명으로 적절하지 않은 것은?

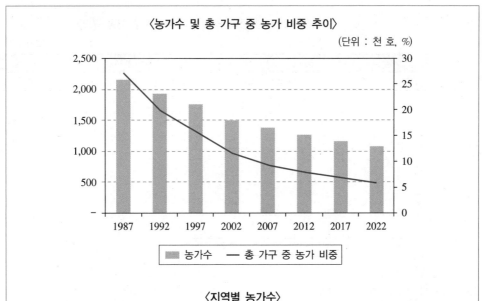

〈농가수 및 총 가구 중 농가 비중 추이〉

(단위 : 천 호, %)

■ 농가수 ── 총 가구 중 농가 비중

〈지역별 농가수〉

(단위 : 천 호)

구분	1987년	2022년
전국	2,154	1,088
특·광역시	14	82
경기	235	127
강원	124	73
충북	147	75
충남	276	132
전북	235	100
전남	392	150
경북	381	185
경남	297	131
제주	53	33

① 총 가구 중 농업에 종사하는 가구의 비중은 매년 감소하는 추세이다.

② 2022년 충남지역의 농가의 구성비는 전체의 15% 미만이다.

③ 조사 기간 동안 농가수는 특·광역시를 제외한 전국 모든 지역에서 감소한 것으로 나타난다.

④ 1987년 대비 2022년의 지역별 농가수의 감소율은 전북지역보다 경남지역이 더 크다.

⑤ 2022년 제주지역의 농가수는 1987년에 비해 30% 이상 감소했다.

14 다음은 중국의 의료 빅데이터 예상 시장 규모에 관한 자료이다. 이의 전년 대비 성장률을 구했을 때 그래프로 올바르게 변환한 것은?

〈2015 ~ 2024년 중국 의료 빅데이터 예상 시장 규모〉

(단위 : 억 위안)

구분	2015년	2016년	2017년	2018년	2019년	2020년	2021년	2022년	2023년	2024년
규모	9.6	15.0	28.5	45.8	88.5	145.9	211.6	285.6	371.4	482.8

①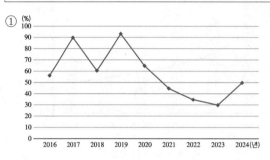

②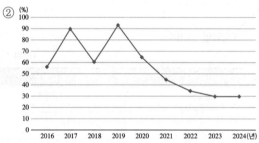

③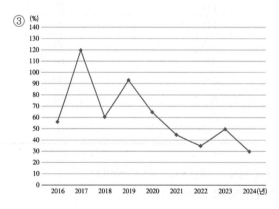

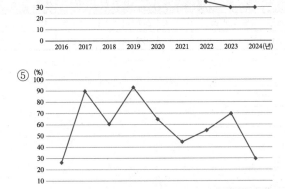

④
(%)

| | 2016 | 2017 | 2018 | 2019 | 2020 | 2021 | 2022 | 2023 | 2024(년) |

⑤
(%)

| | 2016 | 2017 | 2018 | 2019 | 2020 | 2021 | 2022 | 2023 | 2024(년) |

15 다음은 우리나라 강수량에 관한 자료이다. 이를 그래프로 올바르게 변환한 것은?

〈2022년 우리나라 강수량〉

(단위 : mm, 위)

구분	1월	2월	3월	4월	5월	6월	7월	8월	9월	10월	11월	12월
강수량	15.3	29.8	24.1	65.0	29.5	60.7	308.0	241.0	92.1	67.6	12.7	21.9
역대순위	32	23	39	30	44	43	14	24	26	13	44	27

①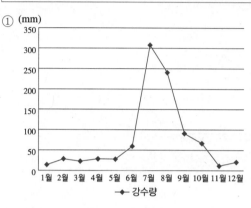

②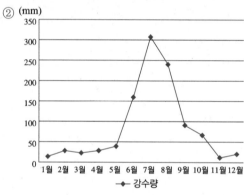

③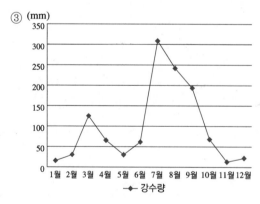

④ (mm)

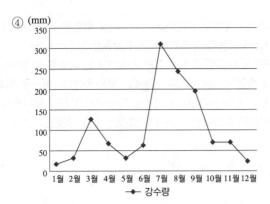

⑤ (mm)

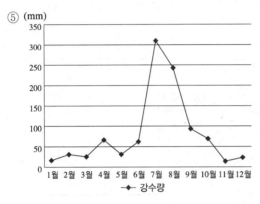

16 K사원은 모든 직원이 9시부터 18시까지 근무하는 기관에서 전산 자료 백업을 진행하려고 한다. 자동화 시스템을 사용하며, 백업할 자료의 용량은 총 50TB이다. K사원은 오후 3시부터 전산 자료 백업을 시작했다. 자동화 시스템은 근무시간 기준으로 시간당 2,000GB의 자료를 백업하며 동작 후 첫 1시간은 초기화 작업으로 인해 백업이 이루어지지 않는다. 모든 직원이 퇴근한 이후에는 백업 속도가 50% 향상되고, 자정부터 새벽 3시 사이에는 시스템 점검으로 작업이 일시정지 된다. 시간에 따른 전산 자료 백업의 누적 처리량을 나타낸 그래프로 알맞은 것은 무엇인가?(단, 1TB= 1,000GB)

① 누적 처리량

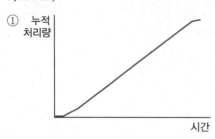

시간

② 누적 처리량

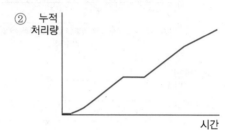

시간

③ 누적 처리량

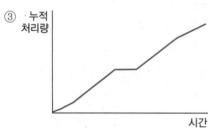

시간

④ 누적 처리량

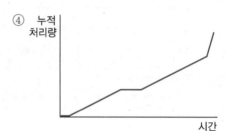

시간

⑤ 누적 처리량

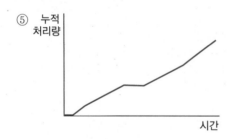

시간

17 S사 실험실에서 A세포를 배양하는 실험을 하고 있다. 다음과 같이 일정한 규칙으로 배양에 성공한다면 9시간 경과했을 때 세포 수는 몇 개가 되겠는가?

〈시간대별 세포 수〉

(단위 : 개)

구분	0시간 경과	1시간 경과	2시간 경과	3시간 경과	4시간 경과
세포 수	220	221	223	227	235

① 727개   ② 728개

③ 729개   ④ 730개

⑤ 731개

Hard

18 다음은 Z세균을 각각 다른 환경인 X와 Y조건에서 방치하는 실험을 하였을 때 번식하는 수를 기록한 자료이다. 번식하는 수는 일정한 규칙으로 변화할 때 10일 차에 Z세균의 번식 수를 구하면?

〈실험 결과〉

(단위 : 만 개)

구분	1일 차	2일 차	3일 차	4일 차	5일 차	…	10일 차
X조건에서의 Z세균	10	30	50	90	150	…	(A)
Y조건에서의 Z세균	1	2	4	8	16	…	(B)

     (A)   (B)

① 1,770   512

② 1,770   256

③ 1,770   128

④ 1,440   512

⑤ 1,440   256

19 A물고기는 한 달 만에 성체가 되어 번식을 한다. 다음과 같이 번식을 하고 있다면 12월의 물고기 수는 총 몇 마리인가?

(단위 : 마리)

구분	1월	2월	3월	4월	5월
개체 수	1	1	2	3	5

① 72마리 ② 86마리
③ 100마리 ④ 124마리
⑤ 144마리

20 어항 안에 A금붕어와 B금붕어가 각각 1,675마리, 1,000마리가 있다. 다음과 같이 금붕어가 팔리고 있다면, 10일 차에 남아있는 금붕어는 각각 몇 마리인가?

(단위 : 마리)

구분	1일 차	2일 차	3일 차	4일 차	5일 차
A금붕어	1,675	1,554	1,433	1,312	1,191
B금붕어	1,000	997	992	983	968

	A금붕어	B금붕어
①	560마리	733마리
②	586마리	733마리
③	621마리	758마리
④	700마리	758마리
⑤	782마리	783마리

아이들이 답이 있는 질문을 하기 시작하면 그들이 성장하고 있음을 알 수 있다.

- 존 J. 플롬프 -

CHAPTER 02
추리

합격 Cheat Key

GSAT 추리 영역은 크게 언어추리, 도형추리, 도식추리로 나눌 수 있다. 언어추리에서는 동의·유의·반의·상하 관계 등 다양한 어휘 관계를 묻는 문제와 논리추리 및 추론을 요하는 문제가 출제된다. 또한, 도형추리 문제에서는 제시된 도형의 단계적 변화 속에서 변화의 규칙을 찾아내야 하며, 도식추리 문제에서는 문자의 변화 과정에 숨어있는 규칙을 읽어야 한다. 이 영역을 통해 평가하고자 하는 바는 '실제 업무를 행하는 데 필요한 논리적 사고력을 갖추고 있는가', '신속하고 올바른 판단을 내릴 수 있는가', '현재의 과정을 통해 미래를 추론할 수 있는가'이다. 이러한 세 가지 능력을 평가하기 위해 30개 문항을 30분 안에 풀도록 하고 있다.

01 언어추리

언어에 대한 논리력, 사고력, 그리고 추리력을 평가하는 유형으로 추리 영역 30문항 중 약 23문항 정도가 출제된다. 이는 전체의 약 75%를 차지할 정도로 비중이 굉장히 크므로 반드시 고득점을 얻어야 할 부분이다. 언어추리는 크게 명제, 조건추리, 어휘추리, 독해추론으로 구분할 수 있다.

┌─● 학습포인트 ●─

• 명제 유형의 삼단논법 문제에서는 대우 명제를, '어떤'을 포함하는 명제 문제에서는 벤다이어그램을 활용한다.
• 조건추리 유형에서는 주어진 규칙과 조건을 파악한 후 이를 도식화(표, 기호 등으로 정리)하여 문제에 접근해야 한다.
• 어휘추리 유형에서는 문장 속 어휘의 쓰임이 아닌 1:1 어휘 관계를 묻는 것이 일반적이므로 어휘의 뜻을 정확하게 알아둔다.
• 독해추론 유형에서는 과학 지문의 비중이 높고, 삼성 제품 관련 지문이 나올 수 있으므로 관련 지문을 빠르게 읽고 이해할 수 있도록 연습한다.

02 도형추리

일련의 도형에 적용된 규칙을 파악할 수 있는지 평가하는 유형으로, 추리 영역 30문항 중 약 3문항 내외가 출제된다. 3×3개의 칸에 8개 도형만 제시되고, 그 안에서 도형이 변하는 규칙을 찾아 비어 있는 자리에 들어갈 도형의 모양을 찾는 문제이다.

● 학습포인트 ●

- x축・y축・원점 대칭, 시계 방향・시계 반대 방향 회전, 색 반전 등 도형 변화의 기본 규칙을 숙지하고, 두 가지 규칙이 동시에 적용되었을 때의 모습도 추론할 수 있는 훈련이 필요하다.
- 가로 행 또는 세로 열을 기준으로 도형의 변화를 살핀 후 대각선, 시계 방향・시계 반대 방향, 건너뛰기 등 다양한 가능성을 염두에 두고 규칙을 적용해 본다.
- 규칙을 추론하는 정해진 방법은 없다. 따라서 많은 문제를 풀고 접해보면서 감을 익히는 수밖에 없다.

03 도식추리

문자가 변화하는 과정을 보고 기호의 의미를 파악한 후, 제시된 문자가 어떻게 변화하는 지 판단하는 유형이다. 추리 영역 30문항 중 4문항 정도가 출제된다. 도식추리는 하나의 보기에 여러 문제가 딸려 있는 묶음 형태로 출제되므로 주어진 기호를 정확히 파악해야 많은 문제를 정확히 풀 수 있다.

● 학습포인트 ●

- 그동안 시험에서는 각 자릿수 ±4까지의 연산, 문자의 이동 등의 규칙이 출제되었다. 따라서 문자에 대응하는 숫자를 숙지하고 있으면 문제 푸는 시간을 단축할 수 있을 것이다.
- 규칙을 추론해야 한다는 사실에 겁부터 먹는 지원자들이 있는데, 사실 규칙의 대부분이 문자의 배열을 서로 바꾸거나 일정한 앞 또는 뒤의 문자로 치환하는 정도이므로 그리 복잡하지 않다. 또한 거치는 과정도 생각보다 많지 않으므로, 기본 논리 구조를 이해하고 연습한다면 실전에서 어렵지 않게 문제를 풀어낼 수 있을 것이다.

| 언어추리 |

01 어휘추리

1. 유의 관계

두 개 이상의 어휘가 서로 소리는 다르나 의미가 비슷한 경우를 유의 관계라고 하고, 유의 관계에 있는 어휘를 유의어(類義語)라고 한다. 유의 관계의 대부분은 개념적 의미의 동일성을 전제로 한다. 그렇다고 하여 유의 관계를 이루는 단어들을 어느 경우에나 서로 바꾸어 쓸 수 있는 것은 아니다. 따라서 언어 상황에 적합한 말을 찾아 쓰도록 노력하여야 한다.

(1) 원어의 차이

한국어는 크게 고유어, 한자어, 외래어로 구성되어 있다. 따라서 하나의 사물에 대해서 각각 부르는 일이 있을 경우 유의 관계가 발생하게 된다.

(2) 전문성의 차이

같은 사물에 대해서 일반적으로 부르는 이름과 전문적으로 부르는 이름이 다른 경우가 많다. 이런 경우에 전문적으로 부르는 이름과 일반적으로 부르는 이름 사이에 유의 관계가 발생한다.

(3) 내포의 차이

나타내는 의미가 완전히 일치하지는 않으나, 유사한 경우에 유의 관계가 발생한다.

(4) 완곡어법

문화적으로 금기시하는 표현을 둘러서 말하는 것을 완곡어법이라고 하며, 이러한 완곡어법 사용에 따라 유의 관계가 발생한다.

2. 반의 관계

(1) 개요

반의어(反意語)는 둘 이상의 단어에서 의미가 서로 짝을 이루어 대립하는 경우를 말한다.

즉, 반의어는 어휘의 의미가 서로 대립하는 단어를 말하며, 이러한 어휘들의 관계를 반의 관계라고 한다. 한 쌍의 단어가 반의어가 되려면, 두 어휘 사이에 공통적인 의미 요소가 있으면서도 동시에 서로 다른 하나의 의미 요소가 있어야 한다.

반의어는 반드시 한 쌍으로만 존재하는 것이 아니라, 다의어(多義語)이면 그에 따라 반의어가 여러 개로 달라질 수 있다. 즉, 하나의 단어에 대하여 여러 개의 반의어가 있을 수 있다.

(2) 반의어의 종류

반의어에는 상보 반의어와 정도 반의어, 관계 반의어, 방향 반의어가 있다.

① **상보 반의어** : 한쪽 말을 부정하면 다른 쪽 말이 되는 반의어이며, 중간항은 존재하지 않는다. '있다' 와 '없다'가 상보적 반의어이며, '있다'와 '없다' 사이의 중간 상태는 존재할 수 없다.

② **정도 반의어** : 한쪽 말을 부정하면 반드시 다른 쪽 말이 되는 것이 아니며, 중간항을 갖는 반의어이다. '크다'와 '작다'가 정도 반의어이며, 크지도 작지도 않은 중간이라는 중간항을 갖는다.

③ **관계 반의어** : 관계 반의어는 상대가 존재해야만 자신이 존재할 수 있는 반의어이다. '부모'와 '자식' 이 관계 반의어의 예이다.

④ **방향 반의어** : 맞선 방향을 전제로 하여 관계나 이동의 측면에서 대립을 이루는 단어 쌍이다. 방향 반의어는 공간적 대립, 인간관계 대립, 이동적 대립 등으로 나누어 볼 수 있다.

3. 상하 관계

상하 관계는 단어의 의미적 계층 구조에서 한쪽이 의미상 다른 쪽을 포함하거나 다른 쪽에 포섭되는 관계를 말한다. 상하 관계를 형성하는 단어들은 상위어(上位語)일수록 일반적이고 포괄적인 의미를 지니며, 하위어 (下位語)일수록 개별적이고 한정적인 의미를 지닌다.

따라서 상위어는 하위어를 함의하게 된다. 즉, 하위어가 가지고 있는 의미 특성을 상위어가 자동적으로 가지게 된다.

4. 부분 관계

부분 관계는 한 단어가 다른 단어의 부분이 되는 관계를 말하며, 전체 – 부분 관계라고도 한다. 부분 관계에서 부분을 가리키는 단어를 부분어(部分語), 전체를 가리키는 단어를 전체어(全體語)라고 한다. 예를 들면, '머리, 팔, 몸통, 다리'는 '몸'의 부분어이며, 이러한 부분어들에 의해 이루어진 '몸'은 전체어이다.

02 명제추리

1. 연역 추론

이미 알고 있는 판단(전제)을 근거로 새로운 판단(결론)을 유도하는 추론이다. 연역 추론은 진리일 가능성을 따지는 귀납 추론과는 달리, 명제 간의 관계와 논리적 타당성을 따진다. 즉, 연역 추론은 전제들로부터 절대적인 필연성을 가진 결론을 이끌어내는 추론이다.

(1) 직접 추론

한 개의 전제로부터 중간적 매개 없이 새로운 결론을 이끌어내는 추론이며, 대우 명제가 그 대표적인 예이다.

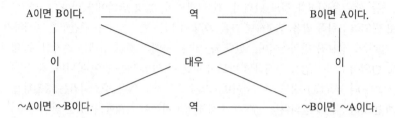

• 한국인은 모두 황인종이다.	(전제)
• 그러므로 황인종이 아닌 사람은 모두 한국인이 아니다.	(결론 1)
• 그러므로 황인종 중에는 한국인이 아닌 사람도 있다.	(결론 2)

(2) 간접 추론

둘 이상의 전제로부터 새로운 결론을 이끌어내는 추론이다. 삼단논법이 가장 대표적인 예이다.

① 정언 삼단논법 : 세 개의 정언명제로 구성된 간접추론 방식이다. 세 개의 명제 가운데 두 개의 명제는 전제이고, 나머지 한 개의 명제는 결론이다. 세 명제의 주어와 술어는 세 개의 서로 다른 개념을 표현한다.

② 가언 삼단논법 : 가언명제로 이루어진 삼단논법을 말한다. 가언명제란 두 개의 정언명제가 '만일 ~ 이라면'이라는 접속사에 의해 결합된 복합명제이다. 여기서 '만일'에 의해 이끌리는 명제를 전건이라고 하고, 그 뒤의 명제를 후건이라고 한다. 가언 삼단논법의 종류로는 혼합가언 삼단논법과 순수가언 삼단논법이 있다.

ⓐ 혼합가언 삼단논법 : 대전제만 가언명제로 구성된 삼단논법이다. 긍정식과 부정식 두 가지가 있으며, 긍정식은 'A면 B이다. A이다. 그러므로 B이다.'이고, 부정식은 'A면 B이다. B가 아니다. 그러므로 A가 아니다.'이다.

> • 만약 A라면 B이다.
> • B가 아니다.
> • 그러므로 A가 아니다.

ⓑ 순수가언 삼단논법 : 대전제와 소전제 및 결론까지 모두 가언명제들로 구성된 삼단논법이다.

> • 만약 A라면 B이다.
> • 만약 B라면 C이다.
> • 그러므로 만약 A라면 C이다.

③ 선언 삼단논법 : '~이거나 ~이다.'의 형식으로 표현되며 전제 속에 선언 명제를 포함하고 있는 삼단논법이다.

> • 내일은 비가 오거나 눈이 온다(A 또는 B이다).
> • 내일은 비가 오지 않는다(A가 아니다).
> • 그러므로 내일은 눈이 온다(그러므로 B이다).

④ 딜레마 논법 : 대전제는 두 개의 가언명제로, 소전제는 하나의 선언명제로 이루어진 삼단논법으로, 양도추론이라고도 한다.

> • 만일 네가 거짓말을 하면, 신이 미워할 것이다.   (대전제)
> • 만일 네가 거짓말을 하지 않으면, 사람들이 미워할 것이다.   (대전제)
> • 너는 거짓말을 하거나, 거짓말을 하지 않을 것이다.   (소전제)
> • 그러므로 너는 미움을 받게 될 것이다.   (결론)

2. 귀납 추론

특수한 또는 개별적인 사실로부터 일반적인 결론을 이끌어 내는 추론을 말한다. 귀납 추론은 구체적 사실들을 기반으로 하여 결론을 이끌어 내기 때문에 필연성을 따지기보다는 개연성과 유관성, 표본성 등을 중시하게 된다. 여기서 개연성이란, 관찰된 어떤 사실이 같은 조건하에서 앞으로도 관찰될 수 있는가 하는 가능성을 말하고, 유관성은 추론에 사용된 자료가 관찰하려는 사실과 관련되어야 하는 것을 일컬으며, 표본성은 추론을 위한 자료의 표본 추출이 공정하게 이루어져야 하는 것을 가리킨다. 이러한 귀납 추론은 일상생활 속에서 많이 사용하고, 우리가 알고 있는 과학적 사실도 이와 같은 방법으로 밝혀졌다.

그러나 전제들이 참이어도 결론이 항상 참인 것은 아니다. 단 하나의 예외로 인하여 결론이 거짓이 될 수 있다.

- 성냥불은 뜨겁다.
- 연탄불도 뜨겁다.
- 그러므로 모든 불은 뜨겁다.

위 예문에서 '성냥불이나 연탄불이 뜨거우므로 모든 불은 뜨겁다.'라는 결론이 나왔는데, 반딧불은 뜨겁지 않으므로 '모든 불이 뜨겁다.'라는 결론은 거짓이 된다.

(1) 완전 귀납 추론

관찰하고자 하는 집합의 전체를 다 검증함으로써 대상의 공통 특질을 밝혀내는 방법이다. 이는 예외 없는 진실을 발견할 수 있다는 장점은 있으나, 집합의 규모가 크고 속성의 변화가 다양할 경우에는 적용하기 어려운 단점이 있다.

예 1부터 10까지의 수를 다 더하여 그 합이 55임을 밝혀내는 방법

(2) 통계적 귀납 추론

통계적 귀납 추론은 관찰하고자 하는 집합의 일부에서 발견한 몇 가지 사실을 열거함으로써 그 공통점을 결론으로 이끌어 내려는 방식을 가리킨다. 관찰하려는 집합의 규모가 클 때 그 일부를 표본으로 추출하여 조사하는 방식이 이에 해당하며, 표본 추출의 기준이 얼마나 적합하고 공정한가에 따라 그 결과에 대한 신뢰도가 달라진다는 단점이 있다.

예 여론조사에서 일부의 국민에 대한 설문 내용을 바탕으로, 이를 전체 국민의 여론으로 제시하는 것

(3) 인과적 귀납 추론

관찰하고자 하는 집합의 일부 원소들이 지닌 인과 관계를 인식하여 그 원인이나 결과를 이끌어 내려는 방식을 말한다.

① 일치법 : 공통적인 현상을 지닌 몇 가지 사실 중에서 각기 지닌 요소 중 어느 한 가지만 일치한다면 이 요소가 공통 현상의 원인이라고 판단

② **차이법** : 어떤 현상이 나타나는 경우와 나타나지 않은 경우를 놓고 보았을 때, 각 경우의 여러 조건 중 단 하나만이 차이를 보인다면 그 차이를 보이는 조건이 원인이 된다고 판단

　　예 현수와 승재는 둘 다 지능이나 학습 시간, 학습 환경 등이 비슷한데 공부하는 태도에는 약간의 차이가 있다. 따라서 두 사람이 성적이 차이를 보이는 것은 학습 태도의 차이 때문으로 생각된다.

③ **일치·차이 병용법** : 몇 개의 공통 현상이 나타나는 경우와 몇 개의 그렇지 않은 경우를 놓고 일치법 과 차이법을 병용하여 적용함으로써 그 원인을 판단

　　예 학업 능력 정도가 비슷한 두 아동 집단에 대해 처음에는 같은 분량의 과제를 부여하고 나중에는 각기 다른 분량의 과제를 부여한 결과, 많이 부여한 집단의 성적이 훨씬 높게 나타났다. 이로 보아, 과제를 많이 부여하는 것이 적게 부여하는 것보다 학생의 학업 성적 향상에 도움이 된다고 판단할 수 있다.

④ **공변법** : 관찰하는 어떤 사실의 변화에 따라 현상의 변화가 일어날 때 그 변화의 원인이 무엇인지 판단

　　예 담배를 피우는 양이 각기 다른 사람들의 집단을 조사한 결과, 담배를 많이 피울수록 폐암에 걸릴 확률이 높다는 사실이 발견되었다.

⑤ **잉여법** : 앞의 몇 가지 현상이 뒤의 몇 가지 현상의 원인이며, 선행 현상의 일부분이 후행 현상의 일부분이라면, 선행 현상의 나머지 부분이 후행 현상의 나머지 부분의 원인임을 판단

　　예 어젯밤 일어난 사건의 혐의자는 정은이와 규민이 두 사람인데, 정은이는 알리바이가 성립되어 혐의 사실이 없는 것으로 밝혀졌다. 따라서 그 사건의 범인은 규민이일 가능성이 높다.

3. 유비 추론

두 개의 대상 사이에 일련의 속성이 동일하다는 사실에 근거하여 그것들의 나머지 속성도 동일하리라는 결론을 이끌어내는 추론, 즉 이미 알고 있는 것에서 다른 유사한 점을 찾아내는 추론을 말한다. 그렇기 때문에 유비 추론은 잣대(기준)가 되는 사물이나 현상이 있어야 한다. 유비 추론은 가설을 세우는 데 유용하다. 이미 알고 있는 사례로부터 아직 알지 못하는 것을 생각해 봄으로써 쉽게 가설을 세울 수 있다. 이때 유의할 점은 이미 알고 있는 사례와 이제 알고자 하는 사례가 매우 유사하다는 확신과 증거가 있어야 한다. 그렇지 않은 상태에서 유비 추론에 의해 결론을 이끌어 내면, 그것은 개연성이 거의 없고 잘못된 결론이 될 수도 있다.

> • 지구에는 공기, 물, 흙, 햇빛이 있다(A는 a, b, c, d의 속성을 가지고 있다).
> • 화성에는 공기, 물, 흙, 햇빛이 있다(B는 a, b, c, d의 속성을 가지고 있다).
> • 지구에 생물이 살고 있다(A는 e의 속성을 가지고 있다).
> • 그러므로 화성에도 생물이 살고 있을 것이다(그러므로 B도 e의 속성을 가지고 있을 것이다).

| 도형추리 |

1. 회전 모양

(1) 180° 회전한 도형은 좌우가 상하가 모두 대칭이 된 모양이 된다.

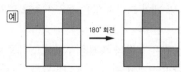

(2) 시계 방향으로 90° 회전한 도형은 시계 반대 방향으로 270° 회전한 도형과 같다.

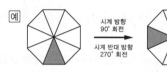

(3) 좌우 반전 → 좌우 반전, 상하 반전 → 상하 반전은 같은 도형이 된다.

(4) 도형을 거울에 비친 모습은 방향에 따라 좌우 또는 상하로 대칭된 모습이 나타난다.

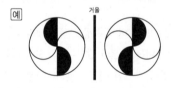

2. 회전 각도

도형의 회전 각도는 도형의 모양으로 유추할 수 있다.

(1) 회전한 모양이 회전하기 전의 모양과 같은 경우

도형	가능한 회전 각도
60° (삼각형)	$\cdots,\ -240°,\ -120°,\ +120°,\ +240°,\ \cdots$
90° (사각형)	$\cdots,\ -180°,\ -90°,\ +90°,\ +180°,\ \cdots$
108° (오각형)	$\cdots,\ -144°,\ -72°,\ +72°,\ +144°,\ \cdots$

(2) 회전한 모양이 회전하기 전의 모양과 다른 경우

회전 전 모양	회전 후 모양	회전한 각도

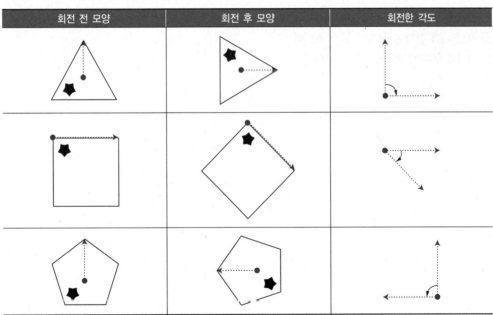

삼단논법

- '$p \rightarrow q$, $q \rightarrow r$이면 $p \rightarrow r$이다.' 형식의 삼단논법과 명제의 대우를 활용하여 푸는 유형이다.
- 전제를 추리하거나 결론을 추리하는 유형이 출제된다.
- 'A○ → B×' 또는 '$p \rightarrow \sim q$'와 같이 명제를 단순화하여 정리하면서 풀어야 한다.

제시된 명제가 모두 참일 때, 빈칸에 들어갈 명제로 가장 적절한 것은?

전제1. 공부를 하지 않으면 시험을 못 본다.
전제2. _____
결론. 공부를 하지 않으면 성적이 나쁘게 나온다.

① 공부를 한다면 시험을 잘 본다.
② 시험을 잘 본다면 공부를 한 것이다.
③ 성적이 좋다면 공부를 한 것이다.
④ 시험을 잘 본다면 성적이 좋은 것이다.
⑤ 성적이 좋다면 시험을 잘 본 것이다.

'공부를 함'을 p, '시험을 잘 봄'을 q, '성적이 좋게 나옴'을 'r'이라 하면 첫 번째 명제는 $\sim p \rightarrow \sim q$, 마지막 명제는 $\sim p \rightarrow \sim r$이다. 따라서 $\sim q \rightarrow \sim r$이 빈칸에 들어가야 $\sim p \rightarrow \sim q \rightarrow \sim r$이 되어 $\sim p \rightarrow \sim r$이 성립한다. 참인 명제의 대우도 역시 참이므로 $\sim q \rightarrow \sim r$의 대우인 '성적이 좋다면 시험을 잘 본 것이다.'가 답이 된다.

30초 컷 풀이 Tip

전제 추리 방법	결론 추리 방법
전제1이 $p \rightarrow q$일 때, 결론이 $p \rightarrow r$이라면 각 명제의 앞부분이 같으므로 뒷부분을 $q \rightarrow r$로 이어준다. 만일 형태가 이와 맞지 않는다면 대우명제를 이용한다.	대우명제를 활용하여 전제1과 전제2가 $p \rightarrow q$, $q \rightarrow r$의 형태로 만들어진다면 결론은 $p \rightarrow r$이다.

온라인 풀이 Tip

해설처럼 p, q, r 등의 문자로 표현하는 것이 아니라 자신이 알아볼 수 있는 단어나 기호로 표시한다. 문제풀이 용지만 봐도 문제 풀이가 가능하도록 풀이과정을 써야 한다.

전제1. 공부 × → 시험 ×
전제2. _____
결론. 공부 × → 성적 ×

주어진 정보

⇒ 전제2. 시험 × → 성적 ×
     & 성적 ○ → 시험 ○

문제 풀이

벤다이어그램

- '어떤', '모든' 등 일부 또는 전체를 나타내는 명제 유형이다.
- 전제를 추리하거나 결론을 추리하는 유형이 출제된다.
- 벤다이어그램으로 나타내어 접근한다.

제시된 명제가 모두 참일 때, 빈칸에 들어갈 명제로 가장 적절한 것은?

전제1. 어떤 키가 작은 사람은 농구를 잘한다.
전제2. _____
결론. 어떤 순발력이 좋은 사람은 농구를 잘한다.

① 어떤 키가 작은 사람은 순발력이 좋다.
② 농구를 잘하는 어떤 사람은 키가 작다.
③ 순발력이 좋은 사람은 모두 키가 작다.
④ 키가 작은 사람은 모두 순발력이 좋다.
⑤ 어떤 키가 작은 사람은 농구를 잘하지 못한다.

'키가 작은 사람'을 A, '농구를 잘하는 사람'을 B, '순발력이 좋은 사람'을 C라고 하면, 전제1과 결론은 다음과 같은 벤다이어그램으로 나타낼 수 있다.

1) 전제1

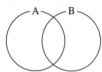

2) 결론

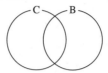

결론이 참이 되기 위해서는 B와 공통되는 부분의 A와 C가 연결되어야 하므로 A를 C에 모두 포함시켜야 한다. 즉, 다음과 같은 벤다이어그램이 성립할 때 마지막 명제가 참이 될 수 있으므로 빈칸에 들어갈 명제는 '키가 작은 사람은 모두 순발력이 좋다.'의 ④이다.

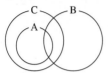

오답분석

① 다음과 같은 경우 성립하지 않는다.

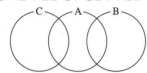

③ 다음과 같은 경우 성립하지 않는다.

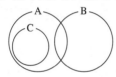

30초 컷 풀이 Tip

다음은 출제 가능성이 높은 명제 유형을 정리한 표이다. 이를 응용한 다양한 유형의 문제가 출제될 수 있으므로 대표적인 유형을 학습해두어야 한다.

명제 유형		전제1	전제2	결론
유형1	명제	어떤 A는 B이다.	모든 A는 C이다.	어떤 C는 B이다. (=어떤 B는 C이다.)
	벤다이어그램			
유형2	명제	모든 A는 B이다.	모든 A는 C이다.	어떤 C는 B이다. (=어떤 B는 C이다.)
	벤다이어그램			

유형분석

- 주어진 조건에 따라 한 줄로 세우거나 자리를 배치하는 유형이다.
- 평소 충분한 연습이 되어있지 않으면 풀기 어려운 유형이므로, 최대한 다양한 유형을 접해 보고 패턴을 익히는 것이 좋다.

S전자 마케팅팀에는 부장 A, 과장 B·C, 대리 D·E, 신입사원 F·G 총 7명이 근무하고 있다. A부장은 신입사원 입사 기념으로 팀원을 데리고 영화관에 갔다. 영화를 보기 위해 주어진 조건에 따라 자리에 앉는다고 할 때, 항상 옳은 것은?

- 7명은 7자리가 일렬로 붙어 있는 좌석에 앉는다.
- 양 끝자리 옆에는 비상구가 있다.
- D와 F는 인접한 자리에 앉는다.
- A와 B 사이에는 한 명이 앉아 있다.
- C와 G 사이에는 한 명이 앉아 있다.
- G는 왼쪽 비상구 옆 자리에 앉아 있다.

① E는 D와 B 사이에 앉는다.
② G와 가장 멀리 떨어진 자리에 앉는 사람은 D이다.
③ C 양 옆에는 A와 B가 앉는다.
④ D는 비상구와 붙어 있는 자리에 앉는다.
⑤ 가운데 자리에는 항상 B가 앉는다.

여섯 번째 조건에 의해 G는 첫 번째 자리에 앉고, 다섯 번째 조건에 의해 C는 세 번째 자리에 앉는다.

A와 B가 네 번째·여섯 번째 또는 다섯 번째·일곱 번째 자리에 앉으면 D와 F가 나란히 앉을 수 없다. 따라서 A와 B는 두 번째, 네 번째 자리에 앉는다. 그러면 남은 자리는 다섯·여섯·일곱 번째 자리이므로 D와 F는 다섯·여섯 번째 또는 여섯·일곱 번째 자리에 앉게 되고, 나머지 한 자리에 E가 앉는다.

이를 정리하면 다음과 같다.

구분	1	2	3	4	5	6	7
경우 1	G	A	C	B	D	F	E
경우 2	G	A	C	B	F	D	E
경우 3	G	A	C	B	E	D	F
경우 4	G	A	C	B	E	F	D
경우 5	G	B	C	A	D	F	E
경우 6	G	B	C	A	F	D	E
경우 7	G	B	C	A	E	D	F
경우 8	G	B	C	A	E	F	D

C의 양 옆에는 항상 A와 B가 앉으므로 ③은 항상 옳다.

오답분석

① 경우 3, 경우 4, 경우 7, 경우 8에서만 가능하며, 나머지 경우에는 성립하지 않는다.

②·④ 경우 4와 경우 8에서만 가능하며, 나머지 경우에는 성립하지 않는다.

⑤ B는 두 번째 자리에 앉을 수도 있다.

30초 컷 풀이 Tip

이 유형에서 가장 먼저 해야 할 일은 고정된 조건을 찾는 것이다. 고정된 조건을 찾아 그 부분을 정해 놓으면 경우의 수가 훨씬 줄어든다.

온라인 풀이 Tip

컴퓨터 화면을 오래 쳐다보면서 풀 수 있는 유형이 아니므로 빠르게 문제를 읽고 문제풀이 용지만 보고 풀 수 있도록 모든 조건을 정리해 놓아야 한다. 그러기 위해서는 주어진 조건을 기호화하여 알아보기 쉽도록 정리할 수 있어야 한다.

간단한 기호로 조건 정리하기

주어진 조건	기호화 예시								
7명은 7자리가 일렬로 붙어 있는 좌석에 앉는다.	1	2	3	4	5	6	7		
양 끝자리 옆에는 비상구가 있다.	비	1	2	3	4	5	6	7	비
D와 F는 인접한 자리에 앉는다.	D∧F								
A와 B 사이에는 한 명이 앉아 있다.	A∨B								
C와 G 사이에는 한 명이 앉아 있다.	C∨G								
G는 왼쪽 비상구 옆 자리에 앉아 있다.	|G								

진실게임

유형분석

- 일반적으로 4~5명의 진술이 제시되며, 각 진술의 진실 및 거짓 여부를 확인하여 범인을 찾는 유형이다.
- 추리영역 중에서도 체감난이도가 상대적으로 높은 유형으로 알려져 있으나, 문제풀이 패턴을 익히면 시간을 절약할 수 있는 문제이다.
- 각 진술 사이의 모순을 찾아 성립하지 않는 경우의 수를 제거하거나, 경우의 수를 나누어 모든 조건이 들어맞는지를 확인해야 한다.

5명의 취업준비생 갑, 을, 병, 정, 무가 S그룹에 지원하여 그중 1명이 합격하였다. 취업준비생들은 다음과 같이 이야기하였고, 그중 1명이 거짓말을 하였다. 합격한 학생은 누구인가?

- 갑 : 을은 합격하지 않았다.
- 을 : 합격한 사람은 정이다.
- 병 : 내가 합격하였다.
- 정 : 을의 말은 거짓말이다.
- 무 : 나는 합격하지 않았다.

① 갑   ② 을
③ 병   ④ 정
⑤ 무

정답 ③

을과 정은 상반된 이야기를 하고 있으므로 둘 중 한 명은 진실, 다른 한 명은 거짓을 말하고 있다.

ⅰ) 을이 진실, 정이 거짓인 경우 : 정을 제외한 네 사람의 말은 모두 참이므로 합격자는 병, 정이 되는데, 합격자는 1명이어야
   하므로 모순이다. 따라서 을은 거짓, 정은 진실을 말한다.

ⅱ) 을이 거짓, 정이 진실인 경우 : 정을 제외한 네 사람의 말은 모두 참이므로 합격자는 병이다.

즉, 합격자는 병이 된다.

30초 컷 풀이 Tip

진실게임 유형 중 90% 이상은 다음 두 가지 방법으로 풀 수 있다. 주어진 진술을 빠르게 훑으며 다음 두 가지 중 어떤 경우에
해당되는지 확인한 후 문제를 풀어나간다.

두 명 이상의 발언 중 한쪽이 진실이면 다른 한쪽이 거짓인 경우

1) A가 진실이고 B가 거짓인 경우, B가 진실이고 A가 거짓인 경우 두 가지로 나눌 수 있다.

2) 두 가지 경우에서 각 발언의 진위 여부를 판단한다.

3) 주어진 조건과 비교한다(범인의 숫자가 맞는지, 진실 또는 거짓을 말한 인원수가 조건과 맞는지 등).

두 명 이상의 발언 중 한쪽이 진실이면 다른 한쪽도 진실인 경우

1) A와 B가 모두 진실인 경우, A와 B가 모두 거짓인 경우 두 가지로 나눌 수 있다.

2) 두 가지 경우에서 각 발언의 진위 여부를 판단하여 범인을 찾는다.

3) 주어진 조건과 비교한다(범인의 숫자가 맞는지, 진실 또는 거짓을 말한 인원수가 조건과 맞는지 등).

대응 관계 – 같은 것 찾기

- 주어진 단어 사이의 관계를 유추하여 빈칸에 들어갈 적절한 단어를 찾는 문제이다.
- 출제되는 어휘 관련 2문제 중 1문항이 이 유형으로 출제된다.
- 유의 관계, 반의 관계, 상하 관계 이외에도 원인과 결과, 행위와 도구, 한자성어 등 다양한 관계가 제시된다.
- 최근에는 유의 관계와 반의 관계 위주로 출제되고 있다.

다음 제시된 단어의 대응 관계가 동일할 때, 빈칸에 들어갈 가장 적절한 단어는?

> 황공하다 : 황름하다 = ( ) : 아퀴짓다

① 두려워하다　　　　　　　　② 거칠다
③ 마무리하다　　　　　　　　④ 시작하다
⑤ 치장하다

정답 ③

최근에 출제되는 어휘유추 유형 문제는 선뜻 답을 고르기 쉽지 않은 경우가 많다. 이 경우 먼저 ①~⑤의 단어를 모두 빈칸에 넣어 보고, 제시된 단어와 관계 자체가 없는 보기 → 관계가 있지만 빈칸에 들어갔을 때 옆의 단이 관계와 등가 관계를 이룰 수 없는 보기 순서로 소거하면 좀 더 쉽게 답을 찾을 수 있다.

제시된 단어의 대응 관계는 유의 관계이다. ① 두려워하다, ② 거칠다, ⑤ 치장하다는 확실히 '아퀴짓다'와의 관계를 찾기 어려우므로 보기에서 먼저 제거할 수 있다. 다음으로 ④가 빈칸에 들어갈 경우, 제시된 두 단어는 유의 관계인데, '아퀴짓다'와 ④는 반의 관계이므로 제외한다. 따라서 남은 ③이 정답이다.

• 황공하다 · 황름하다 : 위엄이나 지위 따위에 눌리어 두렵다.

• 아퀴짓다 : 일이나 말을 끝마무리하다.

• 마무리하다 : 일을 끝맺다.

30초 컷 풀이 Tip

동의어 / 반의어 종류

종류		뜻	예시
동의어		형태는 다르나 동일한 의미를 가지는 두 개 이상의 단어	가난 – 빈곤, 가격 – 비용, 가능성 – 잠재력 등
반의어	상보 반의어	의미 영역이 상호 배타적인 두 영역으로 양분하는 두 개 이상의 단어	살다 – 죽다, 진실 – 거짓 등
	정도(등급) 반의어	정도나 등급에 있어 대립되는 두 개 이상의 단어	크다 – 작다, 길다 – 짧다, 넓다 – 좁다, 빠르다 – 느리다 등
	방향(상관) 반의어	맞선 방향을 전제로 하여 관계나 이동의 측면에서 대립하는 두 개 이상의 단어	오른쪽 – 왼쪽, 앞 – 뒤, 가다 – 오다, 스승 – 제자 등

함정 제거

동의어를 찾는 문제라면 무조건 보기에서 반의어부터 지우고 시작한다. 반대로 반의어를 찾는 문제라면 보기에서 동의어를 지우고 시작한다. 단어와 관련이 없는 보기는 헷갈리지 않지만 관련이 있는 보기는 아는 문제여도 함정에 빠져 틀리기 쉽기 때문이다.

대응 관계 – 다른 것 찾기

- 2 ~ 3개 단어의 묶음이 각각의 보기로 제시되고, 이 중에서 단어 사이의 관계가 다른 하나를 찾는 문제이다.
- 출제되는 어휘 관련 2문제 중 1문항이 이 유형으로 출제된다.
- 관계유추 유형에서 제시되는 단어 사이의 관계는 도구와 행위자, 재료와 결과물 등 어휘유추 유형보다 더욱 폭이 넓고 다양한 편이지만 이 유형 역시 앞의 유형처럼 유의 관계와 반의 관계가 가장 많이 출제되고 있다.

다음 단어의 대응 관계가 나머지와 다른 하나는?

① 당착(撞着) : 모순(矛盾)
② 용인(庸人) : 범인(凡人)
③ 굴착(掘鑿) : 매립(埋立)
④ 체류(滯留) : 체재(滯在)
⑤ 모범(模範) : 귀감(龜鑑)

정답 ③

①·②·④·⑤는 유의 관계이나, ③은 반의 관계이다.
- 굴착(掘鑿) : 땅이나 임석 따위를 파고 뚫음
- 매립(埋立) : 우묵한 땅이나 하천, 바다 등을 돌이나 흙 따위로 채움

오답분석
① • 당착(撞着) : 말이나 행동 따위의 앞뒤가 맞지 않음
  • 모순(矛盾) : 어떤 사실의 앞뒤, 또는 두 사실이 이치상 어긋나서 서로 맞지 않음
② 용인(庸人)·범인(凡人) : 평범한 사람
④ 체류(滯留)·체재(滯在) : 객지에 가서 머물러 있음
⑤ • 모범(模範) : 본받아 배울 만한 대상
  • 귀감(龜鑑) : 거울로 삼아 본받을 만한 모범

30초 컷 풀이 Tip

단어 사이의 관계를 가장 확실히 알 수 있는 보기를 기준으로 하여 다른 보기와 대조해 본다.

적용
문제의 경우, ⑤에서 '모범(模範)'과 '귀감(龜鑑)'은 유의 관계임을 알 수 있으며, 나머지 ①·②·④도 마찬가지로 유의 관계임을 확인할 수 있다. 그런데 ③의 경우 '굴착(掘鑿)'과 '매립(埋立)'은 반의 관계이므로 ③의 단어 사이의 관계가 다른 보기와 다름을 알 수 있다.

온라인 풀이 Tip

온라인 시험에서 답이 아닌 선택지를 화면에서는 지울 수 없다. 따라서 문제풀이 용지에 답이 아닌 선택지를 제거하는 표시를 하는 방법과 손가락을 접거나 화면에서 선택지를 손가락으로 가리는 방법을 사용해야 한다.

PART 1

01

02

03

도형추리

- 3×3의 칸에 나열된 각 도형들 사이의 규칙을 찾아 ?에 들어갈 알맞은 도형을 찾는 유형이다.
- 이때 규칙은 가로 또는 세로로 적용되며, 회전, 색 반전, 대칭, 겹치는 부분 지우기 / 남기기 / 색 반전 등 다양한 규칙이 적용된다.
- 온라인 GSAT에서는 비교적 간단한 규칙이 출제되고 있다.

다음 제시된 도형의 규칙을 보고 ?에 들어가기에 가장 적절한 것은?

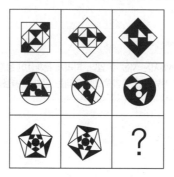

①

②

③

④

⑤

규칙은 가로 방향으로 적용된다.

첫 번째 도형을 시계 방향으로 45° 회전한 것이 두 번째 도형, 이를 색 반전한 것이 세 번째 도형이다.

30초 컷 풀이 Tip

1. 규칙 방향 파악

    규칙이 적용되는 방향이 가로인지 세로인지부터 파악한다. 해당 문제처럼 세 도형이 서로 다른 모양일 때에는 쉽게 파악할 수 있지만 아닌 경우도 많다. 모양이 비슷한 경우에는 가로와 세로 모두 확인하여 규칙이 적용된 방향을 유추해야 한다.

2. 규칙 유추

    규칙을 유추하기 쉬운 도형을 기준으로 규칙을 파악한다. 나머지 도형을 통해 유추한 규칙이 맞는지 확인한다.

주요 규칙

규칙		예시
회전	45° 회전	시계 방향
	60° 회전	시계 반대 방향
	90° 회전	시계 반대 방향
	120° 회전	시계 반대 방향
	180° 회전	
색 반전		
대칭	x축 대칭	
	y축 대칭	

- 문자를 바꾸는 규칙을 파악한 후, 제시된 규칙이 적용되었을 때 ?에 들어갈 적절한 문자를 고르는 유형이다.
- 각 규칙들이 2개 이상 한꺼번에 적용되어 제시되기 때문에 각각의 예시만 봐서는 규칙을 파악하기 어렵다. 공통되는 규칙이 있는 예시를 찾아 서로 비교하여 각 문자열의 위치가 바뀌었는지 / 숫자의 변화가 있었는지 등을 확인하며 규칙을 찾아야 한다.

다음 도식에서 기호들은 일정한 규칙에 따라 문자를 변화시킨다. ?에 들어갈 적절한 문자는?(단, 규칙은 가로와 세로 중 한 방향으로만 적용된다)

```
                    wate            meao
                     ↓               ↓
   four   →   [·.]   →   [·.·]  →   qfnu
                     ↓               ↓
   lasy   →   [·.]   →   [·.·]  →   lzsx
                     ↓               ↓
   doub   →   [::]   →   [·.]   →   bduo
                     ↓               ↓
                    dzwt            nmda
```

ㄱㅊㄷㅈ → [·.] → [·.] → ?

① ㅈㄱㅊㄷ
② ㄴㅈㅊㄷ
③ ㄴㅈㅊㄱ
④ ㅇㄱㅈㄷ
⑤ ㄱㅊㄴㅈ

1. 규칙 파악할 순서 찾기

　　▢ → ◇ and ▦ → ◐

2. 규칙 파악

1	2	3	4	5	6	7	8	9	10	11	12	13	14	15	16	17	18	19	20	21	22	23	24	25	26
A	B	C	D	E	F	G	H	I	J	K	L	M	N	O	P	Q	R	S	T	U	V	W	X	Y	Z
ㄱ	ㄴ	ㄷ	ㄹ	ㅁ	ㅂ	ㅅ	ㅇ	ㅈ	ㅊ	ㅋ	ㅌ	ㅍ	ㅎ	ㄱ	ㄴ	ㄷ	ㄹ	ㅁ	ㅂ	ㅅ	ㅇ	ㅈ	ㅊ	ㅋ	ㅌ

- ▢ : 가로 두 번째 도식과 세로 두 번째 도식에서 ▢ → ◇ 규칙이 겹치므로 이를 이용하면 ▢의 규칙이 1234 → 4123임을 알 수 있다.
- ◇ and ▦ : ▢의 규칙을 찾았으므로 가로 첫 번째 도식에서 ◇의 규칙이 각 자릿수 −1, 0, −1, 0임을 알 수 있다. 같은 방법으로 가로 세 번째 도식에서 ▦의 규칙이 1234 → 1324임을 알 수 있다.
- ◐ : ◇의 규칙을 찾았으므로 가로 두 번째 도식에서 ◐의 규칙이 각 자릿수 +1, −1, +1, −1임을 알 수 있다.

따라서 정리하면 다음과 같다.

▢ : 1234 → 4123

◇ : 각 자릿수 −1, 0, −1, 0

▦ : 1234 → 1324

◐ : 각 자릿수 +1, −1, +1, −1

ㄱㅊㄷㅈ → ㅈㄱㅊㄷ → ㅇㄱㅈㄷ
　　　　　▢　　　　　　　◐

30초 컷 풀이 Tip

문자 순서 표기
문제를 보고 규칙을 찾기 전에 문제에서 사용한 문자를 순서대로 적어놓아야 빠르게 풀이할 수 있다.

묶음 규칙 이용
규칙을 한 번에 파악할 수 없을 때 두 가지 이상의 규칙을 한 묶음으로 생각하여 접근한다.

예

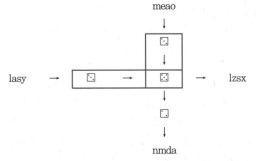

```
                    meao
                     ↓
                   [ ◐ ]
                     ↓
lasy  →  [ ◇  →  ◐ ]  →  lzsx
                     ↓
                   [ ◇ ]
                     ↓
                   nmda
```

가로 도식에서 ◇ → ◐ 규칙을 한 묶음으로 생각하면 last → ◇ → ◐ → lzss이므로 ◇ → ◐는 각 자릿수 0, −1, 0, −1의 규칙을 갖는다.
세로 도식에서 meao은 ◇ → ◐의 규칙이 적용되면 mdan이 되므로 mdan → ◐ → nmda이다. 따라서 ◐의 규칙은 1234 → 41230이다.

규칙 정리
유추한 규칙을 알아볼 수 있도록 정리해둔다.

기출 규칙
GSAT에서 자주 출제되는 규칙은 크게 두 가지이다.

규칙	예시
순서 교체	1234 → 4321
각 자릿수 + 또는 −	+1, −1, +1, −1

참 또는 거짓

• 주어진 글을 바탕으로 추론했을 때 항상 참 또는 거짓인 것을 고르는 유형이다.
• 언어이해 영역의 내용일치와 유사한 면이 있으나 내용일치가 지문에 제시된 내용인지 아닌지만 확인하는 유형이라면, 내용추론은 지문에 직접적으로 제시되지 않은 내용까지 추론하여 답을 도출해야 한다는 점에서 차이가 있다.

다음 글의 내용이 참일 때 항상 거짓인 것은?

루머는 구전과 인터넷을 통해 확산되고, 그 과정에서 여러 사람들의 의견이 더해진다. 루머는 특히 사회적 불안감이 형성되었을 때 빠르게 확산되는데, 이는 사람들이 사회적·개인적 불안감을 해소하기 위한 수단으로 루머에 의지하기 때문이다.

나아가 루머가 확산되는 데는 사회적 동조가 중요한 영향을 미친다. 사회적 동조란 '다수의 의견이나 사회적 규범에 개인의 의견과 행동을 맞추거나 동화시키는 경향'을 뜻한다. 사회적 동조는 루머가 사실로 인식되고 대중적으로 수용되는 과정에서도 큰 영향력을 행사한다.

사회적 동조는 개인이 어떤 정보에 대해 판단하거나 그에 대한 태도를 결정하는 데 정당성을 제공한다. 다수의 의견을 따름으로써 어떤 정보를 믿는 것에 대한 합리적 이유를 갖게 되는 것이다. 실제로 루머에 대한 지지 댓글을 많이 본 사람들은 루머에 대한 반박 댓글을 많이 본 사람들에 비해 루머를 사실로 믿는 경향이 더욱 강한 것으로 나타났다. 또한 사회적 동조가 있는 상태에서는 개인의 성향과 상관없이 루머를 사실이라고 믿는 경우가 많았다.

사회적 동조의 또 다른 역할은 사람들이 자신의 의견을 제시할 때 사회적 분위기를 고려하게 하는 것이다. 소속된 집단으로부터 소외되지 않기 위해서 다수에 의해 지지되는 의견을 따라가는 현상이 발생하기도 한다. 이와 같은 현상은 개인주의 문화권보다는 집단주의 문화권에 있는 사람들에게서 더 잘 나타난다. 집단주의 문화권 사람들은 루머를 믿는 사람들로부터 루머에 대한 정보를 얻고 그것을 근거로 하여 판단하며, 다른 사람들의 의견에 개인의 생각을 일치시키는 경향이 두드러진다.

① 사람들은 루머를 사회적 불안감을 해소하기 위한 수단으로 삼기도 한다.
② 사회적 동조는 개인이 루머를 사실로 받아들이는 결정을 함에 있어 정당성을 제공한다.
③ 집단주의 문화권에서는 개인주의 문화권보다 사회적 동조가 루머의 확산에 미치는 영향이 더 크게 나타난다.
④ 루머에 대한 반박 댓글을 많이 본 사람들이 지지 댓글을 많이 본 사람들보다 루머를 사실로 믿는 경향이 더 약하다.
⑤ 사회적 동조가 있을 때, 충동적인 사람들은 충동적이지 않은 사람들에 비해 루머를 사실로 믿는 경향이 더 강하다.

사회적 동조가 있는 상태에서는 개인의 성향과 상관없이, 즉 충동적인 것과는 무관하게 루머를 사실이라고 믿는 경우가 많았다고 하였으므로 적절하지 않다.

① 사람들이 사회적·개인적 불안감을 해소하기 위한 수단으로 루머에 의지한다고 하였으므로 적절한 내용이다.
② 사회적 동조는 개인이 어떤 정보에 대해 판단하거나 그에 대한 태도를 결정하는 데 정당성을 제공한다고 하였으므로 적절한 내용이다.
③ 집단주의 문화권 사람들은 루머를 믿는 사람들로부터 루머에 대한 정보를 얻고 그것을 근거로 하여 판단하며, 다른 사람들의 의견에 개인의 생각을 일치시키는 경향이 두드러진다고 하였으므로 적절한 내용이다.
④ 루머에 대한 지지 댓글을 많이 본 사람들은 루머에 대한 반박 댓글을 많이 본 사람들에 비해 루머를 사실로 믿는 경향이 더욱 강한 것으로 나타났다고 하였다. 따라서 이를 역으로 생각하면 반박 댓글을 많이 본 사람들이 루머를 사실로 믿는 경향이 더 약함을 알 수 있다.

30초 컷 풀이 Tip

주어진 글에 대하여 거짓이 되는 답을 고르는 문제의 경우 제시문에 있는 특정 문장이나 키워드가 되는 단어의 의미를 비트는 경우가 많다. 따라서 정반대의 의미를 지녔거나 지나치게 과장된, 혹은 축소된 의미를 지닌 단어가 문항에 새로 추가되지는 않았는지 비교해보도록 한다.

온라인 풀이 Tip

온라인으로 풀기 어려운 유형이며 출제 비율이 높아 합격을 좌우하는 유형이 될 것이다. 따라서 비슷한 유형을 많이 풀면서 문제를 눈으로만 푸는 연습을 하여 온라인 시험에 대비해야 한다.

반박 / 반론 / 비판

유형분석

- 글을 읽고 비판적 의견이나 반박을 생각할 수 있는지를 평가하는 유형이다.
- 제시문의 '주장'에 대한 반박을 찾는 것이므로, '근거'에 대한 반박이나 논점에서 벗어난 것을 찾지 않도록 주의해야 한다.

다음 글에 대한 반론으로 가장 적절한 것은?

> 인공 지능 면접은 더 많이 활용되어야 한다. 인공 지능을 활용한 면접은 인터넷에 접속하여 인공 지능과 문답하는 방식으로 진행되는데, 지원자는 시간과 공간에 구애받지 않고 면접에 참여할 수 있는 편리성이 있어 면접 기회가 확대된다. 또한 회사는 면접에 소요되는 인력을 줄여, 비용 절감 측면에서 경제성이 크다. 실제로 인공 지능을 면접에 활용한 ○○회사는 전년 대비 2억 원 정도의 비용을 절감했다. 그리고 기존 방식의 면접에서는 면접관의 주관이 개입될 가능성이 큰 데 반해, 인공 지능을 활용한 면접에서는 빅데이터를 바탕으로 한 일관된 평가 기준을 적용할 수 있다. 이러한 평가의 객관성 때문에 많은 회사들이 인공 지능 면접을 도입하는 추세이다.

① 빅데이터는 사회에서 형성된 정보가 축적된 결과물이므로 왜곡될 가능성이 적다.
② 인공 지능을 활용한 면접은 기술적으로 완벽하기 때문에 인간적 공감을 떨어뜨린다.
③ 회사 관리자 대상의 설문 조사에서 인공 지능을 활용한 면접을 신뢰한다는 비율이 높게 나온 것으로 보아 기존의 면접 방식보다 지원자의 잠재력을 판단하는 데 더 적합하다.
④ 회사의 특수성을 고려해 적합한 인재를 선발하려면 오히려 해당 분야의 경험이 축적된 면접관의 생각이나 견해가 면접 상황에서 중요한 판단 기준이 되어야 한다.
⑤ 면접관의 주관적인 생각이나 견해로는 지원자의 잠재력을 판단하기 어렵다.

정답 ④

제시문에서는 편리성, 경제성, 객관성 등을 이유로 인공 지능 면접을 지지하고 있다. 따라서 객관성보다 면접관의 생각이나 견해가 회사 상황에 맞는 인재를 선발하는 데 적합하다는 논지로 반박하는 것은 적절하다.

오답분석

①·③·⑤ 제시문의 주장에 반박하는 것이 아니라 제시문의 주장을 강화하는 근거에 해당한다.

② 인공 지능 면접에 필요한 기술과 인간적 공감의 관계는 제시문에서 주장한 내용이 아니므로 반박의 근거로도 적절하지 않다.

30초 컷 풀이 Tip

1. 주장, 관점, 의도, 근거 등 문제를 풀기 위한 글의 핵심을 파악한다. 이후 글의 주장 및 근거의 어색한 부분을 찾아 반박할 주장과 근거를 생각해본다.

2. 제시문이 지나치게 길 경우 선택지를 먼저 파악하여 홀로 글의 주장이 어색하거나 상반된 의견을 제시하고 있는 답은 없는지 확인한다.

3. 반론 유형을 풀기 어렵다면 제시문과 일치하는 선택지부터 지워나가는 소거법을 활용한다. 함정도 피하고 쉽게 풀 수 있다.

4. 문제를 풀 때 지나치게 시간에 쫓기거나 집중력이 떨어진 상황이라면 제시문의 처음 문장 혹은 마지막 문장을 읽어 글이 주장하는 바를 빠르게 파악하는 것도 좋은 방법이다. 단, 처음 문장에서 글쓴이의 주장과 반대되는 사례를 먼저 언급하는 경우도 있으므로 이 경우에는 마지막 문장과 비교하여 어느 의견이 글쓴이의 주장에 가까운지 구분하도록 한다.

- 제시된 글을 읽은 뒤 이를 토대로 〈보기〉의 문장을 바르게 해석할 수 있는지 평가하는 유형이다.
- 지문을 토대로 〈보기〉의 문장을 해석하는 것이므로 반대로 〈보기〉의 문장을 통해 지문을 해석하거나 반박하지 않도록 주의한다.

다음 제시문을 토대로 〈보기〉를 가장 적절하게 해석한 것은?

근대 이후 개인의 권리가 중시되자 법철학은 권리의 근본적 성격을 법적으로 존중되는 의사에 의한 선택의 관점에서 볼 것인가 아니면 법적으로 보호되는 이익의 관점에서 볼 것인가를 놓고 지속적으로 논쟁해 왔다. 의사설의 기본적인 입장은 어떤 사람이 무언가에 대하여 권리를 갖는다는 것은 법률관계 속에서 그 무언가와 관련하여 그 사람의 의사에 의한 선택이 다른 사람의 의사보다 우월한 지위에 있음을 법적으로 인정하는 것이다. 의사설을 지지한 하트는 권리란 그것에 대응하는 의무가 존재한다고 보았다. 그는 의무의 이행 여부를 통제할 권능을 가진 권리자의 선택이 권리의 본질적 요소라고 보았기 때문에 법이 타인의 의무 이행 여부에 대한 권능을 부여하지 않은 경우에는 권리를 가졌다고 말할 수 없다고 주장했다.

의사설은 타인의 의무 이행 여부와 관련된 권능, 곧 합리적 이성을 가진 자가 아니면 권리자가 되지 못하는 난점이 있다. 또한 의사설은 면제권을 갖는 어떤 사람이 면제권을 포기함으로써 타인의 권능 아래에 놓일 권리, 즉 스스로를 노예와 같은 상태로 만들 권리를 인정해야 하는 상황에 직면한다. 하지만 현대에서는 이런 상황이 인정되기가 어렵다.

이익설의 기본적인 입장은 권리란 이익이며, 법이 부과하는 타인의 의무로부터 이익을 얻는 자는 누구나 권리를 갖는다는 것이다. 그래서 타인의 의무 이행에 따른 이익이 없다면 권리가 없다고 본다. 이익설을 주장하는 라즈는 권리와 의무가 동전의 양면처럼 논리적으로 서로 대응하는 관계일 뿐만 아니라 권리가 의무를 정당화하는 관계에 있다고 보았다. 즉, 권리가 의무 존재의 근거가 된다고 보는 입장을 지지한다고 볼 수 있다. 그래서 누군가의 어떤 이익이 타인에게 의무를 부과할 만큼 중요성을 가지는 것일 때 비로소 그 이익은 권리로서 인정된다고 보았다.

이익설의 난점으로는 제3자를 위한 계약을 들 수 있다. 가령 갑이 을과 계약하며 병에게 꽃을 배달해 달라고 했다고 하자. 이익 수혜자는 병이지만 권리자는 계약을 체결한 갑이다. 쉽게 말해 을의 의무 이행에 관한 권능을 가진 사람은 병이 아니라 갑이다. 그래서 이익설은 이익의 수혜자가 아닌 권리자가 있는 경우를 설명하기 어렵다는 비판을 받는다. 또한 이익설은 권리가 실현하려는 이익과 그에 상충하는 이익을 비교해야 할 경우 어느 것이 더 우세한지를 측정하기 쉽지 않다.

보기

A씨는 동물 보호 정책 시행 의무의 헌법 조문화, 동물 정책 기본법 제정 등을 통해 동물 보호 의무가 헌법에 명시되어야 한다고 주장하였다.

① 하트의 주장에 따르면 동물 보호 의무가 헌법에 명시되지 않더라도 동물은 기본적으로 보호받을 권리를 가지고 있다.
② 하트의 주장에 따르면 동물 생명의 존엄성이 법적으로 보호됨으로써 동물이 보다 나은 삶을 살 수 있다면 동물은 권리를 가질 수 있다.
③ 하트의 주장에 따르면 사람이 동물 보호 의무를 갖는다고 하더라도 동물은 이성적 존재가 아니므로 동물은 권리를 갖지 못한다.
④ 라즈의 주장에 따르면 사람의 의무 이행에 따른 이익이 있다면 동물이 권리를 가질 수 있지만, 그렇다고 동물의 권리가 사람의 의무를 정당화하는 것은 아니다.
⑤ 라즈의 주장에 따르면 동물의 이익이 사람에게 의무를 부과할 만큼 중요성을 가지지 못하더라도 상충하는 이익보다 우세할 경우 권리로 인정될 수 있다.

③

의사설을 지지한 하트는 의무 이행 여부를 통제할 권능을 가진 권리자의 선택을 권리의 본질적 요소로 보았기 때문에 타인의 의무 이행 여부와 관련된 권능, 곧 합리적 이성을 가진 자가 아니면 권리자가 될 수 없다고 보았다. 따라서 하트는 동물 보호 의무와 관련하여 사람이 동물 보호 의무를 갖는다고 하더라도 이성적 존재가 아닌 동물은 권리를 갖지 못한다고 주장할 수 있다.

오답분석
① 의사설을 지지한 하트에 따르면 법이 타인의 의무 이행 여부에 대한 권능을 부여하지 않은 경우에는 권리를 가졌다고 말할 수 없다.
② 법이 타인의 의무로부터 이익을 얻는 자는 누구나 권리를 갖는다는 이익설의 입장에 따른 주장이므로 의사설을 지지한 하트의 주장으로는 적절하지 않다.
④ 이익설을 주장한 라즈에 따르면 타인의 의무로부터 이익을 얻는 자는 누구나 권리를 가지므로 권리와 의무는 서로 대응하는 관계이며, 권리는 의무를 정당화한다.
⑤ 이익설을 주장한 라즈에 따르면 누군가의 이익이 타인에게 의무를 부과할 만큼 중요성을 가질 때 그 이익은 권리로서 인정된다. 또한 이익설은 권리가 실현하려는 이익과 상충하는 이익을 비교해야 할 경우 어느 것이 더 우세한지를 측정하기 어렵다는 단점이 있다.

30초 컷 풀이 Tip

보기 해석의 경우 제시문과 보기에 제시된 문장의 의미를 제대로 파악할 필요가 있다는 점에서 난이도가 높은 유형이라고 볼 수 있다. 제시문과 보기, 그리고 문항의 의미를 모두 파악하는 데는 상당한 시간이 소요되므로, 가장 먼저 보기의 내용을 이해하도록 한다. 이후 각 문항에서 공통적으로 나타나는 핵심 주장이나 단어, 특정 사물이나 개인의 명칭 등 키워드를 기준으로 문항을 구분한 뒤, 이를 제시문과 대조하여 그 논지와 같은 문항을 찾아내도록 한다.

온라인 풀이 Tip

지문에 중요한 부분을 표시할 수 없으므로 보기부터 읽어 지문에서 확인해야 하는 정보가 무엇인지 파악한다. 문제풀이 용지에 보기의 내용을 간단하게 적어두고, 지문을 읽으면서 관련 내용을 추가로 요약한다.

유형점검

정답 및 해설 p.019

01 명제

※ 제시된 명제가 모두 참일 때, 빈칸에 들어갈 명제로 가장 적절한 것을 고르시오. [1~9]

01

전제1. 야근을 하는 모든 사람은 X분야의 업무를 한다.
전제2. 야근을 하는 모든 사람은 Y분야의 업무를 한다.
결론. _____

① X분야의 업무를 하는 모든 사람은 야근을 한다.
② Y분야의 업무를 하는 어떤 사람은 X분야의 업무를 한다.
③ Y분야의 업무를 하는 모든 사람은 야근을 한다.
④ X분야의 업무를 하는 모든 사람은 Y분야의 업무를 한다.
⑤ 야근을 하는 어떤 사람은 X분야의 업무를 하지 않는다.

Easy

02

전제1. 피자를 좋아하는 사람은 치킨을 좋아한다.
전제2. 치킨을 좋아하는 사람은 감자튀김을 좋아한다.
전제3. 나는 피자를 좋아한다.
결론. _____

① 나는 피자를 좋아하지만 감자튀김은 좋아하지 않는다.
② 치킨을 좋아하는 사람은 피자를 좋아한다.
③ 감자튀김을 좋아하는 사람은 치킨을 좋아한다.
④ 나는 감자튀김을 좋아한다.
⑤ 감자튀김을 좋아하는 사람은 피자를 좋아한다.

03

전제1. 갈매기는 육식을 하는 새이다.
전제2. _____
전제3. 바닷가에 사는 새는 갈매기이다.
결론. 헤엄을 치는 새는 육식을 한다.

① 바닷가에 살지 않는 새는 헤엄을 치지 않는다.
② 갈매기는 헤엄을 친다.
③ 육식을 하는 새는 바닷가에 살지 않는다.
④ 헤엄을 치는 새는 육식을 하지 않는다.
⑤ 갈매기가 아니어도 육식을 하는 새는 있다.

Hard

04

전제1. 공부를 잘하는 사람은 모두 꼼꼼하다.
전제2. _____
결론. 꼼꼼한 사람 중 일부는 시간 관리를 잘한다.

① 공부를 잘하는 사람 중 일부는 꼼꼼하지 않다.
② 시간 관리를 잘하지 못하는 사람은 꼼꼼하다.
③ 꼼꼼한 사람은 시간 관리를 잘하지 못한다.
④ 공부를 잘하는 어떤 사람은 시간 관리를 잘한다.
⑤ 시간 관리를 잘하는 사람 중 일부는 꼼꼼하지 않다.

05

전제1. 원숭이는 기린보다 키가 크다.
전제2. 기린은 하마보다 몸무게가 더 나간다.
전제3. 원숭이는 기린보다 몸무게가 더 나간다.
결론. _____

① 원숭이는 하마보다 키가 크다.
② 원숭이는 하마보다 몸무게가 더 나간다.
③ 기린은 하마보다 키가 크다.
④ 하마는 기린보다 몸무게가 더 나간다.
⑤ 기린의 키는 원숭이와 하마 중간이다.

06

전제1. 축구를 좋아하는 사람 중에는 기자도 있다.
전제2. 고등학생 중에는 축구를 좋아하는 사람도 있다.
결론. _____

① 기자 중에 고등학생은 없다.
② 축구를 좋아하는 모든 사람은 기자이다.
③ 야구를 좋아하는 사람 중에는 고등학생도 있다.
④ 모든 고등학생은 기자일 수도 있다.
⑤ 축구를 좋아하지 않는 사람은 기자가 아니다.

Hard

07

전제1. 하루에 두 끼를 먹는 어떤 사람도 뚱뚱하지 않다.
전제2. 아침을 먹는 모든 사람은 하루에 두 끼를 먹는다.
결론. _____

① 하루에 세 끼를 먹는 사람이 있다.
② 아침을 먹는 모든 사람은 뚱뚱하지 않다.
③ 뚱뚱하지 않은 사람은 하루에 두 끼를 먹는다.
④ 하루에 한 끼를 먹는 사람은 뚱뚱하지 않다.
⑤ 아침을 먹는 어떤 사람은 뚱뚱하다.

08

> 전제1. 음악을 좋아하는 사람은 상상력이 풍부하다.
> 전제2. 음악을 좋아하지 않는 사람은 노란색을 좋아하지 않는다.
> 결론. _____

① 노란색을 좋아하지 않는 사람은 음악을 좋아한다.
② 음악을 좋아하지 않는 사람은 상상력이 풍부하지 않다.
③ 상상력이 풍부한 사람은 노란색을 좋아하지 않는다.
④ 노란색을 좋아하는 사람은 상상력이 풍부하다.
⑤ 상상력이 풍부하지 않은 사람은 음악을 좋아한다.

09

> 전제1. 성공한 사업가는 존경받는다.
> 전제2. 어떤 합리적인 사업가는 존경받지 못한다.
> 결론. _____

① 어떤 사업가는 합리적임에도 불구하고 성공하지 못한다.
② 모든 사업가는 합리적이다.
③ 합리적인 사업가는 모두 성공한다.
④ 존경받는 사업가는 모두 합리적이다.
⑤ 성공한 모든 사업가는 합리적이다.

02 조건추리

01 다음 조건을 통해 추론할 때, 항상 거짓이 되는 것은?

- 6대를 주차할 수 있는 2행3열로 구성된 G주차장이 있다.
- G주차장에는 자동차 a, b, c, d가 주차되어 있다.
- 1행과 2행에 빈자리가 한 곳씩 있다.
- a자동차는 대각선을 제외하고 주변에 주차된 차가 없다.
- b자동차와 c자동차는 같은 행 바로 옆에 주차되어 있다.
- d자동차는 1행에 주차되어 있다.

① b자동차의 앞 주차공간은 비어있다.
② c자동차의 옆 주차공간은 빈자리가 없다.
③ a자동차는 2열에 주차되어 있다.
④ a자동차와 d자동차는 같은 행에 주차되어 있다.
⑤ d자동차와 c자동차는 같은 열에 주차되어 있다.

Hard

02 다음 조건을 통해 추론할 때, 항상 거짓이 되는 것은?

- A, B, C, D, E 다섯 명의 이름을 입사한 지 오래된 순서로 이름을 적었다.
- A와 B의 이름은 바로 연달아서 적혔다.
- C와 D의 이름은 연달아서 적히지 않았다.
- E는 C보다 먼저 입사하였다.
- 가장 최근에 입사한 사람은 입사한지 2년된 D이다.

① C의 이름은 A의 이름보다 먼저 적혔다.
② B는 E보다 먼저 입사하였다.
③ E의 이름 바로 다음에 C의 이름이 적혔다.
④ A의 이름은 B의 이름보다 나중에 적혔다.
⑤ B는 C보다 나중에 입사하였다.

03 다음 조건을 통해 추론할 때, 항상 참인 것은?

- 사원번호는 0부터 9까지 정수로 이루어졌다.
- S사에 입사한 사원에게 부여되는 사원번호는 여섯 자리이다.
- 2020년 상반기에 입사한 S사 신입사원의 사원번호 앞의 두 자리는 20이다.
- 사원번호 앞의 두 자리를 제외한 나머지 자리에는 0이 올 수 없다.
- 2020년 상반기 S사에 입사한 K씨의 사원번호는 앞의 두 자리를 제외하면 세 번째, 여섯 번째 자리의 수만 같다.
- 사원번호 여섯 자리의 합은 9이다.

① K씨 사원번호의 세 번째 자리 수는 '1'이다.
② K씨의 사원번호는 '201321'이다.
③ K씨의 사원번호는 '201231'이 될 수 없다.
④ K씨의 사원번호 앞의 두 자리가 '20'이 아닌 '21'이 부여된다면 K씨의 사원번호는 '211231'이다.
⑤ K씨의 사원번호 네 번째 자리의 수가 다섯 번째 자리의 수보다 작다면 K씨의 사원번호는 '202032'이다.

Easy

04 고등학교 동창인 A ~ F는 중국음식점에서 식사를 하기 위해 원형 테이블에 앉았다. 〈조건〉이 다음과 같을 때, 항상 옳은 것은?

조건
- E와 F는 서로 마주보고 앉아 있다.
- C와 B는 붙어있다.
- A는 F와 한 칸 떨어져 앉아 있다.
- D는 F의 바로 오른쪽에 앉아 있다.

① A와 B는 마주보고 있다.
② A와 D는 붙어있다.
③ B는 F와 붙어있다.
④ C는 F와 붙어있다.
⑤ D는 C와 마주보고 있다.

05 A ~ E 다섯 사람은 마스크를 사기 위해 차례대로 줄을 서고 있다. 네 사람이 진실을 말한다고 할 때, 다음 중 거짓말을 하는 사람은?

- A : B 다음에 E가 바로 도착해서 줄을 섰어.
- B : D는 내 바로 뒤에 줄을 섰지만 마지막은 아니었어.
- C : 내 앞에 줄을 선 사람은 한 명뿐이야.
- D : 내 뒤에는 두 명이 줄을 서고 있어.
- E : A는 가장 먼저 마스크를 구입할 거야.

① A   ② B
③ C   ④ D
⑤ E

`Easy`

06 친구 갑, 을, 병, 정은 휴일을 맞아 백화점에서 옷을 고르기로 했다. 〈조건〉이 다음과 같을 때 갑, 을, 병, 정이 고른 옷으로 옳은 것은?

> **조건**
> - 네 사람은 각각 셔츠, 바지, 원피스, 치마를 구입했다.
> - 병은 원피스와 치마 중 하나를 구입했다.
> - 갑은 셔츠와 치마를 입지 않는다.
> - 정은 셔츠를 구입하기로 했다.
> - 을은 치마와 원피스를 입지 않는다.

	갑	을	병	정
①	치마	바지	원피스	셔츠
②	바지	치마	원피스	셔츠
③	치마	셔츠	원피스	바지
④	원피스	바지	치마	셔츠
⑤	바지	원피스	치마	셔츠

07 경제학과, 물리학과, 통계학과, 지리학과 학생인 A ~ D는 검은색, 빨간색, 흰색의 세 가지 색 중 최소 1가지 이상의 색을 좋아한다. 다음 〈조건〉에 따라 항상 참이 되는 것은?

> 조건
> • 경제학과 학생은 검은색과 빨간색만 좋아한다.
> • 경제학과 학생과 물리학과 학생은 좋아하는 색이 서로 다르다.
> • 통계학과 학생은 빨간색만 좋아한다.
> • 지리학과 학생은 물리학과 학생과 통계학과 학생이 좋아하는 색만 좋아한다.
> • C는 검은색을 좋아하고, B는 빨간색을 좋아하지 않는다.

① A는 통계학과이다.
② B는 물리학과이다.
③ C는 지리학과이다.
④ D는 경제학과이다.
⑤ B와 C는 빨간색을 좋아한다.

08 어젯밤 회사에 남아있던 A ~ E 5명 중에서 창문을 깬 범인을 찾고 있다. 범인은 2명이고, 범인은 거짓을 말하며, 범인이 아닌 사람은 진실을 말한다고 한다. 5명의 진술이 다음과 같을 때, 다음 중 동시에 범인이 될 수 있는 사람끼리 짝지어진 것은?

> • A : B와 C가 함께 창문을 깼어요.
> • B : A가 창문을 깨는 것을 봤어요.
> • C : 저랑 E는 확실히 범인이 아니에요.
> • D : C가 범인이 확실해요.
> • E : 제가 아는데, B는 확실히 범인이 아닙니다.

① A, B   ② A, C
③ B, C   ④ C, D
⑤ D, E

09 S전자 마케팅부 직원 A ~ J 10명이 점심식사를 하러 가서, 다음 조건에 따라 6인용 원형테이블 2개에 각각 4명, 6명씩 나눠 앉았다. 다음 중 항상 거짓인 것은?

- A와 I는 빈자리 하나만 사이에 두고 앉아 있다.
- C와 D는 1명을 사이에 두고 앉아 있다.
- F의 양 옆 중 오른쪽 자리만 비어 있다.
- E는 C나 D의 옆자리가 아니다.
- H의 바로 옆에 G가 앉아 있다.
- H는 J와 마주보고 앉아 있다.

① A와 B는 같은 테이블이다.
② H와 I는 다른 테이블이다.
③ C와 G는 마주보고 앉아 있다.
④ A의 양 옆은 모두 빈자리이다.
⑤ D의 옆에 J가 앉아 있다.

10 A, B, C, D, E는 함께 카페에 가서 다음과 같이 음료를 주문하였다. 다음 중 녹차를 주문한 사람은?(단, 한 사람당 하나의 음료만 주문하였다)

- 홍차를 주문한 사람은 2명이며, B는 커피를 주문하였다.
- A는 홍차를 주문하였다.
- C는 홍차 또는 녹차를 주문하였다.
- D는 커피 또는 녹차를 주문하였다.
- E는 딸기주스 또는 홍차를 주문하였다.
- 직원의 실수로 E만 잘못된 음료를 받았다.
- 주문 결과 홍차 1잔과 커피 2잔, 딸기주스 1잔, 녹차 1잔이 나왔다.

① A   ② B
③ C   ④ D
⑤ E

11 S기업의 영업1팀은 강팀장, 김대리, 이대리, 박사원, 유사원으로 이루어져 있었으나 최근 인사이동으로 인해 팀원의 변화가 일어났고, 이로 인해 자리를 새롭게 배치하려고 한다. 주어진 조건이 다음과 같을 때, 다음 중 항상 옳은 것은?

> • 영업1팀의 김대리는 영업2팀의 팀장으로 승진하였다.
> • 이번 달 영업1팀에 김사원과 이사원이 새로 입사하였다.
> • 각 팀마다 자리는 일렬로 위치해 있으며, 영업1팀은 영업2팀과 마주하고 있다.
> • 자리의 가장 안쪽 옆은 벽이며, 반대편 끝자리의 옆은 복도이다.
> • 각 팀의 팀장은 가장 안쪽인 왼쪽 끝에 앉는다.
> • 이대리는 영업2팀 팀장의 대각선에 앉는다.
> • 박사원의 양 옆은 신입사원이 앉는다.
> • 김사원의 자리는 이사원의 자리보다 왼쪽에 있다.

① 유사원과 이대리의 자리는 서로 인접한다.
② 박사원의 자리는 유사원의 자리보다 왼쪽에 있다.
③ 이사원의 양 옆 중 한쪽은 복도이다.
④ 김사원의 자리는 유사원의 자리와 인접하지 않는다.
⑤ 이대리의 자리는 강팀장의 자리와 서로 인접한다.

12 S사의 A ~ F팀은 월요일부터 토요일까지 하루에 2팀씩 함께 회의를 진행한다. 다음 〈조건〉을 참고할 때, 반드시 참인 것은?(단, 월요일부터 토요일까지 각 팀의 회의 진행 횟수는 서로 같다)

> **조건**
> • 오늘은 목요일이고 A팀과 F팀이 함께 회의를 진행했다.
> • B팀은 A팀과 연이은 요일에 회의를 진행하지 않는다.
> • B팀은 오늘을 포함하여 이번 주에는 더 이상 회의를 진행하지 않는다.
> • C팀은 월요일에 회의를 진행했다.
> • D팀과 C팀은 이번 주에 B팀과 한 번씩 회의를 진행한다.
> • A팀과 F팀은 이번 주에 이틀을 연이어 함께 회의를 진행한다.

① E팀은 수요일과 토요일 하루 중에만 회의를 진행한다.
② 화요일에 회의를 진행한 팀은 B팀과 E팀이다.
③ C팀과 E팀은 함께 회의를 진행하지 않는다.
④ C팀은 월요일과 수요일에 회의를 진행했다.
⑤ F팀은 목요일과 금요일에 회의를 진행한다.

13 테니스공, 축구공, 농구공, 배구공, 야구공, 럭비공을 각각 A, B, C상자에 넣으려고 한다. 한 상자에 공을 두 개까지 넣을 수 있고, 〈조건〉이 아래와 같다고 할 때 항상 참은 아닌 것은?

> **조건**
> • 테니스공과 축구공은 같은 상자에 넣는다.
> • 럭비공은 B상자에 넣는다.
> • 야구공은 C상자에 넣는다.

① 농구공을 C상자에 넣으면 배구공은 B상자에 들어가게 된다.
② 테니스공과 축구공은 반드시 A상자에 들어간다.
③ 배구공과 농구공은 같은 상자에 들어갈 수 없다.
④ B상자에 배구공을 넣으면 농구공은 야구공과 같은 상자에 들어가게 된다.
⑤ 럭비공은 반드시 배구공과 같은 상자에 들어간다.

Hard

14 S학교에는 A, B, C, D, E 다섯 명의 교사가 있다. 이들이 각각 1반부터 5반까지 한 반씩 담임을 맡는다고 할 때, 주어진 〈조건〉이 다음과 같다면 항상 참은 아닌 것은?(단, 1반부터 5반까지 각 반은 왼쪽에서 오른쪽 방향으로 순서대로 위치한다)

> **조건**
> • A는 3반의 담임을 맡는다.
> • E는 A의 옆 반 담임을 맡는다.
> • B는 양 끝에 위치한 반 중 하나의 담임을 맡는다.

① C가 2반을 맡으면 D는 1반 또는 5반을 맡게 된다.
② B가 5반을 맡으면 C는 반드시 1반을 맡게 된다.
③ E는 절대 1반을 맡을 수 없다.
④ B는 절대 2반을 맡을 수 없다.
⑤ 1반을 B가, 2반을 E가 맡는다면 C는 D의 옆 반이다.

15 신입사원인 윤지, 순영, 재철, 영민이는 영국, 프랑스, 미국, 일본으로 출장을 간다. 출장은 나라별로 한 명씩 가야 하며, 출장 기간은 서로 중복되지 않아야 한다. 다음의 조건에 따를 때 항상 참인 것은 무엇인가?

• 윤지는 가장 먼저 출장을 가지 않는다.
• 재철은 영국 또는 프랑스로 출장을 가야 한다.
• 영민은 순영보다는 먼저 출장을 가야 하고, 윤지보다는 늦게 가야 한다.
• 가장 마지막 출장지는 미국이다.
• 영국 출장과 프랑스 출장은 일정이 연달아 잡히지 않는다.

---

① 윤지는 프랑스로 출장을 간다.
② 재철은 영국으로 출장을 간다.
③ 영민은 세 번째로 출장을 간다.
④ 순영은 두 번째로 출장을 간다.
⑤ 윤지와 순영은 연이어 출장을 간다.

16 동성, 현규, 영희, 영수, 미영은 A의 이사를 도와주면서 A가 사용하지 않는 물건들을 각각 하나씩 받으려고 한다. 다음과 같은 조건을 만족시킬 때의 설명으로 항상 참은 아닌 것은?

• A가 사용하지 않는 물건은 세탁기, 컴퓨터, 드라이기, 로션, 핸드크림이고, 동성, 현규, 영희, 영수, 미영 순서로 물건을 고를 수 있다.
• 동성이는 세탁기 또는 컴퓨터를 받길 원한다.
• 현규는 세탁기 또는 드라이기를 받길 원한다.
• 영희는 로션 또는 핸드크림을 받길 원한다.
• 영수는 전자기기 이외의 것을 받길 원한다.
• 미영은 아무것이나 받아도 상관없다.

---

① 동성이는 자신이 원하는 물건을 받을 수 있다.
② 영희는 영수와 원하는 물건이 동일하다.
③ 미영이는 드라이기를 받을 수 없다.
④ 영수는 원하는 물건을 고를 수 있는 선택권이 없다.
⑤ 현규는 드라이기를 받을 확률이 더 높다.

17 다음 〈조건〉을 바탕으로 추론할 수 있는 것은?

> **조건**
>
> • 빵을 좋아하는 사람은 우유를 좋아한다.
> • 주스를 좋아하는 사람은 우유를 좋아하지 않는다.
> • 주스를 좋아하지 않는 사람은 치즈를 좋아한다.

① 주스를 좋아하지 않는 사람은 우유를 좋아한다.
② 주스를 좋아하는 사람은 치즈를 좋아한다.
③ 치즈를 좋아하는 사람은 빵을 좋아하지 않는다.
④ 빵을 좋아하는 사람은 치즈를 좋아하지 않는다.
⑤ 빵을 좋아하는 사람은 치즈를 좋아한다.

18 매주 금요일은 마케팅팀 동아리가 있는 날이다. 동아리 회비를 담당하고 있는 F팀장은 점심시간 후, 회비가 감쪽같이 사라진 것을 발견했다. 점심시간 동안 사무실에 있었던 사람은 A, B, C, D, E 5명이고, 이들 중 2명은 범인이고, 3명은 범인이 아니다. 범인은 거짓말을 하고, 범인이 아닌 사람은 진실을 말한다고 할 때, 〈보기〉를 토대로 다음 중 옳은 것은?

> **보기**
>
> • A는 B, D 중 한 명이 범인이라고 주장한다.
> • B는 C가 범인이라고 주장한다.
> • C는 B가 범인이라고 주장한다.
> • D는 A가 범인이라고 주장한다.
> • E는 A와 B가 범인이 아니라고 주장한다.

① A와 D 중 범인이 있다.
② B가 범인이다.
③ C와 E가 범인이다.
④ A는 범인이다.
⑤ 범인이 누구인지 주어진 조건만으로는 알 수 없다.

19 S그룹의 신입사원 8명 중 남자 사원은 A부터 D까지, 여자 사원은 E부터 H까지 각각 4명씩 구성되어 있다. 이들은 본인이 합격한 부서를 찾아가고자 한다. S그룹 본사는 8층 빌딩에 입주해 있다. 다음의 〈조건〉을 모두 만족시켜야 할 때, 반드시 거짓인 것은?

> **조건**
> • 한 층에는 한 명만 근무할 수 있다.
> • 성별이 같으면 인접한 층에서 근무할 수 없다.
> • G는 6층이다.
> • E와 D 사이에는 4개 층이 있다.
> • H는 A, C와 인접해 있다.

① A는 E보다 위에 있다.
② A는 F보다 높은 곳에 있다.
③ C는 G와 인접한 층에서 근무한다.
④ E와 B는 인접해 있다.
⑤ A와 C의 층수를 더하면 8이다.

Hard

20 E놀이공원의 동물원에는 A, B, C, D 4개의 구역이 순차적으로 있고, 여기에는 독수리, 사슴, 악어, 호랑이가 한 마리씩 들어간다. 다음 〈조건〉에 따라 동물이 위치한다고 할 때, 반드시 거짓인 것은?

> **조건**
> • 악어는 C 또는 D구역에 들어간다.
> • 사슴은 B구역을 제외하고 다 들어갈 수 있다.

① 호랑이가 A구역에 있다면 독수리는 B구역에 있다.
② 독수리가 호랑이의 왼쪽 구역에 있다면 호랑이의 오른쪽 구역에는 아무것도 없다.
③ 독수리가 악어 오른쪽 구역에 있다면 호랑이는 C 또는 D구역에 살 수 있다.
④ 호랑이가 B구역에 있다면 악어와 이웃해 있다.
⑤ 독수리가 D구역에 있다면 사슴과 가장 멀리 떨어져 있다.

※ 다음 제시된 단어의 대응 관계가 동일하도록 빈칸에 들어갈 가장 적절한 단어를 고르시오. [1~25]

01

| 변변하다 : 넉넉하다 = 소요하다 : ( ) |

① 치유하다　　　　　　　　② 한적하다
③ 공겸하다　　　　　　　　④ 소유하다
⑤ 소란하다

02

| 공시하다 : 반포하다 = 각축하다 : ( ) |

① 공들이다　　　　　　　　② 통고하다
③ 독점하다　　　　　　　　④ 상면하다
⑤ 경쟁하다

03

| 침착하다 : 경솔하다 = 섬세하다 : ( ) |

① 찬찬하다　　　　　　　　② 조악하다
③ 감분하다　　　　　　　　④ 치밀하다
⑤ 신중하다

04

| 겨냥하다 : 가늠하다 = 다지다 : ( ) |

① 진거하다　　　　　　　　② 겉잡다
③ 요량하다　　　　　　　　④ 약화하다
⑤ 강화하다

05

뇌까리다 : 지껄이다 = ( ) : 상서롭다

① 망하다   ② 성하다
③ 길하다   ④ 실하다
⑤ 달하다

06

초췌하다 : 수척하다 = 함양 : ( )

① 집합   ② 활용
③ 결실   ④ 도출
⑤ 육성

07

제한하다 : 통제하다 = 만족하다 : ( )

① 번잡하다   ② 부족하다
③ 탐탁하다   ④ 모자라다
⑤ 듬직하다

08

돛단배 : 바람 − 전등 : ( )

① 어둠   ② 전기
③ 태양   ④ 에어컨
⑤ 빛

09

응분 : 과분 = 겸양하다 : (   )

① 강직하다   ② 너그럽다
③ 쩨쩨하다   ④ 겸손하다
⑤ 젠체하다

10

칠칠하다 : 야무지다 = (   ) : (   )

① 순간, 영원   ② 낙찰, 유찰
③ 널널하다, 너르다   ④ 가축, 야수
⑤ 천진, 사악

11

용호상박 : 용, 호랑이 = 토사구팽 : (   )

① 뱀, 토끼   ② 개, 토끼
③ 뱀, 개   ④ 토끼, 호랑이
⑤ 개, 호랑이

12

동가홍상 : 붉은색 = 청렴결백 : (   )

① 흰색   ② 푸른색
③ 검은색   ④ 노란색
⑤ 회색

13

마이동풍 : 말 = 당구풍월 : (   )

① 당나귀
② 여우
③ 개
④ 새
⑤ 원숭이

Easy

14

부채 : 선풍기 = 인두 : (   )

① 분무기
② 다리미
③ 세탁소
④ 세탁기
⑤ 난로

15

고매하다 : 고결하다 = 곱다 : (   )

① 추하다
② 밉다
③ 거칠다
④ 치밀하다
⑤ 조악하다

16

만족 : 흡족 = 부족 : (   )

① 미미
② 곤궁
③ 궁핍
④ 결핍
⑤ 가난

17

가로등 : 전기 = (   ) : 수증기

① 구름   ② 액체
③ 신호등   ④ 증기기관
⑤ 주전자

18

높새 : 하늬 = (   ) : 여우

① 곰   ② 이슬
③ 사슴   ④ 비
⑤ 은하수

Hard

19

요긴 : 중요 = 특성 : (   )

① 성질   ② 특별
③ 특이   ④ 특질
⑤ 특수

20

의사 : 병원 = 교사 : (   )

① 교직원   ② 교수
③ 학교   ④ 교육청
⑤ 교육감

21

데스크탑 : 노트북 = ( ) : 캠핑카

① 여행 ② 자동차
③ 주차장 ④ 집
⑤ 사무실

Easy
22

말 : 마차 = 소 : ( )

① 가마 ② 경운기
③ 쟁기 ④ 지게
⑤ 가래

23

우표 : 우체국 = 곡식 : ( )

① 쌀 ② 논
③ 보리 ④ 떡집
⑤ 방앗간

24

건물 : 설계도 = 오페라 : ( )

① 연기 ② 악보
③ 배우 ④ 무대
⑤ 공연

25

탄산 : 사이다 = ( ) : 공기

① 하늘　　　　　　　　　② 산소
③ 바람　　　　　　　　　④ 물
⑤ 오존

※ 다음 단어의 대응 관계가 나머지와 다른 하나를 고르시오. [26~42]

Hard

26　① 황혼 – 여명　　　　　② 유별 – 보통
　　　③ 낭설 – 진실　　　　　④ 유지 – 부지
　　　⑤ 서막 – 결말

27　① 노리다 – 겨냥하다　　② 엄정 – 해이
　　　③ 성기다 – 뜨다　　　④ 자아내다 – 끄집어내다
　　　⑤ 보편 – 일반

28　① 득의 – 실의　　　　　② 엎어지다 – 자빠지다
　　　③ 화해 – 결렬　　　　④ 판이하다 – 다르다
　　　⑤ 고상 – 저열

29 ① 견사 – 비단   ② 오디 – 뽕잎
     ③ 콩 – 두부   ④ 포도 – 와인
     ⑤ 우유 – 치즈

30 ① 괄시 – 후대   ② 비호 – 보호
     ③ 숙려 – 숙고   ④ 속박 – 농반
     ⑤ 채근 – 독촉

31 ① 원자 – 분자   ② 우유 – 치즈
     ③ 단어 – 문장   ④ 고무 – 바퀴
     ⑤ 돈 – 지갑

32 ① 수평 – 수직   ② 명령 – 지시
     ③ 사실 – 허구   ④ 유명 – 무명
     ⑤ 기립 – 착석

`Hard`

33 ① 연주자 – 악기 – 음악   ② 대장장이 – 망치 – 광물
     ③ 요리사 – 프라이팬 – 음식   ④ 화가 – 붓 – 그림
     ⑤ 목수 – 톱 – 식탁

34
① 철근 – 콘크리트
② 냄비 – 주전자
③ 마우스 – 키보드
④ 욕조 – 변기
⑤ 도장 – 인주

35
① 성공 – 노력
② 타인 – 생각
③ 인재 – 육성
④ 소설 – 집필
⑤ 목적 – 달성

36
① 대장장이 – 망치 – 목수
② 작곡자 – 악보 – 연주자
③ 레스토랑 – 음식 – 식객
④ 기술자 – 트랙터 – 농부
⑤ 디자이너 – 의상 – 모델

Easy
37
① 선장 – 조타수
② 변호사 – 피의자
③ 배우 – 관객
④ 의사 – 환자
⑤ 선생 – 학생

38
① 비 – 내리다
② 눈 – 감다
③ 머리 – 자라다
④ 천둥 – 치다
⑤ 성적 – 떨어지다

39
① 선구자 – 예언자
② 풋내기 – 초보자
③ 거론 – 언급
④ 혼란 – 혼잡
⑤ 보조개 – 볼우물

40
① 나무 – 숯 – 재
② 수성 – 금성 – 지구
③ 씨앗 – 나무 – 열매
④ 아침 – 점심 – 저녁
⑤ 대서 – 입추 – 한로

41
① 철새 – 두루미
② 한식 – 불고기
③ 동물 – 사람
④ 가전 – 전류
⑤ 아시아 – 카자흐스탄

Hard
42
① 질소 – 이산화탄소
② 물 – 콜라
③ 볼펜 – 잉크
④ 화강암 – 현무암
⑤ 침 – 이온음료

※ 다음 제시된 도형의 규칙을 보고 ?에 들어갈 적절한 것을 고르시오. [1~7]

Hard

01

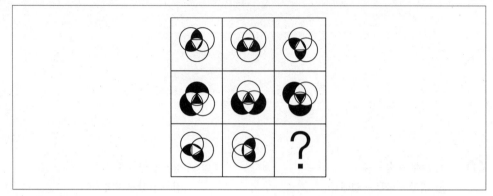

① 　　　　②

③ 　　　　④

⑤

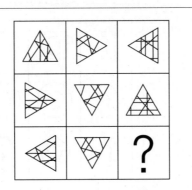

①

②

③

④

⑤

03

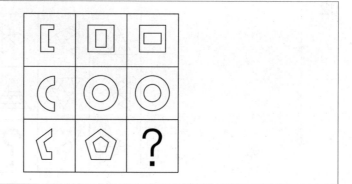

①

②

③

④

⑤

04

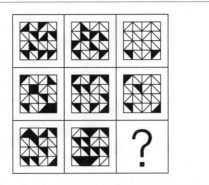

①   ②

③   ④

⑤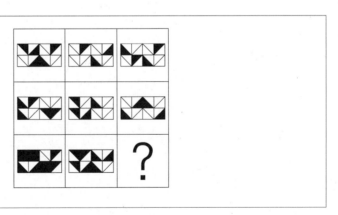

05

①   ②

③   ④

⑤

①

②

③

④

⑤

07

①

②

③

④

⑤

※ 다음 도식에서 기호들은 일정한 규칙에 따라 문자를 변화시킨다. ?에 들어갈 적절한 문자를 고르시오 (단, 규칙은 가로와 세로 중 한 방향으로만 적용된다). [1~4]

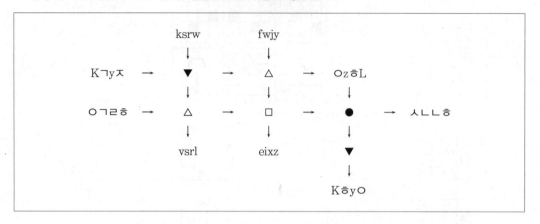

01

ㅅㄴㄹㅁ → ▼ → □ → ?

① ㅁㄴㄹㅅ
② ㅁㄹㄴㅅ
③ ㅁㅅㄴㄹ
④ ㅇㄱㄷㅂ
⑤ ㅅㄱㄹㄹ

Hard

02

isog → ● → △ → ?

① hsog
② iosg
③ gosi
④ hsng
⑤ irof

03

? → ▼ → ● → yenv

① neyv
② vney
③ yfnw
④ wyfn
⑤ wnfy

04

$$? \rightarrow \square \rightarrow \triangle \rightarrow ㅇㅌㄷㄹ$$

① ㅈㄹㅋㄷ
② ㅊㄹㄷㅈ
③ ㅈㅊㄹㄷ
④ ㅅㅌㄴㄹ
⑤ ㅅㅌㄹㄴ

※ 다음 도식에서 기호들은 일정한 규칙에 따라 문자를 변화시킨다. ?에 들어갈 적절한 문자를 고르시오 (단, 규칙은 가로와 세로 중 한 방향으로만 적용된다). **[5~7]**

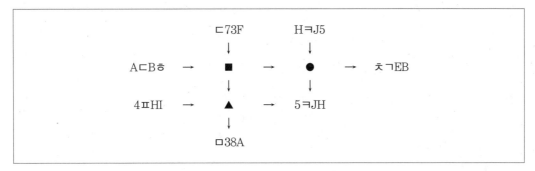

05

$$GHKT \rightarrow \blacksquare \rightarrow \bullet \rightarrow ?$$

① PFNH
② PFMH
③ SFNH
④ PFMI
⑤ PFNR

Easy

06

$$5454 \rightarrow \blacktriangle \rightarrow \bullet \rightarrow ?$$

① 3275
② 3266
③ 3376
④ 3276
⑤ 2276

07

$$76ㄱI \rightarrow \blacktriangle \rightarrow \blacksquare \rightarrow ?$$

① 91ㅂD
② 92ㅅD
③ 92ㅂT
④ 84ㄹF
⑤ 92ㅂD

※ 다음 도식에서 기호들은 일정한 규칙에 따라 문자를 변화시킨다. ?에 들어갈 적절한 문자를 고르시오 (단, 규칙은 가로와 세로 중 한 방향으로만 적용된다). [8~10]

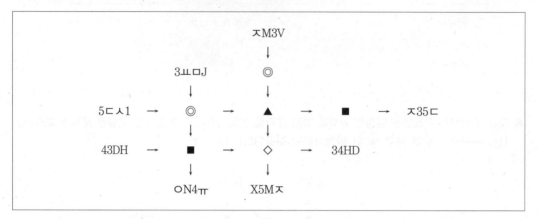

08

2Uㅓㅋ → ◇ → ▲ → ?

① T1ㅈㅑ   ② ㅈ3Rㅠ
③ 4ㅍㅗS   ④ ㅊㅏT0
⑤ ㅋ5Oㅑ

09

ㅂ5ㄴ6 → ■ → ◎ → ?

① ㄷ8ㅈ9   ② ㅊ8ㄹ7
③ 67ㅅㄱ   ④ 68ㄱㄷ
⑤ 79ㄹㅅ

Hard
10

4ㅜDH → ▲ → ◇ → ◎ → ?

① DㅗㄷC5   ② GEㅠ7
③ 6ㅜID   ④ 6FㅗㄷC
⑤ ㅗ2BG

※ 다음 도식에서 기호들은 일정한 규칙에 따라 문자를 변화시킨다. ?에 들어갈 적절한 문자를 고르시오
  (단, 규칙은 가로와 세로 중 한 방향으로만 적용된다). [11~13]

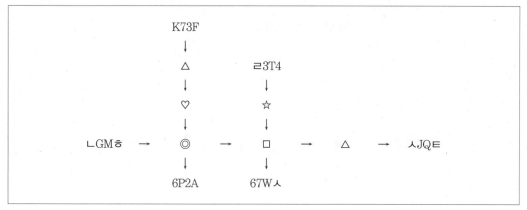

11

ㄷM4G → ♡ → △ → ?

① Q7ㄱF

② 7ㄴRF

③ 7ㄱQF

④ 1ㄱQF

⑤ F7ㄱQ

12

4Gㅕ5 → ◎ → □ → ?

① 64Lㅕ

② 4ㅕ5G

③ 5Lㅕ4

④ 5Kㅕ3

⑤ 6Lㅕ4

13

ㅍㅎㅁA → ☆ → ◡ → ?

① CㅑㄴB

② ㅍCㄴㅑ

③ ㅕAㅍㅂ

④ ㅌCㄴㅑ

⑤ ㅎㄱAㅁ

※ 다음 도식에서 기호들은 일정한 규칙에 따라 문자를 변화시킨다. ?에 들어갈 적절한 문자를 고르시오 (단, 규칙은 가로와 세로 중 한 방향으로만 적용된다). [14~16]

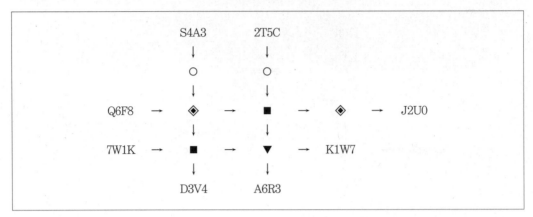

14

$$5ㅂ2ㅌ \rightarrow ▼ \rightarrow ○ \rightarrow ?$$

① ㅍ0ㅅ3 ② 0ㅂ3ㅋ
③ ㅅ3ㅍ0 ④ ㅂ3ㅋ0
⑤ 3ㅅ0ㅋ

15

$$LㅅEㅈ \rightarrow ◈ \rightarrow ■ \rightarrow ?$$

① FㅇMㅍ ② ㅋGㅈN
③ MㅇFㅍ ④ GㅋNㅈ
⑤ NㅈGㅋ

Hard

16

$$ㄱBㄷV \rightarrow ■ \rightarrow ○ \rightarrow ?$$

① ㄹZㄴT ② TㄴZㄹ
③ WㄱCㅍ ④ CㅍWㄱ
⑤ ㄹTㄴZ

※ 다음 도식에서 기호들은 일정한 규칙에 따라 문자를 변화시킨다. ?에 들어갈 적절한 문자를 고르시오 (단, 규칙은 가로와 세로 중 한 방향으로만 적용된다). **[17~19]**

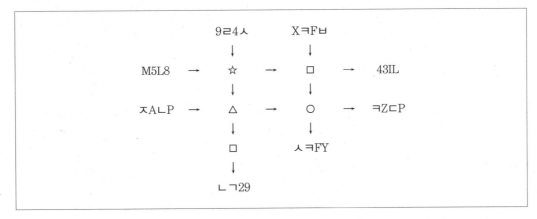

17

$$LIKE \rightarrow \bigcirc \rightarrow \Box \rightarrow ?$$

① MHLD
② MIKF
③ NHLE
④ FIKM
⑤ DHLM

18

$$7288 \rightarrow \Box \rightarrow ☆ \rightarrow ?$$

① 7053
② 9288
③ 8287
④ 7278
⑤ 7055

19

$$MJ \text{ㅊㅍ} \rightarrow ☆ \rightarrow \bigcirc \rightarrow ?$$

① ㅎJㅊN
② MGㅋㅇ
③ MHㅅㅊ
④ OIㅋㅎ
⑤ NJㅊㅎ

※ 다음 도식에서 기호들은 일정한 규칙에 따라 문자를 변화시킨다. ?에 들어갈 적절한 문자를 고르시오 (단, 규칙은 가로와 세로 중 한 방향으로만 적용된다). [20~22]

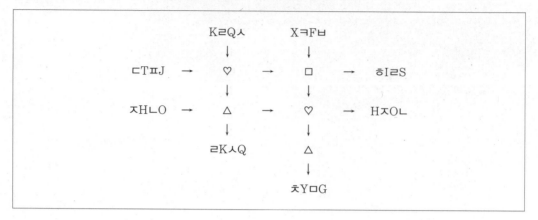

20

> ㄱㅌWN → □ → ♡ → ?

① VMㅎㅋ
② ㅎㅋVM
③ XMㄴㅋ
④ ㄴㅋXM
⑤ XOㅎㅍ

21

> IUㄹㅅ → △ → ♡ → ?

① Uㅅㅣㄹ
② IUㄹㅅ
③ ㄹㅅIU
④ UIㅅㄹ
⑤ ㅅㄹUI

Hard
22

> ㅎBㄱG → □ → △ → ?

① FAㄱㄴ
② CHㅍㅎ
③ FㄴAㄱ
④ CㅎHㅍ
⑤ AㄱㄴF

01 다음 글의 내용이 참일 때 항상 거짓인 것은?

> 일반적으로 최초의 망원경은 네덜란드의 안경 제작자인 한스 리퍼쉬(Hans Lippershey)에 의해 만들어졌다고 알려져 있다. 이 최초의 망원경 발명에는 출처가 분명하지는 않지만 재미있는 일화가 전해진다.
>
> 1608년 리퍼쉬의 아들이 리퍼쉬의 작업실에서 렌즈를 가지고 놀다가 두 개의 렌즈를 어떻게 조합을 하였더니 멀리 있는 교회의 뾰족한 첨탑이 매우 가깝게 보였다. 리퍼쉬의 아들은 이러한 사실을 아버지에게 알렸고 이것을 본 리퍼쉬가 망원경을 발명하였다. 리퍼쉬가 만들었던 망원경은 당시 그 지역을 다스리던 영주에게 상납되었다. 유감스럽게도 리퍼쉬가 망원경 제작에 사용한 렌즈의 조합은 현재 정확하게 알려져 있지는 않지만, 아마도 두 개의 볼록렌즈를 사용했을 것으로 추측된다. 이렇게 망원경이 발명되었다는 소식은 유럽 전역으로 빠르게 전파되어, 약 1년 후에는 이탈리아의 갈릴레오에게까지 전해졌다.
>
> 1610년, 갈릴레오는 초점거리가 긴 볼록렌즈를 망원경의 대물렌즈로 사용하고 초점 거리가 짧은 오목렌즈를 초점면 앞에 놓아 접안렌즈로 사용하였다. 이 같은 설계는 물체와 상의 상하좌우가 같은 정립상을 제공하므로 지상 관측에 적당하다. 이러한 광학적 설계 방식을 갈릴레이식 굴절 망원경이라고 한다.
>
> 갈릴레오가 자신이 만든 망원경으로 천체를 관측하여 발견한 천문학적 사실 중 가장 중요한 것은 바로 금성의 상변화이다. 금성의 각크기가 변한다는 것을 관측함으로써 금성이 지구를 중심으로 공전하는 것이 아니라 태양을 중심으로 공전하고 있다는 것을 증명하였으며, 따라서 코페르니쿠스의 지동설을 지지하는 강력한 증거를 제공하였다. 그러나 갈릴레이식 굴절 망원경은 초점 거리가 짧은 오목렌즈 제작의 어려움으로 배율에 한계가 있었으며, 시야도 좁고 색수차가 심하여 17세기 초반까지만 사용되었다. 오늘날에는 갈릴레이식 굴절 망원경은 오페라 글라스와 같은 작은 쌍안경에나 쓰일 뿐 거의 사용되지 않고 있다.
>
> 이후 케플러가 설계했다는 천체 관측용 망원경이 만들어졌는데, 이 망원경은 갈릴레이식보다 진일보한 형태로 오늘날 천체 관측용 굴절 망원경의 원형이 되고 있다. 케플러식 굴절 망원경은 장초점의 볼록렌즈를 대물렌즈로 하고 단초점의 볼록렌즈를 초점면 뒤에 놓아 접안렌즈로 사용한 구조이다. 이러한 설계 방식은 상의 상하좌우가 뒤집힌 도립상을 보여주기 때문에 지상용으로는 부적절하지만 천체를 관측할 때는 별다른 문제가 없다.

① 네덜란드의 안경 제작자인 한스 리퍼쉬는 아들의 렌즈 조합 발견을 계기로 망원경을 제작할 수 있었다.
② 갈릴레오의 망원경은 볼록렌즈를 대물렌즈로, 오목렌즈를 접안렌즈로 사용하였다.
③ 갈릴레오는 자신이 발명한 망원경으로 금성의 상변화를 관측하여 금성이 태양을 중심으로 공전한다는 것을 증명하였다.
④ 케플러식 망원경은 볼록렌즈만 사용하여 만들어졌다.
⑤ 케플러식 망원경은 갈릴레오식 망원경과 다르게 상의 상하좌우가 같은 정립상을 보여준다.

02 다음 주장에 대한 반박으로 가장 적절한 것은?

비타민D 결핍은 우리 몸에 심각한 건강 문제를 일으킬 수 있다. 비타민D는 칼슘이 체내에 흡수되어 뼈와 치아에 축적되는 것을 돕고 가슴뼈 뒤쪽에 위치한 흉선에서 면역세포를 생산하는 작용에 관여하는데, 비타민D가 부족할 경우 칼슘과 인의 흡수량이 줄어들고 면역력이 약해져 뼈가 약해지거나 신체 불균형이 일어날 수 있다.

비타민D는 주로 피부가 중파장 자외선에 노출될 때 형성된다. 중파장 자외선은 피부와 혈류에 포함된 7-디하이드로콜레스테롤을 비타민D로 전환시키는데, 이렇게 전환된 비타민D는 간과 신장을 통해 칼시트리롤(Calcitriol)이라는 호르몬으로 활성화된다. 바로 이 칼시트리롤을 통해 우리는 혈액과 뼈에 흡수될 칼슘과 인의 흡수를 조절하는 것이다.

이러한 기능을 담당하는 비타민D를 함유하고 있는 식품은 자연에서 매우 적기 때문에, 우리의 몸은 충분한 비타민D를 생성하기 위해 주기적으로 태양빛에 노출될 필요가 있다.

① 태양빛에 노출될 경우 피부암 등의 질환이 발생하여 도리어 건강이 더 악화될 수 있다.

② 비타민D 결핍으로 인해 생기는 부작용은 주기적인 칼슘과 인의 섭취를 통해 해결할 수 있다.

③ 비타민D 보충제만으로는 체내에 필요한 비타민D를 얻을 수 없다.

④ 태양빛에 직접 노출되지 않거나 자외선 차단제를 사용했음에도 체내 비타민D 수치가 정상을 유지한다는 연구결과가 있다.

⑤ 선크림 등 자외선 차단제를 사용하더라도 비타민D 생성에 충분한 중파장 자외선에 노출될 수 있다.

03 다음 지문을 토대로 〈보기〉를 바르게 해석한 것은?

요즘 대세로 불리는 폴더블 스마트폰이나 커브드 모니터를 직접 보거나 사용해 본 적이 있는가? 혁신적인 디자인과 더불어 사용자에게 뛰어난 몰입감을 제공하며 시장에서 큰 인기를 끌고 있는 이 제품들의 사양을 자세히 보면 'R'에 대한 값이 표시되어 있음을 알 수 있다. 이 R은 반지름(Radius)을 뜻하며 제품의 굽혀진 곡률을 나타내는데, 이 R의 값이 작을수록 접히는 부분의 비는 공간이 없어 완벽하게 접힌다.

일반적으로 여러 층의 레이어로 구성된 패널은 접었을 때 앞면에는 줄어드는 힘인 압축응력이, 뒷면에는 늘어나는 힘인 인장응력이 동시에 발생한다. 이처럼 서로 반대되는 힘인 압축응력과 인장응력이 충돌하면서 패널의 구조에 영향을 주는 것을 '폴딩 스트레스'라고 하는데, 곡률이 작을수록 즉, 더 접힐수록 패널이 받는 폴딩 스트레스가 높아진다. 따라서 곡률이 상대적으로 작은 인폴딩 패널이 곡률이 큰 아웃폴딩 패널보다 개발 난이도가 높은 셈이다.

보기

S전자는 이번 행사에서 1.4R의 인폴딩 패널을 사용한 폴더블 스마트폰을 개발하는 데 성공했다고 발표했다. 이는 아웃폴딩 패널을 사용한 H기업이나 동일한 인폴딩 패널을 사용한 A기업의 폴더블 스마트폰보다 현저히 낮은 곡률이다.

① 이번에 H기업에서 새로 개발한 1.6R의 작은 곡률이 적용된 패널을 사용한 폴더블 스마트폰은 S전자에서 개발한 폴더블 스마트폰과 동일한 방식의 패널을 사용했을 것이다.

② 아웃폴딩 패널을 사용한 H기업의 폴더블 스마트폰은 이번에 S전자에서 개발한 폴더블 스마트폰보다 폴딩 스트레스가 낮을 것이다.

③ 인폴딩 패널을 사용한 A기업의 폴더블 스마트폰은 S전자에서 개발한 폴더블 스마트폰과 개발난이도가 비슷했을 것이다.

④ 아웃폴딩 패널을 사용한 H기업의 폴더블 스마트폰의 R값이 인폴딩 패널을 사용한 A기업의 폴더블 스마트폰의 R값보다 작을 것이다.

⑤ S전자의 폴더블 스마트폰의 R값이 경쟁 기업보다 작은 것은 여러 층으로 구성된 패널의 층수를 타 기업의 패널보다 줄여 압축응력과 인장응력으로 인한 스트레스를 줄였기 때문일 것이다.

04 다음 글을 통해 추론할 수 있는 내용으로 적절하지 않은 것은?

오골계(烏骨鷄)라는 단어를 들었을 때 머릿속에 떠오르는 이미지는 어떤가? 아마 대부분의 사람들은 볏부터 발끝까지 새까만 닭의 모습을 떠올릴지도 모르겠다. 하지만 사실 이것은 토착종인 오계로, 오골계와는 엄밀히 구분되는 종이다. 그렇다면 오골계와 오계는 정확히 어떠한 차이가 있을까? 흔히 시장에 유통되고 있는 오골계는 정확히는 일제강점기에 유입된 '실키'라는 품종에서 비롯된 혼합종이라고 할 수 있다. 살과 가죽, 뼈 등이 검정에 가까운 자색을 띠지만 흰색이나 붉은 갈색의 털을 지니기도 한다. 병아리 또한 흰 솜털로 덮여 있으며 발가락 수가 5개인 것이 특징이다.

연산오계라고도 불리는 오계는 대한민국 천연기념물 제265호로 지정되어 충남 논산시에 위치한 국내 유일의 오계 사육 농장에서만 사육되고 있다. 살과 가죽, 뼈는 물론 털까지 검으며 야생성이 강하고 사육기간이 길어 기르는 것이 쉽지 않은 것으로 알려져 있다. 병아리 또한 검은색을 띠고 발가락 수가 일반 닭과 같은 4개이기에 구분이 어렵지는 않다.

오계라는 명칭은 동의보감에서 그 이름과 함께 약효와 쓰임새가 기록되어 있는 것을 토대로 최소 선조 이전부터 사육되었던 것으로 추정하고 있다. 하지만 현재는 그 수가 적어 천연기념물로 보호하기 위한 종계 개체 수 1,000마리를 유지하고 있으며, 그 외의 종계로써의 가치가 끝난 퇴역종계와 비 선발 종계후보들만이 식용으로 쓰이고 있다.

① 털의 색을 통해 오골계와 오계를 구분할 수 있을 것이다.
② 손질된 오골계와 오계 고기를 구분하기는 어려울 것이다.
③ 살이 검은 것을 제외하면 오골계와 일반 닭은 큰 차이가 없다고 볼 수 있다.
④ 오계는 병아리 때부터 다른 닭과 구분하기 쉽다고 할 수 있다.
⑤ 오계는 식재보다는 약용으로 더 많이 쓰였을 것으로 짐작할 수 있다.

05 다음 글에 대한 논리적인 반박으로 가장 적절한 것은?

아마란스는 남아메리카 지방에서 예로부터 잉카인들이 즐겨 먹어 오던, 5천 년의 재배 역사를 지닌 곡물이다. 척박한 안데스 고산지대에서 자라날 수 있는 강한 생명력을 가지고 있으며, 각종 풍부한 영양소로 인해 '신이 내린 곡물'이라는 별명을 얻기도 했다.

아마란스는 곡물로서는 흔치 않은 고단백 식품이라는 점도 주목할 만하다. 성분 전체 중 $15 \sim 17\%$에 달할 정도로 식물성 단백질 성분이 풍부하며, 식이섬유 성분이 다량 함유되어 있다. 반면 쌀, 보리, 밀 등 다른 곡류에 비해 탄수화물이나 나트륨 함량이 낮은 편이며, 체중에 위협이 되는 글루텐 성분 또한 없다. 또한 칼슘·칼륨·인·철분 등의 무기질을 비롯해 다양한 영양성분이 풍부하여 다른 곡물에 부족한 영양소를 보충할 수 있다. 아마란스가 최근 비만 환자들에게 의사들이 적극 추천하는 식품이 된 이유가 여기에 있다.

때문에 아마란스는 향후 우리나라 사람들의 주식인 백미를 대체할 수 있는 식품이 될 수 있다. 백미의 경우 구성성분이 대부분 탄수화물로 이루어져 있는 반면, 유효한 영양소는 적기 때문에 비만의 주범이 되고 있다. 바꾸어 말해, 주식으로 백미 대신 동일한 양의 아마란스를 섭취하는 것은 탄수화물 섭취를 크게 줄일 수 있고, 체중 조절에 훨씬 유리하다. 따라서 국내 비만율을 낮추기 위해 국가 차원에서 정책적으로 뒷받침하여 쌀 대신 아마란스를 대량 재배해야 한다.

① 아마란스도 과량으로 섭취하면 체중이 증가한다.
② 아마란스는 우리나라 기후와 맞지 않아 국내 재배가 어렵다.
③ 국내에는 아마란스를 이용한 요리가 거의 알려지지 않았다.
④ 섭취하는 식품뿐만 아니라 운동 부족도 비만에 지대한 영향을 끼친다.
⑤ 백미를 일일권장량 이상 섭취해도 정상체중이거나 저체중인 사람들이 많다.

06 다음 글을 바탕으로 한 추론으로 가장 적절한 것은?

> 조선시대 들어 유교적 혈통률의 영향을 받아 삶의 모습은 처거제 – 부계제로 변화하였다. 이러한 체제는 조선 전기까지 대부분 유지되었다. 친척관계 자료를 수집하기 위해 마을을 방문하던 중, '처가로 장가를 든 선조가 이 마을의 입향조가 되었다.'는 얘기를 듣곤 하는데, 이것이 바로 처거제 – 부계제의 원리가 작동한 결과라고 말할 수 있다. 거주율과 혈통률을 결합할 경우, 혼인에서는 남자의 뿌리를 뽑아서 여자의 거주지로 이전하고, 집안 계승의 측면에서는 남자 쪽을 선택하도록 한 것이다. 이를 통해 거주율에서는 여자의 입장을 유리하게 하고, 혈통률에서는 남자의 입장이 유리하도록 하는 균형적인 모습을 띠고 있음을 알 수 있다.

① 처거제는 '시집가다'와 일맥상통한다.
② 처거제 – 부계제는 조선 후기까지 대부분 유지되었다.
③ 조선 전기에 이르러 가족관계에서 남녀 간 힘의 균형이 무너졌다.
④ 조선시대 이전부터 처거제 – 부계제가 존재하였다.
⑤ 고려시대에는 조선시대에 비해 유교적 혈통률의 영향을 덜 받았다.

많이 보고 많이 겪고 많이 공부하는 것은 배움의 세 기둥이다.

- 벤자민 디즈라엘리 -

CHAPTER 03
직무상식

합격 Cheat Key

다른 삼성계열사에서 실시하는 GSAT와 달리 삼성병원 간호사 채용 GSAT에서는 간호 직무상식과 관련된 문제가 추가로 출제된다. 성인간호학, 모성간호학, 아동간호학, 지역사회간호학, 정신간호학, 간호관리학, 기본간호학, 보건의약관계법규 등 간호학 전 분야에 대한 지식이 요구되며, 해당 시험을 통해 지원자는 간호사로서 필요한 기본적인 자질을 갖추고 있는지 평가된다.

이 영역에서는 학교에서 전공 수업 시간에 배운 내용과 국가고시를 준비하면서 공부한 내용을 바탕으로 무난하게 풀 수 있는 수준의 문제가 출제된다. 해당 시험은 간호사로서 일하는 데 필요한 기초적인 지식을 평가하기 위해 30개 문항을 30분 안에 풀도록 하고 있다.

직무상식(간호지식)

기초적인 간호지식을 평가하기 위해 간호학 전 분야를 망라하여 총 30개의 문항을 출제한다. 그동안 치러진 시험에서는 주로 성인간호학과 관련한 문제가 출제되었으며, 문제의 90% 이상이 이 분야에서 출제된 적도 있었다. 그밖에 정신간호학, 보건의약관계법규에서 출제된 경우도 적지 않으므로 전 분야에 대한 공부를 소홀히 해서는 안 된다.

학습포인트

- 난도 높은 문제를 통해 지원자를 떨어뜨리는 것이 시험의 목적이 아님을 반드시 기억해야 한다. 따라서 수준 높은 이론을 새롭게 공부하느라 시간을 허비하지 말고, 기본적인 개념 위주로 반드시 필요한 지식만을 숙지하는 것이 좋다.
- 직무상식 영역의 경우 공부 범위가 워낙에 방대하므로 효율적인 공부 방법이 필요하다. 즉, 시험에 자주 나오는 분야만을 추려내어 집중적으로 공부하는 것이 그 방법이라 할 수 있다. 이 영역은 다행히도 특정 분야에서 문제가 집중적으로 출제되는 경향이 있기 때문에 굳이 나오지도 않을 영역을 공부하며 시간을 낭비하는 것보다, 자주 출제되는 성인간호학을 중점적으로 공부하는 것이 훨씬 효율적이다.
- 약물계산 관련 문제는 반드시 출제되므로 기본적인 계산법을 숙지하도록 한다. 또한, 이러한 문제의 경우 응용되어 나오기도 하므로 어떠한 형태로 나와도 풀 수 있도록 관련 문제를 다양하게 접해보는 것이 좋다.

성인간호학

다음 중 악성종양의 특징으로 옳은 것을 모두 고르면?

ⓐ 성장속도가 느리다.
ⓑ 주위조직에 침범한다.
ⓒ 잘 분화되어 있다.
ⓓ 수술 후 재발이 쉽다.

---

① ㉠, ㉡, ㉢
② ㉠, ㉢
③ ㉡, ㉣
④ ㉣
⑤ ㉠, ㉡, ㉢, ㉣

정답 ③

양성종양과 악성종양의 특징

특징	양성종양	악성종양
성장속도	천천히 자란다.	빨리 자란다.
성장양식	확대, 팽창하거나 주위조직을 침범하지 않는다.	주위조직을 침범한다.
피막	있다.	없다.
세포의 특성	잘 분화되어 있어 정상세포와의 구분이 있다.	분화되어 있지 않다.
재발 가능성	거의 재발하지 않는다.	재발이 쉽다.
전이	없다.	있다.
인체에 미치는 영향	거의 해가 없으나 위치한 부위에 따라 달라진다.	인체에 영향을 주며 완전히 제거되지 못 하면 사망에 이른다.

다음 중 레오폴드 복부촉진법 제1방법에서 알 수 있는 것은?

① 태아의 작은 신체 부분들을 알 수 있다.

② 태아의 머리가 고정이 되었는지 알 수 있다.

③ 자궁저부를 만져보아 태아의 어느 부분이 있는가 알 수 있다.

④ 복부의 아랫부분을 만져보아 태아 선진부와 진입정도를 알 수 있다.

⑤ 골반입구를 향하는 축의 방향으로 깊이 압력을 가하여 태아 선진부와 진입정도를 알 수 있다.

정답 ③

레오폴드 복부촉진법

- 제1방법 : 양손을 이용하여 손가락 끝으로 임부의 자궁저부(Uterine Fundus)를 촉지함으로써 태아극(Fet Alpole)을 확인한다. 즉 자궁저부를 촉진하여 태아의 어느 부분이 있는가 알 수 있다.
- 제2방법 : 양손바닥을 임부의 양측 복부에 얹고 조심스럽게 힘을 주어 촉지하여 태아의 등과 사지를 확인한다.
- 제3방법 : 한손의 엄지와 다른 손가락을 이용하여 치골 결합부의 바로 위, 즉 복부의 아랫부분을 만져보아 태아 선진부와 진입정도를 확인한다.
- 제4방법 : 검사자가 임부의 발쪽을 보도록 돌아서서 양손의 처음 세 손가락 끝을 이용하여 골반입구를 향하는 축의 방향으로 깊이 압력을 가하여 보아 태아 선진부와 진입정도를 확인한다.
- 준비사항 : 방광비우기, 베개 한 개 정도를 베고 무릎은 약간 구부린 자세 유지
- 방법
  - 1단계 : 자궁저부촉진, 모양, 크기, 강도, 운동성 파악
  - 2단계 : 태아의 등과 등의 반대편(손, 다리, 무릎, 팔꿈치) 파악
  - 3단계 : 선진부를 촉진, 1단계와 3단계의 결과를 비교하여 태위와 태향을 결정, 선진부의 함입상태 파악
  - 4단계 : 아두 굴곡 여부 확인, 골반강을 향해 하복부를 깊이 눌러 선진부의 함입상태 파악

다음 중 학령기의 발달단계에서 프로이트 – 에릭슨 – 피아제의 순으로 바르게 연결된 것은?

① 잠재기 – 근면성 – 구체적 조작기
② 구강기 – 근면성 – 구체적 조작기
③ 잠재기 – 신뢰성 – 감각운동기
④ 항문기 – 주도성 – 구체적 조작기
⑤ 남근기 – 자율성 – 형식적 조작기

정답 ①

• 프로이트 성격발달단계(아이들의 정신 성욕 발달을 5기로 나누었음)
 – 구강기(Oral Stage, 0 ~ 1세)
 – 항문기(Anal Stage, 2 ~ 3세)
 – 남근기(Phallic Stage, 3 ~ 5세)
 – 잠재기(Latent Stage, 6 ~ 12세)
 – 성기기(Genital Stage, 12세 이후)
• 에릭슨의 심리 사회적 발달단계
 – 기본적 신뢰감 대 불신감(0 ~ 18개월)
 – 자율성 대 의심, 수치심(18개월 ~ 3세)
 – 주도성 대 죄의식(3 ~ 6세)
 – 근면성 대 열등감(6 ~ 12세)
 – 정체감 대 역할혼미(12세 ~ 18세)
 – 친밀감 대 고립감(성인 전기)
 – 생산성 대 침체(성인 중기)
 – 통합감 대 절망감(성인 후기)
• Piajet의 인지발달 이론단계
 – 감각운동기(Sensorimotor Period, 0 ~ 2세)
 – 전조작기(Preoperational Period, 2 ~ 7세)
 – 구체적 조작기(Concrete Operation Period, 7 ~ 11세)
 – 형식적 조작기(Formal Operational Period, 11세 이후)

대표유형
04

지역사회간호학

다음 중 지역보건법에 의거한 보건소의 관장업무에 해당하지 않는 것은?

① 감염병의 예방·관리 및 진료
② 모자보건 및 가족계획사업
③ 노인보건사업
④ 공중위생 및 식품위생
⑤ 최신의료기기 보급

정답 ⑤

보건소의 기능 및 업무(지역보건법 제11조)
- 건강 친화적인 지역사회 여건의 조성
- 지역보건의료정책의 기획, 조사·연구 및 평가
  - 지역보건의료계획 등 보건의료 및 건강증진에 관한 중장기 계획 및 실행계획의 수립·시행 및 평가에 관한 사항
  - 지역사회 건강실태조사 등 보건의료 및 건강증진에 관한 조사·연구에 관한 사항
  - 보건에 관한 실험 또는 검사에 관한 사항
- 보건의료인 및 보건의료기관 등에 대한 지도·관리·육성과 국민보건 향상을 위한 지도·관리
  - 의료인 및 의료기관에 대한 지도 등에 관한 사항
  - 의료기사·보건의료정보관리사 및 안경사에 대한 지도 등에 관한 사항
  - 응급의료에 관한 사항
  - 공중보건의사, 보건진료 전담공무원 및 보건진료소에 대한 지도 등에 관한 사항
  - 약사에 관한 사항과 마약·향정신성의약품의 관리에 관한 사항
  - 공중위생 및 식품위생에 관한 사항
- 보건의료 관련기관·단체, 학교, 직장 등과의 협력체계 구축
- 지역주민의 건강증진 및 질병예방·관리를 위한 지역보건의료서비스의 제공
  - 국민건강증진·구강건강·영양관리사업 및 보건교육
  - 감염병의 예방 및 관리
  - 모성과 영유아의 건강유지·증진
  - 여성·노인·장애인 등 보건의료 취약계층의 건강유지·증진
  - 정신건강증진 및 생명존중에 관한 사항
  - 지역주민에 대한 진료, 건강검진 및 만성질환 등의 질병관리에 관한 사항
  - 가정 및 사회복지시설 등을 방문하여 행하는 보건의료 및 건강사업

정신간호학

다음 중 '플래시백 효과'를 일으키는 물질은?

① 아편제제   ② 알코올

③ 흡입제   ④ 환각제

⑤ 니코틴

정답 ④

LSD

• 개념과 증상
  – LSD는 뇌세포와 뇌조직의 일상적 활동을 방해한다.
  – 연수는 심장박동, 호흡, 평활근의 수축과 같은 불수의 행위와 반응을 통제한다.
  – LSD는 연수를 과도하게 자극하여 남용자는 피부에 소름이 끼치고 눈이 붉어지며 동공이 커지고 호흡이 매우 가빠진다.
  – LSD는 자극의 일상적인 편성을 방해하여 대뇌피질에 전달된 기호들은 혼돈에 빠지게 된다.

• 남용의 위험
  – 사용 직후에 동공이 확대되고 심계항진이 나타나며 혈압이 상승하고 인체기관의 평활근이 수축된다.
  – 인식된 물체의 의미와 인식의 깊이가 변화되어 선명한 착각과 환각현상이 나타난다.
  – LSD로 인한 신체의 변화는 크지 않지만 남용자의 뇌와 염색체에 손상을 일으키며 눈동자가 풀리고 창백해지며 심박동과 혈압이 높아지며 수전증, 오한 등의 현상이 나타난다.
  – 장기 사용할 때 일부 남용자의 경우 LSD를 사용하지 않는데도 환각증상이 재연되는 플래시백(FLASH BACK) 현상이 나타나는데 이런 현상은 종종 심한 불안을 느끼게 한다.
  – LSD 사용을 중단한 후 수일 또는 여러 달이 지나서, 심하면 1년 이상 지난 후에도 나타날 수 있는데 플래시백은 LSD에 의해 야기될 수 있는 가장 위험한 증상의 하나로, 행동을 예측할 수 없기 때문에 폭력과 자살 등의 위험한 행위를 유발할 수도 있다.

대표유형 06 간호관리학

다음 중 퇴원환자의 간호 시 유념할 사항으로 옳은 것을 모두 고르면?

> ㉠ 지역사회의 여러 자원을 활용할 수 있도록 해 준다.
> ㉡ 특별한 치료나 간호가 필요한 부분은 미리 교육한다.
> ㉢ 퇴원환자 차트를 의무기록실에 보내기 전에 모든 기록을 점검한다.
> ㉣ 퇴원환자 계획은 퇴원준비 당일에 준비한다.

① ㉠, ㉡, ㉢   ② ㉠, ㉢

③ ㉡, ㉣   ④ ㉣

⑤ ㉠, ㉡, ㉢, ㉣

정답 ①

퇴원관리

퇴원계획은 환자의 포괄적인 관심, 즉 예방적·치료적·재활적·관리적·간호 모두에 초점을 두어야 한다. 따라서 퇴원계획이 효율적이 되려면 간호사를 비롯하여 여러 전문인이 상호작용하여 환자에게 필요한 간호가 계속되고 조정될 수 있도록 해야 한다.

• 질병의 재발을 감소시키고 병원에 재입원하는 것을 줄여준다.
• 퇴원환자 계획은 입원해 있을 때부터 준비한다.
• 퇴원환자 차트를 의무기록실에 보내기 전에 모든 기록을 점검한다.
• 건강관리 인력자원과 서비스 등을 적절하게 이용하도록 하여 서비스가 중복되는 것을 줄인다.
• 특별한 치료나 간호가 필요한 부분은 미리 교육하고, 자가간호에 필요한 지식과 기술을 교육한다.
• 환자가족의 필요에 따라 지역사회의 여러 자원을 활용할 수 있도록 해 준다.

오답분석

㉣ 퇴원환자 계획은 의료, 간호 팀의 조정에 의해 미리 준비한다.

다음 중 경구투약을 할 때 지켜야 할 지침에 대한 설명으로 적절하지 않은 것은?

① 시럽 투약 후 바로 음료를 준다.
② 액체약의 용량은 액량기를 눈높이에 들고 측정한다.
③ 거품이 이는 분말이나 정제는 물이나 주스에 녹인 후 투약한다.
④ 맛이 아주 나쁘거나 불쾌감을 주는 약물은 투약 전후에 차가운 탄산음료를 마시게 한다.
⑤ 시럽 투약 후 바로 음료를 주지 않는다.

정답 ①

시럽은 구강 점막에 국소적 효과를 가져오므로 시럽 투약 후 바로 음료를 주지 않는다.

경구투약을 할 때 지켜야할 지침
• 약카드와 약병의 표시를 3번 확인한다.
• 액체약의 용량은 액량기를 눈높이에 들고 측정한다.
• 환자가 약을 삼키는 것을 확인한다.
• 자극성 약이나 치아가 착색될 염려가 있는 약은 빨대를 사용하도록 한다.
• 약물은 항상 적절한 음료와 함께 투약한다.
• 거품이 이는 분말이나 정제는 물이나 주스에 녹인 후 투약한다.
• 시럽 투약 후 바로 음료를 주지 않는다(시럽은 구강 점막에 국소적 효과를 지님).
• 당의정이나 교갑에 싸여진 약을 가루로 만들어 투약하지 않고 가루약과 용액을 섞어 투약한다.
• 맛이 아주 나쁘거나 불쾌감을 주는 약물은 투약 전에 얼음조각, 박하사탕을 입에 물고 있게 하거나 투약 전후에 차가운 탄산음료를
  마시게 한다.
• 치아에 손상을 줄 수 있는 염산제제나 철분제제는 물로 희석하여 빨대를 이용하며, 투약 후 물이나 구강세척제로 입안을 헹군다.

대표유형 08

보건의약관계법규

다음 중 의료법상 의약품 및 일회용 주사 의료용품의 사용 기준으로 틀린 것은?

① 변질·오염·손상된 의약품은 사용하지 말아야 한다.

② 유효기한·사용기한이 지난 의약품은 진열해도 된다.

③ 포장이 개봉되거나 손상된 일회용 주사 의료용품은 사용하지 말고 폐기해야 한다.

④ 일회용 주사기에 주입된 주사제는 지체 없이 환자에게 사용해야 한다.

⑤ 한 번 사용한 일회용 주사 의료용품은 다시 사용하지 말고 폐기해야 한다.

정답 ②

의약품 및 일회용 주사 의료용품의 사용 기준(의료법 시행규칙 제39조의3)

의료기관을 개설하는 자는 의약품 및 일회용 주사 의료용품의 사용에 관한 다음의 기준을 지켜야 한다.

• 변질·오염·손상되었거나 유효기한·사용기한이 지난 의약품을 진열하거나 사용하지 말 것

• 의약품 등의 안전에 관한 규칙에 따라 규격품으로 판매하도록 지정·고시된 한약을 조제하는 경우에는 품질관리에 관한 사항을 준수할 것(한의원 또는 한방병원만 해당한다)

• 포장이 개봉되거나 손상된 일회용 주사 의료용품은 사용하지 말고 폐기할 것

• 일회용 주사기에 주입된 주사제는 지체 없이 환자에게 사용할 것

• 한 번 사용한 일회용 주사 의료용품은 다시 사용하지 말고 폐기할 것

정답 및 해설 p.033

| 성인간호학 |

01 다음 중 수술실 내 멸균상황에 대한 설명으로 가장 적절한 것은?

① 수술시 사용하지 않은 소독 방포는 멸균포에 싸서 다시 사용한다.
② 수술의사는 손 소독 후 장갑이 찢어져도 무난하다.
③ 수술 중 소독간호사의 팔이 순환간호사의 옷에 닿았더라도 큰 문제는 없다.
④ 손 소독 후에는 손을 팔꿈치보다 높게 든다.
⑤ 멸균통 뚜껑 안쪽이 위로 향하게 들고 멸균 이동감자로 꺼낸다.

02 다음 중 수술 전에 아트로핀을 투여하는 이유는?

① 호흡기 분비물 억제   ② 통증조절
③ 기관지 확장   ④ 괄약근 긴장력 증가
⑤ 발한 감소

03 다음 중 재활간호에서 구축 예방과 합병증 예방을 위한 올바른 체위 간호를 모두 고르면?

> ㉠ 똑바로 누운 체위에서 하지는 신전시키고 슬와부 밑을 지지한다.
> ㉡ 엎드려 누운 자세에서 자연스러운 자세로 있게 한다.
> ㉢ 똑바로 눕히고 대퇴관절 대전자부 옆에 담요를 접어서 대어준다.
> ㉣ 똑바로 누운 자세에서 팔꿈치를 신전시키고 주먹을 쥐게 한다.

① ㉠, ㉡, ㉢   ② ㉠, ㉢
③ ㉡, ㉣   ④ ㉣
⑤ ㉠, ㉡, ㉢, ㉣

04 다음 중 계단 목발보행으로 옳은 것은?

① 목발을 겨드랑이에 붙여 체중을 싣는다.
② 계단을 오를 때는 다친 하지를 먼저 올린다.
③ 계단을 내릴 때는 정상 하지를 먼저 내린다.
④ 대상자를 도와줄 때는 다친부위에서 서서 돕는다.
⑤ 팔꿈치는 쭉 핀 상태에서 손목에 힘을 준다.

05 다음 중 월경주기를 이용한 자연피임방법을 사용할 때, 배란주기 중 기초체온 측정결과에 대한 설명으로 가장 적절한 것은?

① 갑자기 하락했다가 지속된다.　　② 약간 하락했다가 상승한다.

③ 갑자기 상승했다가 떨어진다.　　④ 고온 상태에서 떨어진다.

⑤ 지속적으로 상승한다.

06 임신 26주된 임부가 산전건강관리를 받으러 병원에 와서 임신성 당뇨병이라고 진단받았다. 간호사가 이 임부의 식이교육을 실시하려고 할 때 옳지 않은 것은?

① 정상 체중과 활동을 유지하기 위해 2,000 ~ 2,500kcal를 권장한다.

② 전체 칼로리의 45%는 탄수화물, 30%는 지방, 25%는 단백질로 섭취하게 한다.

③ 탄수화물을 불충분하게 섭취하면 산독증과 케톤혈증의 위험이 있다고 알려준다.

④ 지방식이는 위가 비는 것을 느리게 하고 고혈당증을 예방할 수 있다고 알려준다.

⑤ 기름기가 많은 양질의 단백질을 섭취하게 한다.

07 다음 중 산욕기 산모의 신체변화에 대한 설명으로 적절하지 않은 것은?

① 유즙은 선조직의 양과 관계된다.

② 1 ~ 2일간 경한 단백뇨가 나오는 것은 정상이다.

③ 유방의 크기와 유즙량은 무관하다.

④ 비수유부의 월경은 평균 7 ~ 9주경에 시작된다.

⑤ 출산 직후 1kg 정도 되는 자궁은 출산 2주 정도가 지나면 정상 크기로 복구된다.

08 다음 중 분만 시 가장 흔한 태위는?

① LOP　　　　　　　　② LOT

③ LOA　　　　　　　　④ LMP

⑤ LMA

09 다음 중 소아형 당뇨병과 성인형 당뇨병의 차이점으로 알맞은 것을 모두 고르면?

> ㉠ 소아형은 발병초기에 산독증이 나타난다.
> ㉡ 소아형은 인슐린 주사를 중심으로 치료를 한다.
> ㉢ 성인형은 식사요법을 중심으로 한 치료를 한다.
> ㉣ 성인형과 소아형 모두 비만과 밀접한 관련성을 지닌다.

① ㉠, ㉡, ㉢　　　　　　　　　② ㉠, ㉢
③ ㉡, ㉣　　　　　　　　　　　④ ㉣
⑤ ㉠, ㉡, ㉢, ㉣

10 다음 중 아동간호사가 아동환자를 간호함에 있어서 빠질 수 있는 윤리적 딜레마는?

① 무해성의 원리　　　　　　　② 자율성의 원칙
③ 정의의 원리　　　　　　　　④ 선행의 원리
⑤ 선의의 간섭주의

11 생후 1주된 신생아가 자주 놀란다고 할머니가 걱정하신다. 다음 중 간호사의 적절한 반응은?

① 신생아에게 정상적으로 있는 반사이니 염려하지 마세요.
② 놀란 것이니 그 때마다 아기를 꼭 껴안아 주세요.
③ 예민한 아이인 것 같으니 주위를 조용히 해 주세요.
④ 경기를 하는 것 같으니, 의사에게 가 보세요.
⑤ 먹인 것이 잘못된 것 같으니 토하게 하세요.

12 다음 중 편도선 수술 후 수술부위의 출혈 여부를 알기 위해 관찰하여야 할 사항에 해당하지 않는 것은?

① 혈뇨　　　　　　　　　　　② 빈맥
③ 안절부절못함　　　　　　　④ 잦은 연하반응
⑤ 차고 축축한 피부

13 다음 중 대장균이 음식물이나 음료수에 검출되어서는 안 되는 이유는?

① 병원균의 지표가 되기 때문이다.
② 부패균의 지표가 되기 때문이다.
③ 분변오염의 지표가 되기 때문이다.
④ 중독증상의 지표가 되기 때문이다.
⑤ 보건지표가 되기 때문이다.

14 다음 중 지역사회에서 건강의 의미가 아닌 것은?

① 건강이란 상대적이며 역동적이다.
② 임상적 건강보다 생태학적 건강이 더 중요하다.
③ 건강과 질병의 이분법적 사고이다.
④ 임상적 건강보다 기능적 관점으로 본다.
⑤ 개별적인 인간보다 인구집단을 대상으로 건강을 정의하며 포괄적이고 거시적이다.

15 다음 중 보건진료원제도가 시작하는 데 있어서 가장 중요한 계기가 된 것은?

① 미국의 골드마크 보고서
② 포괄수가제 도입
③ 세계보건기구의 알마타 선언
④ 캐나다 라놀드 보고서
⑤ 미국의 전문간호사제도 도입

16 보건소 모성실에 근무하는 간호사는 분만 1개월째인 임산부에게 모유수유를 권하면서 모유를 먹는 아이의 감염병 발생률이 분유를 먹는 아이보다 낮다고 교육하였다. 이는 어떤 면역이 형성됨을 강조한 것인가?

① 선천 면역   ② 자연능동 면역
③ 자동피동 면역   ④ 인공능동 면역
⑤ 인공피동 면역

17 다음 중 중등도 불안장애 환자의 행동 확인과 불안 감소를 위한 간호중재로 적절한 것을 모두 고르면?

> ㉠ 불안증가 직전의 상황을 인식하게 하여 불안을 감소시킨다.
> ㉡ 불안을 촉진시키는 원인이나 스트레스 요인을 사정한다.
> ㉢ 과거 불안을 완화시켰던 환자의 행동들을 재평가한다.
> ㉣ 불안을 증가시키는 위협적 상황에 대하여 구체적으로 장시간 대화한다.

① ㉠, ㉡, ㉢   ② ㉠, ㉢

③ ㉡, ㉣   ④ ㉣

⑤ ㉠, ㉡, ㉢, ㉣

18 다음 중 잠복기에 대한 설명으로 적절하지 않은 것은?

① 동일시의 과정이 제한되고 잠복된다.

② 원초아는 약해지고 자아와 초자아는 강력해진다.

③ 리비도의 지향 대상은 친구 특히 동성의 친구에게로 향한다.

④ 아동의 에너지는 지적인 활동, 운동, 친구와의 우정 등에 집중된다.

⑤ 리비도의 신체적 부위는 특별히 한정된 데가 없고 성적인 힘도 잠재된 시기이다.

19 다음 중 시험에 떨어진 학생이 팔이 마비되어 불안을 호소할 때 간호로 적절한 것은?

① 검사를 실시하여 아무 문제가 없음을 증명한다.

② 사무적인 태도를 취한다.

③ 신체적 호소에 무관심한 태도를 취한다.

④ 신체적 호소에 대한 문제를 토론한다.

⑤ 꾀병이라는 것은 인식시킨다.

20 다음 중 성도착증 대상자의 간호과정에서 간호사의 반응으로 적절하지 않은 것은?

① 환자를 하나의 인간으로 받아들인다.

② 개방적이고 객관적으로 대한다.

③ 지시적이고 판단적으로 대한다.

④ 전이와 역전이 현상을 이해한다.

⑤ 환자와 공감을 해야 한다.

| 간호관리학 |

21 다음 중 대량의 응급 혹은 재해와 같은 상황 발생 시 간호관리자가 단기간에 취할 효과적인 간호업무 분담방법은?

① 사례방법
② 기능적 관리방법
③ 팀 간호
④ 일차간호
⑤ 사례관리법

22 다음 중 간호윤리강령을 만든 이유에 해당되는 것으로 옳은 것을 모두 고르면?

> ㉠ 간호사의 자율성을 지키기 위하여
> ㉡ 인류 건강과 사회복지의 지향
> ㉢ 전문인으로서의 사회적 책임 완수
> ㉣ 간호사의 비윤리적 행위에 대한 법적 제재력

① ㉠, ㉡, ㉢
② ㉠, ㉢
③ ㉡, ㉣
④ ㉣
⑤ ㉠, ㉡, ㉢, ㉣

23 다음 중 환자에 대한 비밀을 누설할 수 있는 예외조항이 아닌 것은?

① 의사가 감염병 환자를 진단했을 때
② 직장에서 집단 검진 결과 결핵환자 발견 시 회사에 보고
③ 환자가 허락했을 때
④ 가족의 요청이 있을 때
⑤ 공익상 필요하다고 인정되는 사항을 법정에서 말할 때

24 다음 중 중세 전반기의 수도원과 간호를 현대간호 관점에서 볼 때 옳지 않은 것은?

① 수도원의 청빈 노력과 복종을 추구하는 생활 신조는 중세 간호정신과 잘 부합하였다.
② 수도원의 높은 돌담 안에서 이루어진 공동사회의 훈련은 현대 간호의 팀웍 형성에 도움이 되었다.
③ 중세 수도원은 당시 교육기회 균등, 실천에 기여하였을 뿐만 아니라 간호교육 보급에도 공헌하였다.
④ 수녀 중 간호사 수련을 받고 평생 간호에 헌신하여 수준 높은 간호를 하는 이가 많았다.
⑤ 영주, 왕, 왕족들은 간호에 관심이 없어서 수도원에서 수련하는 이들이 없었다.

25 다음 중 총체적인 간호접근법으로 보면 환자의 질병과 건강상태에 대해 일차적인 책임이 있는 사람은 누구인가?

① 의사   ② 간호사
③ 건강팀   ④ 환자
⑤ 환자보호자

26 다음 중 체액량이 감소되는 경우 나타나는 신체의 조절반응은?

① 항이뇨호르몬의 분비감소
② Angiotensin Ⅱ의 혈중농도 감소
③ 원위 세뇨관에서 Na^+의 재흡수 증가
④ 혈액량 증가
⑤ 심박출량 증가

27 다음 중 앞을 똑바로 보는 자세에서 턱을 가슴 쪽으로 당기는 목의 관절 움직임은?

① 굴곡   ② 신전
③ 외전   ④ 내전
⑤ 내회

28 다음 중 침상목욕의 목적에 대한 설명으로 적절하지 않은 것은?

① 신체분비물과 배설물, 죽은 피부세포를 제거하기 위해서
② 피부의 순환을 촉진하기 위해서
③ 이완과 편안감을 주기 위해서
④ 불쾌한 몸 냄새를 없애기 위해서
⑤ 간호사에 대한 대상자의 의존도를 높이기 위해서

29 다음 중 의료법상 의료인의 면허취소 사유에 해당하지 않는 것은?

① 자격 정지 처분을 두 번 받은 경우
② 법령이 정하는 결격사유에 해당하게 된 경우
③ 조건부 면허를 받은 자가 면허 조건을 이행하지 아니한 경우
④ 면허를 대여한 경우
⑤ 사람의 신체에 중대한 위해를 발생하게 한 경우

30 다음 중 국민건강증진법상 담뱃갑포장지에 표기해야 하는 발암성물질은?

① 벤젠
② 암모니아
③ 이산화탄소
④ 라돈
⑤ 일산화탄소

31 다음 중 혈액관리법상 혈액관리업무를 할 수 있는 곳은?

① 건강보험심사평가원
② 한국보건의료연구원
③ 대한적십자사
④ 보건소
⑤ 요양원

32 다음 중 의료법상 의료인의 의무가 아닌 것은?

① 요양방법 지도
② 의료기관의 개설
③ 변사체 신고
④ 의료행위에 관한 설명
⑤ 정보 누설 금지

배우기만 하고 생각하지 않으면 얻는 것이 없고, 생각만 하고 배우지 않으면 위태롭다.

- 공자 -

PART 2

최종점검 모의고사

※ GSAT 진행 시 사용되는 문제풀이 용지는 정답 및 해설의 맨 뒤에 제공하오니 모의고사와 함께 활용하시기 바랍니다.

온라인 실전연습 서비스 AOEM-00000-E6B46

최종점검 모의고사

🕐 응시시간 : 90분　　📋 문항 수 : 80문항　　　　　　정답 및 해설 p.038

01 수리논리

01 농도가 20%인 소금물을 20% 증발시킨 후 농도가 10%인 소금물 200g을 섞어서 농도가 20%인 소금물을 만들었다. 증발 전 소금물에 소금 20g과 물 80g을 섞었을 때 농도는?

① 10%
② 20%
③ 30%
④ 40%
⑤ 50%

02 민호는 자신의 집에서 수지네 집으로 3m/s의 속력으로 가고 수지는 자신의 집에서 민호네 집으로 2m/s의 속력으로 간다. 수지와 민호네 집은 900m 떨어져 있고 수지가 민호보다 3분 늦게 출발했을 때, 민호는 집에서 출발한 지 얼마 만에 수지와 만나는가?(단, 민호와 수지네 집 사이의 길은 한 가지밖에 없다)

① 1분 12초
② 2분 12초
③ 3분 12초
④ 4분 12초
⑤ 5분 12초

Easy

03 어떤 고등학생이 13살 동생, 40대 부모님, 65세 할머니와 함께 박물관에 가려고 한다. 주말에 입장할 때와 주중에 입장할 때의 요금 차이는?

〈박물관 입장료〉

구분	주말	주중
어른	20,000원	18,000원
중·고등학생	15,000원	13,000원
어린이	11,000원	10,000원

※ 어린이 : 3살 이상 ~ 13살 이하
※ 경로 : 65세 이상은 50% 할인

① 8,000원
② 9,000원
③ 10,000원
④ 11,000원
⑤ 12,000원

다음은 2022년 국가기록원의 비공개기록물 공개 재분류 사업 결과 및 현황이다. 이에 대한 설명으로 적절하지 않은 것은?

〈비공개기록물 공개 재분류 사업 결과〉

(단위 : 건)

구분	합계	재분류 결과			
		공개			비공개
		소계	전부공개	부분공개	
합계	6,891,460	6,261,102	269,599	5,991,503	630,358
30년 경과 비공개기록물	6,228,952	6,088,255	199,517	5,888,738	140,697
30년 미경과 비공개기록물	662,508	172,847	70,082	102,765	489,661

〈30년 경과 비공개기록물 중 비공개로 재분류된 기록물의 비공개 사유별 현황〉

(단위 : 건)

합계	비공개 사유					
	법령상 비밀	국방 등 국익침해	국민의 생명 등 공익침해	재판 관련 정보	개인 사생활 침해	법인 등 영업상 비밀침해
140,697	46	9,660	11,952	17,368	99,645	2,026

① 사업 대상 전체 기록물 중 10% 미만이 비공개로 재분류되었다.

② 30년 미경과 비공개기록물 중 전부공개로 재분류된 기록물 건수가 30년 경과 비공개기록물 중 '개인 사생활 침해' 사유에 해당하여 비공개로 재분류된 기록물 건수보다 적다.

③ 사업 대상 전체 기록물 중 전부공개로 재분류된 기록물의 비율이 30년 경과 비공개기록물 중 전부공개로 재분류된 기록물의 비율보다 낮다.

④ 재분류 건수가 많은 것부터 순서대로 나열하면, 30년 경과 비공개기록물은 부분공개, 전부공개, 비공개 순서이고 30년 미경과 비공개기록물은 비공개, 부분공개, 전부공개 순서이다.

⑤ 30년 경과 비공개기록물 중 '국민의 생명 등 공익침해'와 '개인 사생활 침해' 사유에 해당하여 비공개로 재분류된 기록물 건수의 합은 사업 대상 전체 기록물의 3% 이하이다.

05 다음은 2018 ~ 2022년 S사의 경제 분야 투자에 관한 자료이다. 이에 대한 설명으로 적절하지 않은 것은?

〈S사의 경제 분야 투자규모〉

(단위 : 억 원, %)

연도 구분	2018	2019	2020	2021	2022
경제 분야 투자규모	20	24	23	22	21
총지출 대비 경제 분야 투자규모 비중	6.5	7.5	8	7	6

① 2022년 총지출은 320억 원 이상이다.
② 2019년 경제 분야 투자규모의 전년 대비 증가율은 25% 이하이다.
③ 2020년이 2021년보다 경제 분야 투자규모가 전년에 비해 큰 비율로 감소하였다.
④ 2018 ~ 2022년 동안 경제 분야에 투자한 금액은 110억 원이다.
⑤ 2019 ~ 2022년 동안 경제 분야 투자규모와 총지출 대비 경제 분야 투자규모 비중의 전년 대비 증감추이는 동일하지 않다.

06 다음은 S그룹의 주요 경영지표이다. 자료에 대한 설명으로 가장 적절한 것은?

〈경영지표〉

(단위 : 억 원)

구분	공정자산총액	부채총액	자본총액	자본금	매출액	당기순이익
2017년	2,610	1,658	952	464	1,139	170
2018년	2,794	1,727	1,067	481	2,178	227
2019년	5,383	4,000	1,383	660	2,666	108
2020년	5,200	4,073	1,127	700	4,456	−266
2021년	5,242	3,378	1,864	592	3,764	117
2022년	5,542	3,634	1,908	417	4,427	65

① 2018년부터 2022년까지 전년 대비 자본총액은 꾸준히 증가하고 있다.
② 2018년부터 2022년까지 직전 해의 당기순이익과 비교했을 때, 당기순이익이 가장 많이 증가한 해는 2018년이다.
③ 공정자산총액과 부채총액의 차가 가장 큰 해는 2022년이다.
④ 각 지표 중 총액 규모가 가장 큰 것은 매출액이다.
⑤ 2017 ~ 2020년 사이에 자본총액 중 자본금이 차지하는 비중은 계속 증가하고 있다.

07 다음은 8개국 무역수지에 관한 국제통계 자료이다. 자료에 대한 설명으로 적절하지 않은 것은?

<8개국 무역수지>

(단위 : 백만 USD)

구분	한국	그리스	노르웨이	뉴질랜드	대만	독일	러시아	미국
7월	40,882	2,490	7,040	2,825	24,092	106,308	22,462	125,208
8월	40,125	2,145	7,109	2,445	24,629	107,910	23,196	116,218
9월	40,846	2,656	7,067	2,534	22,553	118,736	25,432	122,933
10월	41,983	2,596	8,005	2,809	26,736	111,981	24,904	125,142
11월	45,309	2,409	8,257	2,754	25,330	116,569	26,648	128,722
12월	45,069	2,426	8,472	3,088	25,696	102,742	31,128	123,557

① 한국 무역수지의 전월 대비 증가량이 가장 많았던 달은 11월이다.
② 전월 대비 뉴질랜드의 무역수지는 8월 이후 12월까지 지속해서 증가하였다.
③ 그리스의 12월 무역수지의 전월 대비 증가율은 약 0.7%이다.
④ 10월부터 12월 사이 한국의 무역수지 변화 추이와 같은 양상을 보이는 나라는 2개국이다.
⑤ 12월 무역수지가 7월 대비 감소한 나라는 그리스, 독일, 미국이다.

08 다음은 최근 5개년 동안 아동의 비만율을 나타낸 자료이다. 이에 대한 설명으로 적절한 것을 <보기>에서 모두 고르면?

<연도별 아동 비만율>

구분	2018년	2019년	2020년	2021년	2022년
유아(만 6세 미만)	11%	10.80%	10.20%	7.40%	5.80%
어린이 (만 6세 이상 만 13세 미만)	9.80%	11.90%	14.50%	18.20%	19.70%
청소년 (만 13세 이상 만 19세 미만)	18%	19.20%	21.50%	24.70%	26.10%

보기

ㄱ. 모든 아동의 비만율은 전년 대비 증가하고 있다.
ㄴ. 어린이 비만율은 유아 비만율보다 크고, 청소년 비만율보다 작다.
ㄷ. 2018년 대비 2022년 청소년 비만율의 증가율은 45%이다.
ㄹ. 2022년과 2020년의 비만율 차이가 가장 큰 아동은 어린이이다.

① ㄱ, ㄷ
② ㄱ, ㄹ
③ ㄴ, ㄷ
④ ㄴ, ㄹ
⑤ ㄷ, ㄹ

09 다음은 D공단에서 발표한 2016년부터 2022년까지 어린이 보호구역 지정대상 및 현황이다. 〈보기〉에서 아래 자료에 대한 설명으로 적절하지 않은 것을 모두 고르면?

〈어린이 보호구역 지정대상 및 지정현황〉

(단위 : 곳)

구분		2016년	2017년	2018년	2019년	2020년	2021년	2022년
어린이보호구역 지정대상	합계	17,339	18,706	18,885	21,274	21,422	20,579	21,273
어린이보호구역 지정현황	합계	14,921	15,136	15,444	15,799	16,085	16,355	16,555
	초등학교	5,917	5,946	5,975	6,009	6,052	6,083	6,127
	유치원	6,766	6,735	6,838	6,979	7,056	7,171	7,259
	특수학교	131	131	135	145	146	148	150
	보육시설	2,107	2,313	2,481	2,650	2,775	2,917	2,981
	학원	–	11	15	16	56	36	38

※ 어린이보호구역은 해당 연도의 지정대상 중에서 지정되며, 지정대상이 아닌 구역이 지정되는 일은 없다.

보기

ㄱ. 2019년부터 2022년까지 어린이보호구역 지정대상은 전년 대비 매년 증가하였다.
ㄴ. 2017년 어린이보호구역 지정대상 중 어린이보호구역으로 지정된 구역의 비율은 75% 이상이다.
ㄷ. 어린이보호구역으로 지정된 구역 중 학원이 차지하는 비중은 2020년부터 2022년까지 전년 대비 매년 증가하였다.
ㄹ. 어린이보호구역으로 지정된 구역 중 초등학교가 차지하는 비중은 2016년부터 2019년까지 매년 60% 이상이다.

① ㄱ
② ㄴ
③ ㄱ, ㄷ
④ ㄱ, ㄹ
⑤ ㄱ, ㄷ, ㄹ

10 다음은 S사의 금융 구조조정 자금 총지원 현황이다. 〈보기〉 중 다음 자료에 대한 설명으로 적절한 것을 모두 고르면?

〈금융 구조조정 자금 총지원 현황〉

(단위 : 억 원)

구분	은행	증권사	보험사	제2금융	저축은행	농협	소계
출자	222,039	99,769	159,198	26,931	1	0	507,938
출연	139,189	4,143	31,192	7,431	4,161	0	186,116
부실자산 매입	81,064	21,239	3,495	0	0	0	105,798
보험금 지급	0	113	0	182,718	72,892	47,402	303,125
대출	0	0	0	0	5,969	0	5,969
총계	442,292	125,264	193,885	217,080	83,023	47,402	1,108,946

보기

ㄱ. 출자 부문에서 은행이 지원받은 금융 구조조정 자금은 증권사가 지원받은 금융 구조조정 자금의 3배 이상이다.

ㄴ. 보험금 지급 부문에서 지원된 금융 구조조정 자금 중 저축은행이 지원받은 금액의 비중은 20%를 초과한다.

ㄷ. 제2금융에서 지원받은 금융 구조조정 자금 중 보험금 지급 부문으로 지원받은 금액이 차지하는 비중은 80% 이상이다.

ㄹ. 부실자산 매입 부문에서 지원된 금융 구조조정 자금 중 은행이 지급받은 금액의 비중은 보험사가 지급받은 금액 비중의 20배 이상이다.

① ㄱ
② ㄱ, ㄴ
③ ㄴ, ㄷ
④ ㄴ, ㄹ
⑤ ㄴ, ㄷ, ㄹ

11 다음은 자동차 생산·내수·수출 현황에 대한 자료이다. 자료를 보고 판단한 것 중 적절하지 않은 것은?

〈자동차 생산·내수·수출 현황〉

(단위 : 대, %)

구분		2018년	2019년	2020년	2021년	2022년
생산	차량 대수	4,086,308	3,826,682	3,512,926	4,271,741	4,657,094
	증감률	(6.4)	(▽6.4)	(▽8.2)	(21.6)	(9.0)
내수	차량 대수	1,219,335	1,154,483	1,394,000	1,465,426	1,474,637
	증감률	(4.7)	(▽5.3)	(20.7)	(5.1)	(0.6)
수출	차량 대수	2,847,138	2,683,965	2,148,862	2,772,107	3,151,708
	증감률	(7.5)	(▽5.7)	(▽19.9)	(29.0)	(13.7)

① 2018년에는 전년 대비 생산, 내수, 수출이 모두 증가했다.

② 내수가 가장 큰 폭으로 증가한 해에는 생산과 수출이 모두 감소했다.

③ 수출이 증가했던 해는 생산과 내수 모두 증가했다.

④ 내수는 증가했지만 생산과 수출이 모두 감소한 해도 있다.

⑤ 생산이 증가했지만 내수나 수출이 감소한 해가 있다.

12 다음은 2022년 9월 국내공항 항공 통계이다. 자료를 읽고 이해한 것으로 가장 적절한 것은?(단, 모든 값은 소수점 둘째 자리에서 반올림한다)

〈2022년 9월 국내공항 항공 통계〉

(단위 : 편, 명, 톤)

공항	운항			여객			화물		
	도착	출발	합계	도착	출발	합계	도착	출발	합계
인천	15,878	15,843	31,721	2,697,760	2,696,932	5,394,692	161,775	168,171	329,946
김포	6,004	6,015	12,019	1,034,808	1,023,256	2,058,064	12,013	11,087	23,100
김해	4,548	4,546	9,094	676,182	672,813	1,348,995	7,217	7,252	14,469
제주	7,296	7,295	14,591	1,238,100	1,255,050	2,493,150	10,631	12,614	23,245
대구	1,071	1,073	2,144	151,341	151,933	303,274	1,208	1,102	2,310
광주	566	564	1,130	82,008	80,313	162,321	529	680	1,209
합계	35,363	35,336	70,699	5,880,199	5,880,297	11,760,496	193,373	200,906	394,279

① 6개 공항 모두 출발 여객보다 도착 여객의 수가 많다.
② 제주공항 화물은 김해공항 화물의 1.5배 이상이다.
③ 인천공항 운항은 전체 공항 운항의 48%를 차지한다.
④ 도착 운항이 두 번째로 많은 공항은 도착 화물도 두 번째로 높은 수치를 보인다.
⑤ 김해공항과 제주공항의 운항을 합한 값은 김포공항 화물의 값보다 작다.

※ 다음은 연령별 경제활동인구 및 비경제활동인구에 관한 자료이다. 이어지는 질문에 답하시오. [13~14]

〈연령별 경제활동인구 및 비경제활동인구〉

(단위 : 천 명, %)

구분	인구수	경제활동인구	취업자 수	실업자 수	비경제활동인구	실업률
10대(15 ~ 19세)	3,070	279	232	47	2,791	16.8
20대(20 ~ 29세)	7,078	4,700	4,360	340	2,378	7.2
30대(30 ~ 39세)	8,519	6,415	6,246	169	2,104	2.6
40대(40 ~ 49세)	8,027	6,366	6,250	116	1,661	1.8
50대(50 ~ 59세)	4,903	3,441	3,373	68	1,462	2.0
60세 이상	6,110	2,383	2,361	22	3,727	0.9
합계	37,707	23,584	22,822	762	14,123	3.2

※ [경제활동참가율(%)] = $\dfrac{(경제활동인구)}{(인구수)} \times 100$

※ [실업률(%)] = $\dfrac{(실업자 수)}{(경제활동인구)} \times 100$

13 다음 중 자료를 판단한 설명으로 가장 적절한 것은?

① 연령이 높아질수록 실업률은 계속 감소한다.
② 30대 경제활동인구는 50대 경제활동인구보다 2배 이상 많다.
③ 연령별 취업자 수와 실업자 수의 증감 추이는 동일하다.
④ 20대의 실업자 수가 30대의 실업자 수보다 약 2배 많지만, 실업률이 2배 이상을 상회하는 것은 경제활동인구에서 차이가 나기 때문이다.
⑤ 60세 이상의 경제활동참가율은 40% 이상이다.

Hard

14 다음 중 경제활동인구가 가장 많은 연령대의 실업률과 비경제활동인구가 가장 적은 연령대의 실업률 차이는?

① 1.8%p
② 0.8%p
③ 0.6%p
④ 4.6%p
⑤ 9.6%p

※ 다음은 각 지역이 중앙정부로부터 배분받은 지역산업기술개발사업 예산 중 다른 지역으로 유출된 예산의 비중에 관한 자료이다. 이어지는 질문에 답하시오. [15~16]

<단계산업기술개발사업 유출 예산 비중>

(단위 : %)

지역	2018년	2019년	2020년	2021년	2022년
강원	21.9	2.26	4.74	4.35	10.08
경남	2.25	1.55	1.73	1.90	3.77
경북	0	0	3.19	2.25	2.90
광주	0	0	0	4.52	2.85
대구	0	0	1.99	7.19	10.51
대전	3.73	5.99	4.87	1.87	0.71
부산	2.10	2.02	3.08	5.53	5.72
수도권	0	0	23.71	0	0
울산	6.39	6.57	12.65	7.13	9.62
전남	1.35	0	6.98	5.45	7.55
전북	0	0	2.19	2.67	5.84
제주	0	1.32	6.43	5.82	6.42
충남	2.29	1.54	3.23	4.45	4.32
충북	0	0	1.58	4.13	5.86

※ 지역별 중앙정부로부터 배분받은 지역산업기술개발사업 예산은 같다.

15 다음 중 자료를 판단한 내용으로 적절하지 않은 것은?

① 조사 기간에 다른 지역으로 유출된 예산의 비중의 합이 가장 적은 곳은 광주이다.
② 조사 기간 동안 한 번도 0%를 기록하지 못한 곳은 5곳이다.
③ 2020년부터 전년 대비 부산의 유출된 예산 비중이 계속 상승하고 있다.
④ 조사 기간 동안 가장 높은 예산 비중을 기록한 지역은 수도권이다.
⑤ 2022년에 전년 대비 가장 큰 폭으로 증가한 곳은 강원이다.

Easy

16 다음 <보기> 중 적절한 설명을 모두 고르면?

보기

㉠ 2020 ~ 2022년 대전의 유출된 예산 비중은 전년 대비 계속 감소했다.
㉡ 지역별로 유출된 예산 비중의 총합이 가장 높은 연도는 2021년이다.
㉢ 2020년에 전년 대비 유출된 예산 비중이 1%p 이상 오르지 못한 곳은 총 4곳이다.
㉣ 2018년 강원의 유출된 예산 비중은 다른 모든 지역의 비중의 합보다 높다.

① ㉠, ㉡
② ㉠, ㉣
③ ㉡, ㉣
④ ㉡, ㉢
⑤ ㉢, ㉣

※ 다음은 2020년부터 2022년까지 주택유형별 주택 멸실 현황이다. 다음 자료를 보고 이어지는 질문에 답하시오. **[17~18]**

〈주택 멸실 현황〉

(단위 : 호)

구분	2020년			2021년			2022년		
	단독	연립	아파트	단독	연립	아파트	단독	연립	아파트
전국	44,981	1,704	7,124	48,885	2,660	7,299	47,298	2,495	7,321
수도권	15,214	1,421	1,126	16,062	2,324	5,688	15,878	2,307	2,881
지방	29,767	283	5,998	32,823	336	1,611	31,420	188	4,440
서울	6,970	932	906	8,151	1,746	4,140	8,235	1,468	2,243
부산	3,540	113	2,019	3,155	54	936	3,491	41	640
대구	1,720	24	910	1,967	0	255	2,037	29	0
인천	1,148	205	180	12	110	105	1,312	375	585
광주	1,406	0	0	1,204	4	0	1,055	22	2,331
대전	1,777	65	246	964	2	0	665	40	0
울산	575	3	940	1,234	40	0	1,160	9	0
경기	7,096	284	40	6,229	468	1,443	6,331	464	53
강원	1,896	19	0	2,045	126	0	2,166	0	0
충북	2,460	6	40	2,228	0	174	2,390	12	50
충남	2,686	12	84	3,131	0	77	2,874	0	0
전북	2,217	29	1,759	3,740	21	0	2,530	16	500
전남	2,900	0	0	3,678	2	83	3,068	0	150
경북	3,888	6	0	4,063	10	24	4,579	19	0
경남	4,029	6	0	4,693	77	62	4,726	0	769
제주	673	0	0	721	0	0	679	0	0

※ 멸실 주택 : 건축법상 주택의 용도에 해당하는 건축물이 철거 또는 멸실되어 더 이상 존재하지 않게 될 경우로서 건축물대장 말소가 이루어진 주택

17 자료에 대한 〈보기〉의 설명 중 적절하지 않은 것을 모두 고르면?

> **보기**
>
> ㄱ. 2021년과 2022년에 서울의 단독 멸실 수는 전년 대비 매년 5% 이상 증가하였다.
> ㄴ. 2020년에 아파트 멸실 수가 네 번째로 많았던 지역은 2022년에도 아파트 멸실 수가 네 번째로 많다.
> ㄷ. 2021년 서울의 연립 멸실 수는 같은 해 경기의 연립 멸실 수의 4배 이상이다.
> ㄹ. 전국의 단독 멸실 수와 충남의 단독 멸실 수는 매년 증감 추이가 같다.

① ㄱ, ㄴ, ㄷ
② ㄱ, ㄷ, ㄹ
③ ㄴ, ㄷ, ㄹ
④ ㄴ, ㄷ, ㄹ
⑤ ㄱ, ㄷ, ㄹ

18 다음은 통계청에서 발표한 주택 멸실 현황에 기반해 작성한 보고서의 일부이다. 자료에 기반한 보고서의 내용 중 적절하지 않은 것은?

〈보고서〉

주택 멸실 현황은 멸실 주택 수 파악을 통해 지역별 주택재고 현황 파악 및 지역별 주택수급 상황 판단의 기초자료로 활용된다. 통계청은 건축물 대장을 기초로 시, 도 검증자료를 활용하여 2020년 부터 2022년까지의 주택 멸실 현황 통계를 작성하였다. ① 조사기간 동안 전국의 아파트 멸실 주택 수가 증가하는 추세에 있다. 하지만 지역별 차이는 큰 것으로 나타났다. 수도권의 경우, 2021년 아파트 멸실 주택 수는 전년 대비 5배 이상 증가하였지만, 지방의 경우 30% 미만으로 감소하였다. 또한 ② 단독 주택의 멸실 주택은 서울의 경우, 2022년에 2020년 대비 18% 이상 증가하였으나, 대전의 경우 2분의 1 이하로 감소하여 큰 차이를 보였다. 멸실 주택이 없는 지역과 1,000호 이상으로 많았던 지역의 수는 연도에 따라 차이를 보였다. ③ 멸실된 연립 주택의 경우, 2020년에는 1,000호 이상 멸실된 지역은 총 2곳이었으며, 2022년에는 3곳으로 증가하였다. 한편 ④ 2022년에 멸실된 아파트가 없는 지역은 총 7곳이었으며 또한 ⑤ 전국 의 연립 주택은 2022년에 멸실된 주택이 전년 대비 6% 감소한 것으로 나타났다. 공공주택본부는 이와 같은 자료를 바탕으로 안정적인 주택을 확보하고, 소모적인 멸실을 막기 위해 건축물대상 말소 전 갱신 고지방안과, 재건축 및 보수공사 등 건축물 수명 연장을 위한 방안을 논의 중이다.

19 다음은 A국 국회의원의 SNS(소셜네트워크서비스) 이용자 수 현황에 대한 자료이다. 이를 이용하여 작성한 그래프로 적절하지 않은 것은?(단, 소수점 둘째 자리에서 반올림한다)

〈A국 국회의원의 SNS 이용자 수 현황〉

(단위 : 명)

구분	정당	당선 횟수별				당선 유형별		성별	
		초선	2선	3선	4선 이상	지역구	비례대표	남자	여자
여당	A	82	29	22	12	126	19	123	22
야당	B	29	25	13	6	59	14	59	14
	C	7	3	1	1	7	5	10	2
합계		118	57	36	19	192	38	192	38

① 국회의원의 여야별 SNS 이용자 수

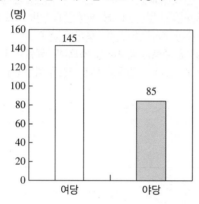

② 남녀 국회의원의 여야별 SNS 이용자 구성비

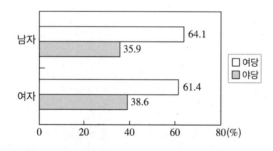

③ 야당 국회의원의 당선 횟수별 SNS 이용자 구성비

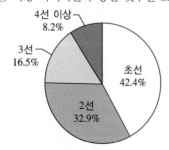

④ 2선 이상 국회의원의 정당별 SNS 이용자 수

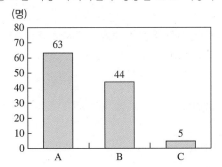

⑤ 여당 국회의원의 당선 유형별 SNS 이용자 구성비

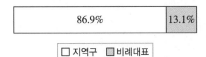

□ 지역구　■ 비례대표

20 다음은 A물고기와 B물고기 알의 부화 예정일로부터 기간별 부화 개수이다. 다음과 같이 기간별 부화수가 일정하게 유지된다면 9번째 주에 부화되는 알의 수는 몇 개인가?

〈A, B물고기 알의 부화 수 변화〉

(단위 : 개)

구분	1번째 주	2번째 주	3번째 주	4번째 주	5번째 주
A물고기	2	4	10	28	82
B물고기	1	3	7	15	31

	A물고기 알의 부화 수	B물고기 알의 부화 수
①	6,562개	511개
②	6,560개	511개
③	6,562개	519개
④	6,560개	519개
⑤	6,560개	522개

02 추리

※ 제시된 명제가 모두 참일 때, 빈칸에 들어갈 명제로 가장 적절한 것을 고르시오. [1~3]

01

> 전제1. 비가 오면 한강 물이 불어난다.
> 전제2. 비가 오지 않으면 보트를 타지 않은 것이다.
> 전제3. _____
> 결론. 자전거를 타지 않으면 한강 물이 불어난다.

① 자전거를 타면 비가 오지 않는다.
② 보트를 타면 자전거를 탄다.
③ 한강 물이 불어나면 보트를 타지 않은 것이다.
④ 자전거를 타지 않으면 보트를 탄다.
⑤ 보트를 타면 비가 오지 않는다.

02

> 전제1. 오존층이 파괴되지 않으면 프레온 가스가 나오지 않는다.
> 전제2. _____
> 전제3. 지구 온난화가 진행되지 않으면 오존층이 파괴되지 않는다.
> 결론. 지구 온난화가 진행되지 않았다는 것은 에어컨을 과도하게 쓰지 않았다는 뜻이다.

① 에어컨을 잘 쓰지 않으면 프레온 가스가 나오지 않는다.
② 프레온 가스가 나온다고 해도 오존층은 파괴되지 않는다.
③ 오존층을 파괴하면 지구 온난화가 진행된다.
④ 에어컨을 과도하게 쓰면 프레온 가스가 나온다.
⑤ 에어컨을 적게 써도 지구 온난화는 진행된다.

Hard

03

> 전제1. 환경정화 봉사활동에 참여하는 모든 사람은 재난복구 봉사활동에 참여한다.
> 전제2. _____
> 결론. 재난복구 봉사활동에 참여하는 어떤 사람은 유기동물 봉사활동에 참여한다.

① 재난복구 봉사활동에 참여하지 않는 모든 사람은 유기동물 봉사활동에 참여하지 않는다.
② 환경정화 봉사활동에 참여하지 않는 어떤 사람은 유기동물 봉사활동에 참여한다.
③ 재난복구 봉사활동에 참여하는 어떤 사람은 환경정화 봉사활동에 참여한다.
④ 환경정화 봉사활동에 참여하는 어떤 사람은 유기동물 봉사활동에 참여한다.
⑤ 환경정화 봉사활동에 참여하는 모든 사람은 유기동물 봉사활동에 참여하지 않는다.

04 다음 문장을 읽고 유추할 수 있는 것은?

> 어떤 ♣는 산을 좋아한다.
> 산을 좋아하는 것은 여행으로 되어 있다.
> 모든 여행으로 되어 있는 것은 자유이다.

① 어떤 ♣는 자유이다.
② 여행으로 되어 있는 것은 ♣이다.
③ 산을 좋아하는 모든 것은 ♣이다.
④ 산을 좋아하는 어떤 것은 여행으로 되어 있지 않다.
⑤ 모든 ♣는 여행으로 되어 있다.

`Easy`

05 각 지역본부 대표 8명이 다음 〈조건〉에 따라 원탁에 앉아 회의를 진행한다고 할 때, 경인 지역본부 대표의 맞은편에 앉은 사람을 올바르게 추론한 것은?

> **조건**
> • 서울, 부산, 대구, 광주, 대전, 경인, 춘천, 속초 대표가 참여하였다.
> • 서울 대표는 12시 방향에 앉아 있다.
> • 서울 대표의 오른쪽 두 번째 자리에는 대전 대표가 앉아 있다.
> • 부산 대표는 경인 대표의 바로 왼쪽에 앉는다.
> • 광주 대표의 바로 양 옆자리는 대전 대표와 부산 대표이다.
> • 광주 대표와 대구 대표는 마주 보고 있다.
> • 속초 대표의 바로 양 옆자리는 서울 대표와 대신 대표이다.

① 대전 대표   ② 부산 대표
③ 대구 대표   ④ 속초 대표
⑤ 서울 대표

06 각각 다른 심폐기능 등급을 받은 A, B, C, D, E 5명 중 등급이 가장 낮은 2명의 환자에게 건강관리 안내문을 발송하려 한다. 심폐기능 측정 결과가 다음과 같을 때, 발송 대상자를 모두 고르면?

〈심폐기능 측정 결과〉

• E보다 심폐기능이 좋은 환자는 2명 이상이다.
• E는 C보다 한 등급 높다.
• B는 D보다 한 등급 높다.
• A보다 심폐기능이 나쁜 환자는 2명이다.

① B, C   ② B, D
③ B, E   ④ C, D
⑤ C, E

07 (가) ~ (마)의 학생들은 영어, 수학, 국어, 체육 수업 중 두 개의 수업을 듣는다고 할 때, 다음 중 (마) 학생이 듣는 수업을 모두 고르면?

• (가)와 (나) 학생은 영어 수업만 같이 듣는다.
• (나) 학생은 (다), (마) 학생과 수학 수업을 함께 듣는다.
• (다) 학생은 (라) 학생과 체육 수업을 함께 듣는다.
• (가)는 (라), (마) 학생과 어떤 수업도 같이 듣지 않는다.

① 영어, 수학   ② 영어, 국어
③ 수학, 체육   ④ 영어, 체육
⑤ 국어, 수학

08 김대리는 회의 참석자의 역할을 고려해 A ~ F 총 6명이 앉을 6인용 원탁 자리를 세팅 중이다. 다음 내용을 모두 만족하도록 세팅했을 때, 서로 옆 자리에 앉게 되는 사람은?

• 원탁 둘레로 6개의 의자를 같은 간격으로 세팅한다.
• A가 C와 F 중 한 사람의 바로 옆 자리에 앉도록 세팅한다.
• D의 바로 옆 자리에 C나 E가 앉지 않도록 세팅한다.
• A가 좌우 어느 쪽을 봐도 B와의 사이에 2명이 앉도록 세팅하고, B의 바로 왼쪽 자리에 F가 앉도록 세팅한다.

① A와 D   ② A와 E
③ B와 C   ④ B와 D
⑤ C와 F

09 짱구, 철수, 유리, 훈이, 맹구는 어떤 문제에 대한 해결 방안으로 A, B, C, D, E 중 각각 하나씩을 제안하였다. 다음 내용이 모두 참일 때, 제안자와 그 제안이 바르게 연결된 것은?(단, 모두 서로 다른 하나의 제안을 제시하였다)

> • 짱구와 훈이는 B를 제안하지 않았다.
> • 철수와 짱구는 D를 제안하지 않았다.
> • 유리는 C를 제안하였으며, 맹구는 D를 제안하지 않았다.
> • 맹구는 B와 E를 제안하지 않았다.

① 짱구 A, 맹구 B
② 짱구 A, 훈이 D
③ 철수 B, 짱구 E
④ 철수 B, 훈이 E
⑤ 짱구 B, 훈이 D

PART 2

제1회

제2회

제3회

10 경영학과에 재학 중인 A ~ E는 계절학기 시간표에 따라 요일별로 하나의 강의만 수강한다. 전공 수업을 신청한 C는 D보다 앞선 요일에 수강하고, E는 교양 수업을 신청한 A보다 나중에 수강한다고 할 때, 다음 중 항상 참이 되는 것은?

월	화	수	목	금
전공1	전공2	교양1	교양2	교양3

① A가 수요일에 강의를 듣는다면 E는 교양2 강의를 듣는다.
② B가 전공 수업을 듣는다면 C는 화요일에 강의를 듣는다.
③ C가 화요일에 강의를 듣는다면 E는 교양3 강의를 듣는다.
④ D는 반드시 전공 수업을 듣는다.
⑤ E는 반드시 교양 수업을 듣는다.

11 다음 〈조건〉에 따라 교육부, 행정안전부, 보건복지부, 농림축산식품부, 외교부, 국방부에 대한 국정감사 순서를 정한다고 할 때, 다음 중 항상 옳은 것은?

> **조건**
>
> • 행정안전부에 대한 감사는 농림축산식품부와 외교부에 대한 감사 사이에 한다.
> • 국방부에 대한 감사는 보건복지부나 농림축산식품부에 대한 감사보다 늦게 시작되지만, 외교부에 대한 감사보다 먼저 시작한다.
> • 교육부에 대한 감사는 아무리 늦어도 보건복지부 또는 농림축산식품부 중 적어도 어느 한 부서에 대한 감사보다는 먼저 시작되어야 한다.
> • 보건복지부는 농림축산식품부보다 먼저 감사를 시작한다.

① 교육부는 첫 번째 또는 두 번째에 감사를 시작한다.
② 보건복지부는 두 번째로 감사를 시작한다.
③ 농림축산식품부보다 늦게 감사를 받는 부서의 수가 일찍 받는 부서의 수보다 적다.
④ 국방부는 행정안전부보다 감사를 일찍 시작한다.
⑤ 외교부보다 늦게 감사를 받는 부서가 있다.

12 K부서 A, B, C, D, E 다섯 명의 직원이 원탁에 앉아 저녁을 먹기로 했다. 자리는 다음 〈조건〉에 따라 앉을 때, C직원을 기준으로 하여 시계방향으로 세 번째에 앉은 사람은 누구인가?

> **조건**
>
> • C 바로 옆 자리에 E가 앉고, B는 앉지 못한다.
> • D가 앉은 자리와 B가 앉은 자리 사이에 1명 이상 앉아 있다.
> • A가 앉은 자리의 바로 오른쪽에 D가 앉는다.
> • 좌우 방향은 원탁을 바라보고 앉은 상태를 기준으로 한다.

① A	② B
③ D	④ E

⑤ 알 수 없음

13 L사는 6층 건물의 모든 층을 사용하고 있으며, 건물에는 기획부, 인사 교육부, 서비스개선부, 연구·개발부, 해외사업부, 디자인부가 각 층별로 위치하고 있다. 다음 〈조건〉을 참고할 때 항상 옳은 것은?(단, 6개의 부서는 서로 다른 층에 위치하며, 3층 이하에 위치한 부서의 직원은 출근 시 반드시 계단을 이용해야 한다)

> **조건**
> • 기획부의 문대리는 해외사업부의 이주임보다 높은 층에 근무한다.
> • 인사 교육부는 서비스개선부와 해외사업부 사이에 위치한다.
> • 디자인부의 김대리는 오늘 아침 엘리베이터에서 서비스개선부의 조대리를 만났다.
> • 6개의 부서 중 건물의 옥상과 가장 가까이에 위치한 부서는 연구·개발부이다.
> • 연구·개발부의 오사원이 인사 교육부 박차장에게 휴가 신청서를 제출하기 위해서는 4개의 층을 내려와야 한다.
> • 건물 1층에는 회사에서 운영하는 커피숍이 함께 있다.

① 출근 시 엘리베이터를 탄 디자인부의 김대리는 5층에서 내린다.
② 디자인부의 김대리가 서비스개선부의 조대리보다 먼저 엘리베이터에서 내린다.
③ 인사 교육부와 커피숍은 같은 층에 위치한다.
④ 기획부의 문대리는 출근 시 반드시 계단을 이용해야 한다.
⑤ 인사 교육부의 박차장은 출근 시 연구·개발부의 오사원을 계단에서 만날 수 없다.

14 어떤 회사가 A, B, C, D 네 부서에 1명씩 신입 사원을 선발하였다. 지원자는 총 5명이었으며, 선발 결과에 대해 다음과 같이 진술하였다. 이중 1명의 진술만 거짓으로 밝혀졌다. 다음 중 옳은 추론은?

> • 지원자 1 : 지원자 2가 A부서에 선발되었다.
> • 지원자 2 : 지원자 3은 A 또는 D부서에 선발되었다.
> • 지원자 3 : 지원자 4는 C부서가 아닌 다른 부서에 선발되었다.
> • 지원자 4 : 지원자 5는 D부서에 선발되었다.
> • 지원자 5 : 나는 D부서에 선발되었는데, 지원자 1은 선발되지 않았다.

① 지원자 1은 B부서에 선발되었다.
② 지원자 2는 A부서에 선발되었다.
③ 지원자 3은 D부서에 선발되었다.
④ 지원자 4는 B부서에 선발되었다.
⑤ 지원자 5는 C부서에 선발되었다.

15 S기업은 임직원의 날 행사를 위해 A ~ E에게 역할을 배정하려고 한다. 행사를 위한 역할에는 '홍보', '구매', '기획', '섭외', '예산' 총 다섯 가지가 있으며, 다음 대화에서 한 명은 거짓을 말하고 있다고 할 때, 반드시 참인 것은?

> • A : 저는 '홍보'를 담당하고 있고, C는 참을 말하고 있어요.
> • B : 저는 숫자를 다뤄야 하는 '예산'과는 거리가 멀어서, 이 역할은 피해서 배정받았죠.
> • C : 저는 친화력이 좋아서 '섭외'를 배정해 주셨어요.
> • D : 저는 '구매'를 담당하고, C는 '기획'을 담당하고 있어요.
> • E : 저는 '예산'을 담당하고 있어요.

① A는 홍보를 담당하고 있다.
② B는 예산을 담당한다.
③ C는 섭외를 담당하지 않는다.
④ D는 섭외를 담당한다.
⑤ A는 거짓을 말하고 있다.

16 다음 제시된 단어의 대응관계가 동일하도록 빈칸에 들어갈 가장 적절한 단어는?

> 보유하다 : 소유하다 = 이룩하다 : (   )

① 벗어나다　　　　　　　② 내보내다
③ 실현하다　　　　　　　④ 받아들이다
⑤ 실패하다

17 다음 단어의 대응관계가 나머지와 다른 하나는?

① 개방 – 폐쇄　　　　　　② 환희 – 비애
③ 자립 – 의존　　　　　　④ 전거 – 이전
⑤ 일반 – 특수

※ 다음 제시된 도형의 규칙을 보고 ?에 들어갈 적절한 것을 고르시오. [18~20]

18

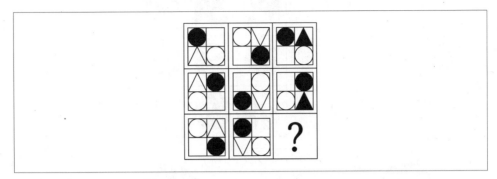

①

②

③

④

⑤

19

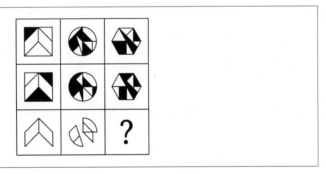

①

②

③

④

⑤

20

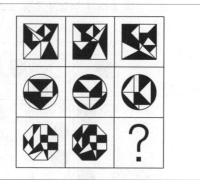

①

②

③

④

⑤

※ 다음 도식에서 기호들은 일성한 규직에 따라 문자를 변화시킨다. ?에 들어갈 적절한 문자를 고르시오 (단, 규칙은 가로와 세로 중 한 방향으로만 적용된다). [21~24]

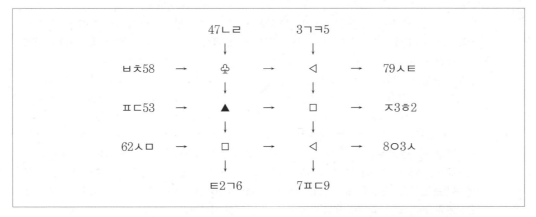

21

$$ㄷ5ㅇ6 → ◁ → ▲ → ?$$

① ㅊ4ㅂ6
② ㅂ3ㅊ7
③ ㄴ6ㅎ9
④ ㄱ3ㅅ7
⑤ ㄴ4ㅂ8

22

$$ㅇ2ㄴ8 → □ → ♧ → ?$$

① 35ㄷㅇ
② 24ㅊㅅ
③ 28ㅇㄴ
④ 12ㅈㅎ
⑤ 34ㅊㄴ

23

$$? → ▲ → □ → ㄷㄱ42$$

① 7ㅅㄷ3
② 3ㅅㄷ7
③ ㅅ73ㄷ
④ ㅅ7ㄷ3
⑤ 37ㄷㅅ

24

$$? → ♧ → ◁ → P3ㄴM$$

① ㄴP3M
② ㄱPN2
③ N3ㄴK
④ ㄱKN2
⑤ NP3ㄴ

25

연금술은 일련의 기계적인 속임수나 교감적 마술에 대한 막연한 믿음 이상의 인간 행위다. 출발에서 부터 그것은 세계와 인간 생활을 관계 짓는 이론이었다. 물질과 과정, 원소와 작용 간의 구분이 명백 하지 않았던 시대에 연금술이 다루는 원소들은 인간성의 측면들이기도 했다.

당시 연금술사의 관점에서 본다면 인체라는 소우주와 자연이라는 대우주 사이에는 일종의 교감이 있었다. 대규모의 화산은 일종의 부스럼과 같고 폭풍우는 왈칵 울어대는 동작과 같았다. 연금술사들 은 두 가지 원소가 중요하다고 보았다. 그중 하나가 수은인데, 수은은 밀도가 높고 영구적인 모든 것을 대표한다. 또 다른 하나는 황으로, 가연성이 있고 비영속적인 모든 것을 표상한다. 이 우주 안의 모든 물체들은 수은과 황으로 만들어졌다. 이를테면 연금술사들은 알 속의 배아에서 뼈가 자라 듯, 모든 금속들은 수은과 황이 합성되어 자라난다고 믿었다. 그들은 그와 같은 유추를 진지한 것으 로 여겼는데, 이는 현대 의학의 상징적 용례에 그대로 남아 있다. 우리는 지금도 여성의 기호로 연금 술사들의 구리 표시, 즉 '부드럽다'는 뜻으로 '비너스'를 사용하고 있다. 그리고 남성에 대해서는 연 금술사들의 철 기호, 즉 '단단하다'는 뜻으로 '마르스'를 사용한다.

모든 이론이 그렇듯이 연금술은 당시 그 시대의 문제를 해결하기 위한 노력의 산물이었다. 1500년 경까지는 모든 치료법이 식물 아니면 동물에서 나와야 한다는 신념이 지배적이었기에 의학 문제들 은 해결을 보지 못하고 좌초해 있었다. 그때까지 의약품은 대체로 약초에 의존하였다. 그런데 연금 술사들은 거리낌 없이 의학에 금속을 도입했다. 예를 들어 유럽에 창궐한 매독을 치료하기 위해 대 단히 독창적인 치료법을 개발했는데, 그 치료법은 연금술에서 가장 강력한 금속으로 간주된 수은을 바탕으로 하였다.

① 연금술사는 모든 치료행위에 수은을 사용하였다.
② 연금술사는 인간을 치료하는 데 금속을 사용하였다.
③ 연금술사는 구리가 황과 수은의 합성의 산물이라고 보았다.
④ 연금술사는 연금술을 자연만이 아니라 인간에게도 적용했다.
⑤ 연금술사는 모든 물체가 두 가지 원소로 이루어진다고 보았다.

중동 제국이 발전함에 따라 제국의 개입으로 인해 소규모 공동체의 생활에 변화가 일어났다. 종교 조직은 제국 조직의 한 구성 요소로 전락했으며 제사장은 사법적·정치적 권력을 상실했다. 또한, 제국은 소규모 공동체에 개입함으로써 개인이 씨족이나 종교 조직에 구속받지 않게 만들었다. 광대한 영토를 방어하고 통제하며 제국 내에서의 커뮤니케이션을 더욱 활발하게 하기 위해서는 분권과 자치, 그리고 개인의 이동을 어느 정도 허용할 필요가 있었다. 이에 따라 제국은 전사와 관리에게 봉토를 지급하고 독점적 소유권을 인정해 주었다. 상인들은 자신의 자본으로 사업을 하기 시작했고, 생산 계급은 종교 조직이나 왕족이 아니라 시장을 겨냥한 물건을 만들기 시작했다. 낡은 자급자족 경제 대신 시장경제가 출현하여 독립된 생산자와 소비자 사이의 교환을 촉진했다. 시장이 확대되고 기원전 7세기경에 교환 수단인 화폐가 도입됨에 따라 고대 세계의 경제 구조는 획기적인 변화를 겪었다. 점점 더 많은 사람들의 생계가 세습적 권위의 지배를 받는 메커니즘이 아니라 금전 관계의 메커니즘에 좌우되었다.

또한, 제국은 개인이 씨족이나 종교 조직 또는 유력 집단에 흡수되는 것을 막는 언어적·종교적·법적 여건을 마련함으로써 개인이 좀 더 개방된 사회에서 활동할 수 있게 해주었다. 지배 엘리트가 사용하는 언어가 사회의 보편적인 언어가 되었으며, 각 지방의 토속신은 왕과 제국이 섬겨왔던 범접하기 어려운 강력한 신들, 즉 일종의 만신전에 모신 우주의 신들에게 자리를 양보했다. 아울러 제국의 법이 부의 분배와 경제적 교환 그리고 강자와 약자의 관계를 규제했다. 고대 제국은 정치의 행위 주체였을 뿐만 아니라 사회의 문화적·종교적·법률적 토대를 제공했다. 다시 말하면 제국은 중동 문명의 문화적 통합을 가능케 하는 강력한 힘이었다.

① 제국의 발전으로 인해 제국 내에서의 교류가 증대되었다.
② 제국이 발전함에 따라 제국 내에서 특정 언어와 종교가 보편화되었다.
③ 제국이 발전함에 따라 자급자족 체제가 시장경제 체제로 발전했다.
④ 제국의 힘은 생산과 소비를 통제하는 경제의 독점으로부터 비롯되었다.
⑤ 제국은 개인이 씨족이나 종교 조직 등 기존 체제와 맺는 관계를 약화시켰다.

※ 다음 글에 대한 반론으로 가장 적절한 것을 고르시오. [27~28]

27

'모래언덕'이나 '바람' 같은 개념은 매우 모호해 보인다. 작은 모래 무더기가 모래언덕이라고 불리려면 얼마나 높이 쌓여야 하는가? 바람이 되려면 공기는 얼마나 빨리 움직여야 하는가?

그러나 지질학자들이 관심이 있는 대부분의 문제 상황에서 이런 개념들은 아무 문제 없이 작동한다. 더 높은 수준의 세분화가 요구될 만한 맥락에서는 그때마다 '30m에서 40m 사이의 높이를 가진 모래언덕'이나 '시속 20km와 시속 40km 사이의 바람'처럼 수식어구가 달린 표현이 과학적 용어의 객관적인 사용을 뒷받침한다.

물리학 같은 정밀과학에서도 사정은 비슷하다. 물리학의 한 연구 분야인 저온물리학은 저온현상, 즉 초전도 현상을 비롯하여 절대온도 0도인 −273.16℃ 부근의 저온에서 나타나는 흥미로운 현상들을 연구한다. 그렇다면 정확히 몇 도부터 저온인가? 물리학자들은 이 문제를 놓고 다투지 않는다. 때로는 이 말이 헬륨의 끓는점(−268.6℃) 같은 극저온 근방을 가리키는가 하면, 질소의 끓는점(−195.8℃)이 기준이 되기도 한다.

과학자들은 모호한 것을 싫어한다. 모호성은 과학의 정밀성을 훼손할 뿐만 아니라 궁극적으로 과학의 객관성을 약화하기 때문이다. 그러나 모호성에 대응하는 길은 모든 측정의 오차를 0으로 만드는 데 있는 것이 아니라 대화를 통해 그 상황에 적절한 합의를 하는 데 있다.

① 과학의 정확성은 측정기술의 정확성에 달려 있다.
② 물리학 같은 정밀과학에서도 오차는 발생하기 마련이다.
③ 과학의 발달은 과학적 용어체계의 변화를 유발할 수 있다.
④ 과학적 언어의 객관성은 그 언어가 사용되는 맥락 속에서 확보된다.
⑤ 과학적 언어의 객관성은 용어의 엄밀하고 보편적인 정의에 의해서만 보장된다.

28

"향후 은행 서비스(Banking)는 필요하지만 은행(Bank)은 필요 없을 것이다." 최근 4차 산업혁명으로 대변되는 빅데이터, 사물인터넷, AI, 블록체인 등 신기술이 금융업을 강타하면서 빌 게이츠의 20년 전 예언이 화두로 부상했다. 모든 분야에서 초연결화, 초지능화가 진행되고 있는 4차 산업혁명이 데이터 주도 경제를 열어가면서 데이터에 기반을 둔 금융업에도 변화의 물결이 밀려들고 있다. 이미 전통적인 은행, 증권, 보험, 카드업 등 전 분야에서 금융기술기업인 소위 '핀테크(Fintech)'가 출현하면서 금융서비스의 가치 사슬이 해체되기 시작한 것이다. 이전에는 상상조차 하지 못했던 IT 등 이종 업종의 금융업 진출도 활발하게 이루어지면서 전통 금융회사들을 위협하고 있다.

빅데이터, 사물인터넷, 인공지능, 블록체인 등 새로운 기술로 무장한 4차 산업혁명으로 인해 온라인 플랫폼을 통한 크라우드 펀딩 등 P2P 금융의 출현, 로보 어드바이저에 의한 저렴한 자산관리서비스의 등장, 블록체인 기술기반의 송금 등 다양한 가치 거래의 탈중계화가 진행되면서 금융 중계, 재산 관리, 위험 관리, 지급 결제 등 금융의 본질적인 요소들이 변화하고 있는 것은 아닌지 의구심이 일어나고 있는 것이다. 혹자는 이들 변화의 종점에 금융의 정체성(Identity) 상실이 기다리고 있다며 금융업 종사자의 입장에서 보면 우울한 전망마저 내놓고 있다. 금융도 디지털카메라의 등장으로 사라진 필름회사 코닥과 같은 비운을 피하기 어렵다며 금융의 종말(The Demise of Banking), 은행의 해체 (Unbundling the Banks), 탈중계화, 플랫폼 혁명(Platform Revolution) 등 다양한 화두가 미디어의 전면에 등장하고 있다.

① 가치 거래의 탈중계화는 금융 거래의 보안성에 심각한 위협 요인으로 작용할 것이다.
② 금융 발전의 미래를 위해 금융업에 있어 인공지능의 도입을 막아야 한다.
③ 기술 발전은 금융업에 있어 효율성 향상이라는 제한적인 틀에서 크게 벗어나지 못했다.
④ 로보어드바이저에 의한 자산관리서비스는 범죄에 악용될 위험이 크다.
⑤ 금융의 종말을 방지하기 위해서라도 핀테크 도입의 법적인 제도 마련이 필요하다.

29 〈보기〉의 밑줄 친 주장에 대해 반박하려고 할 때, 다음 글의 내용으로 보아 그 논거로 적절하지 않은 것은?

> 기자 : 교수님, 엉국에서 탄생한 복제 양과 우리의 복제 송아지의 차이점은 무엇이라고 생각하시는 지요.
>
> 교수 : 두 가지 차원에서 이야기할 수 있습니다. 지금까지는 생명을 복제하기 위해서 반드시 생식 세포를 이용해야 한다는 것이 정설이었습니다. 그런데 복제 양은 생식 세포가 아닌 일반 체 세포, 그중에서도 젖샘 세포를 이용했습니다. 이는 노화 등의 이유로 생식 세포가 죽은 개체 들로 체세포를 통해 복제가 가능하다는 얘기가 됩니다. 체세포를 통한 복제는 기존 생물학 적 개념을 완전히 바꾼 것입니다. 반면 산업적 측면에서는 문제가 있습니다. 동물 복제는 순수 발생학적 관심 못지않게 경제적으로도 중요합니다. 생산력이 뛰어난 가축을 적은 비용 으로 복제 생산해야 한다는 것입니다. 이 점에서는 체세포를 통한 복제는 아직 한계가 있습 니다. 경제적인 측면에서는 생식 세포를 이용한 복제가 훨씬 효과적입니다.
>
> 기자 : 이런 복제 기술들이 인간에게도 적용이 가능한가요?
>
> 교수 : 기술적으로는 그렇습니다. 그러나 인간에게 적용했을 때는 기존 인간관계의 근간을 파괴하 는 사회 문제를 발생시킬 것입니다. 또 생명체 복제 기술의 적용 영역을 확대하다 보면, 자 의로 또는 적용 과정에서 우연히 인체에 치명적이거나 통제 불능한 생물체가 만들어질 가능 성도 있습니다. 이것을 생물 재해라고 합니다. 생명공학에 종사하는 학자들은 이 두 가지 문제들을 늘 염두에 두어야 합니다. 물론 아직까지는 이런 문제들이 발생하지 않았지만, 어 느 국가 또는 특정 집단이 복제 기술을 악용할 위험성을 배제할 수는 없습니다.

> **보기**
>
> 미국 위스콘신 생명 윤리 연구 센터의 아서더스 박사는, '인간에게 동물 복제 기술을 적용하면 왜 안 되는지에 대한 논리적 이유가 없다.'고 하면서, 인간 복제를 규제한다 하더라도 대단한 재력가나 권력가는 이를 충분히 피해갈 것이라고 말했다.

① 사람들 사이의 신뢰가 무너질 수 있다.
② 범죄 집단에 악용될 위험이 있다.
③ 인구가 폭발적으로 증가할 염려가 있다.
④ 통제 불능한 인간을 만들어 낼 수 있다.
⑤ 치료법이 없는 바이러스가 만들어질 수도 있다.

다음 중 ㉠의 입장에서 호메로스의 『일리아스』를 비판한 내용으로 적절하지 않은 것은?

기원전 5세기, 헤로도토스는 페르시아 전쟁에 대한 책을 쓰면서 『역사(Historiai)』라는 제목을 붙였다. 이 제목의 어원이 되는 'histor'는 원래 '목격자', '증인'이라는 뜻의 법정 용어였다. 이처럼 어원상 '역사'는 본래 '목격자의 증언'을 뜻했지만, 헤로도토스의 『역사』가 나타난 이후 '진실의 탐구' 혹은 '탐구한 결과의 이야기'라는 의미로 바뀌었다.

헤로도토스 이전에는 사실과 허구가 뒤섞인 신화와 전설, 혹은 종교를 통해 과거에 대한 지식이 전수되었다. 특히 고대 그리스인들이 주로 과거에 대한 지식의 원천으로 삼은 것은 『일리아스』였다. 『일리아스』는 기원전 9세기의 시인 호메로스가 오래전부터 구전되어 온 트로이 전쟁에 대해 읊은 서사시이다. 이 서사시에서는 전쟁을 통해 신들, 특히 제우스 신의 뜻이 이루어진다고 보았다. 헤로도토스는 바로 이런 신화적 세계관에 입각한 서사시와 구별되는 새로운 이야기 양식을 만들어 내고자 했다. 즉, 헤로도토스는 가까운 과거에 일어난 사건의 중요성을 인식하고, 이를 직접 확인·탐구하여 인과적 형식으로 서술함으로써 역사라는 새로운 분야를 개척한 것이다.

『역사』가 등장한 이후, 사람들은 역사 서술의 효용성이 과거를 통해 미래를 예측하게 하여 후세인(後世人)에게 교훈을 주는 데 있다고 인식하게 되었다. 이러한 인식에는 한 번 일어났던 일이 마치 계절처럼 되풀이하여 다시 나타난다는 순환 사관이 바탕에 깔려 있다. 그리하여 오랫동안 역사는 사람을 올바르고 지혜롭게 가르치는 '삶의 학교'로 인식되었다. 이렇게 교훈을 주기 위해서는 과거에 대한 서술이 정확하고 객관적이어야 했다.

물론 모든 역사가들이 정확성과 객관성을 역사 서술의 우선적 원칙으로 앞세운 것은 아니다. 오히려 헬레니즘과 로마 시대의 역사가들 중 상당수는 수사학적인 표현으로 독자의 마음을 움직이는 것을 목표로 하는 역사 서술에 몰두하였고, 이런 경향은 중세시대에도 어느 정도 지속되었다. 이들은 이야기를 감동적이고 설득력 있게 쓰는 것이 사실을 객관적으로 기록하는 것보다 더 중요하다고 보았다. 이런 점에서 그들은 역사를 수사학의 테두리 안에 집어넣은 셈이 된다.

하지만 이 시기에도 역사의 본령은 과거의 중요한 사건을 가감 없이 전달하는 데 있다고 보는 역사가들이 여전히 존재하여, 그들에 대해 날카로운 비판을 가하기도 했다. 더욱이 15세기 이후부터는 수사학적 역사 서술이 역사 서술의 장에서 퇴출되고, ㉠ 과거를 정확히 탐구하려는 의식과 과거 사실에 대한 객관적 서술 태도가 역사의 척도로 다시금 중시되었다.

① 직접 확인하지 않고 구전에만 의거해 서술했으므로 내용이 정확하지 않을 수 있다.
② 신화와 전설 등의 정보를 후대에 전달하면서 객관적 서술 태도를 배제하지 못했다.
③ 트로이 전쟁의 중요성은 인식하였으나 실제 사실을 확인하는 데까지는 이르지 못했다.
④ 신화적 세계관에 따른 서술로 인해 과거에 대해 정확한 정보를 추출해 내기 어렵다.
⑤ 과거의 지식을 습득하는 수단으로 사용되기도 했지만 과거를 정확히 탐구하려는 의식은 찾을 수 없다.

01   다음 중 임부의 과도한 흡연이 태아에게 미치는 영향으로 적절한 것을 모두 고르면?

> ㉠ 신생아 이환율 증가   ㉡ 선천성 기형
> ㉢ 영아 돌연사   ㉣ 저체중 출생아

① ㉠, ㉡, ㉢   ② ㉠, ㉢
③ ㉡, ㉣   ④ ㉣
⑤ ㉠, ㉡, ㉢, ㉣

02   의사가 부정맥환자에게 리도카인 2mg/min으로 투여하라고 지시하였다. 5mL에 1g의 리도카인을 함유한 바이얼과 구급차에는 5% 포도당액 250mL가 있다. 투여세트는 마이크로 드립세트로 60gtt/mL이다. 점적 주입을 계산한 것으로 옳은 것은?

① 10gtt/mL   ② 20gtt/mL
③ 30gtt/mL   ④ 50gtt/mL
⑤ 60gtt/mL

03   다음 중 건강증진을 위하여 집단검진을 시행하고자 할 때 선행조건으로 적절한 것을 모두 고르면?

> ㉠ 조기 발견이 가능하며 발견시 효과적인 치료방법이 있어야 한다.
> ㉡ 검사방법이 기술적으로 시행이 쉽고 검사의 단가가 싸야 한다.
> ㉢ 일반 대중에게 검사방법이 수용되어야 한다.
> ㉣ 특정 질병에 대한 위험이 큰 사람에게 관심을 갖는다.

① ㉠, ㉡, ㉢   ② ㉠, ㉢
③ ㉡, ㉣   ④ ㉣
⑤ ㉠, ㉡, ㉢, ㉣

04 다음 중 3점 보행에 대한 내용으로 적절한 것을 모두 고르면?

> ㉠ 양측 하지에 체중부하가 가능한 환자에게 적용한다.
> ㉡ 한쪽 다리에 체중부하를 못하고 다른 쪽 다리에 체중부하가 가능한 환자에게 적용한다.
> ㉢ 오른쪽 목발과 왼쪽 다리가 나가고 왼쪽 목발, 오른쪽 다리의 순서로 걷는다.
> ㉣ 양쪽 목발로 허약한 다리를 지지하면서 동시에 나가고 그 뒤로 건강한 다리가 나간다.

① ㉠, ㉡, ㉢   ② ㉠, ㉢
③ ㉡, ㉣   ④ ㉣
⑤ ㉠, ㉡, ㉢, ㉣

05 다음 중 식도기관루가 있는 아동에게 가장 적절한 체위는?

① 복위   ② 측위
③ 반좌위   ④ 쇄석위
⑤ 슬흉위

06 다음 중 알코올 의존환자 간호의 질적인 삶을 위한 궁극적인 목적은?

① 사교적인 음주로 복귀시키는 것
② 가정적·직업적·사회적 적응능력을 개선시키는 것
③ 알코올을 완전히 끊게 하는 것
④ 금단증상을 조정하는 것
⑤ 혐오제의 사용을 권하는 것

07 다음 중 췌장에서 분비되는 인슐린의 작용에 대한 설명으로 가장 적절한 것은?

① 혈액 내로 포도당의 이동을 자극한다.
② 당질이 세포에서 연소되는 것을 억제하여 혈액 내로 전환을 유도한다.
③ 포도당이 글리코겐으로 전환되어 간에 저장하도록 도와준다.
④ 지방조직의 분해나 지방의 이동을 상승시켜 지방이 포도당으로 전환되는 것을 증가시킨다.
⑤ 조직 내에서 단백질 합성을 억제한다.

08 다음은 조직화의 기본원리이다. 적절하지 않은 것은?

① 조정의 원리
② 명령통일의 원칙
③ 통솔범위의 원칙
④ 계층제의 원칙
⑤ 비공식조직의 원칙

09 다음 중 의료법상 의료인이 자신의 면허실태와 취업상황을 신고해야 하는 주기는?

① 6개월
② 1년
③ 2년
④ 3년
⑤ 5년

10 다음 중 산업간호의 목적으로 적절한 것을 모두 고르면?

㉠ 산업위생관리	㉡ 근로자의 건강관리
㉢ 보건교육	㉣ 직업병의 진단 및 치료

① ㉠, ㉡, ㉢
② ㉠, ㉢
③ ㉡, ㉣
④ ㉣
⑤ ㉠, ㉡, ㉢, ㉣

11 다음 중 포도막염의 치료제로 아트로핀을 투여하는 이유는?

① 동공을 확대시켜, 수정체와 홍채의 유착을 방지하기 위함이다.
② 안구통증을 경감시키기 위함이다.
③ 수명을 증대시키기 위함이다.
④ 홍채와 모양체를 긴장시키기 위함이다.
⑤ 안압을 상승시키기 위함이다.

12 다음 중 임종이 임박한 환자를 간호하던 중 심폐를 유지하는 모든 기구를 제거해 달라는 사전유서가 발견되었을 때 적절한 간호중재는?

① 법적 문서로 인정되므로 그대로 시행한다.
② 환자의 소망이므로 무시한다.
③ 가족, 의사, 법률가와 상의한다.
④ 환자의 진료거부권으로 인정해 준다.
⑤ 건강한 상태에서 작성되었다면 인정해야 한다.

13 다음 중 정신간호사업에서 3차예방에 중점을 두어야 할 사항은?

① 위기중재에 중점을 둔다.
② 정신질환의 조기 발견에 중점을 둔다.
③ 정신장애에 대한 재활과 합병증 예방에 중점을 둔다.
④ 정신장애의 치료기간 단축에 중점을 둔다.
⑤ 정신장애의 치료비용 절감에 중점을 둔다.

14 다음 중 알러지성 비염에 대한 간호중재로 적절하지 않은 것은?

① 비알러지성 화장품을 사용한다.
② 모직침구를 사용한다.
③ 가구에 덮개를 씌운다.
④ 항히스타민제를 사용한다.
⑤ 집안에 동물을 키우지 않는다.

15 산과력이 4 - 0 - 2 - 4인 65세 여자가 질 하복부에 경미한 압박감, 질부위 하수감, 하복부 중압감의 증상을 호소하면서 이 증상들은 오후에 더 심해진다. 일차적으로 의심하는 질환은?

① 자궁근종
② 골반감염
③ 자궁경부암
④ 자궁탈수
⑤ 자궁내막증

16 다음 중 간호기록부에 포함되지 않는 것은?

① 투약에 관한 사항
② 처치에 관한 사항
③ 체온, 혈압, 호흡에 관한 사항
④ 섭취량과 배설량
⑤ 질병경과와 예후

17 다음 중 유아기의 특징으로 옳은 것을 모두 고르면?

> ㉠ 항문기적 특징을 가지고 배변훈련을 할 수 있게 된다.
> ㉡ 자신의 욕구가 좌절될 때에는 분노발작을 보인다.
> ㉢ 부모님이 하는 집안일을 따라 한다.
> ㉣ 동성부모를 동일시하면서 이성부모에 대한 애착이 있다.

① ㉠, ㉡, ㉢   ② ㉠, ㉢
③ ㉡, ㉣   ④ ㉣
⑤ ㉠, ㉡, ㉢, ㉣

18 다음은 일차간호방법에 대한 설명이다. 적절한 것을 모두 고르면?

> ㉠ 환자 입원시부터 간호사가 분담되어 간호요구의 책임을 진다.
> ㉡ 간호사의 자율성과 권위가 감소한다.
> ㉢ 전문요원을 요하므로 비용이 많이 든다.
> ㉣ 간호사는 간호결과에 대해 부분적인 확인이 가능하다.

① ㉠, ㉡, ㉢   ② ㉠, ㉢
③ ㉡, ㉣   ④ ㉣
⑤ ㉠, ㉡, ㉢, ㉣

19 다음 중 망상환자와 대화할 때 간호사의 태도로 적절한 것을 모두 고르면?

> ㉠ 최근의 생활이나 느낌을 표현하도록 한다.
> ㉡ 작은 목소리로 낮게 속삭인다.
> ㉢ 단순하고 명료한 언어를 사용한다.
> ㉣ 논리적으로 설득하거나 비평을 하면 변화된다.

① ㉠, ㉡, ㉢　　　　　　　② ㉠, ㉢
③ ㉡, ㉣　　　　　　　　　④ ㉣
⑤ ㉠, ㉡, ㉢, ㉣

20 다음 중 요붕증 환자 소변검사 결과로 적절한 것을 모두 고르면?

> ㉠ 당이 검출되지 않는다.
> ㉡ Na 함유량이 많다.
> ㉢ 소변비중이 낮다.
> ㉣ 삼투압이 높다.

① ㉠, ㉡, ㉢　　　　　　　② ㉠, ㉢
③ ㉡, ㉣　　　　　　　　　④ ㉣
⑤ ㉠, ㉡, ㉢, ㉣

21 1g의 리도카인을 250mL D5W에 가했을 때 농도를 계산하면?

① 1mg/mL　　　　　　　　② 2mg/mL
③ 3mg/mL　　　　　　　　④ 4mg/mL
⑤ 5mg/mL

22 다음 중 눈의 편위(사시)를 알 수 있는 검사를 모두 고르면?

㉠ 외안근검사	㉡ 시야검사
㉢ 차폐검사	㉣ 시력검사

① ㉠, ㉡, ㉢   ② ㉠, ㉢
③ ㉡, ㉣   ④ ㉣
⑤ ㉠, ㉡, ㉢, ㉣

23 다음 중 1990년대 이후 우리나라 지역사회 간호사업의 중요사건은?

① 농어촌 보건의료를 위한 특별조치법에 근거한 보건진료원 제도
② 산업안전보건법 개정에 따른 산업간호사의 독자적 산업간호사업의 시작
③ 학교보건법제정에 의한 보건교사 배치
④ 가정간호사 법제화
⑤ 의료법의 분야별 간호사로서 보조간호사 명칭 사용

24 다음 중 양수천자를 해야 하는 경우로 적절하지 않은 것은?

① 산모의 가족 중에 기형의 가족력이 있을 때
② 산모가 유전질환을 가지고 있을 때
③ 산모가 1번 이상의 유산을 경험했을 때
④ 산모가 35세 이상일 때
⑤ 산모가 전에 다운증후군의 기형을 가지고 있을 때

25 다음 중 심한 탈수가 있을 때 투여 가능한 수액으로 알맞은 것을 모두 고르면?

㉠ 하트만 용액	㉡ 5% 생리식염수 용액
㉢ 5% 포도당 용액	㉣ 0.9% 포도당 용액

① ㉠, ㉡, ㉢   ② ㉠, ㉢
③ ㉡, ㉣   ④ ㉣
⑤ ㉠, ㉡, ㉢, ㉣

26 다음 중 갑상선기능항진증 환자의 간호중재로 적절한 것을 모두 고르면?

> ㉠ 심신의 안정을 도모할 수 있는 환경제공
> ㉡ Propylthiouracil과 같은 항갑상선 약물투여
> ㉢ 발한이 심하면 자주 목욕하고 면옷을 착용
> ㉣ 부종을 관찰하고 염분섭취를 권장

① ㉠, ㉡, ㉢   ② ㉠, ㉢
③ ㉡, ㉣   ④ ㉣
⑤ ㉠, ㉡, ㉢, ㉣

27 자율성의 원칙이란 간섭이나 강요를 받지 않고 개인이 스스로 행동을 결정하도록 해야 한다는 원칙이다. 다음 중 환자의 자율성 원칙을 보장하기 위해 가장 옳은 장치는?

① 진료거부   ② 계약
③ 사전동의   ④ 비밀 누설금지
⑤ 선의의 간섭주의

28 당뇨병 환자의 사정결과가 다음과 같을 때 우선적인 간호중재는?

> • 발한, 허약감, 현기증
> • 혈당 55mg/dL, 혈압 140/90mmHg, 맥박 102회/분

① 기도 유지   ② 진통제 투여
③ 과일주스 제공   ④ 심전도 모니터 적용
⑤ 생리식염수 정맥주입

29 다음 중 전신에 심한 화상을 입은 환자에게 가장 먼저 행할 간호는?

① 통증완화   ② 수액공급
③ 감염예방   ④ 피부경축
⑤ 합병증예방

30 다음 중 항암 화학요법을 받는 환자의 구강점막에 염증이 생겼을 때 가장 적절한 중재는?

① 수분 섭취를 제한한다.   ② 구강간호를 제한한다.
③ 단단한 모의 칫솔을 제공한다.   ④ 탄산음료를 마시게 한다.
⑤ 따뜻한 소금물로 입을 헹구게 한다.

01 수리논리

01 철수는 아래와 같은 길을 따라 A에서 C까지 최단 거리로 이동을 하려고 한다. 이때, 최단 거리로 이동을 하는 동안 점 B를 지나며 이동하는 경우의 수는?

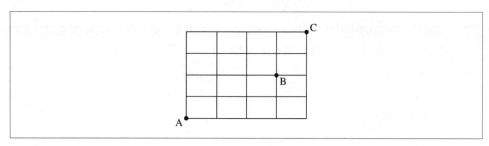

① 15가지   ② 24가지
③ 28가지   ④ 30가지
⑤ 32가지

Hard

02 20%의 설탕물 400g에 각설탕 10개를 넣었더니 25%의 설탕물이 되었다고 한다. 각설탕 3개의 무게는 얼마인가?

① 7g   ② 8g
③ 10g   ④ 12g
⑤ 14g

03 다음은 우편 매출액에 관한 자료이다. 자료에 대한 해석으로 적절하지 않은 것은?

〈우편매출액〉

(단위 : 만 원)

구분	2018년	2019년	2020년	2021년	2022년				
					소계	1분기	2분기	3분기	4분기
일반통상	11,373	11,152	10,793	11,107	10,899	2,665	2,581	2,641	3,012
특수통상	5,418	5,766	6,081	6,023	5,946	1,406	1,556	1,461	1,523
소포우편	3,390	3,869	4,254	4,592	5,017	1,283	1,070	1,292	1,372
합계	20,181	20,787	21,128	21,722	21,862	5,354	5,207	5,394	5,907

① 매년 매출액이 가장 높은 분야는 일반통상 분야이다.
② 1년 집계를 기준으로 매년 매출액이 꾸준히 증가하고 있는 분야는 소포우편 분야뿐이다.
③ 2022년 1분기 특수통상 분야의 매출액이 차지하고 있는 비율은 20% 이상이다.
④ 2022년 소포우편 분야의 2018년 대비 매출액 증가율은 70% 이상이다.
⑤ 2021년에는 일반통상 분야의 매출액이 전체의 50% 이상을 차지하고 있다.

04 다음은 모바일 뱅킹 서비스 이용 실적에 관한 분기별 자료이다. 다음 중 적절하지 않은 것은?

〈모바일 뱅킹 서비스 이용 실적〉

(단위 : 천 건, %)

구분	2021년				2022년
	1/4분기	2/4분기	3/4분기	4/4분기	1/4분기
조회 서비스	817	849	886	1,081	1,106
자금이체 서비스	25	16	13	14	25
합계	842(18.6)	865(2.7)	899(3.9)	1,095(21.8)	1,131(3.3)

※ ( )는 전 분기 대비 증가율

① 조회 서비스 이용 실적은 매 분기 계속 증가하였다.
② 2021년 2/4분기의 조회 서비스 이용 실적은 전 분기보다 3만 2천 건 증가하였다.
③ 자금 이체 서비스 이용 실적은 2021년 2/4분기에 감소하였다가 다시 증가하였다.
④ 모바일 뱅킹 서비스 이용 실적의 전 분기 대비 증가율이 가장 높은 분기는 2021년 4/4분기이다.
⑤ 2021년 4/4분기의 조회 서비스 이용 실적은 자금 이체 서비스 이용 실적의 약 77배이다.

05 출장을 가는 K사원은 오후 2시에 출발하는 KTX를 타기 위해 오후 12시 30분에 역에 도착하였다. K사원은 남은 시간을 이용하여 음식을 포장해오려고 한다. 역에서 음식점까지의 거리는 아래와 같으며, 음식을 포장하는 데 15분이 걸린다고 한다. K사원이 시속 3km로 걸어서 갔다 올 때, 구입할 수 있는 음식의 종류는?

음식점	G김밥	P빵집	N버거	M만두	B도시락
거리	2km	1.9km	1.8km	1.95km	1.7km

① 도시락
② 도시락, 햄버거
③ 도시락, 햄버거, 빵
④ 도시락, 햄버거, 빵, 만두
⑤ 도시락, 햄버거, 빵, 만두, 김밥

06 C사원은 본사 이전으로 인해 집과 회사가 멀어져 회사 근처로 집을 구하려고 한다. ○○시에 있는 아파트와 빌라 총 세 곳의 월세를 알아본 C사원이 월세와 교통비를 생각해 집을 결정한다고 할 때, 가장 적절한 것은?

구분	월세	거리(편도)
A빌라	280,000원	2.8km
B빌라	250,000원	2.1km
C아파트	300,000원	1.82km

※ 월 출근일 : 20일
※ 교통비 : 1km당 1,000원

① 월 예산 40만 원으로는 세 집 모두 불가능하다.
② B빌라에 살 때 회사와 집만 왕복하면 한 달에 33만 4천 원으로 살 수 있다.
③ C아파트의 교통비가 가장 많이 든다.
④ C아파트는 A빌라보다 한 달 금액이 20,000원 덜 든다.
⑤ B빌라에 두 달 살 경우, A빌라와 C아파트의 한 달 금액을 합친 것보다 비싸다.

07 다음은 K기업의 재화 생산량에 따른 총 생산비용의 변화를 나타낸 자료이다. 기업의 생산 활동과 관련하여 적절한 설명을 〈보기〉에서 모두 고르면?(단, 재화 1개당 가격은 7만 원이다)

생산량(개)	0	1	2	3	4	5
총 생산비용(만 원)	5	9	12	17	24	33

보기

ㄱ. 2개와 5개를 생산할 때의 이윤은 동일하다.
ㄴ. 이윤을 극대화할 수 있는 최대 생산량은 4개이다.
ㄷ. 4개에서 5개로 생산량을 증가시킬 때 이윤은 증가한다.
ㄹ. 1개를 생산하는 것보다 생산하지 않는 것이 손해가 적다.

① ㄱ, ㄴ ② ㄱ, ㄷ
③ ㄴ, ㄷ ④ ㄴ, ㄹ
⑤ ㄷ, ㄹ

08 다음은 어느 국가의 A ~ C지역 가구 구성비를 나타낸 자료이다. 이에 대한 분석으로 가장 적절한 것은?

〈A ~ C지역 가구 구성비〉

(단위 : %)

구분	부부 가구	2세대 가구		3세대 이상 가구	기타 가구	소계
		부모+미혼자녀	부모+기혼자녀			
A	5	65	16	2	12	100
B	16	55	10	6	13	100
C	12	40	25	20	3	100

※ 기타 가구 : 1인 가구, 형제 가구, 비친족 가구
※ 핵가족 : 부부 또는 (한)부모와 그들의 미혼 자녀로 이루어진 가족
※ 확대가족 : (한)부모와 그들의 기혼 자녀로 이루어진 2세대 이상의 가족

① 핵가족 가구의 비중이 가장 높은 지역은 A이다.
② 1인 가구의 비중이 가장 높은 지역은 B이다.
③ 확대가족 가구 수가 가장 많은 지역은 C이다.
④ A, B, C지역 모두 핵가족 가구 수가 확대가족 가구 수보다 많다.
⑤ 부부 가구의 구성비는 C지역이 가장 높다.

09 다음 제시된 자료를 해석한 것으로 적절하지 않은 것은?

〈2022년 연령대별 골다공증 진료 현황〉

(단위 : 명)

구분	전체	9세 이하	10대	20대	30대	40대	50대	60대	70대	80대 이상
합계	855,975	44	181	1,666	6,548	21,654	155,029	294,553	275,719	100,581
남성	53,741	21	96	305	1,000	2,747	7,677	12,504	20,780	8,611
여성	802,234	23	85	1,361	5,548	18,907	147,352	282,049	254,939	91,970

① 골다공증 발병이 진료로 이어진다면 여성의 발병률이 남성보다 높다.
② 전체 진료 인원 중 40대 이하가 차지하는 비율은 3.5%이다.
③ 전체 진료 인원 중 골다공증 진료 인원이 가장 높은 연령은 60대로, 그 비율은 34.4%이다.
④ 연령대별 골다공증 진료율이 높은 순서는 남성과 여성 모두 같다.
⑤ 10대를 제외한 모든 연령대에서 남성보다 여성이 많은 진료를 받았다.

10 어느 도서관에서 일정 기간 도서 대여 횟수를 작성한 자료이다. 다음 중 자료를 통해 얻을 수 있는 내용으로 적절하지 않은 것은?

〈도서 대여 횟수〉

(단위 : 회)

구분	비소설		소설	
	남자	여자	남자	여자
40세 미만	520	380	450	600
40세 이상	320	400	240	460

① 소설을 대여한 횟수가 비소설을 대여한 횟수보다 많다.
② 40세 미만보다 40세 이상의 대여 횟수가 더 적다.
③ 남자가 소설을 대여한 횟수가 여자가 소설을 대여한 횟수의 70% 이상이다.
④ 40세 미만 전체 대여 횟수에서 비소설 대여 횟수가 차지하는 비율은 40%를 넘는다.
⑤ 40세 이상 전체 대여 횟수에서 소설 대여 횟수가 차지하는 비율은 50% 미만이다.

11 다음은 A시 마을의 상호 간 태양광 생산 잉여전력 판매량에 관한 자료이다. 이에 대한 설명으로 적절하지 않은 것은?(단, A시 마을은 제시된 4개 마을이 전부이며, 모든 마을의 전력 판매가는 같다고 가정한다)

(단위 : kW)

판매량 \ 구매량	갑 마을	을 마을	병 마을	정 마을
갑 마을	–	180	230	160
을 마을	250	–	200	190
병 마을	150	130	–	230
정 마을	210	220	140	–

※ (거래수지)=(판매량)−(구매량)

① 총거래량이 같은 마을은 없다.
② 갑 마을이 을 마을에 40kW를 더 판매했다면, 을 마을의 구매량은 병 마을보다 많게 된다.
③ 태양광 전력 거래 수지가 흑자인 마을은 을 마을뿐이다.
④ 전력을 가장 많이 판매한 마을과 가장 많이 구매한 마을은 각각 을 마을과 갑 마을이다.
⑤ 구매량이 거래량의 40% 이하인 마을은 없다.

Hard

12 다음은 지방자치단체 여성 공무원 현황에 대한 자료이다. 다음 중 적절하지 않은 것은?

〈지방자치단체 여성공무원 현황〉

(단위 : 명, %)

구분	2017년	2018년	2019년	2020년	2021년	2022년
전체 공무원	266,176	272,584	275,484	275,231	278,303	279,636
여성 공무원	70,568	75,608	78,855	80,666	82,178	83,282
여성 공무원 비율	26.5	27.7	(가)	29.3	29.5	29.8

① 2017년 이후 여성공무원 수는 꾸준히 증가하고 있다.
② (가)에 들어갈 비율은 35% 이상이다.
③ 2022년도에 남성공무원이 차지하는 비율은 70% 이상이다.
④ 2022년 여성공무원의 비율은 2017년과 비교했을 때, 3.3%p 증가했다.
⑤ 2019년 남성 공무원은 196,125명이다.

13 다음 자료를 보고 판단한 내용으로 적절하지 않은 것은?

<기업 집중도 현황>

구분	2020년	2021년	2022년	
				전년 대비
상위 10대 기업	25.0%	26.9%	25.6%	▽ 1.3%p
상위 50대 기업	42.2%	44.7%	44.7%	–
상위 100대 기업	48.7%	51.2%	51.0%	▽ 0.2%p
상위 200대 기업	54.5%	56.9%	56.7%	▽ 0.2%p

① 2022년의 상위 10대 기업의 점유율은 전년도에 비해 낮아졌다.
② 2020년 상위 101 ~ 200대 기업이 차지하고 있는 비율은 5% 미만이다.
③ 전년 대비 2022년에는 상위 50대 기업을 제외하고 모두 점유율이 감소했다.
④ 전년 대비 2022년의 상위 100대 기업이 차지하고 있는 점유율은 약간 하락했다.
⑤ 2021 ~ 2022년까지 상위 10대 기업의 등락률과 상위 200대 기업의 등락률은 같은 방향을 보인다.

14 다음 자료를 보고 판단한 내용으로 적절하지 않은 것은?

<table>
<tr><td colspan="4" align="center">〈대규모 기업집단 매출액 현황〉</td></tr>
<tr><td>구분</td><td>2020년</td><td>2021년</td><td>2022년</td></tr>
<tr><td>상위 10대 민간 기업집단</td><td>680.5조 원</td><td>697.3조 원</td><td>874.1조 원</td></tr>
<tr><td>상위 30대 민간 기업집단</td><td>939.6조 원</td><td>941.8조 원</td><td>1,134.0조 원</td></tr>
<tr><td>민간 기업집단</td><td>984.7조 원
(총 40집단)</td><td>1,016.9조 원
(총 45집단)</td><td>1,231.8조 원
(총 47집단)</td></tr>
<tr><td>전체 기업집단
(민간+공공)</td><td>1,095.0조 원
(총 48집단)</td><td>1,113.9조 원
(총 53집단)</td><td>1,348.3조 원
(총 55집단)</td></tr>
</table>

※ 자산규모 5조 이상 기업집단(상호출자·채무보증 제한대상)
※ 자산규모 기준으로 상위 10대, 30대

① 2022년 전체 기업집단 매출액 대비 상위 10대 민간 기업집단이 차지하고 있는 비율은 2020년에 비해 낮아졌다.
② 2022년 상위 10대 민간 기업집단의 매출액은 상위 30대 민간 기업집단 매출액의 75% 이상을 차지하고 있다.
③ 2020년 공공집단이 차지하고 있는 매출액은 전체 기업집단의 약 10% 정도이다.
④ 2020년 대비 2022년 상위 30대 민간 기업집단의 매출액 증가율보다 상위 10대 민간 기업집단의 매출액 증가율이 더 높다.
⑤ 민간 기업집단의 총수와 민간 기업집단의 매출액은 해마다 증가하고 있다.

※ 다음은 우리나라 업종별 근로자 수 및 고령근로자 비율과 국가별 65세 이상 경제활동 참가율 현황에 관한 자료이다. 다음 그래프를 보고 이어지는 질문에 답하시오. **[15~16]**

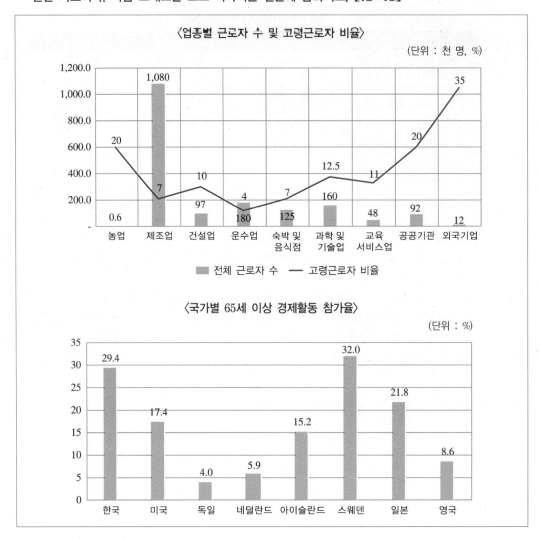

15 다음 중 우리나라 고령근로자 현황과 국가별 경제활동 참가율에 대한 해석으로 가장 적절한 것은?

① 건설업에 종사하는 고령근로자 수는 외국기업에 종사하는 고령근로자 수의 3배 이상이다.

② 국가별 65세 이상 경제활동 조사 인구가 같을 경우 미국의 고령근로자 수는 영국 고령근로자 수의 2배 미만이다.

③ 모든 업종의 전체 근로자 수에서 제조업에 종사하는 전체 근로자 비율은 80% 이상이다.

④ 농업과 교육 서비스업, 공공기관에 종사하는 총 고령근로자 수는 과학 및 기술업에 종사하는 고령 근로자 수보다 많다.

⑤ 독일, 네덜란드와 아이슬란드의 65세 이상 경제활동 참가율의 합은 한국의 65세 이상 경제활동 참가율의 90% 이상을 차지한다.

16 국가별 65세 이상 경제활동 참가조사 인구가 아래와 같을 때, (A), (B)에 들어갈 수로 옳은 것은?

〈국가별 65세 이상 경제활동 참가조사 인구〉

(단위 : 만 명)

구분	한국	미국	독일	네덜란드	아이슬란드	스웨덴	일본	영국
조사 인구	750	14,200	2,800	3,510	3,560	5,600	15,200	13,800
고령근로자	(A)	2,470.8	112	207.09	541.12	(B)	3,313.6	1,186.8

	(A)	(B)
①	220.5	1,682
②	220.5	1,792
③	230.5	1,792
④	230.5	1,682
⑤	300.5	1,984

※ 다음은 K공사 직원 250명을 대상으로 조사한 자료이다. 다음 자료를 참고하여 이어지는 질문에 답하시오. [17~18]

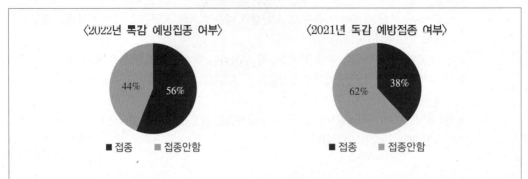

〈2022년 독감 예방접종 여부〉

44% 56%

■ 접종 ■ 접종안함

〈2021년 독감 예방접종 여부〉

62% 38%

■ 접종 ■ 접종안함

〈부서별 직원 현황〉

구분	총무부서	회계부서	영업부서	제조부서	합계
비율	16%	12%	28%	44%	100%

※ 제시된 것 외의 부서는 없다.
※ 2021년과 2022년 부서별 직원 현황은 변동이 없다.

17 다음 중 자료에 대한 설명으로 가장 적절한 것은?(단, 소수점 첫째 자리에서 버림한다)

① 2021년의 독감 예방접종자가 2022년에도 예방접종했다면, 2021년에는 예방접종을 하지 않았지만 2022년에 예방접종을 한 직원은 총 54명이다.

② 2021년 대비 2022년에 예방접종을 한 직원의 수는 49% 이상 증가했다.

③ 2021년의 예방접종을 하지 않은 직원들을 대상으로 2022의 독감 예방접종 여부를 조사한 자료라고 한다면, 2021년과 2022년 모두 예방접종을 하지 않은 직원은 총 65명이다.

④ 제조부서를 제외한 모든 부서 직원들이 2022년에 예방접종을 했다고 할 때, 제조부서 중 예방접종을 한 직원의 비율은 2%이다.

⑤ 2021년과 2022년의 독감 예방접종 여부가 총무부서에 대한 자료라고 할 때, 총무부서 직원 중 예방접종을 한 직원은 2021년 대비 2022년에 7명 증가했다.

18 제조부서를 제외한 모든 부서 직원들의 절반이 2021년 예방접종을 했다고 할 때, 제조부서 직원 중 2021년 예방접종을 한 직원의 비율은?(단, 소수점 첫째 자리에서 버림한다)

① 18% ② 20%
③ 22% ④ 24%
⑤ 26%

19 다음 표는 2017년과 2022년 11월 시도별 이동자 수 및 이동률에 관한 자료이다. 이에 대한 설명으로 적절하지 않은 것은?

〈표 1〉 2022년 11월 시도별 이동자 수(총 전입)

(단위 : 명)

지역	전국	서울	부산	대구	인천	광주
이동자 수	650,197	132,012	42,243	28,060	40,391	17,962

〈표 2〉 2017년 11월 시도별 이동률(총 전입)

(단위 : %)

지역	전국	서울	부산	대구	인천	광주
이동자 수	1.27	1.34	1.21	1.14	1.39	1.23

① 2022년 서울의 총 전입자 수는 2022년 전국의 총 전입자 수의 약 20.3%이다.

② 서울, 부산, 대구, 인천, 광주 중 대구의 2017년 총 전입률이 가장 낮다.

③ 서울은 2022년 총 전입자 수와 2017년 총 전입률 모두 다른 지역에 비해 가장 높다.

④ 부산의 2022년 총 전입자 수는 광주의 2022년 총 전입자 수의 약 2.35배이다.

⑤ 2022년 총 전입자 수가 가장 낮은 지역은 광주이다.

20 다음은 A, B, C 세 사람의 신장과 체중을 비교한 자료이다. 자료에 대한 설명으로 가장 적절한 것은?

〈A, B, C 세 사람의 신장 · 체중 비교표〉

(단위 : cm, kg)

구분	2014년		2019년		2022년	
	신장	체중	신장	체중	신장	체중
A	136	41	152	47	158	52
B	142	45	155	51	163	49
C	138	42	153	48	166	55

① 세 사람 모두 신장과 체중은 계속 증가하였다.

② 세 사람의 신장 순위는 2014년과 2022년이 동일하다.

③ B는 세 사람 중 가장 키가 크다.

④ 2014년 대비 2022년 신장이 가장 많이 증가한 사람은 C이다.

⑤ 2014년 대비 2019년 체중이 가장 많이 증가한 사람은 B이다.

※ 마지막 명제가 참일 때, 빈칸에 들어갈 명제로 가장 적절한 것을 고르시오. **[1~3]**

01

> 회계팀의 팀원은 모두 회계 관련 자격증을 가지고 있다.
> _____
> 그러므로 돈 계산이 빠르지 않은 사람은 회계팀이 아니다.

① 회계팀이 아닌 사람은 돈 계산이 빠르다.
② 돈 계산이 빠른 사람은 회계 관련 자격증을 가지고 있다.
③ 회계팀이 아닌 사람은 회계 관련 자격증을 가지고 있지 않다.
④ 돈 계산이 빠르지 않은 사람은 회계 관련 자격증을 가지고 있다.
⑤ 돈 계산이 빠르지 않은 사람은 회계 관련 자격증을 가지고 있지 않다.

02

> 낡은 것을 버려야 새로운 것을 채울 수 있다.
> _____
> 그러므로 새로운 것을 채우지 않는다면 더 많은 세계를 경험할 수 없다.

① 새로운 것을 채운다면 낡은 것을 버릴 수 있다.
② 낡은 것을 버리지 않는다면 새로운 것을 채울 수 없다.
③ 새로운 것을 채운다면 더 많은 세계를 경험할 수 있다.
④ 낡은 것을 버리지 않는다면 더 많은 세계를 경험할 수 없다.
⑤ 더 많은 세계를 경험하지 못한다면 새로운 것을 채울 수 없다.

03

> A세포가 있는 동물은 물체의 상을 감지할 수 없다.
> B세포가 없는 동물은 물체의 상을 감지할 수 있다.
> ───────────────────────
> 그러므로 A세포가 있는 동물은 빛의 유무를 감지할 수 있다.

① 빛의 유무를 감지할 수 있는 동물은 B세포가 있다.
② B세포가 없는 동물은 빛의 유무를 감지할 수 없다.
③ B세포가 있는 동물은 빛의 유무를 감지할 수 있다.
④ 물체의 상을 감지할 수 있는 동물은 빛의 유무를 감지할 수 있다.
⑤ 빛의 유무를 감지할 수 없는 동물은 물체의 상을 감지할 수 없다.

04 4일간 태국으로 여행을 간 현수는 하루에 한 번씩 매일 발 마사지를 받았는데, 현수가 간 마사지 숍에는 30분, 1시간, 1시간 30분, 2시간의 발 마사지 코스가 있었다. 제시된 내용이 모두 참일 때, 다음 중 항상 참인 것은?

> • 첫째 날에는 2시간이 소요되는 코스를 선택하였다.
> • 둘째 날에는 셋째 날보다 1시간이 더 소요되는 코스를 선택하였다.
> • 넷째 날에 받은 코스의 소요 시간은 첫째 날의 코스보다 짧고 셋째 날의 코스보다 길었다.

① 첫째 날에 받은 마사지 코스가 둘째 날에 받은 마사지 코스보다 길다.
② 넷째 날에 받은 마사지 코스는 둘째 날에 받은 마사지 코스보다 짧다.
③ 첫째 날에 받은 마사지 코스는 넷째 날에 받은 마사지 코스보다 1시간 이상 더 길다.
④ 셋째 날에 가장 짧은 마사지 코스를 선택하였다.
⑤ 현수는 4일간 총 5시간의 발 마사지를 받았다.

`Easy`

05 수영, 슬기, 경애, 정서, 민경의 머리 길이가 서로 다르다고 할 때, 다음을 읽고 바르게 추론한 것은?

> • 수영이는 단발머리로 슬기와 경애의 머리보다 짧다.
> • 정서의 머리는 수영보다 길지만, 슬기보다는 짧다.
> • 경애의 머리는 정서보다 길지만, 슬기보다는 짧다.
> • 민경의 머리는 경애보다 길지만, 다섯 명 중에 가장 길지는 않다.

① 경애는 단발머리이다.
② 슬기의 머리가 가장 길다.
③ 민경의 머리는 슬기보다 길다.
④ 수영의 머리가 다섯 명 중 가장 짧지는 않다.
⑤ 머리가 긴 순서대로 나열하면 '슬기 – 정서 – 민경 – 경애 – 수영'이다.

06 A ~ E 사원은 회사 업무로 인해 외근을 나가려 한다. 다음 명제들이 모두 참이라고 할 때, 항상 참인 것은?

> - A가 외근을 나가면 B도 외근을 나간다.
> - A가 외근을 나가면 D도 외근을 나간다.
> - D가 외근을 나가면 E도 외근을 나간다.
> - C가 외근을 나가지 않으면 B도 외근을 나가지 않는다.
> - D가 외근을 나가지 않으면 C도 외근을 나가지 않는다.

① B가 외근을 나가면 A도 외근을 나간다.

② D가 외근을 나가면 C도 외근을 나간다.

③ A가 외근을 나가면 E도 외근을 나간다.

④ C가 외근을 나가지 않으면 D도 외근을 나가지 않는다.

⑤ B가 외근을 나가지 않으면 D도 외근을 나가지 않는다.

07 다음은 같은 반 학생인 A, B, C, D, E의 영어 단어 시험 결과이다. 이를 바탕으로 바르게 추론한 것은?

> - A는 이번 시험에서 1문제의 답을 틀렸다.
> - B는 이번 시험에서 10문제의 답을 맞혔다.
> - C만 유일하게 이번 시험에서 20문제 중 답을 다 맞혔다.
> - D는 이번 시험에서 B보다 많은 문제의 답을 틀렸다.
> - E는 지난 시험에서 15문제의 답을 맞혔고, 이번 시험에서는 지난 시험보다 더 많은 문제의 답을 맞혔다.

① A는 E보다 많은 문제의 답을 틀렸다.

② C는 가장 많이 답을 맞혔고, B는 가장 많이 답을 틀렸다.

③ B는 D보다 많은 문제의 답을 맞혔지만, E보다는 적게 답을 맞혔다.

④ D는 E보다 많은 문제의 답을 맞혔다.

⑤ E는 이번 시험에서 5문제 이상의 답을 틀렸다.

08

> • 창조적인 기업은 융통성이 있다.
> • 오래 가는 기업은 건실하다.
> • 오래 가는 기업이라고 해서 모두가 융통성이 있는 것은 아니다.

① 융통성이 있는 기업은 건실하다.
② 창조적인 기업이 오래 갈지 아닐지 알 수 없다.
③ 융통성이 있는 기업은 오래 간다.
④ 어떤 창조적인 기업은 건실하다.
⑤ 창조적인 기업은 오래 간다.

09

> • 테니스를 좋아하는 사람은 가족 여행을 싫어한다.
> • 가족 여행을 좋아하는 사람은 독서를 좋아한다.
> • 독서를 좋아하는 사람은 쇼핑을 싫어한다.
> • 쇼핑을 좋아하는 사람은 그림 그리기를 좋아한다.
> • 그림 그리기를 좋아하는 사람은 테니스를 좋아한다.

① 그림 그리기를 좋아하는 사람은 가족 여행을 좋아한다.
② 쇼핑을 싫어하는 사람은 그림 그리기를 좋아한다.
③ 테니스를 좋아하는 사람은 독서를 좋아한다.
④ 쇼핑을 좋아하는 사람은 가족 여행을 싫어한다.
⑤ 쇼핑을 싫어하는 사람은 테니스를 좋아한다.

10

조건

- 연애 매칭 프로그램에서 서로에게 호감을 보인 남녀 커플은 6명 중 1쌍이 탄생했다.
- 남자 1호는 여자 1호에게 호감을 표시했다.
- 여자 1호는 남자 1호에게 호감을 표시하지 않았다.
- 남자 2호는 여자 1호에게 호감을 표시하지 않았다.
- 여자 2호는 남자 2호에게 호감을 표시했다.
- 남자 3호는 여자 2호에게 호감을 표시하지 않았다.
- 여자 3호는 남자 1호에게 호감을 표시하지 않았다.

보기

서로에게 호감을 보인 남녀 커플에서 여자는 3호이다.

① 확실히 아니다.
② 확실하지 않지만 틀릴 확률이 높다.
③ 확실하지 않지만 맞을 확률이 높다.
④ 확실히 맞다.
⑤ 알 수 없다.

11

조건

- 월요일부터 일요일까지 4형제가 돌아가면서 어머니 병간호를 하기로 했다.
- 첫째, 둘째, 셋째는 이틀씩, 넷째는 하루씩 병간호를 하기로 했다.
- 어머니가 혼자 계시도록 두는 날은 없다.
- 첫째는 화요일과 목요일에 병간호를 할 수 없다.
- 둘째는 평일에 하루, 주말에 하루 병간호를 하기로 했다.
- 셋째는 일요일과 평일에 병간호를 하기로 했다.
- 넷째는 수요일에 병간호를 하기로 했다.

보기

셋째는 목요일과 일요일에 병간호를 할 것이다.

① 확실히 아니다.
② 확실하지 않지만 틀릴 확률이 높다.
③ 확실하지 않지만 맞을 확률이 높다.
④ 확실히 맞다.
⑤ 알 수 없다.

12 다음 제시된 9개의 단어 중 3개의 단어와 공통 연상되는 단어는?

호흡기	중국	워터파크
디저트	출판단지	수도꼭지
오아시스	자몽	김유정

① 카페   ② 물

③ 황사   ④ 병원

⑤ 책

13 다음 제시된 낱말의 대응 관계로 볼 때 빈칸에 들어가기에 적절한 것은?

춘향 : 몽룡 = (   ) : 피터팬

① 피오나   ② 웬디

③ 팅커벨   ④ 오로라

⑤ 벨

※ 다음 도식에서 기호들은 일정한 규칙에 따라 문자를 변화시킨다. ?에 들어갈 적절한 문자를 고르시오
(단, 규칙은 가로와 세로 중 한 방향으로만 적용된다). [14~17]

```
                    1ㅛㅡㄷ          ㅅㅏ ㄹL
                      ↓              ↓
   5ㄹjㅗ   →   ♩   →   ♪   →   ♫   →   7ㅓㄴㅓ
                      ↓              ↓
   ㅂㅋㅓ   →   ♪   →   ♫   →   ♩   →   ㅇㅈkㅈ
                      ↓              ↓
                    3ㄱㅏㅕ          ㅈJㅂJ
```

14

ㅓㅕㅗㅛ → ♫ → ♩ → ?

① ㅗㅕㅜㅕ
② ㅕㅗㅕㅜ
③ ㅑㅜㅑㅜ
④ ㅗㅕㅗㅑ
⑤ ㅜㅕㅗㅕ

15

rㄴㅠㅜ → ? → ♫ → tㅗㅣㅎ

① ♪
② ♫
③ ♩
④ ♩ → ♫
⑤ ♪ → ♫

16

ㅣㅡ2ㅋ → ♩ → ♪ → ?

① ㅡㅋ4ㅎ
② ㅣㅎ2ㅎ
③ ㅡ2ㅎㅋ
④ ㅡ2ㅋㅎ
⑤ ㅣㅋ2ㅋ

17

ㅁhㄷu → ? → ♩ → ♫ → ㅈqㅅq

① ♪
② ♫
③ ♩
④ ♩ → ♫
⑤ ♪ → ♫

※ 다음 제시된 도형의 규칙을 보고 ?에 들어갈 적절한 것을 고르시오. [18~20]

18

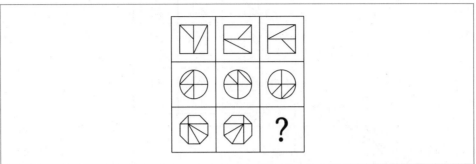

①

②

③

④

⑤

19

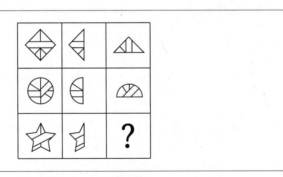

①

②

③

④

⑤

20

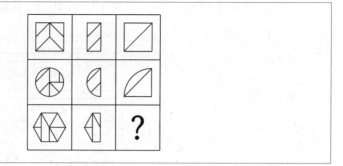

①

②

③

④

⑤

※ 다음 도식에서 기호들은 일성한 규직에 따라 문자를 변화시킨다. ?에 들어갈 적절한 문자를 고르시오 (단, 규칙은 가로와 세로 중 한 방향으로만 적용된다). [21~24]

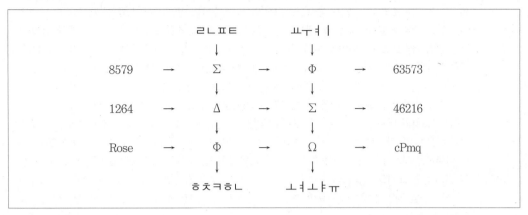

21

ㅁㅕi → Ω → Φ → ?

① h ㅏ g ㄷ
② g ㄷ h ㅏ
③ ㅕ ㄷ h g
④ f ㄷ g ㅏ
⑤ f ㅏ g ㄷ

22

ㅗㅊㄷㅑ → Φ → ? → ㅓ ㅇ ㄱ ㅣ ㅇ

① Σ
② Δ
③ Φ
④ Ω
⑤ Σ → Δ

23

2ㄴㅠBㅎ → Δ → Σ → ?

① ㅎㅠㄴ2ㅜB
② ㅎBㅠㄴ2B
③ ㄱAㅠㄴ2A
④ ㄱBㅠㄴ3B
⑤ ㅎㅠBㄱ2A

24

ㅏㅜ8ㅋㅑ → ? → Φ → Ω → ㅗㅡㅓ6ㅈㅣ

① Σ
② Δ
③ Φ
④ Ω
⑤ Σ → Δ

25 다음 글의 내용에서 추론할 수 없는 것은?

초기의 독서는 소리 내어 읽는 음독 중심이었다. 고대 그리스인들은 쓰인 글이 완전해지려면 소리 내어 읽는 행위가 필요하다고 생각했다. 또한 초기의 두루마리 책은 띄어쓰기나 문장부호 없이 이어 쓰는 연속 기법으로 표기되어 어쩔 수 없이 독자가 자기 목소리로 문자의 뜻을 더듬어가며 읽어봐야 글을 이해할 수 있었다. 흡사 종교의식을 치르듯 성서나 경전을 진지하게 암송하는 낭독이나, 필자나 전문 낭독가가 낭독하는 것을 들음으로써 간접적으로 책을 읽는 낭독 – 듣기가 보편적이었다. 그러던 12세기 무렵 독서 역사에 큰 변화가 일어나는데, 그것은 유럽 수도원의 필경사들 사이에서 시작된 '소리를 내지 않고 읽는 묵독'의 발명이었다. 공동생활에서 소리를 최대한 낮춰 읽는 것이 불가피했던 것이다. 비슷한 시기에 두루마리 책을 완전히 대체하게 된 책자형 책은 주석을 참조하거나 앞부분을 다시 읽는 것을 가능하게 하여 묵독을 도왔다. 묵독이 시작되자 낱말의 간격이나 문장의 경계 등을 표시할 필요성이 생겨 띄어쓰기와 문장부호가 발달했다. 이와 함께 반체제, 에로티시즘, 신앙심 등 개인적 체험을 기록한 책도 점차 등장했다. 이러한 묵독은 꼼꼼히 읽는 분석적 읽기를 가능하게 했다.

음독과 묵독이 공존하던 18세기 중반에 새로운 독서 방식으로 다독이 등장했다. 금속활자와 인쇄술의 보급으로 책 생산이 이전의 3 ~ 4배로 증가하면서 다양한 장르의 책들이 출판되었다. 이전에 책을 접하지 못했던 여성들이 독자로 대거 유입되었고, 독서 조합과 대출 도서관 등 독서 기관이 급격히 증가했다. 이전 시대에는 제한된 목록의 고전을 여러 번 정독하는 집중형 독서가 주로 행해졌던 반면, 이제는 분산형 독서가 행해졌다. 이것은 필독서인 고전의 권위에 대항하여 자신이 읽고 싶은 것을 골라 읽는 자유로운 선택적 읽기를 뜻한다. 이처럼 오늘날 행해지는 다양한 독서 방식들은 장구한 시간의 흐름 속에서 하나씩 등장했다. 그래서 거기에는 당대의 지식사를 이끌었던 흔적들이 남아 있다.

① 다양한 내용의 책을 읽는 데에는 분산형 독서가 효과적이다.
② 분산형 독서는 고전이 전에 가졌던 권위를 약화시켰다.
③ 18세기 중반 이전에는 여성 독자의 수가 제한적이었다.
④ 책의 형태가 변화하면 독서의 방식도 따라서 변화한다.
⑤ 책자형 책의 출현으로 인해 낭독의 확산이 가능해졌다.

26 다음 글을 읽고 추론한 내용으로 가장 적절한 것은?

> 휴대전화기를 새 것으로 바꾸기 위해 대리점에 간 소비자가 있다. 대리점에 가면서 휴대전화기 가격으로 30만 원을 예상했다. 그런데 마음에 드는 것을 선택하니 가격이 25만 원이라고 하였다. 소비자는 흔쾌히 구입을 결정했다. 그러면서 뜻밖의 이익이 생겼음에 좋아할지도 모른다. 처음 예상했던 휴대전화기의 가격과 실제 지불한 액의 차이, 즉 5만 원의 이익을 얻었다고 보는 것이다. 경제학에서는 이것을 '소비자 잉여(消費者剩餘)'라고 부른다. 어떤 상품에 대해 소비자가 최대한 지불해도 좋다고 생각하는 가격에서 실제로 지불한 가격을 뺀 차액이 소비자 잉여인 셈이다. 결국 같은 가격으로 상품을 구입하면 할수록 소비자 잉여는 커질 수밖에 없다.
>
> 휴대전화기를 구입하고 나니, 대리점 직원은 휴대전화의 요금제를 바꾸라고 권유했다. 현재 이용하고 있는 휴대전화 서비스보다 기본요금이 조금 더 비싼 대신 분당 이용료가 싼 요금제로 바꾸는 것이 더 이익이라는 설명도 덧붙였다. 소비자는 지금까지 휴대전화의 요금이 기본 요금과 분당 이용료로 나누어져 있는 것을 당연하게 생각해 왔다. 그런데 곰곰이 생각해 보니, 이건 정말 특이한 가격 체계였다. 다른 제품이나 서비스는 보통 한 번만 값을 지불하면 되는데, 왜 휴대전화 요금은 기본요금과 분당 이용료의 이원 체제로 이루어져 있는 것일까?
>
> 휴대전화 회사는 기본요금과 분당 이용료의 이원 체제 전략, 즉 '이부가격제(二部價格制)'를 채택하고 있다. 이부가격제는 소비자가 어떤 상품을 사려고 할 때, 우선적으로 그 권리에 상응하는 가치를 값으로 지불하고, 실제 상품을 구입할 때 그 사용량에 비례하여 또 값을 지불해야 하는 체제를 말한다. 이부가격제를 적용하면 휴대전화 회사는 소비자의 통화량과 관계없이 기본 이윤을 확보할 수 있다.
>
> 이부가격제를 적용하는 또 다른 예로 놀이 공원을 들 수 있다. 이전에는 놀이 공원에 갈 때 저렴한 입장료를 지불했고, 놀이 기구를 이용할 때마다 표를 구입했다. 그렇기 때문에 놀이 기구를 골라서 이용하여 사용료를 절약할 수 있었고, 구경만 하고 사용료를 지불하지 않는 것도 가능했다. 그러나 요즘의 놀이 공원은 입장료를 이전보다 엄청나게 비싸게 하고 놀이기구의 사용료를 상대적으로 낮게 했다. 게다가 '빅3'니 '빅5'니 하는 묶음표를 만들어 놀이 기구 이용자로 하여금 가격의 부담이 적은 것처럼 느끼게 만들었다. 결국 놀이 공원의 가격 전략은 사용료를 낮추고 입장료를 높게 받는 이부가격제로 굳어지고 있는 것이다.
>
> 여기서 놀이 공원의 입장료는 상품을 살 수 있는 권리를 얻기 위해 지불해야 하는 금액에 해당한다. 그리고 입장료를 내고 들어간 사람들이 놀이 기구를 이용할 때마다 내는 요금은 상품의 가격에 해당하는 부분이다. 우리가 모르는 가운데 기업의 이윤 극대화를 위한 모색은 계속되고 있다.

① 놀이 공원의 '빅3'나 '빅5' 등의 묶음표는 이용자를 위한 가격제이다.
② 이부가격제는 이윤 극대화를 위해 기업이 채택할 수 있는 가격 제도이다.
③ 소비자 잉여의 크기는 구입한 상품에 대한 소비자의 만족감과 반비례한다.
④ 휴대전화 요금제는 기본요금과 분당 이용료가 비쌀수록 소비자에게 유리하다.
⑤ 가정으로 배달되는 우유를 한 달 동안 먹고 지불하는 값에는 이부가격제가 적용됐다.

27 다음 글에서 버클리의 견해와 부합하는 것을 〈보기〉에서 모두 고르면?

세계관은 세계의 존재와 본성, 가치 등에 관한 신념들의 체계이다. 세계를 해석하고 평가하는 준거인 세계관은 곧 우리 사고와 행동의 토대가 되므로, 우리는 최대한 정합성과 근거를 갖추도록 노력해야 한다. 모순되거나 일관되지 못한 신념은 우리의 사고와 행동을 교란할 것이므로 세계관에 대한 관심과 검토는 중요하다. 세계관을 이루는 여러 신념 가운데 가장 근본적인 수준의 신념은 '세계는 존재한다.'이다. 이 신념이 성립해야만 세계에 관한 다른 신념, 이를테면 세계가 항상 변화한다든가 불변한다든가 하는 등의 신념이 성립하기 때문이다.

실재론은 이 근본적 신념에 덧붙여 세계가 '우리 정신과 독립적으로' 존재함을 주장한다. 내가 만들어 날린 종이비행기는 멀리 날아가, 볼 수 없게 되었다 해도 여전히 존재한다. 이는 명확해서 논란의 여지가 없어 보이지만, 반실재론자는 이 상식에 도전한다. 유명한 반실재론자인 버클리는 세계의 독립적 존재를 부정한다. 그에 따르면, 우리가 감각 경험에 의존하지 않고는 세계를 인식할 수 없다고 한다. 그는 이를 바탕으로 세계에 관한 주장을 편다. 그에 의하면 '주관적' 성질인 색깔, 소리, 냄새, 맛 등은 물론, '객관적'으로 성립한다고 여겨지는 형태, 공간을 차지함, 딱딱함, 운동 등의 성질도 오로지 우리가 감각할 수 있을 때만 존재하는 주관적 속성이다. 세계 속의 대상과 현상이란 이런 속성으로 구성되므로 세계는 감각으로 인식될 때만 존재한다는 것이다.

버클리의 주장은 우리의 통념과 충돌한다. 당시 어떤 사람이 돌을 차면서 "나는 이렇게 버클리를 반박한다!"라고 외쳤다고 한다. 그는 날아간 돌이 엄연히 존재한다는 점을 근거로 버클리의 주장을 반박하고자 한 것이다. 그러나 버클리를 비롯한 반실재론자들이 부정한 것은 세계가 정신과 독립하여 그 자체로 존재한다는 신념이다. 따라서 돌을 찬 사람은 그들을 제대로 반박하지 못했다고 볼 수 있다.

최근까지도 새로운 형태의 반실재론이 제기되어 활발한 논의가 진행 중이다. 논증의 성패를 떠나 반실재론자는 타성에 젖은 실재론적 세계관의 토대에 대해 성찰할 기회를 제공한다. 또한 세계관에 대한 도전과 응전의 반복은 그 자체로 인간 지성이 상호 소통하면서 발전해 가는 과정을 보여준다.

보기

ㄱ. 번개가 치는 현상은 감각 경험으로 구성된 것이다.
ㄴ. '비둘기가 존재한다.'는 '비둘기가 지각된다.'와 같은 뜻이다.
ㄷ. 우리에게 지각되는 책상은 우리의 인식 이전에 그 자체로 존재한다.
ㄹ. 사과의 단맛은 주관적인 속성이며, 둥근 모양은 객관적 속성이다.

① ㄱ, ㄴ   ② ㄱ, ㄷ
③ ㄴ, ㄷ   ④ ㄴ, ㄹ
⑤ ㄷ, ㄹ

28 다음 글을 통해 답을 확인할 수 없는 것은?

> 콩나물의 가격 변화에 따라 콩나물의 수요량이 변하는 것은 일반적인 현상이다. 그러나 콩나물 가격은 변하지 않는데도 콩나물의 수요량이 변할 수 있다. 시금치 가격이 상승하면 소비자들은 시금치를 콩나물로 대체한다. 그러면 콩나물 가격은 변하지 않는데도 시금치 가격의 상승으로 인해 콩나물의 수요량이 증가할 수 있다. 또는 콩나물이 몸에 좋다는 내용의 방송이 나가면 콩나물 가격은 변하지 않았음에도 불구하고 콩나물의 수요량이 급증한다. 이와 같이 특정한 상품의 가격은 변하지 않는데도 다른 요인으로 인하여 그 상품의 수요량이 변하는 현상을 수요의 변화라고 한다.
>
> 수요의 변화는 소비자의 소득 변화에 의해서도 발생한다. 예를 들어, 스마트폰 가격에 변동이 없음에도 불구하고 소득이 증가하면 스마트폰에 대한 수요량이 증가한다. 반대로 소득이 감소하면 수요량이 감소한다. 이처럼 소득의 증가에 따라 수요량이 증가하는 재화를 '정상재'라고 한다. 우리 주위에 있는 대부분의 재화들은 정상재이다. 그러나 소득이 증가하면 오히려 수요량이 감소하는 재화가 있는데 이를 '열등재'라고 한다. 예를 들어, 용돈을 받아 쓰던 학생 때는 버스를 이용하다 취직해서 소득이 증가하여 자가용을 타게 되면 버스에 대한 수요는 감소한다. 이 경우 버스는 열등재라고 할 수 있다.
>
> 정상재와 열등재는 수요의 소득탄력성으로도 설명할 수 있다. 수요의 소득탄력성이란 소득이 1% 변할 때 수요량이 변하는 정도를 말한다. 수요의 소득탄력성이 양수인 재화는 소득이 증가할 때 수요량도 증가하므로 정상재이다. 반대로 수요의 소득탄력성이 음수인 재화는 소득이 증가할 때 수요량이 감소하므로 열등재이다. 정상재이면서 소득탄력성이 1보다 큰, 즉 소득이 증가하는 것보다 수요량이 더 크게 증가하는 경우가 있다. 경제학에서는 이를 '사치재'라고 한다. 반면에 정상재이면서 소득탄력성이 1보다 작은 재화를 '필수재'라고 한다.
>
> 정상재와 열등재는 가격이나 선호도 등 다른 모든 조건이 변하지 않는 상태에서 소득만 변했을 때 재화의 수요가 어떻게 변했는지를 분석한 개념이다. 하지만 특정 재화를 명확하게 정상재나 열등재로 구별하기는 어렵다. 동일한 재화가 소득 수준이나 생활환경에 따라 열등재가 되기도 하고 정상재가 되기도 하기 때문이다. 패스트푸드점의 햄버거는 일반적으로 정상재로 볼 수 있지만 소득이 아주 높아져서 취향이 달라지면 햄버거에 대한 수요가 줄어들어 열등재가 될 수도 있다. 이처럼 재화의 수요 변화는 재화의 가격뿐만 아니라 그 재화를 대체하거나 보완하는 다른 재화의 가격, 소비자의 소득, 취향, 장래에 대한 예상 등의 여러 요인에 의하여 결정된다.

① 사치재는 수요의 소득탄력성으로 설명할 수 있는가?
② 사치재와 필수재의 예로는 어떤 것이 있는가?
③ 수요의 변화가 발생하는 이유는 무엇인가?
④ 정상재와 열등재의 차이점은 무엇인가?
⑤ 수요의 변화란 무엇인가?

29 다음 글을 읽고 난 후의 반응으로 가장 적절한 것은?

우리는 개인에 따라 선호하는 정보 처리 방식이 다르다. 어떤 사람은 사태를 논리적으로 파악하는 것을 선호하나, 어떤 사람은 감성적으로 파악하는 것을 선호한다. 어떤 사람은 스스로 고심하여 문제해결 방안을 찾는 것을 좋아하지만, 어떤 사람은 다른 사람이 명확한 답을 내려주길 바란다. 어떤 사람은 혼자서 일할 때 훌륭한 성과를 내지만, 어떤 사람은 다른 사람과 협력할 때 좋은 성과를 낸다. 이처럼 개인이 선호하는 정보 처리 방식을 인지 양식이라고 하는데, 위트킨(H. A. Witkin)은 인지 양식 유형을 장독립성과 장의존성으로 나누어 설명한다.

장독립성은 사물을 인식할 때 그 사물을 둘러싼 배경, 즉 장의 영향을 별로 받지 않는 인지 양식을 말한다. 즉, 장독립적인 사람은 주변 상황에서 자신을 잘 분리할 수 있다. 이에 반해 장의존성은 장의 영향을 많이 받는 인지 양식을 말한다. 다시 말해, 장의존적인 사람은 주변 상황에서 자신을 분리하는 것이 쉽지 않다.

이와 같은 장독립성, 장의존성은 개인의 학습에 영향을 미친다. 장의존적인 사람은 사회적 내용을 다룬 자료를 잘 이해한다. 또 구조화되지 않은 자료를 학습하거나 주어진 자료를 재조직하는 데 어려움을 겪으며, 문제 해결을 위해 명료한 지시를 필요로 하고, 다른 사람의 비판에 영향을 많이 받는다. 이처럼 장의존적인 학습자에게는 장독립적인 교사가 어울린다. 왜냐하면 장독립적인 교사는 구조화되고 명료한 강의식 교수법을 선호하기 때문에 구조화된 자료의 제공을 필요로 하는 장의존적 학습자에게 도움이 될 수 있다.

반면 장독립적인 사람은 사회적 내용을 다룬 자료에 집중하는 것을 어려워하며 수학이나 과학처럼 분석적 능력을 요구하는 과목을 선호한다. 또 구조화되지 않은 것을 구조화하거나, 자료를 재조직하는 능력이 뛰어나다. 외부의 비판에 영향을 적게 받고, 외부의 지시보다는 자신이 설정한 목표에 따라 문제를 해결하는 경향이 있다. 장독립적 학습자에게는 장의존적 교사가 어울린다. 장의존적 교사는 학습자 중심의 수업을 선호하고, 분위기를 잘 살피며 융통성이 있어서 다양한 교수 방법들을 동원하여 수업을 진행하기 때문이다.

① 학습자는 같은 인지 유형을 지닌 교사에게 배울 때 더 높은 학업 성취를 보이겠군.
② 장의존적인 사람보다 장독립적인 사람이 숨은 그림 찾기에서 더 뛰어난 능력을 보여주겠군.
③ 장의존적인 학습자는 다양한 방법을 시도하면서 스스로 문제 해결의 답을 구하는 것을 선호하겠군.
④ 같은 인지 유형을 지닌 학습자끼리 학습하면 혼자 학습할 때보다 학습 능률이 높아지겠군.
⑤ 장의존적인 학습자에게는 칭찬이, 장독립적인 학습자에게는 비판이 학습 능률을 높이는 데 효과적이겠군.

30 다음 글을 통해 추론할 수 있는 것은?

> 바다 속에 서식했던 척추동물의 조상형 동물들은 체와 같은 구조를 이용하여 물속의 미생물을 걸러 먹었다. 이들은 몸집이 아주 작아서 물속에 녹아 있는 산소가 몸 깊숙한 곳까지 자유로이 넘나들 수 있었기 때문에 별도의 호흡계가 필요하지 않았다. 그런데 몸집이 커지면서 먹이를 거르던 체와 같은 구조가 호흡 기능까지 갖게 되어 마침내 아가미 형태로 변형되었다. 즉, 소화계의 일부가 호흡 기능을 담당하게 된 것이다. 그 후 호흡계의 일부가 변형되어 허파로 발달하고, 그 허파는 위장으로 이어지는 식도 아래쪽으로 뻗어 나갔다. 한편, 공기가 드나드는 통로는 콧구멍에서 입천장을 뚫고 들어가 입과 아가미 사이에 자리 잡게 되었다. 이러한 진화 과정을 보여 주는 것이 폐어(肺魚) 단계의 호흡계 구조이다.
>
> 이후 진화 과정이 거듭되면서 호흡계와 소화계가 접하는 지점이 콧구멍 바로 아래로부터 목 깊숙한 곳으로 이동하였다. 그 결과 머리와 목구멍의 구조가 변형되지 않는 범위 내에서 호흡계와 소화계가 점차 분리되었다. 즉, 처음에는 길게 이어져 있던 호흡계와 소화계의 겹친 부위가 점차 짧아졌고, 마침내 하나의 교차점으로만 남게 된 것이다. 이것이 인간을 포함한 고등 척추동물에서 볼 수 있는 호흡계의 기본 구조이다. 따라서 음식물로 인한 인간의 질식 현상은 척추동물 조상형 단계를 지나 자리 잡게 된 허파의 위치 —당시에는 최선의 선택이었을— 때문에 생겨난 진화의 결과라 할 수 있다.

① 진화는 순간순간에 필요한 대응일 뿐 최상의 결과를 내는 과정이 아니다.
② 조상형 동물은 몸집이 커지면서 호흡기능의 중요성이 줄어드는 대신 소화기능이 중요해졌다.
③ 폐어 단계의 호흡계 구조에서 갖고 있던 아가미는 척추동물의 허파로 진화하였다.
④ 지금의 척추동물과는 달리 조상형 동물들은 산소를 필요로 하지 않았다.
⑤ 척추동물로 진화해오면서 호흡계와 소화계는 완전히 분리되었다.

01 다음 중 갑상선 기능 항진증 환자의 간호사정 시 확인할 수 있는 특징적 증상에 해당하지 않는 것은?

① 피부 가려움증, 홍조   ② 월경과다, 체중증가

③ 불안감, 안구돌출 증상   ④ 두통, 근위축

⑤ 발한, 골다공증

02 환자가 응급수술을 해야 하는 상황에서 보호자가 수술을 거부하였다. 이에 한 의사는 치료를 하지 않으면 해가 될 수 있는 상황만 설명하였고, 다른 한 의사는 무작정 수술을 시행하였다. 이 경우 환자와 의사가 행한 윤리원칙은?

① 자율성과 성실의 원칙   ② 자율성과 정의의 원칙

③ 무해성과 선행의 원칙   ④ 자율성과 선행의 원칙

⑤ 무해성과 정의의 원칙

03 흉통이 50분 이상 지속되어 응급실로 내원한 환자가 호흡곤란이 지속되고, 심전도상 ST 분절의 상승이 나타날 때 추측할 수 있는 원인은?

① 심장판막 역류   ② 심막 삼출

③ 심근허혈   ④ 위식도 역류

⑤ 심근 전도장

04 학령기 아동이 백혈병(Leukemia)으로 항암화학요법을 받고 있다. 간호사가 주의를 기울여야 하는 혈액검사 결과는?

① 헤마토크릿 – 38%

② 헤모글로빈 – 14g/dL

③ 백혈구수 – 12,000/mm^3

④ 절대호중구수 – 300/mm^3

⑤ 혈소판수 – 350,000/mm^3

05 다음 중 경피적인 경혈관 관상동맥 확장술 시 대상자에게 교육할 내용으로 가장 적절한 것은?

① 일시적인 것일 뿐이나 앞으로 조심하여야 합니다.
② 막힌 부분만을 넓혀주었으니 계속하여 질병관리와 예후를 조심하여야 합니다.
③ 5년간은 괜찮습니다.
④ 관상동맥절제술을 하기 전에는 치유되었다고 볼 수 없습니다.
⑤ 완전히 치유되셨으니 안심하셔도 됩니다.

06 다음 중 대상자의 ABGA 검사결과이다. 무엇을 의미하는가?

> pH : 7.0, $PaCO_2$: 55mmHg, HCO_3^- : 25mEq/L

① 대사성 산증   ② 호흡성 산증
③ 호흡성 알카리증   ④ 대사성 알카리증
⑤ 저탄산혈증

07 다음 중 결장루 수술을 받은 환자의 영양관리로 적절한 것을 모두 고르면?

> ㉠ 탈수 예방을 위해 수분섭취를 권장한다.
> ㉡ 장운동을 촉진하는 과일, 커피 및 탄산음료를 권장한다.
> ㉢ 마늘, 양파, 달걀, 생선, 콩 등의 음식을 피한다.
> ㉣ 소화가 잘 되도록 천천히 말하면서 식사한다.

① ㉠, ㉡, ㉢   ② ㉠, ㉢
③ ㉡, ㉣   ④ ㉣
⑤ ㉠, ㉡, ㉢, ㉣

08 다음 중 출혈시간지연, 근육통, 강축, 후두마비, 무감각 등을 나타내는 전해질 불균형에 해당하는 것은?

① 고칼슘혈증   ② 저칼슘혈증
③ 고탄산혈증   ④ 저탄산혈증
⑤ 고산소혈증

09 다음 중 수두 환아의 소양감 완화를 위한 간호로 적절한 것을 모두 고르면?

> ⊙ 전분목욕을 시킨다.
> ⓒ 면으로 만든 벙어리장갑을 손에 끼워준다.
> ⓒ 칼라민 로션을 바른다.
> ⓔ 따뜻한 물로 비누 목욕시킨다.

① ⊙, ⓒ, ⓒ   ② ⊙, ⓒ
③ ⓒ, ⓔ   ④ ⓔ
⑤ ⊙, ⓒ, ⓒ, ⓔ

10 다음 중 화학요법을 받고 있는 암 환자의 영양결핍에 대한 간호중재로 적절하지 않은 것은?

① 구강영양을 증진시킨다.
② 모든 음식은 싱겁게 조리한다.
③ 저지방, 저열량 식이에 대한 필요성을 강조한다.
④ 음식 냄새에 예민할 때는 음식을 시원하게 먹는다.
⑤ 식사는 소량씩 자주 한다.

11 다음 중 급성 심근경색증 환자의 간호중재로 적절한 것을 모두 고르면?

> ⊙ 2 ~ 6L의 산소를 공급한다.
> ⓒ 흉통, 호흡곤란 시 산소를 높이고 습도를 공급한다.
> ⓒ 흉통 호소 시 높은 산소와 담요를 덮어서 체온을 유지한다.
> ⓔ 좌위를 취해준다.

① ⊙, ⓒ, ⓒ   ② ⊙, ⓒ
③ ⓒ, ⓔ   ④ ⓔ
⑤ ⊙, ⓒ, ⓒ, ⓔ

12 다음 중 위액분비 억제 요인으로 적절한 것을 모두 고르면?

㉠ 지방식이	㉡ 고농도 식이
㉢ 위염	㉣ 미주신경 자극

① ㉠, ㉡, ㉢　　　　　　　　　　　② ㉠, ㉢

③ ㉡, ㉣　　　　　　　　　　　　　④ ㉣

⑤ ㉠, ㉡, ㉢, ㉣

13 다음 중 대사성 산증으로 가장 적절한 것은?

① HCO_3^- 22mEq/L 이하

② HCO_3^- 22mEq/L 이상

③ 이산화탄소분압 45mEq/L 이상

④ 이산화탄소분압 55mEq/L 이상

⑤ 산소분압 80 ~ 100mmHg

14 다음 중 척추 손상 시 간호중재로 가장 적절한 것은?

① 경추 손상 시 앙와위로 두부 견인한다.

② 손상부위에 부목으로 고정한 후 움직이지 않게 신체선열을 유지해 안전하게 이동한다.

③ 혼자일 때 환자를 업어서 옮긴다.

④ 빨리 들것에 실어 옮긴다.

⑤ 분비물이 배출되도록 목을 옆으로 돌린다.

15 다음 중 심한 부종, 단백뇨, 저알부민혈증으로 입원한 환자를 위하여 간호사가 제공하여야 할 식이로 적절한 것을 모두 고르면?

㉠ 저염식이	㉡ 고지방식이
㉢ 고단백식이	㉣ 고칼륨식이

① ㉠, ㉡, ㉢　　　　　　　　　　　② ㉠, ㉢

③ ㉡, ㉣　　　　　　　　　　　　　④ ㉣

⑤ ㉠, ㉡, ㉢, ㉣

16 다음 중 한쪽 하지가 약해서 체중부하를 할 수 없고 다른 한쪽 하지는 튼튼하여 전체 체중유지가 가능할 때의 목발보행으로 적절한 것은?

① 4점 보행
② 2점 보행
③ 삼각보행
④ 뛰기보행
⑤ 3점 보행

17 다음 중 급성 신부전(Acute Renal Failure, ARF) 환자에서 즉각적인 간호중재가 필요한 검사 결과는?

① 요비중 – 1.009
② 혈청중탄산염 – 25mEq/L
③ 혈청나트륨 – 141mEq/L
④ 혈청요소질소 – 5.8mg/dL
⑤ 혈청칼륨 – 7.3mEq/L

18 퇴원 전 교육을 받은 식도이완불능증(Achalasia of Cardia) 환자의 반응 중 추가교육이 필요한 내용은?

① "따뜻한 음식을 먹습니다."
② "보정 속옷을 입습니다."
③ "술과 담배를 끊었습니다."
④ "음식을 조금씩 자주 먹습니다."
⑤ "상체를 올리고 잠을 잡니다."

19 다음 중 아나필락틱 쇼크가 있을 때의 중재로 적절한 것을 모두 고르면?

⊙ 후두 부종 등의 방지를 위하여 에피네프린을 근육이나 설하로 투여한다.
ⓒ 소양증 감소를 위하여 보온을 해 준다.
ⓒ 스테로이드는 부종 감소를 위하여 사용한다.
ⓔ 저장성 수액을 정맥으로 주입하여 전해질 균형을 맞춘다.

① ㉠, ㉡, ㉢
② ㉠, ㉢
③ ㉡, ㉣
④ ㉣
⑤ ㉠, ㉡, ㉢, ㉣

20 다음 중 자간전증 임부에 대한 간호로 적절한 것을 모두 고르면?

> ㉠ 혈압이 150/100mmHg 이상이고 단백뇨가 1g/24h 이상이면 병원에 입원하도록 권한다.
> ㉡ 가급적 빨리 분만하도록 하고 유도분만을 실시한다.
> ㉢ 자간의 위험을 줄이기 위해 방을 어둡게 하고 임부는 왼쪽 옆으로 눕도록 권한다.
> ㉣ 항경련제이며 혈관 이완작용이 있는 Calcium Gluconate를 투여한다.

① ㉠, ㉡, ㉢   ② ㉠, ㉢
③ ㉡, ㉣   ④ ㉣
⑤ ㉠, ㉡, ㉢, ㉣

21 다음은 13세 여아 신체검진 소견이다. 이에 대한 적절한 간호중재를 모두 고르면?

> 현저한 체중감소, 체중증가에 대한 두려움, 왜곡된 신체상, 월경 연속 3회 이상 없음, 피부 건조, 손톱 갈라짐

> ㉠ 음식섭취 권장   ㉡ 행동수정 프로그램 실시
> ㉢ 긍정적 자아정체감 유도   ㉣ 전해질과 소변량 측정

① ㉠, ㉡, ㉢   ② ㉠, ㉢
③ ㉡, ㉣   ④ ㉣
⑤ ㉠, ㉡, ㉢, ㉣

22 체중이 60kg인 환자에게 Heparin 25,000unit을 생리식염수 500mL에 희석하여 15unit/kg/hr로 투여하고자 할 때 시간당 주입되는 용량은 얼마인가?

① 6mL/hr   ② 10mL/hr
③ 12mL/hr   ④ 18mL/hr
⑤ 22mL/hr

23 기억력 및 지남력 장애, 불안, 초조, 배회행동, 수면장애를 보이는 고령의 치매 환자에게 '상해의 위험'이라는 간호진단을 내렸다. 다음 중 간호중재로 가장 적절한 것은?

① 자극이 적은 환경을 유지한다.   ② 밤에는 병실을 어둡게 한다.
③ 활동의 범위를 병실로 제한한다.   ④ 매일 새로운 간호사가 환자를 돌보게 한다.
⑤ 집단치료에 참석하는 것을 제한한다.

24 다음 중 환자에게 사용한 주삿바늘에 의한 자상(Needle Stick Injury)으로 감염될 수 있는 질병은?

① 디프테리아   ② B형 간염
③ 풍진   ④ 인플루엔자
⑤ 결핵

25 40세 김 씨는 삼풍백화점 붕괴사고 때 건물 더미에 깔려 1주일을 지낸 뒤 구조되었다. 그 후 사고장면이 떠올라 놀라고 기억력 감퇴, 피로, 두통, 근육통을 호소하고 있다. 김 씨의 진단으로 가장 적절한 것은?

① 공포장애   ② 공황장애
③ 범불안장애   ④ 강박장애
⑤ 외상 후 스트레스장애

26 푸른병원은 최근 환자와 의료진의 가운을 같은 색상으로 통일하였다. 이는 매슬로우 욕구 5단계 중 무엇을 만족시키는 것인가?

① 생리적 욕구   ② 안전 욕구
③ 사회적 욕구   ④ 존경의 욕구
⑤ 자아실현의 욕구

27 다음 중 항생제의 알레르기 반응을 보기 위한 피부반응검사에 대한 설명으로 가장 적절한 것은?

① 피하층으로 약물을 주입한다.
② 주사부위 팽진의 직경이 10mm 이상이면 양성으로 판독한다.
③ 약물 주입 후 주삿바늘을 제거하고 마사지한다.
④ 주사 후 48 ~ 72시간 안에 결과를 판독한다.
⑤ 피부에 주삿바늘을 삽입 후 내관을 뒤로 당겨보아 혈액의 역류를 확인한다.

28 다음 중 유문폐색인 위암 환자로서 소화불량, 영양불량, 복부팽만을 호소하는 진행성 위암 환자 간호중재로 가장 적절한 것은?

① 소량씩 자주 음식 주기　　　　　② 금 식
③ 비경구 영양　　　　　　　　　　④ 비위관 영양
⑤ 유동식

29 당뇨병 환자의 사정결과가 다음과 같을 때 우선적인 간호중재는?

- 발한, 허약감, 현기증
- 혈당 55mg/dL, 혈압 140/90mmHg, 맥박 102회/분

① 기도 유지　　　　　　　　　　　② 진통제 투여
③ 과일주스 제공　　　　　　　　　④ 심전도 모니터 적용
⑤ 생리식염수 정맥주입

30 지역사회 간호사의 역할은 다양하다. 다음과 같은 경우는 어떤 역할에 해당하는가?

생활이 어려운 혼자 사는 김 씨 노인이 기초생활을 할 수 있도록 동사무소 등에 김 씨에 대한 정보를 제공하였다.

① 직접간호제공자　　　　　　　　② 관리자
③ 교육자　　　　　　　　　　　　④ 변화촉진자
⑤ 대변자

01 수리논리

01 수직선 위에 점 P가 원점에 있다. 주사위 한 개를 던져서 짝수의 눈이 나오면 점 P를 오른쪽으로 1만큼, 홀수의 눈이 나오면 점 P를 왼쪽으로 1만큼 움직인다면 주사위를 연속하여 세 번 던졌을 때, 점 P에 대응하는 수가 1일 확률은?

① $\dfrac{2}{9}$ ② $\dfrac{3}{8}$

③ $\dfrac{5}{6}$ ④ $\dfrac{1}{2}$

⑤ $\dfrac{2}{3}$

Hard

02 S회사의 감사팀은 과장 2명, 대리 3명, 사원 3명으로 구성되어 있다. A, B, C, D지역의 지사로 두 명씩 나눠서 출장을 간다고 할 때, 각 출장 지역에 대리급 이상이 한 명 이상 포함되어 있어야 하고 과장 2명이 각각 다른 지역으로 가야한다. 과장과 대리가 한 조로 출장에 갈 확률은?

① $\dfrac{1}{2}$ ② $\dfrac{1}{3}$

③ $\dfrac{2}{3}$ ④ $\dfrac{3}{4}$

⑤ $\dfrac{3}{8}$

03 S병원에서 근무하고 있는 H씨는 직업복귀지원부 사무실에서 5년 동안 사용할 커피기계를 대여하려고 한다. A, B, C, D 네 회사 중 5년간 대여비용이 가장 저렴한 업체 한 곳을 선정해 대여하려고 할 때, H씨가 선택할 회사는?

구분	설치비	대여비용(월)	비고
A회사	57,000원	92,000원	20개월 단위로 대여 시 150만 원
B회사	무료	75,000원	-
C회사	무료	101,000원	30개월 단위로 대여 시 220만 원
D회사	48,000원	87,000원	최초 대여 시 5개월 무료

① A회사
② B회사
③ C회사
④ D회사
⑤ A회사, B회사

04 다음은 자동차 산업 동향에 관한 자료이다. 이에 대한 〈보기〉의 설명 중 적절하지 않은 것을 모두 고르면?

〈자동차 산업 동향〉

(단위 : 천 대, 억 불)

구분	생산량	내수량	수출액	수입액
2015년	3,513	1,394	371	58.7
2016년	4,272	1,465	544	84.9
2017년	4,657	1,475	684	101.1
2018년	4,562	1,411	718	101.6
2019년	4,521	1,383	747	112.2
2020년	4,524	1,463	756	140
2021년	4,556	1,589	713	155
2022년	4,229	1,600	650	157

보기

㉠ 2016 ~ 2022년 사이 전년 대비 자동차 생산량의 증가량이 가장 큰 해는 2016년이다.
㉡ 2021년 대비 2022년의 자동차 수출액은 10% 이상 감소했다.
㉢ 자동차 수입액은 조사기간 동안 지속적으로 증가했다.
㉣ 2022년의 자동차 생산량 대비 내수량의 비율은 약 35% 이상이다.

① ㉡
② ㉠, ㉡
③ ㉠, ㉣
④ ㉡, ㉢
⑤ ㉡, ㉢, ㉣

05 S병원의 2022년 하반기 신입사원 지원자 수는 7,750명이다. 채용절차는 서류전형 → 면접전형 → 최종 합격 순이며 합격자 조건이 다음과 같을 때 서류 합격자의 비율은 얼마인가?

서류 합격자 비율	면접 합격자 비율	최종 합격
	30%	93명

① 40% ② 30%

③ 15% ④ 4%

⑤ 3%

06 다음은 2018 ~ 2022년까지 우리나라의 사고유형별 발생현황에 관한 통계자료이다. 다음 자료를 분석한 것으로 가장 적절한 것은?

〈사고유형별 발생 현황〉

(단위 : 건)

구분	2018년	2019년	2020년	2021년	2022년
도로교통	215,354	223,552	232,035	220,917	216,335
화재	40,932	42,135	44,435	43,413	44,178
가스	72	72	72	122	121
환경오염	244	316	246	116	87
자전거	6,212	4,571	7,498	8,529	5,330

① 도로교통사고 발생 수는 매년 화재사고 발생 수의 5배 이상이다.

② 환경오염사고 발생 수는 매년 증감을 거듭하고 있다.

③ 매년 환경오염사고 발생 수는 가스사고 발생 수보다 많다.

④ 매년 사고 발생 총 건수는 증가하였다.

⑤ 2018 ~ 2022년까지 전체 사고 발생 수에서 자전거사고 발생 수 비중은 3% 미만이다.

07 다음은 유아교육 규모에 관한 자료이다. 〈보기〉 중 적절하지 않은 것을 모두 고르면?

〈유아교육 규모〉

구분	2016년	2017년	2018년	2019년	2020년	2021년	2022년
유치원 수(원)	8,494	8,275	8,290	8,294	8,344	8,373	8,388
학급 수(학급)	20,723	22,409	23,010	23,860	24,567	24,908	25,670
원아 수(명)	545,263	541,603	545,812	541,550	537,822	537,361	538,587
교원 수(명)	28,012	31,033	32,095	33,504	34,601	35,415	36,461
취원율(%)	26.2	31.4	35.3	36.0	38.4	39.7	39.9
교원 1인당 원아 수(명)	19.5	17.5	17.0	16.2	15.5	15.2	14.8

보기

ⓒ 유치원 원아 수의 변동은 매년 일정한 흐름을 보이지는 않는다.
ⓒ 교원 1인당 원아 수가 적어지는 것은 원아 수 대비 학급 수가 늘어나기 때문이다.
ⓒ 취원율은 매년 증가하고 있는 추세이다.
ⓒ 교원 수가 매년 증가하는 이유는 청년 취업과 관계가 있다.

① ㄱ, ㄴ   ② ㄱ, ㄷ
③ ㄴ, ㄹ   ④ ㄷ, ㄹ
⑤ ㄱ, ㄷ, ㄹ

08 다음은 2015 ~ 2022년 A기업의 콘텐츠 유형별 매출액에 관한 자료이다. 이에 대한 설명으로 가장 적절한 것은?

〈A기업의 콘텐츠 유형별 매출액〉

(단위 : 억 원)

구분	SNS	영화	음원	게임	전체
2015년	30	371	108	235	744
2016년	45	355	175	144	719
2017년	42	391	186	178	797
2018년	59	508	184	269	1,020
2019년	58	758	199	485	1,500
2020년	308	1,031	302	470	2,111
2021년	104	1,148	411	603	2,266
2022년	341	1,510	419	689	2,959

① 영화 매출액은 매년 전체 매출액의 30% 이상이다.
② 게임과 음원은 2016 ~ 2017년에 전년 대비 매출액의 증감 추이는 같다.
③ 2015 ~ 2022년 동안 매년 음원 매출액은 SNS 매출액의 2배 이상이다.
④ 2017년에는 모든 콘텐츠 유형의 매출액이 전년에 비해 증가하였다.
⑤ 2020년에 전년 대비 매출액 증가율이 가장 큰 콘텐츠 유형은 영화이다.

09 다음 표는 주요 국가별 자국 영화 점유율을 나타낸 자료이다. 다음 설명 중 적절하지 않은 것은?

<주요 국가별 자국 영화 점유율>

(단위 : %)

구분	2019년	2020년	2021년	2022년
한국	50.8	42.1	48.8	46.5
일본	47.7	51.9	58.8	53.6
영국	28.0	31.1	16.5	24.0
독일	18.9	21.0	27.4	16.8
프랑스	36.5	45.3	36.8	35.7
스페인	13.5	13.3	16.0	12.7
호주	4.0	3.8	5.0	4.5
미국	90.1	91.7	92.1	92.0

① 자국 영화 점유율에서, 프랑스가 한국을 앞지른 해는 한 번도 없다.
② 지난 4년간 자국 영화 점유율이 매년 꾸준히 상승한 국가는 하나도 없다.
③ 2019년 대비 2022년 자국 영화 점유율이 가장 많이 하락한 국가는 한국이다.
④ 2021년 자국 영화 점유율이 해당 국가의 4년간 통계에서 가장 높은 경우가 절반이 넘는다.
⑤ 2021년을 제외하고 영국, 독일, 프랑스, 스페인 간의 자국 영화 점유율 순위는 매년 같다.

10 다음은 도로 종류에 따른 월별 교통사고에 대해서 분석한 자료이다. 이에 대한 설명으로 적절하지 않은 것은?

〈도로 종류별 월별 교통사고〉

(단위 : 건, 명)

구분	2022. 02			2022. 03			2022. 04		
	발생 건수	사망자 수	부상자 수	발생 건수	사망자 수	부상자 수	발생 건수	사망자 수	부상자 수
일반국도	1,054	53	1,964	1,308	64	2,228	1,369	72	2,387
지방도	1,274	39	2,106	1,568	50	2,543	1,702	44	2,712
특별·광역시도	5,990	77	8,902	7,437	86	10,920	7,653	79	11,195
시도	4,941	86	7,374	6,131	117	9,042	6,346	103	9,666
군도	513	14	756	601	28	852	646	26	959
고속국도	256	16	746	316	20	765	335	15	859
기타	911	11	1,151	1,255	13	1,571	1,335	15	1,653

① 해당 시기 동안 특별·광역시도의 교통사고 발생 건수는 지속적으로 증가한다.

② 2022년 3월에 가장 많은 사고가 발생한 도로 종류에서 당월 가장 많은 사망자가 발생했다.

③ 부상자 수는 해당 기간 동안 기타를 제외하고 모든 도로 종류에서 지속적으로 증가하는 추세를 보인다.

④ 한 달 동안 교통사고 사망자 수가 100명이 넘는 도로 종류는 시도가 유일하다.

⑤ 2022년 2월부터 4월까지 부상자 수가 가장 적은 도로는 기타를 제외하고 모두 고속국도이다.

11 다음은 2016 ~ 2022년 우리나라 지진 발생 현황에 대한 자료이다. 자료에 대한 해석으로 가장 적절한 것은?

<우리나라 지진 발생 현황>

구분	지진 횟수	최고 규모
2016년	42회	3.3
2017년	52회	4.0
2018년	56회	3.9
2019년	93회	4.9
2020년	49회	3.8
2021년	44회	3.9
2022년	492회	5.8

① 2017년부터 전년 대비 지진 발생 횟수가 꾸준히 증가하고 있다.

② 2019년에는 2018년보다 지진이 44회 더 발생했다.

③ 2019년에 일어난 규모 4.9의 지진은 2016년 이후 우리나라에서 발생한 지진 중 가장 강력한 규모이다.

④ 지진 횟수가 증가할 때 지진의 최고 규모도 커진다.

⑤ 2022년에 발생한 지진은 2016년부터 2021년까지의 평균 지진 발생 횟수에 비해 약 8.8배 급증했다.

12 다음은 자동차 변속기의 부문별 경쟁력 점수를 국가별로 비교한 자료이다. 이에 대해 적절하지 않은 설명을 한 사원을 모두 고르면?

〈자동차 변속기 경쟁력 점수의 국가별 비교〉

부문 \ 국가	A	B	C	D	E
변속감	98	93	102	80	79
내구성	103	109	98	95	93
소음	107	96	106	97	93
경량화	106	94	105	85	95
연비	105	96	103	102	100

※ 각국의 전체 경쟁력 점수는 각 부문 경쟁력 점수의 총합으로 구함

- 김사원 : 전체 경쟁력 점수는 E국보다 D국이 더 높습니다.
- 박과장 : 경쟁력 점수가 가장 높은 부문과 가장 낮은 부문의 차이가 가장 큰 국가는 D이고, 가장 작은 국가는 C입니다.
- 최대리 : C국을 제외한다면 각 부문에서 경쟁력 점수가 가장 높은 국가와 가장 낮은 국가의 차이가 가장 큰 부문은 내구성이고, 가장 작은 부문은 변속감입니다.
- 오사원 : 내구성 부문에서 경쟁력 점수가 가장 높은 국가와 경량화 부문에서 경쟁력 점수가 가장 낮은 국가는 동일합니다.
- 정과장 : 전체 경쟁력 점수는 A국이 가장 높습니다.

① 김사원, 박과장, 최대리
② 김사원, 최대리, 오사원
③ 김사원, 최대리, 정과장
④ 박과장, 오사원, 정과장
⑤ 박과장, 최대리, 오사원

※ 다음은 신재생에너지 공급량 현황에 대한 자료이다. 자료를 참고하여 이어지는 질문에 답하시오. [13~14]

〈신재생에너지 공급량 현황〉

(단위 : 천 TOE)

구분	2014년	2015년	2016년	2017년	2018년	2019년	2020년	2021년	2022년
총 공급량	5,608.8	5,858.4	6,086.2	6,856.2	7,582.7	8,850.7	9,879.3	11,537.3	13,286.0
태양열	29.4	28.0	30.7	29.3	27.4	26.3	27.8	28.5	28.0
태양광	15.3	61.1	121.7	166.2	197.2	237.5	344.5	547.4	849.0
바이오	370.2	426.8	580.4	754.6	963.4	1,334.7	1,558.5	2,822.0	2,766.0
폐기물	4,319.3	4,568.6	4,558.1	4,862.3	5,121.5	5,998.5	6,502.4	6,904.7	8,436.0
수력	780.9	660.1	606.6	792.3	965.4	814.9	892.2	581.2	454.0
풍력	80.8	93.7	147.4	175.6	185.5	192.7	242.4	241.8	283.0
지열	11.1	15.7	22.1	33.4	47.8	65.3	87.0	108.5	135.0
수소·연료전지	1.8	4.4	19.2	42.3	63.3	82.5	122.4	199.4	230.0
해양	–	–	–	0.2	11.2	98.3	102.1	103.8	105.0

13 다음 중 자료에 대한 설명으로 적절하지 않은 것은?

① 2017년 수력을 통한 신재생에너지 공급량은 같은 해 바이오와 태양열을 통한 공급량의 합보다 크다.

② 폐기물을 통한 신재생에너지 공급량은 매해 증가하였다.

③ 2017년부터 수소·연료전지를 통한 공급량은 지열을 통한 공급량을 추월하였다.

④ 2018년부터 전년 대비 공급량이 증가한 신재생에너지는 5가지이다.

⑤ 해양을 제외하고 2014년도에 비해 2022년도에 공급량이 감소한 신재생에너지는 2가지이다.

14 다음 중 전년 대비 2016 ~ 2020년 신재생에너지 총 공급량의 증가율이 가장 큰 해는 언제인가? (단, 증가율은 소수점 둘째 자리에서 반올림한다)

① 2016년   ② 2017년

③ 2018년   ④ 2019년

⑤ 2020년

※ 다음은 산업별 취업자 수에 관한 자료이다. 자료를 참고하여 이어지는 질문에 답하시오. [15~16]

〈2014 ~ 2022년 산업별 취업자 수〉

(단위 : 천 명)

| 연도 | 총계 | 농·임·어업 | | 광공업 | | 사회간접자본 및 기타·서비스업 | | | | |
		합계	농·임업	합계	제조업	합계	건설업	도소매·음식·숙박업	전기·운수·통신·금융업	사업·개인·공공 서비스 및 기타
2014년	21,156	2,243	2,162	4,311	4,294	14,602	1,583	5,966	2,074	4,979
2015년	21,572	2,148	2,065	4,285	4,267	15,139	1,585	5,874	2,140	5,540
2016년	22,169	2,069	1,999	4,259	4,241	15,841	1,746	5,998	2,157	5,940
2017년	22,139	1,950	1,877	4,222	4,205	15,967	1,816	5,852	2,160	6,139
2018년	22,558	1,825	1,749	4,306	4,290	16,427	1,820	5,862	2,187	6,558
2019년	22,855	1,815	1,747	4,251	4,234	16,789	1,814	5,806	2,246	6,923
2020년	23,151	1,785	1,721	4,185	4,167	17,181	1,835	5,762	2,333	7,251
2021년	23,432	1,726	1,670	4,137	4,119	17,569	1,850	5,726	7,600	2,393
2022년	23,577	1,686	–	3,985	3,963	17,906	1,812	5,675	2,786	7,633

15 다음 중 자료를 해석한 것으로 적절하지 않은 것은?

① 2014년 도소매·음식·숙박업 분야에 종사하는 사람의 수는 총 취업자 수의 30% 미만이다.
② 2014 ~ 2022년 농·임·어업 분야의 취업자 수는 꾸준히 감소하고 있다.
③ 2022년 취업자 수가 2014년 대비 가장 많이 증가한 분야는 사업·개인·공공서비스 및 기타이다.
④ 2021년 취업자 수의 2014년 대비 증감률이 50% 이상인 분야는 2곳이다.
⑤ 2014 ~ 2022년 건설업 분야의 취업자 수는 꾸준히 증가하고 있다.

16 다음 중 자료에 대한 설명으로 적절한 것을 모두 고르면?

ㄱ. 2017년 어업 분야의 취업자 수는 73천 명이다.
ㄴ. 2021년 취업자 수가 가장 많은 분야는 전기·운수·통신·금융업이다.
ㄷ. 2022년 이후 농·임업 분야의 종사자는 계속 줄어들 것이지만, 어업 분야의 송사자는 현상을 유지하거나 늘어난다고 볼 수 있다.

① ㄱ
② ㄴ
③ ㄱ, ㄴ
④ ㄱ, ㄷ
⑤ ㄱ, ㄴ, ㄷ

※ 다음은 교육부에서 발표한 고등학생의 졸업 후 진로 계획에 대한 자료이다. 다음 자료를 읽고 이어지는 질문에 답하시오. [17~18]

〈고등학생의 졸업 후 진로 계획〉

진로 \ 학교유형	일반고		과학고 · 외고 · 국제고		예술 · 체육고		마이스터고		특성화고	
	빈도(명)	비율(%)	빈도(명)	비율(%)	빈도(명)	비율(%)	빈도(명)	비율(%)	빈도(명)	비율(%)
대학 진학	6,773	80.7	164	84.3	80	82.1	3	3.7	512	31.1
취업	457	5.4	11	5.7	3	3.3	64	80.2	752	45.6
창업	118	1.4	5	2.6	5	5.6	1	1.4	37	2.2
기타 (군 입대, 해외 유학)	297	3.5	5	2.4	3	2.7	6	8.1	86	5.3
진로 미결정	749	9.0	10	5.0	6	6.3	5	6.6	260	15.8

17 고등학생의 졸업 후 진로 계획에 대한 설명이다. 다음 중 가장 적절한 설명은?(단, 소수점 둘째 자리에서 반올림한다)

① 일반고 졸업생 중 졸업 후 대학에 진학하는 졸업생의 수는 특성화고 졸업생 중 대학에 진학하는 졸업생 수의 14배 이상이다.

② 졸업 후 군 입대를 하거나 해외 유학을 가는 졸업생들 중 과학고 · 외고 · 국제고와 마이스터고 졸업생들이 차지하는 비율은 5% 이상이다.

③ 진로를 결정하지 못한 졸업생의 수가 가장 많은 학교유형은 예술 · 체육고이다.

④ 졸업 후 창업하는 졸업생들 중 특성화고 졸업생이 차지하는 비율은 20% 이상이다.

⑤ 졸업생들 중 대학 진학률이 가장 높은 학교유형과 창업률이 가장 높은 학교유형은 동일하다.

18 다음은 고등학생의 졸업 후 진로 계획에 대한 보고서의 일부이다. 밑줄 친 내용 중 자료에 대한 설명으로 적절한 것을 모두 고르면?(단, 소수점 둘째 자리에서 반올림한다)

지난 8일, 진학점검부는 일반고, 과학고·외고·국제고, 예술·체육고, 마이스터고, 특성화고 졸업생들의 졸업 후 진로 계획에 대한 조사결과를 발표하였다. 진학점검부는 졸업생들의 졸업 후 진로를 크게 대학 진학, 취업, 창업, 기타(군 입대, 해외 유학), 진로 미결정으로 구분하여 조사하였다. 발표자료에 따르면, ㉠ 모든 유형의 학교에서 졸업 후 대학에 진학한 졸업생 수가 가장 많았다. 진로를 결정하지 못한 학생들도 모든 유형의 학교를 통틀어 1,000명이 넘는 등 상당히 많았고, ㉡ 졸업 후 취업한 인원은 모든 유형의 학교를 통틀어 총 1,200명이 넘었다. 창업에 뛰어든 졸업생들은 비교적 적은 숫자였다.

학교 유형별로 보면, ㉢ 일반고의 경우 졸업 후 취업한 졸업생 수는 창업한 졸업생 수의 4배가 넘었다. 반면 예술·체육고의 경우 창업한 졸업생 수가 취업한 졸업생 수보다 많았다. ㉣ 특성화고의 경우 진로를 결정하지 못한 졸업생 수가 대학에 진학한 졸업생 수의 40% 이상이었다. 과학고·외고·국제고 졸업생들의 경우 4/5 이상이 대학으로 진학하였다.

① ㉠, ㉡
② ㉠, ㉢
③ ㉡, ㉢
④ ㉡, ㉣
⑤ ㉢, ㉣

19 다음은 ○○국가의 2022년 월별 반도체 수출 동향을 나타낸 표이다. 이 자료를 올바르게 나타내지 않은 그래프는?(단, 그래프 단위는 모두 '백만 달러'이다)

〈2022년 월별 반도체 수출액 동향〉

(단위 : 백만 달러)

기간	수출액	기간	수출액
1월	9,681	7월	10,383
2월	9,004	8월	11,513
3월	10,804	9월	12,427
4월	9,779	10월	11,582
5월	10,841	11월	10,684
6월	11,157	12월	8,858

① 2022년 월별 반도체 수출액

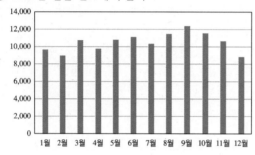

② 2022년 월별 반도체 수출액

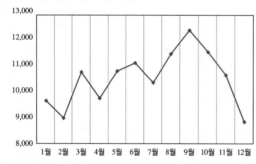

③ 2022년 월별 반도체 수출액

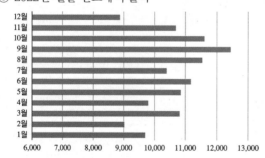

④ 2~12월까지 전월 대비 반도체 수출 증감액

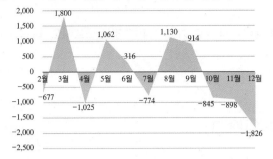

⑤ 2~12월까지 전월 대비 반도체 수출 증감액

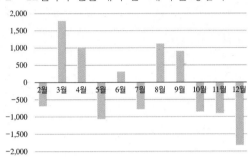

20 다음은 A지역과 B지역의 2016년부터 2022년까지 매년 지진 강도 3 이상 발생 건수에 대한 자료이다. 이와 같은 일정한 변화가 지속될 때 2027년 A지역과 B지역의 강도 3 이상인 지진이 발생한 건수는 몇 건인가?

〈연도별 지진 발생 건수〉

(단위 : 건)

구분	2016년	2017년	2018년	2019년	2020년	2021년	2022년
A지역	87	85	82	78	73	67	60
B지역	2	3	4	6	9	14	22

	A지역	B지역
①	9건	234건
②	10건	145건
③	9건	145건
④	10건	234건
⑤	10건	140건

02 추리

※ 제시된 명제가 모두 참일 때, 빈칸에 들어갈 명제로 가장 적절한 것을 고르시오. [1~3]

Easy

01

> 전제1. 홍보실은 워크숍에 간다.
> 전제2. _____
> 결론. 출장을 가지 않으면 워크숍에 간다.

① 홍보실이 아니면 워크숍에 가지 않는다.
② 출장을 가면 워크숍에 가지 않는다.
③ 출장을 가면 홍보실이 아니다.
④ 워크숍에 가지 않으면 출장을 가지 않는다.
⑤ 홍보실이 아니면 출장을 간다.

02

> 전제1. 속도에 관심 없는 사람은 디자인에도 관심이 없다.
> 전제2. 연비를 중시하는 사람은 내구성도 따진다.
> 전제3. 내구성을 따지지 않는 사람은 속도에도 관심이 없다.
> 결론. _____

① 연비를 중시하지 않는 사람도 내구성은 따진다.
② 디자인에 관심 없는 사람도 내구성은 따진다.
③ 연비를 중시하는 사람은 디자인에는 관심이 없다.
④ 속도에 관심 있는 사람은 연비를 중시하지 않는다.
⑤ 내구성을 따지지 않는 사람은 디자인에도 관심이 없다.

03

> 전제1. 모든 환경 보호 단체는 일회용품을 사용하지 않는다.
> 전제2. 어떤 환경 보호 단체는 에너지 절약 캠페인에 참여한다.
> 결론. _____

① 모든 환경 보호 단체는 에너지 절약 캠페인에 참여한다.
② 에너지 절약 캠페인에 참여하는 단체는 환경 보호 단체에 속해 있다.
③ 일회용품을 사용하지 않는 어떤 단체는 에너지 절약 캠페인에 참여한다.
④ 일회용품을 사용하지 않는 모든 단체는 에너지 절약 캠페인에 참여한다.
⑤ 일회용품을 사용하는 모든 단체는 에너지 절약 캠페인에 참여하지 않는다.

04 중학생 50명을 대상으로 한 해외여행에 대한 설문조사 결과가 다음과 같을 때, 항상 참인 것은?

> • 미국을 여행한 사람이 가장 많다.
> • 일본을 여행한 사람은 미국 또는 캐나다 여행을 했다.
> • 중국과 캐나다를 모두 여행한 사람은 없다.
> • 일본을 여행한 사람의 수가 캐나다를 여행한 사람의 수보다 많다.

① 일본을 여행한 사람보다 중국을 여행한 사람이 더 많다.
② 일본을 여행했지만 미국을 여행하지 않은 사람은 중국을 여행하지 않았다.
③ 미국을 여행한 사람의 수는 일본 또는 중국을 여행한 사람의 합보다 많다.
④ 중국을 여행한 사람은 일본을 여행하지 않았다.
⑤ 미국과 캐나다를 모두 여행한 사람은 없다.

`Easy`

05 A, B, C, D, E 5명이 5층 건물 한 층에 한 명씩 살고 있다. 제시된 조건에 따를 때, 항상 참인 것은?

> • C와 D는 서로 인접한 층에 산다.
> • A는 2층에 산다.
> • B는 A보다 높은 층에 산다.

① D는 가장 높은 층에 산다.
② A는 E보다 높은 층에 산다.
③ C는 3층에 산다.
④ E는 D보다 높은 층에 산다.
⑤ B는 3층에 살 수 없다.

06 남학생 A, B, C, D와 여학생 W, X, Y, Z 총 8명이 있다. 입사 시험을 본 뒤, 이 8명의 득점을 알아보았더니, 남녀 모두 1명씩 짝을 이루어 동점을 받았다. 다음을 모두 만족할 때, 옳은 것은?

> **조건**
> • 여학생 X는 남학생 B 또는 C와 동점이다.
> • 여학생 Y는 남학생 A 또는 B와 동점이다.
> • 여학생 Z는 남학생 A 또는 C와 동점이다.
> • 남학생 B는 여학생 W 또는 Y와 동점이다.

① 여학생 W는 남학생 C와 동점이다.
② 여학생 X와 남학생 B가 동점이다.
③ 여학생 Z와 남학생 C는 동점이다.
④ 여학생 Y는 남학생 A와 동점이다.
⑤ 남학생 D와 여학생 W는 동점이다.

07 학교에서 온라인 축구게임 대회가 열렸다. 예선전을 펼친 결과 8개의 나라만 남게 되었다. 남은 8개의 나라는 8강 토너먼트를 치르기 위해 추첨을 통해 대진표를 작성했다. 이들 나라는 모두 다르며 남은 8개의 나라를 본 세 명의 학생 은진, 수린, 민수는 다음과 같이 4강 진출 팀을 예상하였다. 이때, 8개의 나라 중에서 4강 진출 팀으로 꼽히지 않은 팀을 네덜란드라고 하면, 네덜란드와 상대할 팀은 어디인가?

> • 은진 : 브라질, 불가리아, 이탈리아, 루마니아
> • 수린 : 스웨덴, 브라질, 이탈리아, 독일
> • 민수 : 스페인, 루마니아, 독일, 브라질

① 불가리아   ② 루마니아
③ 독일   ④ 스페인
⑤ 브라질

08 다음 〈조건〉에 따라 추론한 것으로 적절한 것은?

> **조건**
> • A고등학교 학생은 봉사활동을 해야 졸업한다.
> • 이번 학기에 봉사활동을 하지 않은 A고등학교 학생이 있다.

① A고등학교 졸업생은 봉사활동을 했다.
② 봉사활동을 안한 A고등학교 졸업생이 있다.
③ 다음 학기에 봉사활동을 해야 하는 A고등학교 학생이 있다.
④ 이번 학기에 봉사활동을 하지 않은 A고등학교 학생은 이미 봉사활동을 했다.
⑤ 다음 학기에 봉사활동을 하지 않는 학생은 졸업을 할 수 없다.

09 A, B, C, D가 키우는 동물의 종류에 대해서 다음과 같은 사실이 알려져 있다. 이를 보고 추론한 것으로 항상 옳은 것은?

> • A는 개, C는 고양이, D는 닭을 키운다.
> • B는 토끼를 키우지 않는다.
> • A가 키우는 동물은 B도 반드시 키운다.
> • A와 C는 같은 동물을 키우지 않는다.
> • A, B, C, D 각각은 2종류 이상의 동물을 키운다.
> • A, B, C, D는 개, 고양이, 토끼, 닭 외의 동물은 키우지 않는다.

① B는 개를 키우지 않는다.
② B와 C가 공통으로 키우는 동물이 있다.
③ C는 키우지 않지만 D가 키우는 동물이 있다.
④ 세 명이 공통으로 키우는 동물은 없다.
⑤ 세 종류의 동물을 키우는 사람은 없다.

10 다음 조건을 통해 추론할 때, 서로 언어가 통하지 않는 사람끼리 짝지어진 것은?

- A는 한국어와 영어만을 할 수 있다.
- B는 영어와 독일어만을 할 수 있다.
- C는 한국어와 프랑스어만을 할 수 있다.
- D는 중국어와 프랑스어만을 할 수 있다.

① A, B   ② A, C
③ B, D   ④ C, D
⑤ 없음

11 세 상품 A, B, C에 대한 선호도 조사를 실시했다. 조사에 응한 사람이 가장 좋아하는 상품부터 1 ~ 3순위를 부여했다. 조사의 결과가 다음과 같을 때 C에 3순위를 부여한 사람의 수는?(단, 두 상품에 같은 순위를 표시할 수는 없다)

- 조사에 응한 사람은 20명이다.
- A를 B보다 선호한 사람은 11명이다.
- B를 C보다 선호한 사람은 14명이다.
- C를 A보다 선호한 사람은 6명이다.
- C에 1순위를 부여한 사람은 없다.

① 8명   ② 7명
③ 6명   ④ 5명
⑤ 4명

12 월요일부터 금요일까지 진료를 하는 의사가 다음 조건에 따라 진료하는 요일을 정한다. 의사가 목요일에 진료를 하지 않았다면, 월요일부터 금요일 중 진료한 날은 총 며칠인가?

- 월요일에 진료를 하면 수요일에는 진료를 하지 않는다.
- 월요일에 진료를 하지 않으면 화요일이나 목요일에 진료를 한다.
- 화요일에 진료를 하면 금요일에는 진료를 하지 않는다.
- 수요일에 진료를 하지 않으면 목요일 또는 금요일에 진료를 한다.

① 0일   ② 1일
③ 2일   ④ 3일
⑤ 4일

13 전주국제영화제에 참석한 충원이는 A, B, C, D, E, F영화를 다음 조건에 맞춰 5월 1일부터 5월 6일까지 하루에 한 편씩 보려고 한다. 다음 중 항상 옳은 것은?

- F영화는 3일과 4일 중 하루만 상영된다.
- D영화는 C영화가 상영되고 이틀 뒤에 상영된다.
- B영화는 C, D영화보다 먼저 상영된다.
- 앞의 조건을 따를 때 첫째 날 B영화를 볼 가능성이 가장 높다면 5일에 반드시 A영화를 본다.

① A영화는 C영화보다 먼저 상영될 수 없다.
② C영화는 E영화보다 먼저 상영된다.
③ D영화는 5일이나 폐막작으로 상영될 수 없다.
④ B영화는 1일에 상영된다.
⑤ E영화는 개막작이나 폐막작으로 상영된다.

14 S회사의 영업팀과 홍보팀에서 근무 중인 총 9명(A ~ I)의 사원은 워크숍을 가려고 한다. 한 층당 4개의 객실로 이루어져 있는 호텔을 1층부터 3층까지 사용한다고 할 때, 다음 〈조건〉을 참고하여 항상 참인 것은?(단, 직원 한 명당 하나의 객실을 사용하며, 2층 이상인 객실의 경우 반드시 엘리베이터를 이용해야 한다)

> **조건**
> - 202호는 현재 공사 중이라 사용할 수 없다.
> - 영업팀 A사원은 홍보팀 B, E사원과 같은 층에 묵는다.
> - 3층에는 영업팀 직원 C, D, F가 묵는다.
> - 홍보팀 G사원은 같은 팀 H사원의 바로 아래층 객실에 묵는다.
> - I사원은 101호에 배정받았다.

① 영업팀은 총 5명의 지원이 위크숍에 참석했다.
② 홍보팀 G사원은 2층에 묵는다.
③ 영업팀 C사원의 객실 바로 아래층은 빈 객실이다.
④ 엘리베이터를 이용해야 하는 사람의 수는 영업팀보다 홍보팀이 더 많다.
⑤ E사원은 엘리베이터를 이용해야 한다.

15 경찰은 어떤 테러범의 아지트를 알아내 급습했다. 그 테러범 아지트에는 방이 3개 있는데, 그중 2개의 방에는 지역특산물과 폭발물이 각각 들어 있고, 나머지 1개의 방은 비어 있다. 진입하기 전 건물을 확인한 결과 각 방에는 다음과 같은 안내문이 붙어 있었고, 다음 안내문 중 단 하나만 참이라고 할 때, 가장 옳은 결론은?

> • 방 A의 안내문 : 방 B에는 폭발물이 들어 있다.
> • 방 B의 안내문 : 이 방은 비어 있다.
> • 방 C의 안내문 : 이 방에는 지역특산물이 들어 있다.

① 방 A에는 반드시 지역특산물이 들어 있다.
② 방 B에는 지역특산물이 들어 있을 수 있다.
③ 폭발물을 피하려면 방 B를 택하면 된다.
④ 방 C에는 반드시 폭발물이 들어 있다.
⑤ 방 C에는 지역특산물이 들어 있을 수 있다.

16 다음 제시된 단어의 대응관계가 동일하도록 빈칸에 들어갈 가장 적절한 단어는?

> 산만하다 : 정연하다 = 흡수하다 : (   )

① 섭취하다   ② 배출하다
③ 영입하다   ④ 흡착하다
⑤ 흡인하다

17 다음 단어의 대응 관계가 나머지와 다른 하나는?
① 과실 – 고의   ② 구속 – 속박
③ 구획 – 경계   ④ 귀향 – 귀성
⑤ 추적 – 수사

※ 다음 제시된 도형의 규칙을 보고 ?에 적절한 것을 고르시오. [18~20]

18

①

②

③

④

⑤

19

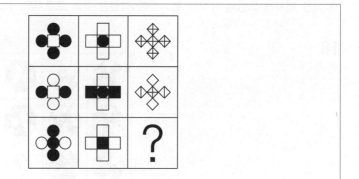

 ①

 ②

 ③

 ④

⑤

20

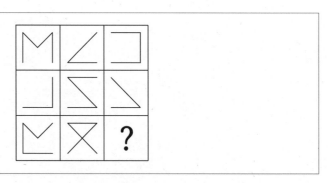

①

②

③

④

⑤

※ 다음 도식에서 기호들은 일정한 규칙에 따라 문자를 변화시킨다. ?에 들어갈 적절한 문자를 고르시오
(단, 규칙은 가로와 세로 중 한 방향으로만 적용된다). [21~24]

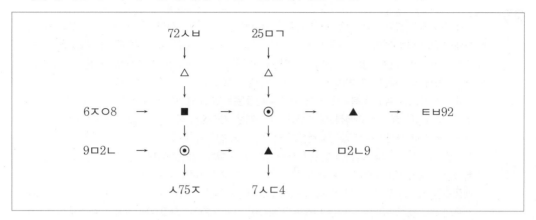

21

N ㄷ ㄱ T → ▲ → △ → ?

① P ㅁ ㄷ V
② ㄷ Q W ㅁ
③ V ㅁ Q ㄷ
④ ㅁ P V ㄷ
⑤ Q ㅁ W ㄷ

22

ㅍ I M ㄹ → ⊙ → ■ → ?

① I L ㅋ ㅁ
② ㅁ L o E
③ I ㅋ L ㅁ
④ E ㄷ L o
⑤ L I ㅁ ㅋ

23

? → ■ → ▲ → ㅍ D ㅂ E

① ㅂ D ㅍ E
② ㅂ I ㅋ A
③ H ㅊ G ㅁ
④ ㅊ H ㅁ G
⑤ ㅋ A ㅂ I

24

? → △ → ■ → ufqs

① cuqp
② ucsr
③ yscr
④ waqp
⑤ wbqp

※ 다음 글의 내용이 참일 때 항상 거짓인 것을 고르시오. [25~26]

25

고대에는 별이 뜨고 지는 것을 통해 방위를 파악했다. 최근까지 서태평양 캐롤라인 제도의 주민은 현대식 항해 장치 없이도 방위를 파악하여 카누 하나만으로 드넓은 열대 바다를 항해하였다. 인류학자들에 따르면, 그들은 별을 나침반처럼 이용하여 여러 섬을 찾아다녔고 이때의 방위는 북쪽의 북극성, 남쪽의 남십자성, 그 밖에 특별히 선정한 별이 뜨고 지는 것에 따라 정해졌다.

캐롤라인 제도는 적도의 북쪽에 있어서 그 주민들은 북쪽 수평선의 바로 위쪽에서 북극성을 볼 수 있다. 북극성은 천구의 북극점으로부터 매우 가까운 거리에서 작은 원을 그리며 공전한다. 천구의 북극점은 지구 자전축의 북쪽 연장선상에 있기 때문에 천구의 북극점에 있는 별은 공전을 하지 않고 정지된 것처럼 보인다. 이처럼 천구의 북극점에 있는 별을 제외하고 북극성을 포함한 별이 천구의 북극점을 중심으로 공전하는 것처럼 보이는 것은 지구가 자전하기 때문이다.

캐롤라인 제도의 주민이 북쪽을 찾기 위해 이용했던 북극성은 자기(磁氣) 나침반보다 더 정확하게 천구의 북극점을 가리킨다. 이는 나침반의 바늘이 지구의 자전축으로부터 거리가 멀리 떨어져 있는 지구자기의 북극점을 향하기 때문이다. 또한 천구의 남극점 근처에서 쉽게 관측할 수 있는 고정된 별은 없으므로 캐롤라인 제도의 주민은 남극점 자체를 볼 수 없다. 그러나 남십자성이 천구의 남극점 주위를 돌고 있으므로 남쪽을 파악하는 데는 큰 어려움이 없다.

① 고대에 사용되었던 방위 파악 방법 중에는 최근까지 이용된 것도 있다.
② 캐롤라인 제도의 주민은 밤하늘에 있는 남십자성을 이용하여 남쪽을 알아낼 수 있었다.
③ 지구 자전축의 연장선상에 별이 있다면, 밤하늘을 보았을 때 그 별은 정지된 것처럼 보인다.
④ 자기 나침반을 이용하면 북극성을 이용할 때보다 더 정확히 천구의 북극점을 찾을 수 있다.
⑤ 캐롤라인 제도의 주민이 관찰한 별이 천구의 북극점을 중심으로 공전하는 것처럼 보이는 이유는 지구가 자전하기 때문이다.

26

갈릴레오는 『두 가지 주된 세계 체계에 관한 대화』에서 등장인물인 살비아티에게 자신을 대변하는 역할을 맡겼다. 심플리치오는 아리스토텔레스의 자연철학을 대변하는 인물로서 살비아티의 대화 상대역을 맡고 있다. 또 다른 등장인물인 사그레도는 건전한 판단력을 지닌 자로서 살비아티와 심플리치오 사이에서 중재자 역할을 맡고 있다.

이 책의 마지막 부분에서 사그레도는 나흘간의 대화를 마무리하며 코페르니쿠스의 지동설을 옳은 견해로 인정한다. 그리고 그는 그 견해를 지지하는 세 가지 근거를 제시한다. 첫째는 행성의 겉보기 운동과 역행 운동에서, 둘째는 태양이 자전한다는 것과 그 흑점들의 운동에서, 셋째는 조수 현상에서 찾아낸다.

이에 반해 살비아티는 지동설의 근거로서 사그레도가 언급하지 않은 항성의 시차(視差)를 중요하게 다룬다. 살비아티는 지구의 공전을 입증하기 위한 첫 번째 단계로 지구의 공전을 전제로 한 코페르니쿠스의 이론이 행성의 겉보기 운동을 얼마나 간단하고 조화롭게 설명할 수 있는지를 보여준다. 그런 다음 그는 지구의 공전을 전제로 할 때, 공전 궤도의 두 맞은편 지점에서 관측자에게 보이는 항성의 위치가 달라지는 현상, 곧 항성의 시차를 기하학적으로 설명한다.

그렇다면 사그레도는 왜 이 중요한 사실을 거론하지 않았을까? 그것은 세 번째 날의 대화에서 심플리치오가 아리스토텔레스의 이론을 옹호하면서 지동설에 대한 반박 근거로 공전에 의한 항성의 시차가 관측되지 않음을 지적한 것과 관련이 있다. 당시 갈릴레오는 자신의 망원경을 통해 별의 시차를 관측하지 못했다. 그는 그 이유가 항성이 당시 알려진 것보다 훨씬 멀리 있기 때문이라고 주장하였지만, 반대자들에게 그것은 임기응변적인 가설로 치부될 뿐이었다. 결국 그 작은 각도가 나중에 더 좋은 망원경에 의해 관측되기까지 항성의 시차는 지동설의 옹호자들에게 '불편한 진실'로 남아 있었다.

① 아리스토텔레스의 철학을 따르는 심플리치오는 지구가 공전하지 않음을 주장한다.

② 사그레도는 항성의 시차에 관한 기하학적 예측에 근거하여 코페르니쿠스의 지동설을 받아들인다.

③ 사그레도와 살비아티는 둘 다 행성의 겉보기 운동을 근거로 하여 코페르니쿠스의 지동설을 옹호한다.

④ 심플리치오는 관측자에게 항성의 시차가 관측되지 않았다는 사실에 근거하여 코페르니쿠스의 지동설을 반박한다.

⑤ 살비아티는 지구가 공전한다면 공전궤도상의 지구의 위치에 따라 항성의 시차가 존재할 수밖에 없다고 예측한다.

※ 다음 글에 대한 반론으로 가장 적절한 것을 고르시오. [27~28]

27

인간은 사회 속에서만 자신을 더 나은 존재로 느낄 수 있기 때문에 자신을 사회화하고자 한다. 인간은 사회 속에서만 자신의 자연적 소질을 실현할 수 있는 것이다. 그러나 인간은 자신을 개별화하거나 고립시키려는 성향도 강하다. 이는 자신의 의도에 따라서만 행동하려는 반사회적인 특성을 의미한다. 그리고 저항하려는 성향이 자신뿐만 아니라 다른 사람에게도 있다는 사실을 알기 때문에, 그 자신도 곳곳에서 저항에 부딪히게 되리라 예상한다.

이러한 저항을 통하여 인간은 모든 능력을 일깨우고, 나태해지려는 성향을 극복하며, 명예욕이나 지배욕, 소유욕 등에 따라 행동하게 된다. 그리하여 동시대인들 가운데에서 자신의 위치를 확보하게 된다. 이렇게 하여 인간은 야만의 상태에서 벗어나 문화를 이룩하기 위한 진정한 진보의 첫걸음을 내딛게 된다. 이때부터 모든 능력이 점차 계발되고 아름다움을 판정하는 능력도 형성된다. 나아가 자연적 소질에 의해 도덕성을 어렴풋이 느끼기만 하던 상태에서 벗어나, 지속적인 계몽을 통하여 구체적인 실천 원리를 명료하게 인식할 수 있는 성숙한 단계로 접어든다. 그 결과 자연적인 감정을 기반으로 결합된 사회를 도덕적인 전체로 바꿀 수 있는 사유 방식이 확립된다.

인간에게 이러한 반사회성이 없다면, 인간의 모든 재능은 꽃피지 못하고 만족감과 사랑으로 가득 찬 목가적인 삶 속에서 영원히 묻혀 버리고 말 것이다. 그리고 양처럼 선량한 기질의 사람들은 가축 이상의 가치를 자신의 삶에 부여하기 힘들 것이다. 자연 상태에 머물지 않고 스스로의 목적을 성취하기 위해 자연적 소질을 계발하여 창조의 공백을 메울 때, 인간의 가치는 상승되기 때문이다.

① 사회성만으로도 충분히 목가적 삶을 영위할 수 있다.
② 반사회성만으로는 자신의 재능을 계발하기 어렵다.
③ 인간은 타인과의 갈등을 통해서도 사회성을 기를 수 있다.
④ 인간은 사회성만 가지고도 자신의 재능을 키워나갈 수 있다.
⑤ 인간의 자연적인 성질은 사회화를 방해한다.

28

현재 우리나라는 드론의 개인 정보 수집과 활용에 대해 '사전 규제' 방식을 적용하고 있다. 이는 개인 정보 수집과 활용을 원칙적으로 금지하면서 예외적인 경우에만 허용하는 방식으로 정보 주체의 동의 없이 개인 정보를 수집·활용하기 어려운 것이다. 이와 관련하여 개인 정보를 대부분의 경우 개인 동의 없이 활용하는 것을 허용하고, 예외적인 경우에 제한적으로 금지하는 '사후 규제' 방식을 도입해야 한다는 의견이 대두하고 있다. 그러나 나는 사전 규제 방식의 유지에 찬성한다.

드론은 고성능 카메라나 통신 장비 등이 장착되어 있는 경우가 많아 사전 동의 없이 개인의 초상, 성명, 주민등록 번호 등의 정보뿐만 아니라 개인의 위치 정보까지 저장할 수 있다. 또한 드론에서 수집한 정보를 검색하거나 전송하는 중에 사생활이 노출될 가능성이 높다. 더욱이 드론의 소형화, 경량화 기술이 발달하고 있어 사생활 침해의 우려가 커지고 있다. 드론은 인명 구조, 시설물 점검 등의 공공 분야뿐만 아니라 제조업, 물류 서비스 등의 민간 분야까지 활용 범위가 확대되고 있는데, 동시에 개인 정보를 수집하는 일이 많아지면서 사생활 침해 사례도 증가하고 있다.

헌법에서는 주거의 자유, 사생활의 비밀과 자유 등을 명시하여 개인의 사생활이 보호받도록 하고 있고, 개인 정보를 자신이 통제할 수 있는 정보의 자기 결정권을 부여하고 있다. 이와 같은 기본권이 안정적으로 보호될 때 드론 기술과 산업의 발전으로 얻게 되는 사회적 이익은 더욱 커질 것이다.

① 드론을 이용하여 개인 정보를 자유롭게 수집하게 되면 사생활 침해는 더욱 심해지고, 개인 정보의 복제, 유포, 훼손, 가공 등 의도적으로 악용하는 사례까지 증가할 것이다.

② 사전 규제를 통해 개인 정보의 수집과 활용에 제약이 생기면 개인의 기본권이 보장되어 오히려 드론을 다양한 분야에 활용할 수 있고, 드론 기술과 산업은 더욱더 빠르게 발전할 수 있다.

③ 산업적 이익을 우선시하면 개인 정보 보호에 관한 개인의 기본권을 등한시하는 결과를 초래할 수 있다.

④ 개인 정보의 복제, 유포, 위조 등으로 정보 주체에게 중대한 손실을 입힐 경우 손해액을 배상하도록 하여 엄격하게 책임을 묻는다면 사전 규제 없이도 개인 정보를 효과적으로 보호할 수 있다.

⑤ 사전 규제 방식을 유지하면서도 개인 정보 수집과 활용에 동의를 얻는 절차를 간소화하고 편의성을 높이면 정보의 활용이 용이해져 드론 기술과 산업의 발전을 도모할 수 있다.

29

예술 작품을 어떻게 감상하고 비평해야 하는지에 대해 다양한 논의들이 있다. 예술 작품의 의미와 가치에 대한 해석과 판단은 작품을 비평하는 목적과 태도에 따라 달라진다. 예술 작품에 대한 주요 비평 방법으로는 맥락주의 비평, 형식주의 비평, 인상주의 비평이 있다.

맥락주의 비평은 주로 예술 작품이 창작된 사회적·역사적 배경에 관심을 갖는다. 비평가 텐은 예술 작품이 창작된 당시 예술가가 살던 시대의 환경, 정치·경제·문화적 상황, 작품이 사회에 미치는 효과 등을 예술 작품 비평의 중요한 근거로 삼는다. 그 이유는 예술 작품이 예술가가 속해 있는 문화의 상징과 믿음을 구체화하며, 예술가가 속한 사회의 특성들을 반영한다고 보기 때문이다. 또한 맥락주의 비평에서는 작품이 창작된 시대적 상황 외에 작가의 심리적 상태와 이념을 포함하여 가급적 많은 자료를 바탕으로 작품을 분석하고 해석한다.

그러나 객관적 자료를 중심으로 작품을 비평하려는 맥락주의는 자칫 작품 외적인 요소에 치중하여 작품의 핵심적 본질을 훼손할 우려가 있다는 비판을 받는다. 이러한 맥락주의 비평의 문제점을 극복하기 위한 방법으로는 형식주의 비평과 인상주의 비평이 있다. 형식주의 비평은 예술 작품의 외적 요인 대신 작품의 형식적 요소와 그 요소들 간 구조적 유기성의 분석을 중요하게 생각한다. 프리드와 같은 형식주의 비평가들은 작품 속에 표현된 사물, 인간, 풍경 같은 내용보다는 선, 색, 형태 등의 조형 요소와 비례, 율동, 강조 등과 같은 조형 원리를 예술 작품의 우수성을 판단하는 기준이라고 주장한다.

인상주의 비평은 모든 분석적 비평에 대해 회의적인 시각을 가지고 있어 예술을 어떤 규칙이나 객관적 자료로 판단할 수 없다고 본다. "훌륭한 비평가는 대작들과 자기 자신의 영혼의 모험들을 관련시킨다."라는 비평가 프랑스의 말처럼, 인상주의 비평은 비평가가 다른 저명한 비평가의 관점과 상관없이 자신의 생각과 느낌에 대하여 자율성과 창의성을 가지고 비평하는 것이다. 즉, 인상주의 비평가는 작가의 의도나 그 밖의 외적인 요인들을 고려할 필요 없이 비평가의 자유 의지로 무한대의 상상력을 가지고 작품을 해석하고 판단한다.

보기

피카소의 그림 게르니카는 1937년 히틀러가 바스크 산악 마을인 게르니카에 30여 톤의 폭탄을 퍼부어 수많은 인명을 살상한 비극적 사건의 참상을, 울부짖는 말과 부러진 칼 등의 상징적 이미지를 사용하여 전 세계에 고발한 기념비적인 작품이다.

① 작품의 형식적 요소와 요소들 간의 구조적 유기성을 중심으로 작품을 평가하고 있다.
② 피카소가 게르니카를 창작하던 당시의 시대적 상황을 반영하여 작품을 평가하고 있다.
③ 작품에 대한 자신의 주관적 감정을 반영하여 작품을 평가하고 있다.
④ 작품을 평가하는 과정에서 작품 속에 표현된 사건보다 상징적 이미지의 형태를 더 중시하고 있다.
⑤ 작품의 내적 요소를 중심으로 피카소의 심리적 상태를 파악하고 있다.

미학은 예술과 미적 경험에 관한 개념과 이론에 대해 논의하는 철학의 한 분야로서, 미학의 문제들 가운데 하나가 바로 예술의 정의에 대한 문제이다. 예술이 자연에 대한 모방이라는 아리스토텔레스의 말에서 비롯된 모방론은, 대상과 그 대상의 재현이 닮은꼴이어야 한다는 재현의 투명성 이론을 전제한다. 그러나 예술가의 독창적인 감정 표현을 중시하는 한편 외부 세계에 대한 왜곡된 표현을 허용하는 낭만주의 사조가 18세기 말에 등장하면서, 모방론은 많이 쇠퇴했다. 이제 모방을 필수 조건으로 삼지 않는 낭만주의 예술가의 작품을 예술로 인정해줄 수 있는 새로운 이론이 필요했다. 20세기 초에 콜링우드는 진지한 관념이나 감정과 같은 예술가의 마음을 예술의 조건으로 규정하는 표현론을 제시하여 이 문제를 해결하였다. 그에 따르면, 진정한 예술 작품은 물리적 소재를 통해 구성될 필요가 없는 정신적 대상이다.

또한 이와 비슷한 시기에 외부 세계나 작가의 내면보다 작품 자체의 고유 형식을 중시하는 형식론도 발전했다. 벨의 형식론은 예술 감각이 있는 비평가들만이 직관적으로 식별할 수 있고 정의는 불가능한 어떤 성질을 일컫는 '의미 있는 형식'을 통해 그 비평가들에게 미적 정서를 유발하는 작품을 예술 작품이라고 보았다.

웨이츠의 예술 정의 불가론에 따르면 우리가 흔히 예술 작품으로 분류하는 미술, 연극, 문학, 음악 등은 서로 이질적이어서 그것들 전체를 아울러 예술이라 정의할 수 있는 공통된 요소를 갖지 않는다. 웨이츠의 이론은 예술의 정의에 대한 기존의 이론들이 겉보기에는 명제의 형태를 취하고 있으나, 사실은 참과 거짓을 판정할 수 없는 사이비 명제이므로 예술의 정의에 대한 논의 자체가 불필요하다는 견해를 대변한다.

디키는 예술계라는 어떤 사회 제도에 속하는 한 사람 또는 여러 사람에 의해 감상의 후보 자격을 수여받은 인공물을 예술 작품으로 규정한다는 제도론을 주장하였다. 하나의 작품이 어떤 특정한 기준에서 훌륭하므로 예술 작품이라고 부를 수 있다는 평가적 이론들과 달리, 디키의 견해는 일정한 절차와 관례를 거치기만 하면 모두 예술 작품으로 볼 수 있다는 분류적 이론이다. 예술의 정의와 관련된 이 논의들은 예술로 분류할 수 있는 작품들의 공통된 본질을 찾는 시도이자 예술의 필요충분 조건을 찾는 시도이다.

보기

20세기 중반에, 뒤샹이 변기를 가져다 전시한 「샘」이라는 작품은 예술 작품으로 인정되지만, 그것과 형식적인 면에서 차이가 없는 일반적인 변기는 예술 작품으로 인정되지 않았다.

---

① 모방론자는 변기를 있는 그대로 모방한 뒤샹의 작품 「샘」을 필수 조건을 갖춘 예술 작품으로 인정할 것이다.

② 표현론자는 일반적인 변기와 형식적 차이가 없는 「샘」을 자체의 고유 형식이 없다는 점에서 예술 작품으로 인정하지 않을 것이다.

③ 형식론자는 「샘」을 예술 작품으로 인정하지 않는 비평가에게 「샘」에 담긴 뒤샹의 내면 의식을 예술의 조건으로 제시할 것이다.

④ 예술 정의 불가론자는 예술 감각이 있는 비평가들만이 뒤샹의 작품 「샘」과 일반적인 변기를 구분할 수 있다고 볼 것이다.

⑤ 제도론자는 인정한 절차와 관례를 거쳐 전시한 뒤샹의 「샘」을 예술 작품으로 인정할 것이며, 일반적인 변기도 절차를 거친다면 예술 작품으로 인정할 것이다.

01 다음 중 백혈병의 증상과 징후에 해당하지 않는 것은?

① 피부의 점막 출혈   ② 만성 피로감
③ 전신의 림프절 종대   ④ 뼈의 통증
⑤ 정상 백혈구의 증가

02 다음 중 임신오조증이 심한 임부를 위한 간호로 적절하지 않은 것은?

① 섭취량과 배설량을 정확히 측정한다.
② 탈수치료를 위해 수분을 공급한다.
③ 식사는 여러 번으로 나누어 조금씩 먹게 한다.
④ 필요한 경우 포도당주사를 통해 영양을 공급한다.
⑤ 위장기능을 좋게 하기 위해 철분제제나 영양제 등을 공급한다.

03 가정간호사가 질 출혈이 있는 산모의 가정을 방문하였다. 다음 중 제일 먼저 해야 할 일은?

① 즉시 병원으로 옮긴다.
② 내진을 실시하여 질 출혈의 원인을 파악한다.
③ 절대안정시킨 후에 의사에게 의뢰한다.
④ 유산의 가능성이 있다고 얘기해 준다.
⑤ 출혈에 관한 보건교육을 실시한다.

04 다음 중 순환하는 혈액기능으로 적절한 것을 모두 고르면?

㉠ 신체 각 조직에 산소, 영양소, 호르몬 등을 운반한다.
㉡ WBC, 항체를 운반해서 미생물로부터 몸을 보호한다.
㉢ 체온을 조절한다.
㉣ 혈압(동맥압)을 조절한다.

---

① ㉠, ㉡, ㉢   ② ㉠, ㉢
③ ㉡, ㉣   ④ ㉣
⑤ ㉠, ㉡, ㉢, ㉣

05 마약류사용장애 환자가 병원에 입원한 지 2일째이다. 다음 중 이 환자에 대한 간호계획으로 적절한 것을 모두 고르면?

> ㉠ 중독상태에 대한 금단증세 치료를 위해 아편길항제를 투여할 계획이다.
> ㉡ 마약류사용에 대한 인체 내 초래결과를 교육한다.
> ㉢ 전해질의 균형을 위해 영양제 투여 및 수액요법을 실시한다.
> ㉣ 12단계의 자조 Program을 소개한다.

① ㉠, ㉡, ㉢   ② ㉠, ㉢
③ ㉡, ㉣   ④ ㉣
⑤ ㉠, ㉡, ㉢, ㉣

06 다음 중 녹내장 환자의 시신경 손상을 알아보는 진단검사는?

① 시야검사   ② 형광조영술
③ 검안경검사   ④ 우각경검사
⑤ 형광안저검사

07 다음 중 병동간호 상황에서 발생 가능한 투약사고 유형 중 간호사 주의의무에 해당하는 것을 모두 고르면?

> ㉠ 투약할 약의 용량 확인   ㉡ 주사부위 확인
> ㉢ 적절한 속도로 주입   ㉣ 주사약의 선택

① ㉠, ㉡, ㉢   ② ㉠, ㉢
③ ㉡, ㉣   ④ ㉣
⑤ ㉠, ㉡, ㉢, ㉣

08 의사가 식염액을 100mL/hr로 정맥주입하라고 지시하였다. 마이크로 드립세트가 30gtt/mL일 때 점적속도는 몇 gtt/min으로 맞추어야 하는가?

① 10gtt/min   ② 20gtt/min
③ 30gtt/min   ④ 50gtt/min
⑤ 60gtt/min

09 다음 중 자궁절제술을 받은 환자에게 적절한 교육내용은?

① 성교와 출산을 할 수 없다.
② 성교와 정상 출산은 가능하다.
③ 성교와 월경이 가능하다.
④ 성교가 가능하나 월경은 없어진다.
⑤ 성교 가능하나 성생활에 대한 모든 의욕이 상실된다.

10 다음 중 의식수준 중 혼미상태를 나타내는 것은?

① 졸린 상태로 자극에 대한 반응이 불완전하다.
② 졸리는 듯 눈을 반쯤 감는다.
③ 꾸벅꾸벅 졸지만 부르면 눈을 뜬다.
④ 자발적 움직임이 없고 고통스러운 자극을 주면 반응한다.
⑤ 자극에 전혀 반응하지 않는다.

11 다음 중 입원으로 인해 초래되는 것 중 발달 특성상 유아에게 가장 문제가 되는 것은?

① 역할 발달   ② 자아개념 손상
③ 분리불안   ④ 애착 결여
⑤ 가족역동의 변화

12 다음 중 치료적 의사소통의 기본이 되는 것은?

① 환자와 신뢰감을 형성한다.
② 치료에 관한 정보를 제공한다.
③ 새로운 질병의 정보를 제공한다.
④ 함께 간호계획을 세운다.
⑤ 진단에 따른 치료계획을 함께 세운다.

13 다음 중 벅스 견인(Buck's Traction)을 한 환자의 침상발치를 높여주는 이유로 적절한 것을 모두 고르면?

㉠ 마찰력 유지	㉡ 통증완화
㉢ 부종예방	㉣ 상대적 견인력 유지

① ㉠, ㉡, ㉢   ② ㉠, ㉢

③ ㉡, ㉣   ④ ㉣

⑤ ㉠, ㉡, ㉢, ㉣

14 다음 중 의료법상 의료인의 품위손상범위에 해당하는 것은?

① 과대 광고행위
② 방송에서 식품에 대한 정보를 제공하는 행위
③ 인터넷신문에서 의약외품에 대한 건강 정보를 제공하는 행위
④ 정기간행물에서 화장품에 대한 건강 정보를 제공하는 행위
⑤ 다른 병원을 이용하려는 환자를 비영리 목적으로 자신의 병원으로 유치하는 행위

15 다음 중 난소 섬유종 환자의 간호로 적절한 것을 모두 고르면?

㉠ 복압을 올린다.
㉡ 감정관리는 하지 않아도 된다.
㉢ 방광절제술을 한다.
㉣ 흉수와 복수를 제거한다.

① ㉠, ㉡, ㉢   ② ㉠, ㉢

③ ㉡, ㉣   ④ ㉣

⑤ ㉠, ㉡, ㉢, ㉣

16 다음 중 정맥주입 시 주입속도에 영향을 미치는 요소가 아닌 것은?

① 정맥 내 바늘의 위치변화   ② 정맥 수액병의 넓이

③ 튜브의 매듭과 꼬임   ④ 정맥 천자 바늘의 굵기

⑤ 환자의 자세변화

17 D5W 250mL(5% 포도당 용액) 백(Bag)에는 포도당 몇 g이 들어있는가?

① 5g   ② 10g
③ 12.5g   ④ 15g
⑤ 25g

18 다음 중 당뇨병 아동의 퇴원시 아동과 가족에게 교육할 사항으로 적절하지 않은 것은?

① 매일 규칙적으로 운동하도록 한다.
② 소변기록방법을 교육한다.
③ 약간 넉넉한 신발을 신는다.
④ 감염의 예방을 위해 목욕을 자주 하지 않도록 한다.
⑤ 오렌지 주스, 사탕 등을 가지고 다니도록 한다.

19 다음 중 교차감염에 대한 설명으로 가장 적절한 것은?

① 병원 내의 미생물에 쉽게 감염되고 치료과정이 지연되는 것이다.
② 수술시 부주의로 수술 받은 상처가 감염된 것이다.
③ 상처가 재감염되어 악화된 것이다.
④ 피부에 흔히 생기는 농포를 말한다.
⑤ 한 환자의 병원균이 다른 환자에게 옮겨지는 것이다.

20 다음 중 응급환자 발생 시 응급처치로 적절하지 않은 것은?

① 환자를 따뜻하게 보온한다.
② 들 것이나 구급차 이동시 세심한 주의를 해야 한다.
③ 출혈에 대한 처치를 한다.
④ 쇼크 의심시 뇌로 가는 혈량을 증가시키기 위해 머리와 가슴을 다리보다 낮게 한다.
⑤ 기도를 확보한다.

21 다음 중 우울증 환자의 간호로 적절한 것을 모두 고르면?

> ㉠ 자살예방이 중요하다.
> ㉡ 현실과 거리감을 갖도록 한다.
> ㉢ 충분한 영양을 섭취하도록 한다.
> ㉣ 수면제나 진정제를 우선적으로 투여한다.

① ㉠, ㉡, ㉢　　　　　　　　　　② ㉠, ㉢
③ ㉡, ㉣　　　　　　　　　　　　④ ㉣
⑤ ㉠, ㉡, ㉢, ㉣

22 다음 중 간호전문직의 준거적 특징으로 가장 적절한 것은?

① 지식의 전문성, 상대적 자율성, 직업에의 헌신, 업무결과에 대한 법적 책임
② 전문지식에 기초한 실무, 전문교육의 발전, 사회에 대한 봉사와 책임, 자율성, 철학적 사고 및 윤리
③ 기본지식과 기술에 기초한 실무, 단기 훈련기관의 설립, 자신과 대중에 대한 책임, 간호 단독법의 제정
④ 전문화된 지식과 기술, 권한의 자율성, 간호교육의 다원화, 간호 특별법의 제정
⑤ 기본지식에 기초한 실무, 기본 교육의 강화, 간호의 질 향상, 간호교육기관 증설

23 다음 중 대퇴경부 골절로 내부 고정한 환자의 양다리 사이에 베개를 놓는 이유는?

① 무릎을 굴곡시키기 위해
② 대퇴를 외전시키기 위해
③ 고관절의 내회전을 예방하기 위해
④ 무릎을 과도신전시키기 위해
⑤ 고관절을 굴곡시키기 위해

24 산업장 근로자들이 자신의 건강문제를 스스로 해결할 수 있도록 동기부여 및 당면한 근로환경의 개선을 위해 능동적 접근을 촉구하는 것은 산업장 간호사의 어떤 역할인가?

① 변화촉진자　　　　　　　　　　② 상담자
③ 대변자　　　　　　　　　　　　④ 교육자
⑤ 직접 간호제공

25 다음 중 홍역에서 나타나는 Koplik 반점에 대한 설명으로 가장 적절한 것은?

① 피부발진이다.
② 홍역에서만 볼 수 있는 열점이다.
③ 몸의 색소침착이다.
④ 구강협부 점막에 생기는 반점이다.
⑤ 콧등에 산재한 좁쌀모양의 반점이다.

26 갑상선 기능 항진증으로 수술이 예정된 환자가 수술 대신에 방사선 요오드 치료를 받기를 원했다. 이때 간호사의 대답으로 가장 적절한 것은?

① 무과립 세포증이 초래될 위험이 있습니다.
② 갑상선 기능 저하증을 유발할 수 있습니다.
③ 반드시 지속적 격리가 필요합니다.
④ 경제적 부담이 됩니까?
⑤ 일 년 이상 장기간 치료가 필요합니다.

27 다음 중 리팜핀(rifampin), 피라진아미드(pyrazinamide), 이소니아지드(isoniazid)를 처방받은 활동성 폐결핵 환자에 대한 적절한 교육내용은?

① 약물은 총 1개월간 복용한다.
② 시력검사를 주기적으로 받는다.
③ 청력장애가 있으면 약물을 중단하고 1주일 후 다시 복용한다.
④ 소변이 오렌지색으로 변할 수 있다.
⑤ 제산제와 함께 복용한다.

28 다음 중 파킨슨병 환자의 간호계획으로 적절한 것을 모두 고르면?

㉠ 약물요법	㉡ 보행훈련
㉢ 일상생활	㉣ 활동제한

① ㉠, ㉡, ㉢　　　　　　　　　② ㉠, ㉢

③ ㉡, ㉣　　　　　　　　　　　④ ㉣

⑤ ㉠, ㉡, ㉢, ㉣

PART 2

제1회

제2회

제3회

29 간호사는 긍정적이고 적극적으로 대상자를 도와주고, 선을 행하는 것으로 과거에도 이것을 행해야 했고 미래에도 이것을 행해야 한다. 이것은 무엇인가?

① 사전 동의의 원리　　　　　　② 자율성의 원리

③ 선행의 원리　　　　　　　　④ 악행 금지의 원리

⑤ 정의의 원리

30 다음 중 복막 투석을 하는 환자의 체온이 39.5℃이고, 배출된 투석액이 혼탁하며, 복통과 열감을 호소할 때 필요한 중재는?

① 차가운 투석액으로 교체　　　② 유출액 배양검사 시행

③ 통목욕 권장　　　　　　　　④ 고지방 식이 권장

⑤ 앙와위 유지

우리가 해야 할 일은 끊임없이 호기심을 갖고
새로운 생각을 시험해보고 새로운 인상을 받는 것이다.

- 월터 페이터 -

PART

3

면접

면접 유형 및 실전 대책

01 면접 주요사항

면접의 사전적 정의는 면접관이 지원자를 직접 만나보고 인품(人品)이나 언행(言行) 따위를 시험하는 일로, 흔히 필기시험 후에 최종적으로 심사하는 방법이다.

최근 주요 기업의 인사담당자들을 대상으로 채용 시 면접이 차지하는 비중을 설문조사했을 때, 50 ~ 80% 이상이라고 답한 사람이 전체 응답자의 80%를 넘었다. 이와 대조적으로 지원자들을 대상으로 취업 시험에서 면접을 준비하는 기간을 물었을 때, 대부분의 응답자가 2 ~ 3일 정도라고 대답했다.

지원자가 일정 수준의 스펙을 갖추기 위해 자격증 시험과 토익을 치르고 이력서와 자기소개서까지 쓰다 보면 면접까지 챙길 여유가 없는 것이 사실이다. 그리고 서류전형과 인적성검사를 통과해야만 면접을 볼 수 있기 때문에 자연스럽게 면접은 취업시험 과정에서 그 비중이 작아질 수밖에 없다. 하지만 아이러니하게도 실제 채용 과정에서 면접이 차지하는 비중은 절대적이라고 해도 과언이 아니다.

기업들은 채용 과정에서 토론 면접, 인성 면접, 프레젠테이션 면접, 역량 면접 등의 다양한 면접을 실시한다. 1차 커트라인이라고 할 수 있는 서류전형을 통과한 지원자들의 스펙이나 능력은 서로 엇비슷하다고 판단되기 때문에 서류상 보이는 자격증이나 토익 성적보다는 지원자의 인성을 파악하기 위해 면접을 더욱 강화하는 것이다. 일부 기업은 의도적으로 압박 면접을 실시하기도 한다. 지원자가 당황할 수 있는 질문을 던져서 그것에 대한 지원자의 반응을 살펴보는 것이다.

면접은 다르게 생각한다면 '나는 누구인가'에 대한 물음에 해답을 줄 수 있는 가장 현실적이고 미래적인 경험이 될 수 있다. 취업난 속에서 자격증을 취득하고 토익 성적을 올리기 위해 앞만 보고 달려온 지원자들은 자신에 대해서 고민하고 탐구할 수 있는 시간을 평소 쉽게 가질 수 없었을 것이다. 자신을 잘 알고 있어야 자신에 대해서 자신감 있게 말할 수 있다. 대체로 사람들은 자신에게 관대한 편이기 때문에 자신에 대해서 어떤 기대와 환상을 가지고 있는 경우가 많다. 하지만 면접은 제삼자에 의해 개인의 능력을 객관적으로 평가 받는 시험이다. 어떤 지원자들은 다른 사람에게 자신을 표현하는 것을 어려워한다. 평소에 잘 사용하지 않는 용어를 내뱉으면서 거창하게 자신을 포장하는 지원자도 많다. 면접에서 가장 기본은 자기 자신을 면접관에게 알기 쉽게 표현하는 것이다.

이러한 표현을 바탕으로 자신이 앞으로 하고자 하는 것과 그에 대한 이유를 설명해야 한다. 최근에는 자신감을 향상시키거나 말하는 능력을 높이는 학원도 많기 때문에 얼마든지 자신의 단점을 극복할 수 있다.

1. 자기소개의 기술

자기소개를 시키는 이유는 면접자가 지원자의 자기소개서를 압축해서 듣고, 지원자의 첫인상을 평가할 시간을 가질 수 있기 때문이다. 면접을 위한 워밍업이라고 할 수 있으며, 첫인상을 결정하는 과정이므로 매우 중요한 순간이다.

(1) 정해진 시간에 자기소개를 마쳐야 한다.

쉬워 보이지만 의외로 지원자들이 정해진 시간을 넘기거나 혹은 빨리 끝내서 면접관에게 지적을 받는 경우가 많다. 본인이 면접을 받는 마지막 지원자가 아닌 이상, 정해진 시간을 지키지 않는 것은 수많은 지원자를 상대하기에 바쁜 면접관과 대기 시간에 지친 다른 지원자들에게 불쾌감을 줄 수 있다.

또한 회사에서 시간관념은 절대적인 것이므로 반드시 자기소개 시간을 지켜야 한다. 말하기는 1분에 200자 원고지 2장 분량의 글을 읽는 만큼의 속도가 가장 적당하다. 이를 A4 용지에 10point 글자 크기로 작성하면 반 장 분량이 된다.

(2) 간단하지만 신선한 문구로 자기소개를 시작하자.

요즈음 많은 지원자가 이 방법을 사용하고 있기 때문에 웬만한 소재의 문구가 아니면 면접관의 관심을 받을 수 없다. 이러한 문구는 시대적으로 유행하는 광고 카피를 패러디하는 경우와 격언 등을 인용하는 경우, 그리고 지원한 회사의 IC나 경영이념, 인재상 등을 사용하는 경우 등이 있다. 지원자는 이러한 여러 문구 중에 자신의 첫인상을 북돋아 줄 수 있는 것을 선택해서 말해야 한다. 자신의 이름을 문구 속에 적절하게 넣어서 말한다면 좀 더 효과적인 자기소개가 될 것이다.

(3) 무엇을 먼저 말할 것인지 고민하자.

면접관이 많이 던지는 질문 중 하나가 지원동기이다. 그래서 성장기를 바로 건너뛰고, 지원한 회사에 들어오기 위해 대학에서 어떻게 준비했는지를 설명하는 자기소개가 대세이다.

(4) 면접관의 호기심을 자극해 관심을 불러일으킬 수 있게 말하라.

면접관에게 질문을 많이 받는 지원자의 합격률이 반드시 높은 것은 아니지만, 질문을 전혀 안 받는 것보다는 좋은 평가를 기대할 수 있다. 질문을 받기 위해 면접관의 호기심을 자극할 수 있는 가장 좋은 방법은 대학생활을 이야기하면서 자신의 장기를 잠깐 넣는 것이다. 물론 장기자랑에 자신감이 있어야 한다 (최근에는 장기자랑을 개인별로 시키는 곳이 많아졌다).

지원한 분야와 관련된 수상 경력이나 프로젝트 등을 말하는 것도 좋다. 이는 지원자의 업무 능력과 직접 연결되는 것이므로 효과적인 자기 홍보가 될 수 있다. 일부 지원자들은 자신만의 특별한 경험을 이야기하는데, 이때는 그 경험이 보편적으로 사람들의 공감대를 얻을 수 있는 것인지 다시 생각해봐야 한다.

(5) 마지막 고개를 넘기가 가장 힘들다.

첫 단추도 중요하지만, 마지막 단추도 중요하다. 하지만 왠지 격식을 따지는 인사말은 지나가는 인사말 같고, 다르게 하자니 예의에 어긋나는 것 같은 기분이 든다. 이때는 처음에 했던 자신만의 문구를 다시 한 번 말하는 것도 좋은 방법이다. 자연스러운 끝맺음이 될 수 있도록 적절한 연습이 필요하다.

2. 1분 자기소개 시 주의사항

(1) 자기소개서와 자기소개가 똑같다면 감점일까?

아무리 자기소개서를 외워서 말한다 해도 자기소개가 자기소개서와 완전히 똑같을 수는 없다. 자기소개서의 분량이 더 많고 회사마다 요구하는 필수 항목들이 있기 때문에 굳이 고민할 필요는 없다. 오히려 자기소개서의 내용을 잘 정리한 자기소개가 더 좋은 결과를 만들 수 있다. 하지만 자기소개서와 상반된 내용을 말하는 것은 적절하지 않다. 지원자의 신뢰성이 떨어진다는 것은 곧 불합격을 의미하기 때문이다.

(2) 말하는 자세를 바르게 익혀라.

지원자가 자기소개를 하는 동안 면접관은 지원자의 동작 하나하나를 관찰한다. 그렇기 때문에 바른 자세가 중요하다는 것은 우리가 익히 알고 있다. 하지만 문제는 무의식적으로 나오는 습관 때문에 자세가 흐트러져 나쁜 인상을 줄 수 있다는 것이다. 이러한 습관을 고칠 수 있는 가장 좋은 방법은 캠코더 등으로 자신의 모습을 담는 것이다. 거울을 사용할 경우에는 시선이 자꾸 자기 눈과 마주치기 때문에 집중하기 힘들다. 하지만 촬영된 동영상은 제삼자의 입장에서 자신을 볼 수 있기 때문에 많은 도움이 된다.

(3) 정확한 발음과 억양으로 자신 있게 말하라.

지원자의 모양새가 아무리 뛰어나도, 목소리가 작고 발음이 부정확하면 큰 감점을 받는다. 이러한 모습은 지원자의 좋은 점에까지 악영향을 끼칠 수 있다. 직장을 흔히 사회생활의 시작이라고 말하는 시대적 정서에서 사람들과 의사소통을 하는 데 문제가 있다고 판단되는 지원자는 부적절한 인재로 평가될 수밖에 없다.

3. 대화법

전문가들이 말하는 대화법의 핵심은 '상대방을 배려하면서 이야기하라.'는 것이다. 대화는 나와 다른 사람의 소통이다. 내용에 대한 공감이나 이해가 없다면 대화는 더 진전되지 않는다.

『카네기 인간관계론』이라는 베스트셀러의 작가인 철학자 카네기가 말하는 최상의 대화법은 자신의 경험을 토대로 이야기하는 것이다. 즉, 살아오면서 직접 겪은 경험이 상대방의 관심을 끌 수 있는 가장 좋은 이야깃거리인 것이다. 특히, 어떤 일을 이루기 위해 노력하는 과정에서 겪은 실패나 희망에 대해 진솔하게 얘기한다면 상대방은 어느새 당신의 편에 서서 그 이야기에 동조할 것이다.

독일의 사업가이자, 동기부여 트레이너인 위르겐 힐러의 연설법 중 가장 유명한 것은 '시즐(Sizzle)'을 잡는 것이다. 시즐이란, 새우튀김이나 돈가스가 기름에서 지글지글 튀겨질 때 나는 소리이다. 즉, 자신의 말을 듣고 시즐처럼 반응하는 상대방의 감정에 적절하게 대응하라는 것이다.

말을 시작한 지 10 ~ 15초 안에 상대방의 '시즐'을 알아차려야 한다. 자신의 이야기에 대한 상대방의 첫 반응에 따라 말하기 전략도 달라져야 한다. 첫 이야기의 반응이 미지근하다면 가능한 한 그 이야기를 빨리 마무리하고 새로운 이야깃거리를 생각해내야 한다. 길지 않은 면접 시간 내에 몇 번 오지 않는 대답의 기회를 살리기 위해서 보다 전략적이고 냉철해야 하는 것이다.

4. 차림새 이야기

(1) 구두 이야기

면접에 어떤 옷을 입어야 할지를 며칠 동안 고민하면서 정작 구두는 면접 보는 날 현관을 나서면서 즉흥적으로 신고 가는 지원자들이 많다. 특히, 남자 지원자들이 이러한 실수를 많이 한다. 구두를 보면 그 사람의 됨됨이를 알 수 있다고 한다. 면접관 역시 이러한 것을 놓치지 않기 때문에 지원자는 자신의 구두에 더욱 신경을 써야 한다. 스타일의 마무리는 발끝에서 이루어지는 것이다. 아무리 멋진 옷을 입고 있어도 구두가 어울리지 않는다면 전체 스타일이 흐트러지기 때문이다.

정장용 구두는 디자인이 깔끔하고, 에나멜 가공처리를 하여 광택이 도는 페이턴트 가죽 소재 제품이 무난하다. 검정 계열 구두는 회색과 감색 정장에, 브라운 계열의 구두는 베이지나 갈색 정장에 어울린다. 참고로 구두는 오전에 사는 것보다 발이 충분히 부은 상태인 저녁에 사는 것이 좋다. 마지막으로 당연한 일이지만 반드시 면접을 보는 전날 구두 뒤축이 닳지는 않았는지 확인하고 구두에 광을 내 둔다.

(2) 양말 이야기

양말은 정장과 구두의 색상을 비교해서 골라야 한다. 특히 검정이나 감색의 진한 색상의 바지에 흰 양말을 신는 것은 시대에 뒤처지는 일이다. 일반적으로 양말의 색깔은 바지의 색깔과 같아야 한다. 또한 양말의 길이도 신경 써야 한다. 남성의 경우에 의자에 바르게 앉거나 다리를 꼬아서 앉을 때 다리털이 보여서는 안 된다. 반드시 긴 정장 양말을 신어야 한다.

(3) 정장 이야기

지원자는 평소에 정장을 입을 기회가 많지 않기 때문에 면접을 볼 때 본인 스스로도 옷을 어색하게 느끼는 경우가 많다. 옷을 불편하게 느끼기 때문에 자세마저 불안정한 지원자도 볼 수 있다. 그러므로 면접 전에 정장을 입고 생활해 보는 것도 나쁘지는 않다.

일반적으로 면접을 볼 때는 상대방에게 신뢰감을 줄 수 있는 남색 계열의 옷이나 어떤 계절이든 무난하고 깔끔해 보이는 회색 계열의 정장을 많이 입는다. 정장은 유행에 따라서 재킷의 디자인이나 버튼의 개수가 바뀌기 때문에 특히 남성 지원자의 경우, 너무 오래된 옷을 입어서 아버지 옷을 빌려 입고 나온 듯한 인상을 주어서는 안 된다.

(4) 헤어스타일과 메이크업 이야기

헤어스타일에 자신이 없다면 미용실에 다녀오는 것도 좋은 방법이다. 그리고 여성 지원자의 경우에는 자신에게 어울리는 메이크업을 하는 것도 괜찮다. 메이크업은 상대에 대한 예의를 갖추는 것이므로 지나치게 화려한 메이크업이 아니라면 보다 준비된 지원자처럼 보일 수 있다.

5. 첫인상

취업을 위해 성형수술을 받는 남성들에 대한 이야기는 더 이상 뉴스거리가 되지 않는다. 그만큼 많은 사람이 좁은 취업문을 뚫기 위해 이미지 향상에 신경을 쓰고 있다. 이는 면접관에게 좋은 첫인상을 주기 위한 것으로, 지원서에 올리는 증명사진을 이미지 프로그램을 통해 수정하는 이른바 '사이버 성형'이 유행하는 것과 같은 맥락이다. 실제로 외모가 채용 과정에서 영향을 끼치는가에 대한 설문조사에서도 60% 이상의 인사담당자들이 그렇다고 답변했다.

하지만 외모와 첫인상을 절대적인 관계로 이해하는 것은 잘못된 판단이다. 외모가 첫인상에서 많은 부분을 차지하지만, 외모 외에 다른 결점이 발견된다면 그로 인해 장점들이 가려질 수도 있다. 이러한 현상은 아래에서 다시 논하겠다.

첫인상은 말 그대로 한 번밖에 기회가 주어지지 않으며 몇 초 안에 결정된다. 첫인상을 결정짓는 요소 중 시각적인 요소가 80% 이상을 차지한다. 첫눈에 들어오는 생김새나 복장, 표정 등에 의해서 결정되는 것이다. 면접을 시작할 때 자기소개를 시키는 것도 지원자별로 첫인상을 평가하기 위해서이다. 첫인상이 중요한 이유는 만약 첫인상이 부정적으로 인지될 경우, 지원자의 다른 좋은 면까지 거부당하기 때문이다. 이러한 현상을 심리학에서는 초두효과(Primacy Effect)라고 한다.

한 번 형성된 첫인상은 여간해서 바꾸기 힘들다. 이는 첫인상이 나중에 들어오는 정보까지 영향을 주기 때문이다. 첫인상의 정보가 나중에 들어오는 정보 처리의 지침이 되는 것을 심리학에서는 맥락효과(Context Effect)라고 한다. 따라서 평소에 첫인상을 좋게 만들기 위한 노력을 꾸준히 해야만 하는 것이다.

좋은 첫인상이 반드시 외모에만 집중되는 것은 아니다. 오히려 깔끔한 옷차림과 부드러운 표정 그리고 말과 행동 등에 의해 전반적인 이미지가 만들어진다. 누구나 이러한 것 중에 한두 가지 단점을 가지고 있다. 요즈음은 이미지 컨설팅을 통해서 자신의 단점들을 보완하는 지원자도 있다. 특히, 표정이 밝지 않은 지원자는 평소 웃는 연습을 의식적으로 하여 면접을 받는 동안 계속해서 여유 있는 표정을 짓는 것이 중요하다. 성공한 사람들은 인상이 좋다는 것을 명심하자.

02 면접의 유형 및 실전 대책

1. 면접의 유형

과거 천편일률적인 일대일 면접과 달리 면접에는 다양한 유형이 도입되어 현재는 "면접은 이렇게 보는 것이다."라고 말할 수 있는 정해진 유형이 없어졌다. 그러나 삼성그룹 면접에서는 현재까지는 집단 면접과 다대일 면접이 진행되고 있으므로 어느 정도 유형을 파악하여 사전에 대비가 가능하다. 면접의 기본인 단독 면접부터, 다대일 면접, 집단 면접의 유형과 그 대책에 대해 알아보자.

(1) 단독 면접

단독 면접이란 응시자와 면접관이 1대1로 마주하는 형식을 말한다. 면접위원 한 사람과 응시자 한 사람이 마주 앉아 자유로운 화제를 가지고 질의응답을 되풀이하는 방식이다. 이 방식은 면접의 가장 기본적인 방법으로 소요시간은 10 ~ 20분 정도가 일반적이다.

① 장점

필기시험 등으로 판단할 수 없는 성품이나 능력을 알아내는 데 가장 적합하다고 평가받아 온 면접방식으로 응시자 한 사람 한 사람에 대해 여러 면에서 비교적 폭넓게 파악할 수 있다. 응시자의 입장에서는 한 사람의 면접관만을 대하는 것이므로 상대방에게 집중할 수 있으며, 긴장감도 다른 면접방식에 비해서는 적은 편이다.

② 단점

면접관의 주관이 강하게 작용해 객관성을 저해할 소지가 있으며, 면접 평가표를 활용한다 하더라도 일면적인 평가에 그칠 가능성을 배제할 수 없다. 또한 시간이 많이 소요되는 것도 단점이다.

> **단독 면접 준비 Point**
>
> 단독 면접에 대비하기 위해서는 평소 1대1로 논리 정연하게 대화를 나눌 수 있는 능력을 기르는 것이 중요하다. 그리고 면접장에서는 면접관을 선배나 선생님 혹은 아버지를 대하는 기분으로 면접에 임하는 것이 부담도 훨씬 적고 실력을 발휘할 수 있는 방법이 될 것이다.

(2) 다대일 면접

다대일 면접은 일반적으로 가장 많이 사용되는 면접방법으로 보통 2 ∼ 5명의 면접관이 1명의 응시자에게 질문하는 형태의 면접방법이다. 면접관이 여러 명이므로 다각도에서 질문을 하여 응시자에 대한 정보를 많이 알아낼 수 있다는 점 때문에 선호하는 면접방법이다.

하지만 응시자의 입장에서는 질문도 면접관에 따라 각양각색이고 동료 응시자가 없으므로 숨 돌릴 틈도 없게 느껴진다. 또한 관찰하는 눈도 많아서 조그만 실수라도 지나치는 법이 없기 때문에 정신적 압박과 긴장감이 높은 면접방법이다. 따라서 응시자는 긴장을 풀고 한 시험관이 묻더라도 면접관 전원을 향해 대답한다는 기분으로 또박또박 대답하는 자세가 필요하다.

① 장점

면접관이 집중적인 질문과 다양한 관찰을 통해 응시자가 과연 조직에 필요한 인물인가를 완벽히 검증할 수 있다.

② 단점

면접시간이 보통 10 ∼ 30분 정도로 좀 긴 편이고 응시자에게 지나친 긴장감을 조성하는 면접방법이다.

> **다대일 면접 준비 Point**
>
> 질문을 들을 때 시선은 면접위원을 향하고 다른 데로 돌리지 말아야 하며, 대답할 때에도 고개를 숙이거나 입속에서 우물거리는 소극적인 태도는 피하도록 한다. 면접위원과 대등하다는 마음가짐으로 편안한 태도를 유지하면 대답도 자연스러운 상태에서 좀 더 충실히 할 수 있고, 이에 따라 면접위원이 받는 인상도 달라진다.

(3) 집단 면접

집단 면접은 다수의 면접관이 여러 명의 응시자를 한꺼번에 평가하는 방식으로 짧은 시간에 능률적으로 면접을 진행할 수 있다. 각 응시자에 대한 질문내용, 질문횟수, 시간배분이 똑같지는 않으며, 모두에게 같은 질문이 주어지기도 하고, 각각 다른 질문을 받기도 한다.

또한 어떤 응시자가 한 대답에 대한 의견을 묻는 등 그때그때의 분위기나 면접관의 의향에 따라 변수가 많다. 집단 면접은 응시자의 입장에서는 개별 면접에 비해 긴장감은 다소 덜한 반면에 다른 응시자들과의 비교가 확실하게 나타나므로 응시자는 몸가짐이나 표현력·논리성 등이 결여되지 않도록 자신의 생각이나 의견을 솔직하게 발표하여 집단 속에 묻히거나 밀려나지 않도록 주의해야 한다.

① 장점

집단 면접의 장점은 면접관이 응시자 한 사람에 대한 관찰시간이 상대적으로 길고, 비교 평가가 가능하기 때문에 결과적으로 평가의 객관성과 신뢰성을 높일 수 있다는 점이며, 응시자는 동료들과 함께 면접을 받기 때문에 긴장감이 다소 덜하다는 것을 들 수 있다. 또한 동료가 답변하는 것을 들으며, 자신의 답변 방식이나 자세를 조정할 수 있다는 것도 큰 이점이다.

② 단점

응답하는 순서에 따라 응시자마다 유리하고 불리한 점이 있고, 면접위원의 입장에서는 각각의 개인적인 문제를 깊게 다루기가 곤란하다는 것이 단점이다.

집단 면접 준비 Point

너무 자기 과시를 하지 않는 것이 좋다. 대답은 자신이 말하고 싶은 내용을 간단명료하게 말해야 한다. 내용이 없는 발언을 한다거나 대답을 질질 끄는 태도는 좋지 않다. 또 말하는 중에 내용이 주제에서 벗어나거나 자기중심적으로만 말하는 것도 피해야 한다. 집단 면접에 대비하기 위해서는 평소에 설득력을 지닌 자신의 논리력을 계발하는 데 힘써야 하며, 다른 사람 앞에서 자신의 의견을 조리 있게 개진할 수 있는 발표력을 갖추는 데에도 많은 노력을 기울여야 한다.

- 실력에는 큰 차이가 없다는 것을 기억하라.
- 동료 응시자들과 서로 협조하라.
- 답변하지 않을 때의 자세가 중요하다.
- 개성 표현은 좋지만 튀는 것은 위험하다.

삼성병원 간호사 실제 면접

01 삼성서울병원

1. 직무/상황면접

- 욕창의 위험성이 큰 DNR 환자가 체위변경을 거부할 경우 어떻게 대처하겠는가?
- 거동이 불편한 환자가 현재 보호자가 자리를 비워서 부탁할 사람이 없으니 대신 빵을 좀 사다달라고 한다면 어떻게 하겠는가?
- 의식혼돈이 있는 환자에 대해 자녀들의 동의서를 받아 억제대를 적용하였다. 그런데 그 환자의 부인이 이를 처음 보고 당장 억제대를 제거해 달라고 요구한다면 어떻게 대응하겠는가?
- 유방암 수술로 인해 불면과 우울감에 시달리던 환자가 급기야 의료진을 피하는 모습까지 보인다면 이에 어떻게 대처하겠는가?
- 전 근무에 투약되지 않은 약을 발견한다면 어떻게 하겠는가?
- 실험약을 복용 중인 환아가 있는데, 그 어머니가 아이의 약이 어제와 다른 것 같다고 이야기하였다. 오늘 가져온 약이 어제 가져온 약보다 더 뿌옇다고 말하며 다시 확인해달라고 요청하였다. 약의 라벨을 확인한 결과 라벨은 동일하다고 할 때, 이 상황에 어떻게 대처하겠는가?
- CPR 중 다른 환자의 보호자가 나와 흡인을 요청한다면 어떻게 하겠는가?

2. 인성면접

- 간호사의 경쟁력은 무엇이라고 생각하는가?
- 삼성서울병원이 글로벌 선도병원으로 나아가기 위해서는 무엇을 해야 하며, 이를 위해 현재 자신이 노력하고 있는 바는 무엇인지 말해 보시오.
- 삼성서울병원에 지원한 동기는 무엇인가?
- 어떤 경우에 스트레스를 받으며, 이를 어떻게 해소하는지 말해 보시오.
- 간호사로서 사회적 책임이 무엇이라 생각하는가?
- 간호학과에 와서 딜레마에 빠진 적이 있었는가? 있다면 그 경험에 대해 말해 보시오.
- 본인이 면접관이라면 어떤 간호사를 채용하겠는가?
- 배치를 희망하는 부서는 어디인가? 그 이유는 무엇인가?
- 10년 후 본인은 어떤 간호사가 되어 있을 것 같은가?
- 어머니에 대해 이야기해 보시오.
- 재수를 했는데 그 이유는 무엇인가?

- 휴학을 한 이유는 무엇이며, 휴학하면서 무엇을 했는가?
- 병원에서 고객만족을 실천하기 위해 간호사에게 필요한 자질과 역량에 대해 말해 보시오.
- 좋은 간호사란 무엇인가?
- 좋은 간호사가 되기 위해 자신이 고쳐야 할 점은 무엇인가?
- 병원에서 들어줄 수 없는 것을 환자가 막무가내로 요구한다면 어떻게 대처하겠는가?
- 간호란 무엇인가?
- 간호사가 꼭 갖추어야 할 가장 필요한 자질은?
- 어떤 병원에서 실습을 했는가?
- 실습 중 우상이 있었는가?
- 실습 중 가장 기억에 남는 과는 어디인가?
- 실습했던 병원에서 가장 인상 깊었던 점은 무엇인가?
- 실습할 때 대하기 힘들었던 환자가 있는가? 만약 내가 간호사라면 이런 환자에 어떻게 대처할 것인가?
- 병원에 적응하는 데 유용하게 활용될 것 같은 자신의 장점은 무엇인가?
- 지금까지 살면서 가장 스트레스 받았던 경험에 대해 말해 보시오.
- 간호사로 일하는 데 힘들 것 같은 부분에는 어떤 것이 있는지 세 가지만 말해 보시오. 그리고 이를 해결하기 위해 병원에서 해 주었으면 하는 것에 대해 말해 보시오.
- 직업이란 무엇인지 한 단어로 이야기해 보시오.
- 환자가 재입원을 하게 된다면 본인을 어떤 간호사로 기억했으면 하는가?
- 왜 자대 병원으로 가지 않았는가? 만약 자대 병원에 근무하게 될 경우 추가적으로 얻는 베네핏이 있는가?
- 2년제 간호대 신설에 대해 어떻게 생각하는가?
- 어떤 간호사가 되고 싶은가?
- 어느 병동에 가장 적응을 잘 할 것 같으며, 그렇게 생각한 이유는 무엇인지 말해 보시오.
- 가고 싶지 않은 부서가 있는가? 있다면 그 이유는 무엇인가?
- 병원의 비전을 이행하기 위해 간호사로서 어떤 노력을 할 수 있는지 말해 보시오.
- 본인이 카페를 운영한다면 어떤 직원을 채용하겠는가?
- 집이 지방에 있는데 만약 기숙사에 들어가지 못하면 어떻게 출퇴근할 생각인가?
- 본인이 생각하는 '좋은 간호사'란 어떤 모습인가?
- 제2외국어로 일본어 자격증을 가지고 있는데 어떻게 공부했는가?
- 스트레스를 해소하는 자신만의 방법이 있는가?
- 근무 중 어려움이 생길 때 누구한테 도움을 요청할 것인가?
- 10년 후 수간호사로서 어떻게 병동을 운영할 것인가?
- 3교대에서 의사소통을 원활하게 하기 위해서 어떻게 할 것인가?
- 삼성서울병원의 장점을 이야기해보고, 이와 연관 지어 본인의 장점을 말해 보시오.
- 본인을 가장 많이 변화시켰던 순간은 언제인가?
- 병원 생활하면서 가장 힘들 것 같은 점을 말해 보시오.
- 집이 타지역인데 가족이 그립지는 않겠는가?
- 타병원 인턴십과 삼성병원 인턴십을 했는데 각 병원의 장단점 한가지씩 말해 보시오.
- 남 앞에서 이야기를 잘 못한다고 했는데 지금은 극복했는가?
- 다른 병원에 지원했는가?
- 기업(병원)을 고르는 기준은 무엇인가?
- 면접 보기 전날 가족들이 해줬던 말 중에 가장 기억에 남는 말은 무엇인가?
- 갈등 경험이나 부당한 경험을 했다면 말해 보시오.

02 강북삼성병원

1. 직무 / 상황면접

- 손 씻기를 수행해야 하는 시점은 언제인가?
- CPR 발생 시 대응 순서에 대해 말해 보시오.
- 위암 수술 환자 간호 시 어떤 것을 중점으로 보고 교육해야 하는가?

2. 인성면접

- 30초 이내로 자기소개를 해보시오.
- 기억에 남는 실습에 대하여 이야기해 보시오.
- 간호사가 되기로 한 이유는 무엇인가?
- 스트레스 관리는 어떻게 하는 편인가?
- '강북삼성병원' 하면 떠오르는 단어는 무엇인가?
- 자신의 장단점에 대해 말해 보시오.
- 본인의 취미/특기에 대해 말해 보시오.
- 친구를 사귈 때 무엇을 가장 중요하게 생각하는가?
- 강북삼성병원에 지원한 이유가 무엇인가?
- 강북삼성병원의 장점은 무엇인가?
- 롤모델이 있는가?
- 입사 후 포부에 대해 말해 보시오.
- 외국에서 봉사활동한 경험이 있는데, 그 경험에 대해 말해 보시오.
- 우리 병원에서 당신을 뽑아야 할 이유가 있는가?
- 남자간호사의 장점은 무엇인가?
- 남자간호사의 단점은 무엇인가?
- 간호에 대해 어떻게 생각하는가?
- 근무 중 동료와 갈등이 발생한다면 어떻게 대처할 것인가?
- 친한 친구와 관계가 틀어진다면 어떻게 할 것인가?
- 동아리 활동을 하면서 느낀 점은 무엇인가?
- 토익 점수가 높은데 면접관의 질문에 영어로 대답할 수 있겠는가?
- 간호나 의학과 관련된 것 중 최근 이슈화되고 있는 것은 무엇인가? 이에 대한 자신의 의견을 말해 보시오.
- 집이 병원에서 꽤 먼데 어떻게 출퇴근할 계획인가?
- 본인이나 주변 사람들이 아팠던 경험이 있는가? 있다면 말해 보시오.
- 강북삼성병원에 입사하여 이루고자 하는 목표는 무엇인가? 3년, 5년, 10년 단위로 구체적으로 이야기해 보시오.
- 본인의 성격은 느긋한 편인가, 급한 편인가? 조절이 가능한가?
- 술이나 담배를 하는가?
- 간호사에게 필요한 덕목은 무엇인가?
- 간호사로서 자신이 가지고 있는 장점은 무엇인가?

- 강북삼성병원에 대해 아는 대로 말해 보시오.
- 본인이 생각하는 간호사는 어떤 간호사인가?
- 다른 병원에 지원한 이유를 말해 보시오.

03 삼성창원병원

1. 직무/상황면접

- PA에 관해서 설명해 보시오.
- 응급실에서의 환자 우선순위를 설명해 보시오.

2. 인성면접

- 여러 병원 중에 삼성창원병원을 선택한 계기는 무엇입니까?
- 자기가 이곳에서 일해야 하는 이유를 말해 보시오.
- 자신의 장단점을 말해 보시오.
- 병원 관련 경력이 있습니까?
- 병원 근무가 많이 힘들 텐데 잘할 수 있는가?
- 이 병원이 개선해야 할 부분과 미래 비전에 대해서 말해 보시오.
- 업무와 관련된 자신의 강점에 대해 설명해 보시오.
- 전에 근무했던 곳과 완전히 다른 업종인데 어떻게 해서 지원하였는가?
- 자신의 신념에 대해 말해 보시오.
- 외국인 환자가 왔을 시를 가정하여 영어로 말해 보시오.
- 태움에 대한 본인의 생각을 말해보고 태움이 있을 경우 어떻게 대처할 것인지 말해 보시오.
- 아르바이트 경험 중 힘들었던 점은 무엇이었는가? 또 어떻게 극복했는가?
- 병원의 핵심가치 중 가장 맘에 드는 것은 무엇이고 이유는 무엇인가?
- 왜 우리 병원에 지원했는가?
- 졸업하고 뭐했는가?
- 이 일에 자신의 장점은 뭐라고 생각하는지 말해 보시오.
- 자신의 강점은 무엇인가?

인생이란 결코 공평하지 않다. 이 사실에 익숙해져라.

- 빌 게이츠 -

앞선 정보 제공! 도서 업데이트

언제, 왜 업데이트될까?

도서의 학습 효율을 높이기 위해 자료를 추가로 제공할 때!
공기업 · 대기업 필기시험에 변동사항 발생 시 정보 공유를 위해!
공기업 · 대기업 채용 및 시험 관련 중요 이슈가 생겼을 때!

01 SD에듀 도서
www.sdedu.co.kr/book
홈페이지 접속

02 상단 카테고리
「도서업데이트」
클릭

03 해당
기업명으로
검색

참고자료, 시험 개정사항 등 정보 제공으로 학습효율을 높여 드립니다.

SD에듀
대기업 인적성검사
시리즈

신뢰와 책임의 마음으로 수험생 여러분에게 다가갑니다.

GSAT

삼성병원 간호사

최신기출유형 + 모의고사 5회 + 무료삼성특강

[정답 및 해설]

SD에듀

(주)시대고시기획

PART

1

직무적성검사
정답 및 해설

수리논리 정답 및 해설

01 응용수리

01	02	03	04	05	06	07	08	09	10	11	12	13	14	15	16	17	18	19	20
③	②	④	③	②	②	③	⑤	②	④	⑤	③	③	①	①	⑤	③	④	①	③
21	22	23	24	25	26	27	28	29	30	31	32	33	34	35	36	37	38	39	40
④	④	③	③	④	①	②	④	④	⑤	①	③	⑤	⑤	④	②	①	②	③	④
41	42	43	44	45	46	47	48	49	50										
③	③	⑤	⑤	②	⑤	①	⑤	④	③										

01 정답 ③

주어진 정보를 표로 나타내고 미지수를 설정한다.

구분	소금물 1		소금물 2		섞은 후
농도	25%	$+$	10%	$=$	$\dfrac{55}{y}\times100$
소금의 양	$\dfrac{25}{100}\times200=50$g		$x\times0.1$g		55g
소금물의 양	200g		xg		yg

섞기 전과 섞은 후의 소금의 양과 소금물의 양으로 다음과 같이 식을 세울 수 있다.

$50+x\times0.1=55$

$200+x=y$

계산하면 $x=50$, $y=250$이다.

문제에서 섞은 후의 소금물의 농도를 구하라고 하였으므로 $\dfrac{55}{y}\times100=\dfrac{55}{250}\times100=22\%$이다.

02 정답 ②

(이익)＝(할인가)－(원가)이므로 이익이 생산비용보다 같거나 많아야 손해를 보지 않을 수 있다.

S사에서 생산하는 A상품의 개수를 x개라고 하면 다음과 같다.

(A상품 1개당 할인가)＝300×(1－25%)＝225원

(A상품 1개당 이익)＝(A상품 1개당 할인가)－(A상품 1개당 원가)＝225－200＝25원

(생산비용)＝10억 원＝1,000,000,000원

(A상품 x개의 이익)≥(생산비용)

$25\times x\geq1,000,000,000$

→ $x\geq40,000,000$

따라서 A상품을 4천만 개 이상 생산해야 손해를 보지 않는다.

03 정답 ④

20억 원을 투자하였을 때 기대수익은 (원가)×(기대수익률)로 구할 수 있다. 기대수익률은 {(수익률)×(확률)}의 합으로 구할 수 있으므로 기대수익은 (원가)×{(수익률)×(확률)의 합}이다.

$20×\{10\%×50\%+0\%×30\%+(-10\%)×20\%\}=0.6$억 원이다. 따라서 기대수익은 0.6억 원=6,000만 원이다.

(원가)+(수익)을 구하여 마지막에 (원가)를 빼서 (수익)을 구하는 방법도 있다.

{(원가)+(수익)}은 $20×(110\%×50\%+100\%×30\%+90\%×20\%)=20.6$억 원이다. 따라서 기대수익은 $20.6-20=0.6$억 원=6,000만 원이다.

04 정답 ③

일의 양을 1이라고 하고 A, B, C가 각자 혼자 일을 하였을 때 걸리는 기간을 각각 a, b, c일이라고 하면 다음과 같다.

- A가 혼자 하루에 할 수 있는 일의 양 : $\dfrac{1}{a}$

- B가 혼자 하루에 할 수 있는 일의 양 : $\dfrac{1}{b}$

- C가 혼자 하루에 할 수 있는 일의 양 : $\dfrac{1}{c}$

A, B, C 모두 혼자 일했을 때의 능률과 함께 일을 하였을 때의 능률이 같다고 하였으므로 다음과 같다.

- A, B, C가 하루에 할 수 있는 일의 양 : $\dfrac{1}{a}+\dfrac{1}{b}+\dfrac{1}{c}=\dfrac{1}{6}$ … ㉠

- A, B가 하루에 할 수 있는 일의 양 : $\dfrac{1}{a}+\dfrac{1}{b}=\dfrac{1}{12}$ … ㉡

- B, C가 하루에 할 수 있는 일의 양 : $\dfrac{1}{b}+\dfrac{1}{c}=\dfrac{1}{10}$ … ㉢

B가 혼자 일을 하였을 때 걸리는 기간을 구하는 문제이므로 ㉠, ㉡, ㉢을 다음과 같이 연립할 수 있다.

- ㉡+㉢ → $\dfrac{1}{a}+\dfrac{2}{b}+\dfrac{1}{c}=\dfrac{1}{12}+\dfrac{1}{10}=\dfrac{11}{60}$

- (㉡+㉢)-㉠ → $\dfrac{1}{a}+\dfrac{2}{b}+\dfrac{1}{c}-\left(\dfrac{1}{a}+\dfrac{1}{b}+\dfrac{1}{c}\right)=\dfrac{11}{60}-\dfrac{1}{6}$ → $\dfrac{1}{b}=\dfrac{1}{60}$

따라서 B가 혼자 일을 하면 60일이 걸린다.

05 정답 ②

총 9장의 손수건을 구매했으므로 B손수건 3장을 제외한 나머지 A, C, D손수건은 각각 $\dfrac{9-3}{3}=2$장씩 구매하였다. 먼저 3명의 친구들에게 서로 다른 손수건을 3장씩 나눠 줘야하므로 B손수건을 1장씩 나눠준다. 나머지 A, C, D손수건을 서로 다른 손수건으로 2장씩 나누면 (A, C), (A, D), (C, D)로 묶을 수 있다. 이 세 묶음을 3명에게 나눠주는 방법은 $3!=3×2=6$가지가 나온다. 따라서 친구 3명에게 종류가 다른 손수건 3장씩 나눠주는 경우의 수는 6가지이다.

06 정답 ②

A사와 B사로부터 동일한 양의 부품을 공급받는다고 하였으므로 x개라고 하자.

구분	A사	B사
개수	x	x
불량률	0.1%	0.2%
선별률	50%	80%

S사가 선별한 A사 부품의 개수는 $x×50\%$개, B사 부품의 개수는 $x×80\%$개다.

S사가 선별한 부품 중 불량품의 개수는 A사는 $x×50\%×0.1\%$개, B사는 $x×80\%×0.2\%$개다.

S사가 선별한 부품 중 불량품의 개수는 $x \times 50\% \times 0.1\% + x \times 80\% \times 0.2\%$개이므로 하자가 있는 제품이 B사 부품일 확률은 다음과 같다.

$$\frac{x \times 80\% \times 0.2\%}{x \times 50\% \times 0.1\% + x \times 80\% \times 0.2\%} = \frac{x \times 80 \times 0.2}{x \times 50 \times 0.1 + x \times 80 \times 0.2} = \frac{16}{5+16} = \frac{16}{21}$$

07 정답 ③

처음 5% 소금물의 양을 xg이라고 하자.

$$\frac{\frac{5}{100} \times x + 40}{x + 40} \times 100 = 25$$

$\rightarrow 5x + 4,000 = 25x + 1,000$

$\rightarrow 20x = 3,000$

$\rightarrow x = 150$

08 정답 ⑤

욕조에 물을 가득 채웠을 때 물의 양을 1이라고 하면 A는 1분에 $\frac{1 \times 75\%}{18} = \frac{0.75}{18}$만큼 채울 수 있고 B는 1분에 $\frac{0.75}{18} \times 1.5$만큼 채울 수 있다.

A가 15분간 욕조를 채운 양은 $\frac{0.75}{18} \times 15$로, 욕조를 가득 채우기까지 남은 양은 $1 - \frac{0.75}{18} \times 15$이다.

따라서 남은 양을 B가 채웠을 때 걸리는 시간은 $\dfrac{1 - \frac{0.75}{18} \times 15}{\frac{0.75}{18} \times 1.5} = \frac{18 - 0.75 \times 15}{0.75 \times 1.5} = \frac{18 - 11.25}{1.125} = \frac{6.75}{1.125} = 6$분이다.

09 정답 ②

대리는 X프로젝트와 Z프로젝트를 선택할 수 있으며, 사원은 Y프로젝트와 Z프로젝트를 선택할 수 있으므로, 대리와 사원은 한 사람당 2가지의 선택권이 있다. 따라서 대리 2명, 사원 3명이 프로젝트를 선택하여 진행하는 경우의 수는 $(2 \times 2) \times (2 \times 2 \times 2) = 2^2 \times 2^3 = 2^5 = 32$가지이다.

10 정답 ④

A가 목적지까지 이동하는 거리와 걸리는 시간을 계산하면 다음과 같다.

• 이동거리 : $0.8\text{km} + 4.8\left(= 36 \times \frac{8}{60}\right)\text{km} = 5.6\text{km}$

• 소요시간 : 12분+8분=20분

따라서 자전거를 이용해 같은 시간 동안 같은 경로로 이동할 때 평균 속력은 $5.6 \div 20 = 0.28$km/분이다.

11 정답 ⑤

X경로의 거리를 $x$km, Y경로의 거리를 $y$km, A의 이동 속력을 $r$km/h, B의 이동 속력은 $z$km/h라 하자.

$$\frac{x}{r} = \frac{x}{z} + 1 \cdots (\mathrm{i})$$

$$\frac{x}{r} + 1 = \frac{y}{z} \cdots (\mathrm{ii})$$

$x+160=y$이므로 (ii)에 대입하면 $\frac{x}{r}+1=\frac{x+160}{z}$이고 (i)와 연립하면 $\frac{x}{z}+1+1=\frac{x+160}{z} \rightarrow \frac{x}{z}+2=\frac{x}{z}+\frac{160}{z} \rightarrow 2=\frac{160}{z} \rightarrow z=80$이다.

12 정답 ③

영희는 철수보다 높은 수가 적힌 카드를 뽑는 경우는 다음과 같다.

구분	철수	영희
	1	2~9
카드에 적힌 수	2	3~9
	...	...
	8	9

따라서 영희가 철수보다 큰 수가 적힌 카드를 뽑는 모든 경우의 수는 1부터 8까지의 합이므로 $\frac{8 \times 9}{2} = 36$가지이다.

13 정답 ③

이벤트에 당첨될 확률은 다음과 같다.

• 처음 주사위를 던져서 당첨이 될 확률 : $\frac{1}{6}$

• 처음 주사위를 던져서 5, 6이 나오고, 가위바위보를 하여 당첨될 확률 : $\frac{2}{6} \times \frac{1}{3}$

• 처음 주사위를 던져서 5, 6이 나오고, 가위바위보를 하여 비겨서 다시 가위바위보를 하여 당첨될 확률 : $\frac{2}{6} \times \frac{1}{3} \times \frac{1}{3}$

$\therefore \ \frac{1}{6} + \frac{2}{6} \times \frac{1}{3} + \frac{2}{6} \times \frac{1}{3} \times \frac{1}{3} = \frac{17}{54}$

14 정답 ①

작년 직원 중 안경을 쓴 사람을 x명, 안경을 쓰지 않은 사람은 y명이라고 하면 $x+y=45$이므로 $y=45-x$이다.
또한 올해는 작년보다 $58-45=13$명 증가하였으므로 다음과 같다.

$x \times 0.2 + (45-x) \times 0.4 = 13$

$\rightarrow -0.2x = 13 - 45 \times 0.4$

$\rightarrow -0.2x = -5$

$\rightarrow x = 25$

따라서 올해 입사한 사람 중 안경을 쓴 사람의 수는 $x \times 0.2 = 25 \times 0.2 = 5$명이다.

15 정답 ①

전체 일의 양을 1이라고 할 때 A, B, C직원이 각각 1분 동안 혼자 할 수 있는 일의 양을 각각 a, b, c라고 하자.

$a = \dfrac{1}{120}$

$a+b = \dfrac{1}{80} \rightarrow b = \dfrac{1}{80} - \dfrac{1}{120} = \dfrac{1}{240}$

$b+c = \dfrac{1}{60} \rightarrow c = \dfrac{1}{60} - \dfrac{1}{240} = \dfrac{1}{80}$

$a+b+c = \dfrac{1}{120} + \dfrac{1}{240} + \dfrac{1}{80} = \dfrac{2+1+3}{240} = \dfrac{1}{40}$ 이므로 A, B, C직원이 함께 건조기 1대의 모터를 교체하는 데 걸리는 시간은 40분이다.

16 정답 ⑤

작년에 입사한 남자 신입사원 수를 x명, 여자 신입사원 수를 y명이라고 하자.

$x+y = 55 \cdots \textcircled{\small ㄱ}$

$1.5x + 0.6y = 60 \cdots \textcircled{\small ㄴ}$

$\textcircled{\small ㄱ}$과 $\textcircled{\small ㄴ}$을 연립하면

$x = 30$, $y = 25$

따라서 올해 여자 신입사원 수는 $25 \times 0.6 = 15$명이다.

17 정답 ③

A는 8일마다 $\dfrac{1}{2}$씩 포장할 수 있으므로 24일 후에 남은 물품의 수는 다음과 같다.

처음	8일 후	16일 후	24일 후
512개	256개	128개	64개

B가 처음 받은 물품의 개수를 x개라고 하자. 24일 후에 B에게 남은 물품의 개수는 64개이고 2일마다 $\dfrac{1}{2}$씩 포장하므로 24일 동안 12번을 포장한다.

$x \times \left(\dfrac{1}{2}\right)^{12} = 64 \rightarrow x \times 2^{-12} = 2^6 \rightarrow x = 2^{6+12}$

따라서 B는 처음에 2^{18}개의 물품을 받았다.

18 정답 ④

동전을 던져서 앞면이 나오는 횟수를 x회, 뒷면이 나오는 횟수를 y회라고 하자.

$x+y = 5 \cdots \textcircled{\small ㄱ}$

0에서 출발하여 동전의 앞면이 나오면 $+2$만큼 이동하고, 뒷면이 나오면 -1만큼 이동하므로

$2x - y = 4 \cdots \textcircled{\small ㄴ}$

$\textcircled{\small ㄱ}$과 $\textcircled{\small ㄴ}$을 연립하면

$x = 3$, $y = 2$

동전의 앞면이 나올 확률과 뒷면이 나올 확률은 각각 $\dfrac{1}{2}$이다.

따라서 동전을 던져 수직선 위의 A가 4로 이동할 확률은 $_5C_3 \left(\dfrac{1}{2}\right)^3 \left(\dfrac{1}{2}\right)^2 = \dfrac{5}{16}$이다.

19 정답 ①

1팀에 속한 사람이 모두 만나 한 번씩 경기하는 횟수는 $5+4+3+2+1=15$번이고, 마찬가지로 2팀에 속한 사람이 경기하는 횟수는 $6+5+4+3+2+1=21$번이다.

각 팀의 1, 2위가 본선에 진출하여 경기하는 횟수는 2명씩 준결승전 각각 2번, 결승전 1번, 3·4위전 1번으로 총 4번이다.

따라서 경기를 관람하는 데 필요한 총 비용은 $(21+15) \times 20,000 + 4 \times 30,000 = 720,000 + 120,000 = 840,000$원이다.

20 정답 ③

A는 0, 2, 3을 뽑았으므로 320이 만들 수 있는 가장 큰 세 자리 숫자이다. 이처럼 5장 중 3장의 카드를 뽑는 데 카드의 순서를 고려하지 않고 뽑는 전체 경우의 수는 $_5C_2=10$가지이다.

B가 이기려면 4가 적힌 카드를 뽑거나 1, 2, 3의 카드를 뽑아야 한다.

4가 적힌 카드를 뽑는 경우의 수는 4가 한 장을 차지하고 나머지 2장의 카드를 뽑아야 하므로 $_4C_2=6$가지이고, 1, 2, 3카드를 뽑는 경우는 1가지이다.

따라서 B가 이길 확률은 $\dfrac{7}{10} \times 100 = 70\%$이다.

21 정답 ④

O사원이 걸어간 거리는 $1.8 \times 0.25 = 0.45$km이고, 자전거를 탄 거리는 $1.8 \times 0.75 = 1.35$km이다. 3km/h와 30km/h를 각각 분단위로 환산하면 각각 0.05km/분, 0.5km/분이다. 이를 기준으로 이동시간을 계산하면 O사원이 걸은 시간은 $\dfrac{0.45}{0.05} = 9$분이고, 자전거를 탄 시간은 $\dfrac{1.35}{0.5} = 2.7$분이다. 즉, 총 이동시간은 $9+2.7=11.7$분이고, 0.7분을 초로 환산하면 $0.7 \times 60 = 42$초이다. 따라서 O사원이 출근하는 데 걸린 시간은 11분 42초이다.

22 정답 ④

증발하기 전 농도가 15%인 소금물의 양을 $x\text{g}$이라고 하자. 이 소금물의 소금의 양은 $0.15x\text{g}$이고, 5% 증발했으므로 증발한 후의 소금물의 양은 $0.95x\text{g}$이다. 또한, 농도가 30%인 소금물의 소금의 양은 $200 \times 0.3 = 60\text{g}$이다.

$\dfrac{0.15x+60}{0.95x+200} = 0.2 \rightarrow 0.15x+60 = 0.2(0.95x+200) \rightarrow 0.15x+60 = 0.19x+40 \rightarrow 0.04x=20 \rightarrow x=500$

따라서 증발 전 농도가 15%인 소금물의 양은 500g이다.

23 정답 ③

8팀이 리그전으로 경기를 하려면 $_8C_2 = \dfrac{8 \times 7}{2} = 28$번의 경기를 해야 한다.

또한, 상위 4개 팀이 토너먼트로 경기를 할 경우 준결승전 2번, 결승전 1번을 해야 하므로 경기는 3번 진행된다.

따라서 모든 경기를 보기 위해 티켓에 들어가는 비용은 28×1만 원 $+3 \times 2$만 원 $=34$만 원이다.

24 정답 ③

어떤 프로젝트를 진행하는 일의 양을 1이라고 하고, B사원이 혼자 프로젝트를 시작해서 끝내기까지의 시간을 x시간이라고 하면, 2시간 동안 A사원과 B사원이 함께 한 일의 양은 $\left(\dfrac{1}{4} + \dfrac{1}{x}\right) \times 2$이고, A가 40분 동안 혼자서 한 일의 양은 $\dfrac{1}{4} \times \dfrac{40}{60}$이다. 따라서 식을 세우면 다음과 같다.

$$\left(\frac{1}{4}+\frac{1}{x}\right)\times2+\frac{1}{4}\times\frac{40}{60}=1 \rightarrow \frac{x+4}{2x}+\frac{1}{4}\times\frac{2}{3}=1$$

$$\rightarrow \frac{x+4}{2x}=\frac{5}{6}$$

$$\rightarrow 4x=24$$

$$\therefore x=6$$

따라서 B가 혼자서 프로젝트를 수행했을 때 끝내기까지 걸리는 시간은 6시간이다.

25 정답 ④

A세포와 B세포의 배양 후 경과일 수를 각각 a일, b일이라 하면, A세포는 a일 후 4^a개, B세포는 b일 후 3^b개로 늘어난다. 각 세포의 개수에 대한 부등식을 세우면 다음과 같다($\log5=1-\log2=1-0.30=0.70$).

• A세포 : 1개$\times4^a\geq250$개

  $\rightarrow a\times\log4\geq\log250 \rightarrow a\times2\log2\geq1+2\log5 \rightarrow a\geq\frac{1+1.40}{0.60}$

  $\rightarrow a\geq4$

• B세포 : 2개$\times3^b\geq250$개

  $\rightarrow \log2+b\times\log3\geq\log250 \rightarrow b\times\log3\geq1+2\log5-\log2 \rightarrow b\geq\frac{1+1.40-0.30}{0.48}$

  $\rightarrow b\geq4.375$일

따라서 각 세포가 250개 이상이 되는 것은 A세포는 4일, B세포는 5일 후부터이다.

26 정답 ①

모니터의 가격을 k원이라 하면, 불량률이 10%일 때와 불량률이 15%일 때의 매출액이 적어도 같아야 하므로, 식을 세우면 다음과 같다.

$k\times0.85\times$(모니터 생산량)=17만 원$\times0.9\times$(모니터 생산량)

$\rightarrow k=\frac{17\times0.9}{0.85}=18$만 원

따라서 이번 달의 모니터 한 대당 가격은 최소 18만 원으로 해야 지난달보다 매출액이 떨어지지 않는다.

27 정답 ②

서울에서 부산까지 무정차로 걸리는 시간을 x시간이라고 하면

$x=\frac{400}{120}=\frac{10}{3} \rightarrow$ 3시간 20분

9시에 출발해 13시 10분에 도착했으므로 걸린 시간은 4시간 10분이다. 즉, 무정차 시간과 비교하면 50분이 더 걸렸고, 역마다 정차하는 시간은 10분이므로 정차한 역의 수는 $50\div10=5$개이다.

28 정답 ④

5곳의 배송지에 배달할 때, 첫 배송지와 마지막 배송지 사이에는 4번의 이동이 있다. 총 80분(=1시간 20분)이 걸렸으므로 1번 이동 시에 평균적으로 20분이 걸린다. 12곳에 배달을 하려면 11번의 이동을 해야 하므로 $20\times11=220$분=3시간 40분 정도 걸릴 것이다.

29 정답 ④

S회사에서 출장지까지의 거리를 $x$km라 하자.

이때 S회사에서 휴게소까지의 거리는 $\frac{4}{10}x=\frac{2}{5}x$km, 휴게소에서 출장지까지의 거리는 $\left(1-\frac{2}{5}\right)x=\frac{3}{5}x$km이다.

$\left(\frac{2}{5}x\times\frac{1}{75}\right)+\frac{30}{60}+\left(\frac{3}{5}x\times\frac{1}{75+25}\right)=\frac{200}{60}$

$\frac{2}{375}x+\frac{3}{500}x=\frac{17}{6}$

$8x+9x=4,250$

$\therefore\ x=250$

30 정답 ⑤

A, B, C물건 세 개를 모두 좋아하는 사람의 수를 x명이라고 하면

$(280+160+200)-110-3x+x=400-30$

$\therefore\ x=80$

31 정답 ①

선과 선이 만나는 부분까지 갈 수 있는 방법의 수는 다음과 같다.

따라서 A지점에서 B지점까지 P지점을 거쳐서 갈 수 있는 경우의 수는 60가지이다.

32 정답 ④

집에서 역까지의 거리를 xm라고 하자.

$\frac{x}{50}+\frac{x}{60}=22 \rightarrow 11x=6,600 \rightarrow x=600$

따라서 역에서 집까지 돌아올 때 걸린 시간은 $\frac{600}{60}=10$분이다.

33 정답 ③

500m의 거리에 가로등과 벤치를 각각 50m, 100m 간격으로 설치하므로, 총 거리를 간격으로 나누면 각각 10개, 5개이다. 단, 시작 지점은 포함되지 않았으므로 1개씩을 더해주면 가로등은 11개, 벤치는 6개가 되어 총 17개이다.

34 정답 ⑤

기차는 다리에 진입하여 완전히 벗어날 때까지 다리의 길이인 800m에 기차의 길이 100m를 더한 총 900m(0.9km)를 36초(0.01시간) 동안 이동했다. 따라서 기차의 (속력)$=\frac{(거리)}{(시간)}=\frac{0.9}{0.01}=90$km/h이다.

35 정답 ④

x : 영업직 수

y : 일반사무직 수

z : 마케팅직 수

(일반사무직 일당)$=10\times\dfrac{80}{100}=8$

(마케팅직 일당)$=10\times\left(1+\dfrac{20}{100}\right)=12$.

$x+y+z=30\cdots$ ㉠

$y=x+10=2\times z\cdots$ ㉡

㉠과 ㉡을 연립하면

$x=6,\ y=16,\ z=8$

따라서 추가 편성해야 할 총 일일 인건비는 $6\times10+16\times8+8\times12=284$만 원이다.

36 정답 ②

영희가 집에서 할머니를 기다린 10분을 제외하면, 학교에서 병원까지 총 이동시간은 1시간 40분이다.

1시간 40분은 $1+\dfrac{40}{60}=1+\dfrac{2}{3}=\dfrac{5}{3}$ 시간이므로 집과 병원 사이의 거리를 $x$km라고 하면,

$\dfrac{2x}{4}+\dfrac{x}{3}=\dfrac{5}{3}\ \rightarrow\ \dfrac{5x}{6}=\dfrac{5}{3}$

$\therefore\ x=2$

37 정답 ①

작년 A고등학교의 1학년과 3학년 학생 수를 각각 x, y명이라고 하면, 2학년 학생 수는 $\dfrac{x+y}{2}$명이다.

$x+\dfrac{x+y}{2}+y=1,200\ \rightarrow\ \dfrac{3(x+y)}{2}=1,200\ \rightarrow\ \dfrac{x+y}{2}=1,200\div3=400$

올해 2학년 학생 수는 $400\times1.05=420$명이고, 3학년 학생 수는 $420-12=408$명이다.

따라서 올해 필요한 신입생의 수는 $1,200-420-408=372$명이다.

38 정답 ②

10일 동안 $0.3\times3\times10=9$kg이 증가하므로 영진이는 총 19kg을 감량해야 한다. 일요일에는 헬스장에 가지 않으므로 하루에 운동해야 하는 시간은 $19\div(0.5\times9)\fallingdotseq4.2$이다.

소수점 둘째 자리에서 반올림하면 하루에 4.2시간씩 운동해야 한다.

39 정답 ③

해영이가 이동한 거리는 $25\times60=1,500$m이고, 수현이가 이동한 거리는 $10\times80=800$m이다. 해영이와 수현이 사이의 거리를 xm라 하면, 피타고라스의 정리를 이용하여 $x^2=800^2+1,500^2=1,700^2$

$\therefore\ x=1,700$

따라서 해영이와 수현이 사이의 직선 거리는 1.7km이다.

40 정답 ④

각 팀은 3명씩 구성된다. 부장과 과장이 같은 팀일 경우, 나머지 4명 중 팀원으로 남자 대리를 뽑을 확률은 0.25이다. 부장과 과장이 다른 팀일 경우, 팀을 나누는 전체 경우의 수는 $_4C_2 \times _2C_2 \times \dfrac{1}{2!} \times 2 = 6$가지이고, 그중 부장과 남자 대리가 같은 팀인 경우는 3가지이다. 따라서 확률은 $0.3 \times 0.25 + 0.7 \times 0.5 = 0.425$, 즉 42.5%이다.

41 정답 ③

A제품의 불량률을 x라 하면
$600(1-x) \geq 2,400x \rightarrow 3,000x \leq 600$
$\therefore \ x \leq 0.2$
따라서 불량률은 최대 20%를 넘지 않아야 한다.

42 정답 ③

무게가 1kg, 2kg, 3kg인 추의 개수를 각각 x, y, z개라고 하면
$x+y+z=30 \cdots \bigcirc$
$x+2y+3z=50 \cdots \bigcirc\!\!\!\!\!\!\!\text{L}$
$y \geq 2z \cdots \bigcirc\!\!\!\!\!\!\!\text{E}$
$x>y>z \cdots \text{②}$
$\bigcirc$을 $\bigcirc\!\!\!\!\!\!\!\text{L}$에 대입하면
$y+2z=20 \rightarrow y=20-2z \cdots \text{⑩}$
⑩을 $\bigcirc\!\!\!\!\!\!\!\text{E}$에 대입하면
$20-2z \geq 2z \rightarrow z \leq 5$
따라서 두 번째 조건에 의해 3kg 추의 개수는 2개 또는 4개이다.
그러므로 추의 개수로 가능한 경우는 다음과 같다.
ⅰ) 1kg : 12개, 2kg : 16개, 3kg : 2개
ⅱ) 1kg : 14개, 2kg : 12개, 3kg : 4개
이때 ⅰ)은 마지막 조건을 만족하지 못한다.
따라서 무게가 2kg인 추는 12개이다.

43 정답 ⑤

평상시에 12층까지 올라가는 데 걸리는 시간은 엘리베이터를 이용할 때 75초, 비상계단을 이용할 때 410초로, 335초의 차이가 난다.
엘리베이터를 이용하는 것보다 계단을 이용할 때 12층에 빨리 도착하는 시각이 저녁 8시 x분이라 하면
$\dfrac{x}{2} \times 35 \geq 335 \rightarrow \dfrac{x}{2} \geq \dfrac{67}{7} \fallingdotseq 9.6 \rightarrow x \geq 19.2$
따라서 저녁 8시 20분부터는 계단을 이용하면 12층에 빨리 도착한다.

44 정답 ⑤

· 사무용품 구매액 : $300,000 \times 0.8 = 240,000$원
· 사무용품 구매 후 남은 예산 : $300,000 - 240,000 = 60,000$원
· 서랍장 구매액 : $60,000 \times 0.4 = 24,000$원
· 서랍장 구매 후 남은 예산 : $60,000 - 24,000 = 36,000$원
· 볼펜 1개의 인터넷 구매액 : $500 \times \left(1 - \dfrac{20}{100}\right) = 400$원
따라서 $36,000 \div 400 = 90$이므로, 볼펜은 90개 살 수 있다.

45 정답 ②

자동차를 1일 이용할 경우, 교통비는 $5,000+2,000\times2=9,000$원이다. 즉, 지하철을 1일 이용하는 대신 자동차를 1일 이용할 경우 6,000원의 차액이 발생한다.

이번 달과 다음 달의 차이는 프로젝트 기간 5일의 유무이다. 따라서 5일간의 교통비 차액이 이번 달과 다음 달의 교통비 차액이다. 따라서 $6,000\times5=30,000$원의 차액이 생긴다.

46 정답 ⑤

올라갈 때의 거리를 $x$km라 하면, 내려갈 때의 거리는 $(x+3)$km이다.

$$\frac{x}{4}+\frac{x+3}{5}=5$$

$$\rightarrow 5x+4(x+3)=100$$

$$\rightarrow 9x=88$$

$$\therefore x=\frac{88}{9}$$

따라서 S대리가 걸은 거리는 $2x+3=\frac{176}{9}+3\fallingdotseq22.6$km이다.

47 정답 ①

ⅰ) A업체에서 구매할 경우

$50=(10+1)\times4+6$이므로, (100만 원)$\times4+$(10만 원)$\times6=460$만 원이 필요하다.

이때 100만 원당 5만 원을 할인해주므로, 가습기 구매에 총 $460-5\times4=440$만 원이 필요하다.

ⅱ) B업체에서 구매할 경우

$50=(9+1)\times5$이므로, (90만 원)$\times5=450$만 원이 필요하다.

따라서 A업체에서 구매하는 것이 10만 원 더 저렴하다.

48 정답 ⑤

$$\frac{122}{122+58}\times100=\frac{122}{180}\times100=\frac{610}{9}\fallingdotseq68\%$$

49 정답 ④

• 10명이 당직 근무를 설 경우의 수 : $10!$

• 두 번째 주 토요일에 임원이 당직 근무를 설 경우의 수 : $_4C_1\times9!$

$$\therefore \frac{_4C_1\times9!}{10!}\times100=\frac{2}{5}\times100=40\%$$

50 정답 ③

K기업의 작년 전체 직원 수는 $284-4=280$명이다.

작년 남자 직원 수를 x명이라 하면, 작년 여자 직원 수는 $(280-x)$명이다.

$$-0.05x+0.1(280-x)=4$$

$$-5x+10(280-x)=400$$

$$15x=2,400$$

$$x=160$$

따라서 올해 공채 이후 남자 직원 수는 $160\times(1-0.05)=152$명이다.

02 자료해석

01	02	03	04	05	06	07	08	09	10	11	12	13	14	15	16	17	18	19	20
④	⑤	③	⑤	③	⑤	④	③	③	③	③	③	④	②	⑤	②	⑤	①	⑤	②

01 정답 ④

지방 전체 주택 수의 10%(1,115×0.1=111.5만 호) 이상을 차지하는 수도권 외(지방) 지역은 부산, 경북, 경남이다. 이 중 지방 주택보급률인 109%보다 낮은 지역은 부산(103%)이며, 부산의 주택보급률과 전국 주택보급률의 차이는 약 104−103=1%p이다.

오답분석

① 전국 주택보급률(104%)보다 낮은 지역은 수도권(서울, 인천, 경기), 지방에는 부산, 대전이 있다.
② 수도권 외(지방) 지역 중 주택 수가 가장 적은 지역은 12만 호인 세종이며, 세종의 주택보급률 109%보다 높은 지역은 '울산, 강원, 충북, 충남, 전북, 전남, 경북, 경남'으로 여덟 곳이다.
③ 가구 수가 주택 수보다 많은 지역은 주택보급률이 100% 미만인 서울이며, 전국에서 가구 수가 두 번째로 많다.
⑤ 주택 수가 가구 수의 1.1배 이상인 지역은 주택보급률이 110% 이상인 지역을 말한다. '울산, 강원, 충북, 충남, 전북, 전남, 경북, 경남'에서 가구 수가 세 번째로 적은 지역인 충북의 주택보급률은 지방 주택보급률보다 약 113−109=4%p 높다.

02 정답 ⑤

ㄷ. 출산율은 2021년까지 계속 증가하였으며, 2022년에는 감소하였다.
ㄹ. 출산율과 남성 사망률의 차이는 2018년부터 2022년까지 각각 18.2%p, 20.8%p, 22.5%p, 23.7%p, 21.5%p로 2021년이 가장 크다.

오답분석

ㄱ. 2018년 대비 2022년의 전체 인구수의 증감률은 $\frac{12,808-12,381}{12,381}\times100≒3.4\%$이다.
ㄴ. 가임기 여성의 비율과 출산율은 서로 증감 추이가 다르다.

03 정답 ③

ⓛ 전체 인구수는 계속하여 증가하고 있다.
ⓔ 여성 사망률이 가장 높았던 해는 7.8%로 2021년이다.
ⓜ 2022년은 출산율이 계속 증가하다가 감소한 해이다.

04 정답 ⑤

ㄱ. 2020년 대비 2022년 의사 수의 증가율은 $\frac{11.40-10.02}{10.02}\times100≒13.77\%$이며, 간호사 수의 증가율은 $\frac{19.70-18.60}{18.60}\times100$ ≒5.91%이다. 따라서 의사 수의 증가율은 간호사 수의 증가율보다 13.77−5.91=7.86%p 높다.

ㄷ. 2013 ~ 2017년 동안 의사 한 명당 간호사 수를 구하면 다음과 같다.

- 2013년 : $\frac{11.06}{7.83}$ ≒ 1.41명
- 2014년 : $\frac{11.88}{8.45}$ ≒ 1.40명
- 2015년 : $\frac{12.05}{8.68}$ ≒ 1.38명
- 2016년 : $\frac{13.47}{9.07}$ ≒ 1.48명
- 2017년 : $\frac{14.70}{9.26}$ ≒ 1.58명

따라서 2017년도의 의사 한 명당 간호사 수가 약 1.58명으로 가장 많다.

ㄹ. 2016 ~ 2019년까지 간호사 수 평균은 $\dfrac{13.47+14.70+15.80+18.00}{4} ≒ 15.49$만 명이다.

ㄴ. 2014 ~ 2022년 동안 전년 대비 의사 수 증가량이 2천 명 이하인 해는 2017년이다. 2017년의 의사와 간호사 수의 차이는 14.7-9.26=5.44만 명이다.

05 정답 ③

ⓒ 국가채권 중 조세채권의 전년 대비 증가율은 다음과 같다.
- 2020년 : $\dfrac{30-26}{26} \times 100 ≒ 15.4\%$
- 2022년 : $\dfrac{38-34}{34} \times 100 ≒ 11.8\%$

따라서 조세채권의 전년 대비 증가율은 2022년에 비해 2020년이 높다.

ⓒ 융자회수금의 국가채권과 연체채권의 총합이 가장 높은 해는 142조 원으로 2022년이다. 연도별 경상 이전수입의 국가채권과 연체채권의 총합을 구하면 각각 15, 15, 17, 18조 원이므로 2022년이 가장 높다.

오답분석

㉠ 2019년 총 연체채권은 27조 원으로 2021년 총 연체채권의 80%인 36×0.8=28.8조 원보다 작다.

㉣ 2019년 대비 2022년 경상 이전수입 중 국가채권의 증가율은 $\dfrac{10-8}{8} \times 100 = 25\%$이며, 경상 이전수입 중 연체채권의 증가율은 $\dfrac{8-7}{7} \times 100 ≒ 14.3\%$로 국가채권 증가율이 더 높다.

06 정답 ⑤

달러 환율이 가장 낮은 달은 1월이고, 가장 높은 달은 10월이다. 1월의 엔화 환율은 946원/100엔, 10월의 엔화 환율은 1,003원/100엔이다. 따라서 1월의 엔화 환율은 10월의 엔화 환율 대비 $\dfrac{946-1,003}{1,003} \times 100 ≒ -5.7\%$이므로 5% 이상 낮다.

오답분석

① 1월의 엔화 환율 946원/100엔은 2월의 엔화 환율 990원/100엔 대비 $\dfrac{946-990}{990} \times 100 ≒ -4.4\%$이므로 5% 미만 이득이다.

② 달러 환율은 6월과 8월에 전월 대비 감소하였다.

③ 월별로 달러 환율과 엔화 환율의 차를 구하면, 1월은 1,065-946=119원, 2월은 1,090-990=100원, 3월은 1,082-1,020=62원, 4월은 1,070-992=78원, 5월은 1,072-984=88원, 6월은 1,071-980=91원, 7월은 1,119-1,011=108원, 8월은 1,117-1,003=114원, 9월은 1,119-1,004=115원, 10월은 1,133-1,003=130원이다. 따라서 달러 환율과 엔화 환율의 차가 가장 큰 것은 10월이다.

④ 전월 대비 7월의 달러 환율 증가율은 $\dfrac{1,119-1,071}{1,071} \times 100 ≒ 4.5\%$이고, 전월 대비 10월의 달러 환율 증가율은 $\dfrac{1,133-1,119}{1,119} \times 100 ≒ 1.3\%$이므로 4배인 5.2%에 못 미친다.

07 정답 ④

2019년부터 2021년까지 전년 대비 경기 수가 계속 증가하는 종목은 축구로 1종류이다.

오답분석

① 농구의 전년 대비 2019년 경기 수 감소율은 $\dfrac{403-413}{413} \times 100 ≒ -2.4\%$이며, 2022년 전년 대비 증가율은 $\dfrac{410-403}{403} \times 100 ≒ 1.7\%$이다. 절댓값으로 비교하면 전년 대비 2019년 경기 수 감소율이 더 크다.

② 2018년은 413+432+226+228=1,299회, 2019년은 403+442+226+230=1,301회, 2020년은 403+425+227+231 =1,286회, 2021년은 403+433+230+233=1,299회, 2022년은 410+432+230+233=1,305회이다. 따라서 경기 수 총 합이 가장 많았던 연도는 2022년이다.

③ 5년 동안의 야구와 축구 경기 수의 평균은 다음과 같다.
  • 야구 : (432+442+425+433+432)÷5=432.8회
  • 축구 : (228+230+231+233+233)÷5=231.0회
  야구의 평균 경기 수는 432.8회이고, 이는 축구의 평균 경기 수인 231.0회의 약 1.87배로 2배 이하이다.

⑤ 2018 ~ 2022년 경기 수 평균은 농구는 406.4회, 야구 432.8회, 배구 227.8회, 축구 231회이다. 따라서 2022년 경기 수가 이보다 적은 스포츠는 야구뿐이다.

08 정답 ③

ㄱ. 임차인 A의 전·월세 전환율이 6%일 때 전세금을 x만 원이라고 하면 $6=\dfrac{50\times12}{x-25,000}\times100$

  $\therefore x=35,000$

ㄹ. 임차인 E의 전·월세 전환율이 12%일 때 월세를 x만 원이라고 하면 $12=\dfrac{x\times12}{58,000-53,000}\times100$

  $\therefore x=50$

오답분석

ㄴ. $\dfrac{60\times12}{42,000-30,000}\times100=6\%$

ㄷ. 임차인 C의 전·월세 전환율이 3%일 때 월세보증금을 x만 원이라고 하면 $3=\dfrac{70\times12}{60,000-x}\times100$

  $\therefore x=32,000$

09 정답 ③

ㄴ. 표에서 장애인 고용률이 가장 낮은 기관을 살펴보면 고용률 1.06%인 A이므로 A가 서부청이다.

ㄱ. 표에서 장애인 고용의무인원을 비교해 보면 C>B>D>A 순서이고, 조건을 정리해 보면 남부청>동부청>서부청(A)이 된다.

ㄷ. 장애인 고용의무인원은 북부청이 남부청보다 적으므로 조건 ㄱ의 내용과 종합하면 남부청의 인원이 가장 많다는 것이 된다. B~D 중 장애인 고용의무인원이 가장 많은 것은 C이므로 C가 남부청이다.

ㄹ. 남은 B와 D 중에 남동청보다 장애인 고용인원은 많고, 장애인 고용률은 낮은 것은 B이므로 B가 동부청이 되며, 그 결과 자연히 D는 북부청이 된다.

10 정답 ③

사교육비와 참여율의 변화 양상이 동일한 지역은 부산(감소, 증가), 대전(감소, 감소), 세종(유지, 증가), 강원(감소, 증가), 전남(감소, 증가), 경북(증가, 감소)으로 총 6곳이다.

오답분석

① 2021년 대비 2022년 사교육비가 감소한 지역의 수는 5곳, 2021년 대비 2022년 참여율이 감소한 지역의 수는 5곳으로 같다.

② 2022년 시·도를 통틀어 사교육 참여율이 가장 높은 지역은 74.3%로 서울이고, 가장 낮은 지역은 59.6%로 전남이다. 따라서 이 두 지역의 차는 74.3−59.6=14.7%p이나.

④ 2021년 도 지역 중 학생 1인당 월평균 사교육비가 가장 높은 지역은 26.0만 원으로 경기이고 가장 낮은 지역은 16.4만 원으로 전남이다. 따라서 이 두 지역의 차는 9.6만 원이다.

⑤ 서울·경기 지역은 2021 ~ 2022년 모두 사교육비와 참여율에서 1, 2위를 차지하므로 평균 이상의 수치를 보여주고 있다고 볼 수 있다.

11 정답 ③

여자의 기대여명은 70세와 80세에서 전년 대비 2022년 기대여명의 변동이 없었고, 90세와 100세 이상의 기대여명은 감소했다.

오답분석
① 2022년에 1970년 대비 변동폭은 남자, 여자 모두 0.4세로 100세 이상의 연령대가 가장 작다.
② 1970년 대비 2022년의 기대여명이 가장 많이 늘어난 것은 20.3세 차이로 0세 남자이다.
④ 기대여명은 동일 연령에서 여자가 남자보다 항상 높음을 자료에서 확인할 수 있다.
⑤ 2021년 대비 2022년의 기대여명의 증감 수치는 항상 남자가 여자보다 크다.

12 정답 ③

(A) : (전체 사업체 수)$=53+94+1+6+3=157$
(B) : (업체당 평균매출액)$=$(매출액)$\div$(사업체 수)$=373,853\div1=373,853$
(C) : (1인당 평균매출액)$=$(매출액)$\div$(종사자 수)$=373,853\div295\fallingdotseq1,267$

13 정답 ④

(전북지역 농가수 감소율)$=(235-100)\div235\times100\fallingdotseq57.4\%$
(경남지역 농가수 감소율)$=(297-131)\div297\times100\fallingdotseq55.9\%$
따라서 농가수 감소율은 경남지역보다 전북지역이 더 큼을 알 수 있다.

오답분석
① 첫 번째 자료를 통해 총 가구 중 농가 비중은 지속적으로 감소함을 알 수 있다.
② $132\div1,088\times100\fallingdotseq12.1\%$
③ 두 번째 자료를 통해 농가수는 전국 모든 지역에서 감소함을 알 수 있다.
⑤ $(33-53)\div53\times100\fallingdotseq-37.7\%$

14 정답 ②

중국의 의료 빅데이터 예상 시장 규모의 전년 대비 성장률을 구하면 다음과 같다.

구분	2015년	2016년	2017년	2018년	2019년	2020년	2021년	2022년	2023년	2024년
성장률(%)	–	56.3	90.0	60.7	93.2	64.9	45.0	35.0	30.0	30.0

2021년과 2022년의 증감률은 전년 대비 비슷한 감소폭을 보이는 것에 비해 ④의 그래프는 증감률이 크게 차이를 보이므로 ②의 그래프가 적절하다.

15 정답 ⑤

강수량의 증감 추이를 나타내면 다음과 같다.

1월	2월	3월	4월	5월	6월	7월	8월	9월	10월	11월	12월
–	증가	감소	증가	감소	증가	증가	감소	감소	감소	감소	증가

이와 동일한 추이를 보이는 그래프는 ⑤이다.

오답분석
① 증감 추이는 같지만 4월의 강수량이 50mm 이하로 표현되어 있다.

16 정답 ②

작업 시작	작업 성능	소요 시간	누적 처리량
오후 3시	초기화 작업	1시간	0TB
오후 4시	시간당 2TB	2시간	4TB
오후 6시	시간당 3TB	6시간	22TB
자정	시스템 점검	3시간	22TB
새벽 3시	시간당 3TB	6시간	40TB
오전 9시	시간당 2TB	5시간	50TB

17 정답 ⑤

첫 항은 220개이고 n시간($n \geq 1$) 경과할 때마다 2^{n-1}개가 증가한다. n시간 경과했을 때의 세포 수를 a_n개라고 하면 $a_n = 220 + \sum_{k=1}^{n} 2^{k-1}$이고 $\sum_{k=1}^{n} 2^{k-1} = \dfrac{2^n - 1}{2 - 1} = 2^n - 1$이므로 $a_n = 220 + 2^n - 1 = 219 + 2^n$이다. 따라서 9시간 경과 후인 a_9는 $219 + 2^9 = 731$개이다.

18 정답 ①

X조건에서 Z세균은 계차가 피보나치 수열로 번식한다. 따라서 (A)$=1,090 + 680 = 1,770$이다.

구분	1일 차	2일 차	3일 차	4일 차	5일 차	6일 차	7일 차	8일 차	9일 차	10일 차
X조건에서의 Z세균	10	30	50	90	150	250	410	670	1,090	(A)
계차		20	20	40	60	100	160	260	420	680	

Y조건에서 Z세균은 전날의 2배로 번식한다. 따라서 (B)$=1 \times 2^9 = 512$이다.

구분	1일 차	2일 차	3일 차	4일 차	5일 차	6일 차	7일 차	8일 차	9일 차	10일 차
Y조건에서의 Z세균	1	1×2^1	1×2^2	1×2^3	1×2^4	1×2^5	1×2^6	1×2^7	1×2^8	(B)

19 정답 ⑤

3월의 개체 수는 1월과 2월의 개체 수를 합한 것과 같고, 4월의 개체 수는 2월과 3월을 합한 것과 같다. 즉, 물고기의 개체 수는 피보나치수열로 증가하고 있다.

n을 월이라고 하고 A물고기의 개체 수를 a_n이라고 하자.

$a_1 = 1$, $a_2 = 1$, $a_n = a_{n-1} + a_{n-2}$ $(n \geq 3)$

구분	1월	2월	3월	4월	5월	6월	7월	8월	9월	10월	11월	12월
개체 수	1	1	2	3	5	8	13	21	34	55	89	144

따라서 12월의 A물고기 수는 144마리이다.

20 정답 ②

A금붕어, B금붕어가 팔리는 일을 n일이라고 하고, 남은 금붕어의 수를 각각 a_n, b_n이라고 하자.

A금붕어는 하루에 121마리씩 감소하고 있으므로 $a_n = 1,675 - 121(n-1) = 1,796 - 121n$이다.

$1,796 - 121 \times 10 = 1,796 - 1,210 = 586$

10일 차에 남은 A금붕어는 586마리이다.

B금붕어는 매일 3, 5, 9, 15, …마리씩 감소하고 있고, 계차의 차는 2, 4, 6, …이다.

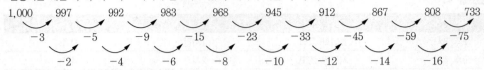

10일 차에 남은 B금붕어는 733마리이다.

따라서 A금붕어는 586마리, B금붕어는 733마리가 남았다.

추리 정답 및 해설

01 명제

01	02	03	04	05	06	07	08	09
②	④	①	④	②	④	②	④	①

01 정답 ②

'야근을 하는 사람'을 A, 'X분야의 업무를 하는 사람'을 B, 'Y분야의 업무를 하는 사람'을 C라고 하면, 전제1과 전제2는 다음과 같은 벤다이어그램으로 나타낼 수 있다.

1) 전제1

2) 전제2

이를 정리하면 다음과 같은 벤다이어그램이 성립한다.

따라서 'Y분야의 업무를 하는 어떤 사람은 X분야의 업무를 한다.'라는 결론이 도출된다.

02 정답 ④

'피자를 좋아하는 사람'을 p, '치킨을 좋아하는 사람'을 q, '감자튀김을 좋아하는 사람'을 r, '나'를 s라고 하면, 전제1은 $p \rightarrow q$, 전제2는 $q \rightarrow r$, 전제3은 $s \rightarrow p$이다. 따라서 $s \rightarrow p \rightarrow q \rightarrow r$이 성립되며, ④의 $s \rightarrow r$이 답임을 확인할 수 있다.

03 정답 ①

'갈매기'를 p, '육식을 하는 새'를 q, '바닷가에 사는 새'를 r, '헤엄을 치는 새'를 s라고 하면, 전제1은 $p \rightarrow q$, 전제3은 $r \rightarrow p$, 결론은 $s \rightarrow q$이다. 따라서 $s \rightarrow r$이 빈칸에 들어가야 $s \rightarrow r \rightarrow p \rightarrow q$가 되어 결론인 $s \rightarrow q$가 성립된다. 참인 명제의 대우 역시 참이므로 '바닷가에 살지 않는 새는 헤엄을 치지 않는다.'가 답이 된다.

04 정답 ④

'공부를 잘하는 사람은 모두 꼼꼼하다.'라는 전제를 통해 '꼼꼼한 사람 중 일부는 시간 관리를 잘한다.'는 결론이 나오기 위해서는 '공부를 잘한다.'와 '시간 관리를 잘한다' 사이에 어떤 관계가 성립되어야 한다. 그런데 결론에서 그 범위를 '모두'가 아닌 '일부'로 한정하였으므로 공부를 잘하는 사람 중 일부가 시간 관리를 잘한다는 전제가 필요하다.

05 정답 ②

키 : 원숭이>기린
몸무게 : 원숭이>기린>하마
따라서 원숭이가 가장 무겁다.

[오답분석]
① 원숭이와 하마와의 키 관계는 알 수 없다.
③ · ⑤ 기린과 하마와의 키 관계는 알 수 없다.
④ 하마는 기린보다 가볍다.

06 정답 ④

고등학생 중에는 축구를 좋아하는 사람도 있고, 축구를 좋아하는 사람 중에는 기자도 있다. 즉, 고등학생 중에는 기자도 있다. 이때, '중에는'은 '전부'가 될 수도 있으므로, 모든 고등학생이 기자일 수도 있다.

07 정답 ②

'하루에 두 끼를 먹는 어떤 사람도 뚱뚱하지 않다.'를 다르게 표현하면 '하루에 두 끼를 먹는 사람은 뚱뚱하지 않다.'이다. 따라서 전제2와 연결하면 '아침을 먹는 모든 사람은 하루에 두 끼를 먹고, 하루에 두 끼를 먹는 사람은 뚱뚱하지 않다.'이므로 이를 정리하면 ②이다.

08 정답 ④

'음악을 좋아하다.'를 p, '상상력이 풍부하다'를 q, '노란색을 좋아하다.'를 r이라고 하면, 전제1은 $p \rightarrow q$, 전제2는 $\sim p \rightarrow \sim r$이다. 이때, 전제2는 대우 $r \rightarrow p$에 따라 $r \rightarrow p \rightarrow q$가 성립한다. 따라서 $r \rightarrow q$이므로 노란색을 좋아하는 사람은 상상력이 풍부하다.

09 정답 ①

'성공한 사업가는 존경받는다.'의 대우 명제는 '존경받지 못하면 성공한 사업가가 아니다.'이고, 전제2와 연결하면 '어떤 합리적인 사업가는 성공한 사업가가 아니다.'이다. 즉, ①과 같은 명제이다.

02 조건추리

01	02	03	04	05	06	07	08	09	10
③	②	①	②	②	④	②	②	①	③
11	12	13	14	15	16	17	18	19	20
⑤	⑤	⑤	②	③	③	⑤	①	②	③

01 정답 ③

1행과 2행에 빈자리가 한 곳씩 있고 a자동차는 대각선을 제외하고 주변에 주차된 차가 없다고 하였으므로 a자동차는 1열이나 3열에 주차되어 있다. b자동차와 c자동차는 바로 옆에 주차되어 있다고 하였으므로 같은 행에 주차되어 있다. 1행과 2행에 빈자리가 한 곳씩 있다고 하였으므로 b자동차와 c자동차가 주차된 행에는 a자동차와 d자동차가 주차되어 있을 수 없다. 따라서 a자동차와 d자동차는 같은 행에 주차되어 있다. 이를 정리하면 다음과 같다.

• 경우 1

a		d
	b	c

• 경우 2

a		d
	c	b

• 경우 3

d		a
b	c	

• 경우 4

d		a
c	b	

따라서 a자동차가 2열에 주차되어 있다는 ③은 항상 거짓이다.

오답분석

① 경우 1, 4에서는 b자동차의 앞 주차공간이 비어있지만, 경우 2, 3에서는 b자동차의 앞 주차공간에 d자동차가 주차되어 있으므로 항상 거짓은 아니다.
② 경우 1, 4에서는 c자동차의 옆 주차공간에 빈자리가 없지만, 경우 2, 3에서는 c자동차의 옆 주차공간에 빈자리가 있으므로 항상 거짓은 아니다.
④ 경우 1, 2, 3, 4에서 모두 a자동차와 d자동차는 1행에 주차되어 있으므로 항상 참이다.
⑤ 경우 1, 4에서는 d자동차와 c자동차가 같은 열에 주차되어 있지만, 경우 2, 3에서는 d자동차와 c자동차가 같은 열에 주차되어 있지 않으므로 항상 거짓은 아니다.

02 정답 ②

가장 최근에 입사한 사람이 D이므로 D의 이름은 가장 마지막인 다섯 번째에 적혔다. C와 D의 이름은 연달아 적히지 않았으므로 C의 이름은 네 번째에 적힐 수 없다. 또한 E는 C보다 먼저 입사하였으므로 E의 이름은 C의 이름보다 앞에 적는다. 따라서 C의 이름은 첫 번째에 적히지 않았다. 이를 정리하면 다음과 같이 3가지 경우가 나온다.

구분	첫 번째	두 번째	세 번째	네 번째	다섯 번째
경우 1	E	C			D
경우 2	E		C		D
경우 3		E	C		D

여기서 경우 2와 경우 3은 A와 B의 이름이 연달아서 적혔다는 조건에 위배된다. 경우 1만 성립하므로 정리하면 다음과 같다.

구분	첫 번째	두 번째	세 번째	네 번째	다섯 번째
경우 1	E	C	A	B	D
경우 2	E	C	B	A	D

E의 이름은 첫 번째에 적혔으므로 E는 가장 먼저 입사하였다. 따라서 B가 E보다 먼저 입사하였다는 ②는 항상 거짓이다.

오답분석
① C의 이름은 두 번째로 적혔고 A의 이름은 세 번째나 네 번째에 적혔으므로 항상 옳다.
③ E의 이름은 첫 번째에 적혔고 C의 이름은 두 번째로 적혔으므로 항상 옳다.
④ A의 이름은 세 번째에 적히면 B의 이름은 네 번째에 적혔고, A의 이름이 네 번째에 적히면 B의 이름은 세 번째에 적혔다. 따라서 참일 수도, 거짓일 수도 있다.
⑤ B의 이름은 세 번째 또는 네 번째에 적혔고, C는 두 번째에 적혔으므로 항상 옳다.

03 정답 ①

K씨는 2020년 상반기에 입사하였으므로 K씨의 사원번호 중 앞의 두 자리는 20이다. 또한 K씨의 사원번호는 세 번째와 여섯 번째 자리의 수가 같다고 하였으므로 세 번째와 여섯 번째 자리의 수를 x, 나머지 네 번째, 다섯 번째 자리의 수는 차례로 y, z라고 하자.

자리	첫 번째	두 번째	세 번째	네 번째	다섯 번째	여섯 번째
사원번호	2	0	x	y	z	x

사원번호 여섯 자리의 합은 9이므로 $2+0+x+y+z+x=9$이다. 이를 정리하면 $2x+y+z=7$이다. K씨의 사원번호 자리의 수는 세 번째와 여섯 번째 자리의 수를 제외하고 모두 다르다는 것을 주의하며 1부터 대입해보면 다음과 같다.

구분	x	y	z
경우 1	1	2	3
경우 2	1	3	2
경우 3	2	0	3
경우 4	2	3	0
경우 5	3	0	1
경우 6	3	1	0

네 번째 조건에 따라 y와 z자리에는 0이 올 수 없으므로 경우 1, 경우 2만 성립하므로 K씨의 사원번호는 '201231'이거나 '201321'이다.

오답분석
② '201321'은 가능한 사원번호이지만 문제에서 항상 옳은 것을 고르라고 하였으므로 답이 될 수 없다.
③ K씨의 사원번호는 '201231'이거나 '201321'이다.
④ 사원번호 여섯 자리의 합이 9가 되어야 하므로 K씨의 사원번호는 '211231'이 될 수 없다.
⑤ K씨의 사원번호 네 번째 자리의 수가 다섯 번째 자리의 수보다 작다면 '201231'과 '201321' 중 K씨의 사원번호로 적절한 것은 '201231'이다.

04 정답 ②

조건대로 원탁에 인원을 배치할 경우 A를 기준으로 오른쪽으로 돌았을 때 'A → D → F → B → C → E'와 'A → D → F → C → B → E' 두 가지 경우의 수가 생긴다. 두 경우에서 A와 D는 늘 붙어있으므로 ②가 정답이다.

05 정답 ②

네 사람이 진실을 말하고 있으므로 거짓말을 하는 사람이 한 명만 발생하는 경우를 찾아내면 된다. 확실하게 순서를 파악할 수 있는 C, D, E의 증언대로 자리를 배치할 경우 A는 첫 번째, C는 두 번째, D는 세 번째로 줄을 서게 된다. 이후 A와 B의 증언대로 남은 자리에 배치할 경우 B의 증언에서 모순이 발생하게 된다. 또한 B의 증언은 A의 증언과도 모순이 생기므로 ②가 정답임을 확인할 수 있다.

06 정답 ④

셔츠를 구입한 정을 기준으로 제시된 조건을 풀어내면 다음과 같다.
• 정은 셔츠를 구입했으므로, 치마와 원피스를 입지 않는 을은 바지를 구입하게 된다.
• 갑은 셔츠와 치마를 입지 않으므로 을이 구입한 바지 대신 원피스를 고르게 된다.
• 병은 원피스, 바지, 셔츠 외에 남은 치마를 구입하게 된다.
따라서 정답은 ④이다.

07 정답 ②

첫 번째 조건과 두 번째 조건에 따라 물리학과 학생은 흰색만 좋아하는 것을 알 수 있으며, 세 번째 조건과 네 번째 조건에 따라 지리학과 학생은 흰색과 빨간색만 좋아하는 것을 알 수 있다. 전공별로 좋아하는 색을 정리하면 다음과 같다.

경제학과	물리학과	통계학과	지리학과
검은색, 빨간색	흰색	빨간색	흰색, 빨간색

이때 검은색을 좋아하는 학과는 경제학과뿐이므로 C가 경제학과임을 알 수 있으며, 빨간색을 좋아하지 않는 학과는 물리학과뿐이므로 B가 물리학과임을 알 수 있다. 따라서 항상 참이 되는 것은 ②이다.

08 정답 ②

A는 B와 C를 범인으로 지목하고, D는 C를 범인으로 지목하고 있다. A의 진술은 진실인데 D는 거짓일 수 없으므로 A와 D의 진술이 모두 진실인 경우와, A의 진술이 거짓이고 D의 진술은 참인 경우, 그리고 A와 D의 진술이 모두 거짓인 경우로 나누어 볼 수 있다.

ⅰ) A와 D의 진술이 모두 진실인 경우 : B와 C가 범인이므로 B와 C가 거짓을 말해야 하며, A, D, E는 반드시 진실을 말해야 한다. 그런데 E가 거짓을 말하고 있으므로 2명만 거짓을 말해야 한다는 조건에 위배된다.

ⅱ) A의 진술은 거짓, D의 진술은 진실인 경우 : B는 범인이 아니고 C만 범인이므로 B는 진실을 말하고, B가 범인이 아니라고 한 E도 진실을 말한다. 따라서 A와 C가 범인이다.

ⅲ) A와 D의 진술이 모두 거짓일 경우 : 범인은 A와 D이고, B, C, E는 모두 진실이 된다.

따라서 A와 C 또는 A와 D가 동시에 범인이 될 수 있다.

09 정답 ①

6명이 앉은 테이블은 빈자리가 없고, 4명이 앉은 테이블에만 빈자리가 있으므로 첫 번째, 세 번째 조건에 따라 A, I, F는 4명이 앉은 테이블에 앉아 있음을 알 수 있다. 4명이 앉은 테이블에서 남은 자리는 1개뿐이므로, 두 번째, 다섯 번째, 여섯 번째 조건에 따라 C, D, G, H, J는 6명이 앉은 테이블에 앉아야 한다. 마주보고 앉는 H와 J를 6명이 앉은 테이블에 먼저 배치하면 G는 H의 왼쪽 또는 오른쪽 자리에 앉고, 따라서 C와 D는 J를 사이에 두고 앉아야 한다. 이때 네 번째 조건에 따라 어떤 경우에도 E는 6명이 앉은 테이블에 앉을 수 없으므로, 4명이 앉은 테이블에 앉아야 한다. 따라서 4명이 앉은 테이블에는 A, E, F, I가, 6명이 앉은 테이블에는 B, C, D, G, H, J가 앉는다. 이를 정리하면 다음과 같다.

• 4명이 앉은 테이블 : A와 I 사이에 빈자리가 하나 있고, F는 양 옆 중 오른쪽 자리만 비어 있다. 따라서 다음과 같이 4가지 경우의 수가 발생한다.

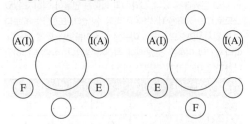

• 6명이 앉은 테이블 : H와 J가 마주본 상태에서 G가 H의 왼쪽 또는 오른쪽 자리에 앉고, C와 D는 J를 사이에 두고 앉는다. 따라서 다음과 같이 4가지 경우의 수가 발생한다.

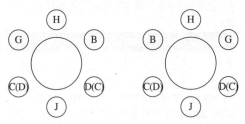

어떤 경우에도 A와 B는 다른 테이블이므로, ①은 항상 거짓이다.

10 정답 ③

홍차를 주문한 사람은 2명이었으나, 주문 결과 홍차가 1잔이 나왔으므로 홍차의 주문이 잘못된 것임을 알 수 있다. 즉, E는 본래 홍차를 주문하였으나, 직원의 실수로 딸기주스를 받았다. 또한 커피는 총 2잔이 나왔으므로 D는 녹차가 아닌 커피를 주문한 것임을 알 수 있다. A, B, C, D, E의 주문 내용을 정리하면 다음과 같다.

A	B	C	D	E
홍차	커피	녹차	커피	홍차(딸기주스로 주문됨)

따라서 녹차를 주문한 사람은 C이다.

11 정답 ⑤

모든 조건을 조합하면 다음과 같이 두 가지 경우의 수가 있음을 알 수 있다.

ⅰ)

ii)

두 가지 경우에서 강팀장과 이대리의 자리는 항상 인접하므로 항상 옳은 것은 ⑤이다.

오답분석

① 두 가지 경우에서 유사원과 이대리의 자리는 인접할 수도, 그렇지 않을 수도 있다.

② 두 가지 경우에서 박사원의 자리는 유사원의 자리보다 왼쪽에 있을 수도, 그렇지 않을 수도 있다.

③ 두 가지 경우에서 이사원의 자리는 복도 옆에 위치할 수도, 그렇지 않을 수도 있다.

④ 두 가지 경우에서 김사원과 유사원의 자리는 인접할 수도, 그렇지 않을 수도 있다.

12 정답 ⑤

월요일부터 토요일까지 각 팀의 회의 진행 횟수가 같으므로 6일 동안 6개 팀은 각각 두 번씩 회의를 진행해야 한다. 주어진 조건에 따라 A~F팀의 회의 진행 요일을 정리하면 다음과 같다.

월	화	수	목	금	토
C, B	D, B	C, E	A, F	A, F	D, E
		D, E			C, E

따라서 F팀은 목요일과 금요일에 회의를 진행한다.

오답분석

① E팀은 수요일과 토요일에 모두 회의를 진행한다.

② 화요일에 회의를 진행한 팀은 B팀과 D팀이다.

③ C팀과 E팀은 수요일과 토요일 중 하루는 함께 회의를 진행한다.

④ C팀은 월요일에 한 번 회의를 진행하였고, 수요일 또는 토요일 중 하루만 회의를 진행한다.

13 정답 ⑤

세 가지 조건을 종합해 보면 A상자에는 테니스공과 축구공이, B상자에는 럭비공이, C상자에는 야구공이 들어가게 됨을 알 수 있다. 따라서 B상자에는 럭비공과 배구공, 또는 럭비공과 농구공이 들어갈 수 있으며, C상자에는 야구공과 배구공, 또는 야구공과 농구공이 들어갈 수 있다. 그러므로 럭비공은 배구공과 같은 상자에 들어갈 수도 있고 아닐 수도 있다.

오답분석

① 농구공을 C상자에 넣으면 배구공이 들어갈 수 있는 상자는 B밖에 남지 않게 된다.

② 세 가지 조건을 종합해 보면 테니스공과 축구공이 들어갈 수 있는 상자는 A밖에 남지 않음을 알 수 있다.

③ A상자는 이미 꽉 찼고 남은 상자는 B와 C인데, 이 두 상자에도 각각 공이 하나씩 들어가 있으므로 배구공과 농구공은 각각 두 상자에 나누어져 들어가야 한다. 따라서 두 공은 같은 상자에 들어갈 수 없다.

④ B상자에 배구공을 넣으면 농구공을 넣을 수 있는 상자는 C밖에 남지 않게 된다. 따라서 농구공과 야구공은 함께 C상자에 들어가게 된다.

14 정답 ②

조건에 따르면 A는 3반 담임이 되고, E는 2반 또는 4반, B는 1반 또는 5반의 담임이 된다. 따라서 B가 5반을 맡을 경우 C는 1반, 2반, 4반 중 하나를 맡게 되므로 반드시 1반을 맡는다고는 할 수 없다.

오답분석

① C가 2반을 맡으면 E는 4반을 맡고 D는 1반 또는 5반을 맡는다.

③ 조건에서 E는 A의 옆 반 담임을 맡는다고 하였으므로 2반 또는 4반을 맡는다.

④ 조건에서 B는 양 끝에 위치한 반 중 하나의 담임을 맡는다고 하였으므로 B는 양 끝 반인 1반 또는 5반을 맡는다.

⑤ 1반을 B가, 2반을 E가 맡으면 A는 3반을 맡으므로 남은 4, 5반은 C, D가 맡는다. 따라서 이 경우 C는 D의 옆 반이다.

15 정답 ③

우선 세 번째 조건에 따라 '윤지 – 영민 – 순영'의 순서가 되는데, 첫 번째 조건에서 윤지는 가장 먼저 출장을 가지 않는다고 하였으므로 윤지 앞에는 먼저 출장 가는 사람이 있어야 한다. 따라서 '재철 – 윤지 – 영민 – 순영'의 순서가 되고, 마지막으로 출장 가는 순영의 출장지는 미국이 된다. 또한 재철은 영국이나 프랑스로 출장을 가야하는데, 영국과 프랑스는 연달아 갈 수 없으므로 두 번째 출장지는 일본이며, 첫 번째와 세 번째 출장지는 영국 또는 프랑스로 재철과 영민이 가게 된다.

구분	첫 번째	두 번째	세 번째	네 번째
출장 가는 사람	재철	윤지	영민	순영
출장 가는 나라	영국 또는 프랑스	일본	영국 또는 프랑스	미국

오답분석

① 윤지는 일본으로 출장을 간다.

② 재철은 영국으로 출장을 갈 수도, 프랑스로 출장을 갈 수도 있다.

④ 순영은 네 번째로 출장을 간다.

⑤ 윤지와 순영의 출장 순서는 두 번째와 네 번째로, 연이어 출장을 가지 않는다.

16   정답 ③

가장 먼저 물건을 고를 수 있는 동성이 세탁기를 받을 경우와 컴퓨터를 받을 경우 두 가지로 나누어 생각해 볼 수 있다.

1. 동성이가 세탁기를 받을 경우 : 현규는 드라이기를 받게 되고, 영희와 영수는 핸드크림 또는 로션을 받게 되며, 미영이는 컴퓨터를 받게 된다.
2. 동성이가 컴퓨터를 받을 경우 : 동성이 다음 순서인 현규가 세탁기를 받을 경우와 드라이기를 받을 경우로 나누어 생각해 볼 수 있다.
   1) 현규가 세탁기를 받을 경우 : 영희와 영수는 로션 또는 핸드크림을 각각 가지게 되고, 미영이는 드라이기를 받게 된다.
   2) 현규가 드라이기를 받을 경우 : 영희와 영수는 로션 또는 핸드크림을 각각 가지게 되고, 미영이는 세탁기를 받게 된다.

따라서 미영이가 드라이기를 받는 경우도 존재한다.

17   정답 ⑤

주스를 좋아하는 사람은 우유를 좋아하지 않으므로 대우 법칙을 생각했을 때, 우유를 좋아하는 사람은 주스를 좋아하지 않는다. 주스를 좋아하지 않는 사람은 치즈를 좋아한다고 했으므로 빵을 좋아하는 사람은 우유를 좋아하고, 우유를 좋아하는 사람은 주스를 좋아하지 않으며, 주스를 좋아하지 않는 사람은 치즈를 좋아한다. 따라서 빵을 좋아하는 사람은 치즈를 좋아한다.

18   정답 ①

진실게임 문제의 경우 가정할 범위를 가능한 좁혀야 한다. 보기의 조건 중 A ~ D의 주장은 각각 1명씩을 범인으로 지목하기 때문에 이들 중 한 명을 진실 혹은 거짓으로 가정한다고 하더라도, 다른 주장과 모순되는 경우가 발생한다. 반면, E의 주장은 2명이 범인이 아니라고 주장하므로, E의 주장을 참으로 가정하면 A, B의 주장과 일치하므로 C와 D가 범인임을 알 수 있다.

19   정답 ②

세 번째, 네 번째 조건에 의해 E와 D는 2층과 7층 또는 3층과 8층에 근무해야 한다. 그러나 E와 D가 3층과 8층에 근무를 하게 되면 마지막 조건을 만족할 수 없다. 따라서 E와 D는 2층과 7층에 근무해야 한다. 또한 두 번째 조건에 의해 E가 7층에 근무할 수 없으므로 D가 7층, E가 2층에 근무한다. 이를 만족하는 경우를 나타내면 다음과 같다.

구분	경우 1	경우 2	경우 3	경우 4
8층	F	B	F	B
7층	D	D	D	D
6층	G	G	G	G
5층	C	C	A	A
4층	H	H	H	H
3층	A	A	C	C
2층	E	E	E	E
1층	B	F	B	F

경우 2와 경우 4는 두 번째 조건을 만족하지 않으므로 가능한 경우는 2가지이다.

20   정답 ③

ⅰ) 악어가 C구역에 들어갈 경우 사슴은 A, D구역 중 한 곳에 들어갈 수 있다.

구분	A구역	B구역	C구역	D구역
경우 1	사슴	독수리	악어	호랑이
경우 2	사슴	호랑이	악어	독수리
경우 3	독수리	호랑이	악어	사슴
경우 4	호랑이	독수리	악어	사슴

ⅱ) 악어가 D구역에 들어갈 경우 사슴은 A, C구역 중 한 곳에 들어갈 수 있다.

구분	A구역	B구역	C구역	D구역
경우 1	사슴	독수리	호랑이	악어
경우 2	사슴	호랑이	독수리	악어
경우 3	독수리	호랑이	사슴	악어
경우 4	호랑이	독수리	사슴	악어

따라서 독수리가 악어의 오른쪽 구역에 있는 경우 호랑이는 B구역에 있을 수 있으므로 ③은 거짓이다.

03 어휘추리

01	02	03	04	05	06	07	08	09	10
⑤	⑤	②	⑤	③	⑤	③	②	⑤	③
11	12	13	14	15	16	17	18	19	20
②	①	③	②	④	④	④	②	④	③
21	22	23	24	25	26	27	28	29	30
④	③	⑤	②	②	④	②	④	②	①
31	32	33	34	35	36	37	38	39	40
⑤	②	②	⑤	①	③	①	②	①	②
41	42								
④	③								

01 정답 ⑤

제시된 단어의 대응 관계는 유의 관계이다.
'변변하다'는 '지체나 살림살이가 남보다 떨어지지 아니하다.'
는 뜻으로 '살림살이가 모자라지 않고 여유가 있다.'라는 뜻인
'넉넉하다'와 유의 관계이다. 따라서 '여럿이 떠들썩하게 들고
일어나다.'는 뜻을 가진 '소요(騷擾)하다'와 유의 관계인 단어
는 '시끄럽고 어수선하다.'라는 뜻인 '소란하다'이다.

오답분석
① 치유하다 : 치료하여 병을 낫게 하다.
② 한적하다 : 한가하고 고요하다.
③ 공겸하다 : 삼가는 태도로 겸손하게 자기를 낮추다.
④ 소유하다 : 가지고 있다.

02 정답 ⑤

제시된 단어의 대응 관계는 유의 관계이다.
'공시하다'는 '일정한 내용을 공개적으로 게시하여 일반에게
널리 알리다.'는 뜻으로 '세상에 널리 퍼뜨려 모두 알게 하다.'
라는 뜻인 '반포하다'와 유의 관계이다. 따라서 '서로 이기려
고 다투며 덤벼들다.'는 뜻을 가진 '각축하다'와 유의 관계인
단어는 '같은 목적에 대하여 이기거나 앞서려고 서로 겨루다.'
라는 뜻인 '경쟁하다'이다.

오답분석
① 공들이다 : 어떤 일을 이루는 데 정성과 노력을 많이 들
이나.
② 통고하다 : 서면(書面)이나 말로 소식을 전하여 알리다.
③ 독점하다 : 혼자서 모두 차지하다.
④ 상면하다 : 서로 만나서 얼굴을 마주 보다.

03 정답 ②

제시된 단어의 대응 관계는 반의 관계이다.
'침착하다'는 '행동이 들뜨지 아니하고 차분하다.'는 뜻으로
'말이나 행동이 조심성 없이 가볍다.'라는 뜻인 '경솔하다'와
반의 관계이다. 따라서 '곱고 가늘다.'라는 뜻을 가진 '섬세하
다'와 반의 관계인 단어는 '거칠고 나쁘다.'라는 뜻인 '조악하
다'이다.

오답분석
① 찬찬하다 : 동작이나 태도가 급하지 않고 느릿하다.
③ 감분(感憤)하다 : 마음속 깊이 분함을 느끼다.
④ 치밀하다 : 자세하고 꼼꼼하다.
⑤ 신중하다 : 매우 조심스럽다.

04 정답 ⑤

제시된 단어의 대응 관계는 유의 관계이다.
'겨냥하다'는 '목표물을 겨누다.'는 뜻으로 '목표나 기준에 맞
고 안 맞음을 헤아려 보다.'라는 뜻인 '가늠하다'와 유의 관계
이다. 따라서 '기초나 터전 따위를 굳고 튼튼하게 하다.'는 뜻
을 가진 '다지다'와 유의 관계인 단어는 '세력이나 힘을 더 강
하고 튼튼하게 하다.'라는 뜻인 '강화하다'이다.

오답분석
① 진거하다 : 앞으로 나아가다.
② 겉잡다 : 겉으로 보고 대강 짐작하여 헤아리다.
③ 요량하다 : 앞일을 잘 헤아려 생각하다.
④ 약화하다 : 세력이나 힘이 약해지다.

05 정답 ③

제시된 단어의 대응 관계는 유의 관계이다.
'뇌까리다'와 '지껄이다'는 각각 '아무렇게나 되는대로 마구
지껄이다.'와 '약간 큰 소리로 떠들썩하게 이야기하다.'는 뜻
의 유의 관계이다. 따라서 빈칸에는 '복되고 길한 일이 일어날
조짐이 있다.'는 뜻의 '상서롭다'와 유의 관계인 '운이 좋거나
일이 상서롭다.'는 뜻의 '길하다'가 오는 것이 적절하다.

오답분석
① 망하다 : 개인, 가정, 단체 따위가 제 구실을 하지 못하고
끝장이 나다.
② 성하다 : 물건이 본디 모습대로 멀쩡하다.
④ 실하다 : 실속 있고 넉넉하다.
⑤ 달하다 : 일정한 표준, 수량, 정도 따위에 이르다.

06 정답 ⑤

제시된 단어의 대응 관계는 유의 관계이다.
'초췌하다'와 '수척하다'는 각각 '병, 근심, 고생 따위로 얼굴이나 몸이 여위고 파리하다.'와 '몸이 몹시 야위고 마른 듯하다.'는 뜻의 유의 관계이다. 따라서 빈칸에는 '능력이나 품성 따위를 길러 쌓거나 갖춤'이란 뜻의 '함양'과 유의 관계인 '길러 자라게 함'이란 뜻의 '육성'이 오는 것이 적절하다.

오답분석
① 집합 : 사람들을 한곳으로 모으거나 모임
② 활용 : 충분히 잘 이용함
③ 결실 : 일의 결과가 잘 맺어짐
④ 도출 : 어떤 생각이나 결론, 반응 따위를 이끌어냄

07 정답 ③

제시된 단어는 유의 관계로, '만족하다'의 유의어는 '탐탁하다'이다.

08 정답 ②

'돛단배'는 '바람'의 힘으로 움직이고, '전등'은 '전기'의 힘으로 빛을 낸다.

09 정답 ⑤

'응분'은 '어떤 정도나 분수에 맞음'을 의미하며, '분수에 넘침'을 의미하는 '과분'과 반의 관계이다. '겸양하다'는 '겸손한 태도로 양보하거나 사양하다.'라는 의미로, '잘난 체하다.'라는 의미의 '젠체하다'와 반의 관계이다.

10 정답 ③

'칠칠하다'는 '성질이나 일 처리가 반듯하고 야무지다.'라는 의미로, '야무지다'와 유의 관계이다. '널널하다'와 '너르다'는 모두 '공간이 넓다. 또는 어떤 일이 여유가 있다.'라는 의미로, 서로 유의 관계이다.

오답분석
② • 낙찰 : 경매나 경쟁 입찰 등에서 물건이나 일이 어떤 사람이나 단체에 가도록 결정됨
　　• 유찰 : 입찰 결과 낙찰이 결정되지 않고 무효로 돌아감
④ • 가축 : 집에서 기르는 짐승
　　• 야수(野獸) : 사람에게 길들지 않은 사나운 야생의 짐승

11 정답 ②

사자성어와 사자성어에 등장하는 동물의 관계이다. 용호상박(龍虎相搏)은 '용과 호랑이가 서로 싸운다.'는 뜻이고, 토사구팽(兎死狗烹)은 '토끼를 잡으면 사냥하던 개는 쓸모가 없어져 삶아 먹는다.'는 뜻이다.

12 정답 ①

사자성어와 사자성어에 포함된 색깔의 관계이다. 동가홍상(同價紅裳)은 '같은 값이면 붉은 치마'라는 뜻으로 붉을 홍(紅)자가 포함되고, 청렴결백(淸廉潔白)은 '마음이 맑고 깨끗하여 욕심이 없음'이라는 뜻으로 흰 백(白)자가 포함된다.

오답분석
② 청렴결백의 청(淸)은 '맑을 청'으로, '푸를 청(靑)'과는 다르다.

13 정답 ③

마이동풍(馬耳東風)은 '말 귀에 봄바람'이라는 뜻으로 남의 말을 귀담아 듣지 않고 흘려버리는 것을 말한다. 제시된 두 단어 중 말은 마이동풍에 등장하는 동물이고, '서당 개 삼 년이면 풍월을 읊는다.'는 의미의 당구풍월(堂狗風月)에 등장하는 동물은 개이므로 괄호 안에 들어갈 단어는 '개'이다.

14 정답 ②

부채와 선풍기는 같은 기능을 가지고, 인두와 다리미도 같은 기능을 가진다.

15 정답 ④

'고매하다'는 '인격이나 품성, 학식, 재질 등이 높고 빼어나다.'라는 뜻이고, '고결하다'는 '성품이 고상하고 순결하다.'는 의미로 두 단어는 서로의 유의 관계이다. 그리고 '곱다'에는 '가루나 알갱이 따위가 아주 잘다.'라는 뜻이 있으며, 이는 '아주 곱고 촘촘하다.'는 의미의 '치밀하다'와 비슷한 말이다.

16 정답 ④

'만족'과 '흡족'은 모자란 것 없이 충분하고 넉넉함을 뜻하는 단어로 동의 관계이다. 따라서 요구되는 기준이나 양에 미치지 못해 충분하지 않음을 뜻하는 '부족'의 동의어로는 있어야 하는 것이 모자라거나 없음을 뜻하는 '결핍'이 적절하다.

오답분석
① 미미 : 보잘것없이 매우 작음
② 곤궁 : 가난하여 살림이 구차하고 딱함

③ 궁핍 : 몹시 가난함
⑤ 가난 : 살림살이가 부족함

17　정답　④

가로등의 원동력은 전기이고, 증기기관의 원동력은 수증기이다.

18　정답　②

높새바람과 하늬바람은 둘 다 바람의 일종으로 '바람'이라는 단어가 생략된 채 제시되었다. 여우비는 맑은 날 잠깐 내리는 비이며, 이슬비는 아주 가늘게 내리는 비를 뜻한다.

19　정답　④

'중요'는 '귀중하고 요긴함'의 뜻으로, '요긴'과 유의 관계이다.
• 특성 : 일정한 사물에만 있는 특수한 성질
④ 특질 : 특별한 기질이나 성질

오답분석

① 성질 : 사람이 지닌 마음의 본바탕
② 특별 : 보통과 구별되게 다름
③ 특이 : 보통 것이나 보통 상태에 비하여 두드러지게 다름
⑤ 특수 : 특별히 다른 것

20　정답　③

의사와 병원은 직업과 직장의 관계이다. 따라서 교사라는 직업의 직장은 학교가 적절하다.

21　정답　④

데스크탑 컴퓨터에 휴대성을 갖춘 것이 노트북이고, 집에 휴대성을 갖춘 것은 캠핑카이다.

22　정답　③

말은 마차를 끌고, 소는 쟁기를 끈다.

23　정답　⑤

우표는 우체국에서 취급하고, 곡식은 방앗간에서 취급한다.

24　정답　②

오페라는 모든 대사가 노래로 이루어져야 한다. 즉, 오페라는 악보를 기반으로 이루어지고, 건물은 설계도를 기반으로 지어진다.

25　정답　②

사이다에는 탄산이 함유되어 있고, 공기에는 산소가 함유되어 있다.

26　정답　④

'유지(維持)'는 '어떤 상태나 상황을 그대로 보존하거나 변함 없이 계속하여 지탱함'이라는 뜻이므로 '상당히 어렵게 보존 하거나 유지하여 나감'이라는 뜻인 '부지(扶持 / 扶支)'과 유의 관계이고, 나머지는 반의 관계이다.

오답분석

① • 황혼 : 해가 지고 어스름해질 때. 또는 그때의 어스름한 빛
　• 여명 : 희미하게 날이 밝아 오는 빛. 또는 그런 무렵
② • 유별 : 여느 것과 두드러지게 다름
　• 보통 : 특별하지 아니하고 흔히 볼 수 있음
③ • 낭설 : 터무니없는 헛소문
　• 진실 : 거짓이 없는 사실
⑤ • 서막 : 일의 시작이나 발단
　• 결말 : 어떤 일이 마무리되는 끝

27　정답　②

②는 '반의 관계'이며 나머지 단어는 '유의 관계'이다.
• 엄정(嚴正) : 엄격하고 바름
• 해이 : 긴장이나 규율 따위가 풀려 마음이 느슨함

28　정답　④

④는 '유의 관계'이며 나머지 단어는 '반의 관계'이다.
• 판이하다 : 비교 대상의 성질이나 모양, 상태 따위가 아주 다르다.
• 다르다 : 비교가 되는 두 대상이 서로 같지 아니하다.

오답분석

① 득의 : 일이 뜻대로 이루어져 만족해하거나 뽐냄
　실의 : 뜻이나 의욕을 잃음
② 엎어지다 : 서 있는 사람이나 물체 따위가 앞으로 넘어지다.
　자빠지다 : 뒤로 또는 옆으로 넘어지다.
③ 결렬 : 교섭이나 회의 따위에서 의견이 합쳐지지 않아 각각 갈라서게 됨
⑤ 고상(高尚) : 품위나 몸가짐이 속되지 아니하고 훌륭함
　저열 : 품격이 낮고 보잘것없는 특성이나 성질

29 정답 ②

오디는 뽕나무의 열매이고, 뽕잎은 뽕나무의 잎이다.

오답분석

①·③·④·⑤는 앞의 단어가 뒤의 단어의 재료가 된다. 즉, 재료와 가공품의 관계이다.
• 견사(絹絲) : 깁이나 비단을 짜는 명주실

30 정답 ①

'괄시(恝視)'는 '업신여겨 하찮게 대함'이고, '후대(厚待)'는 '아주 잘 대접함'으로 반의 관계이다.

오답분석

②·③·④·⑤ 유의 관계이다.

31 정답 ⑤

돈은 지갑 안에 들어있는 내용물이지, 지갑의 재료는 아니다.

오답분석

①·②·③·④ 재료 – 결과물의 관계이다.

32 정답 ②

오답분석

①·③·④·⑤ 반의 관계이다.

33 정답 ②

직업 – 도구 – 결과물의 관계이다. 대장장이는 망치나 가위 등으로 철이나 구리 같은 금속을 담금질하여 연장 또는 기구를 만드는 장인으로, 광물은 그 결과물이 아니다.

34 정답 ⑤

오답분석

①·②·③·④ 대등 관계이다.

35 정답 ①

오답분석

②·③·④·⑤ 목적어 – 서술어 관계이다.

36 정답 ③

오답분석

①·②·④·⑤ 제작자 – 제품 – 사용자이다.

37 정답 ①

오답분석

②·③·④·⑤ 서비스 공급자 – 서비스 수요자

38 정답 ②

② 목적어 – 서술어 관계이다.

오답분석

①·③·④·⑤ 주어 – 서술어 관계이다.

39 정답 ①

오답분석

②·③·④·⑤ 유의 관계이다.

40 정답 ②

태양을 기준으로 거리가 멀어지는 순서대로 나열한 것이다.

오답분석

①·③·④·⑤ 시간이 지남에 따라 발생하는 것을 나열한 것이다.

41 정답 ④

오답분석

①·②·③·⑤ 포함 관계이다.

42 정답 ③

잉크는 볼펜의 구성품이다.

오답분석

①·②·④·⑤ 고체는 고체, 액체는 액체, 기체는 기체끼리 단어가 연결되어 있다.

04 도형추리

01	02	03	04	05	06	07			
①	①	①	④	④	②	⑤			

01 정답 ①

규칙은 가로로 적용된다.
두 번째는 첫 번째 도형을 시계 반대 방향으로 120° 회전시킨 도형이다.
세 번째는 두 번째 도형을 시계 방향으로 60° 회전시킨 도형이다.

02 정답 ①

규칙은 세로로 적용된다.
두 번째는 첫 번째 도형을 시계 방향으로 90° 돌린 도형이다.
세 번째는 두 번째 도형을 좌우 반전시킨 도형이다.

03 정답 ①

규칙은 가로로 적용된다.
두 번째는 첫 번째 도형을 좌우 대칭하여 합친 도형이다.
세 번째 두 번째 도형을 시계 방향으로 90° 돌린 도형이다.

04 정답 ④

규칙은 가로로 적용된다.
첫 번째 도형의 색칠된 부분과 두 번째 도형의 색칠된 부분이 겹치는 부분을 색칠한 도형이 세 번째 도형이 된다.

05 정답 ④

규칙은 세로로 적용된다.
위쪽 도형과 가운데 도형의 색칠된 부분을 합치면 아래쪽 도형이 된다.

06 정답 ②

도형의 규칙은 행별로 적용된다.
첫 번째 도형과 세 번째 도형을 합쳤을 때 두 번째 도형이 되는데, 겹치는 칸이 모두 색칠되어 있거나 색칠되어 있지 않은 경우 그 칸의 색은 비워두고, 색칠된 칸과 색칠되지 않은 칸이 겹칠 경우 색칠하여 완성한다. 따라서 ?에는 ②가 와야 한다.

07 정답 ⑤

규칙은 가로로 적용된다.
오른쪽으로 한 칸씩 움직인다.

05 도식추리

01	02	03	04	05	06	07	08	09	10
①	④	⑤	①	①	④	⑤	④	①	②
11	12	13	14	15	16	17	18	19	20
③	⑤	②	③	④	⑤	④	①	③	③
21	22								
④	③								

01 정답 ①

• 규칙
▼ : 1234 → 4321
△ : −1, +1, −1, +1
● : 0, −1, 0, −1
□ : 1234 → 1324

ㅅㄴㄹㅁ → ㅁㄹㄴㅅ → ㅁㄴㄹㅅ
　　　　 ▼　　　　　　　 □

02 정답 ④

isog → irof → hsng
　　 ●　　　　△

03 정답 ⑤

wnfy → yfnw → yenv
　　 ▼　　　　●

04 정답 ①

ㅈㄹㅋㄷ → ㅈㅋㄹㄷ → ㅇㅌㄷㄹ
　　　　 □　　　　　△

05 정답 ①

• 규칙
● : 1234 → 4231
■ : 각 자릿수에 −1, −2, −3, −4
▲ : 각 자릿수에 +1, −2, +2, −1

GHKT → HFNP → PFNH
　　 ■　　　　●

06 정답 ④

5454   →   6273   →   3276
       ▲   ●

07 정답 ⑤

76ㄱI   →   84ㄷH   →   92ㅂD
       ▲   ■

08 정답 ④

• 규칙
■ : 1234 → 3412
◎ : 각 자릿수에 +1, +2, +3, +4
▲ : 각 자릿수에 −1, −2, −1, −2
◇ : 1234 → 4321

2Uㅓㅋ   →   ㅋㅓU2   →   ㅊㅏT0
         ◇   ▲

09 정답 ①

ㅂ5ㄴ6   →   ㄴ6ㅂ5   →   ㄷ8ㅈ9
       ■   ◎

10 정답 ②

4ㅜDH → 3ㅗCF → FCㅗ3 → GEㅠ7
      ▲   ◇   ◎

11 정답 ③

• 규칙
△ : 각 자릿수 +3, −2, +4, −1
☆ : 1234 → 2431
◎ : 각 자릿수 −1, +2, −3, −4
□ : 각 자릿수마다 +3
♡ : 1234 → 3124

ㄷM4G   →   4ㄷMG   →   7ㄱQF
       ♡   △

12 정답 ⑤

4Gㅕ5   →   3Iㅏ1   →   6Lㅕ4
       ◎   □

13 정답 ②

ㅛㅎㅁA   →   ㅎAㅁㅛ   →   ㅍCㄴㅑ
       ☆   ◎

14 정답 ③

• 규칙
○ : 각 자릿수 +1, −2, +1, −2
◈ : 각 자릿수마다 +2
▼ : 1234 → 2143
■ : 1234 → 3412

5ㅂ2ㅌ   →   ㅂ5ㅌ2   →   ㅅ3ㅍ0
       ▼   ○

15 정답 ④

LㅅEㅈ   →   NㅈGㅋ   →   GㅋNㅈ
       ◈   ■

16 정답 ⑤

ㄱBㄷV   →   ㄷVㄱB   →   ㄹTㄴZ
       ■   ○

17 정답 ④

• 규칙
□ : 1234 → 4231
△ : 각 자릿수 +1, −1, +1, −1
☆ : 각 자릿수 −1, −2, −3, −4
○ : 각 자릿수 +1, 0, 0, +1

LIKE   →   MIKF   →   FIKM
      ○   □

18 정답 ①

7288   →   8287   →   7053
      □   ☆

19 정답 ③

MJㅊㅍ   →   LHㅅㅈ   →   MHㅅㅊ
       ☆   ○

20 [정답] ③

- 규칙

  ♡ : 1234 → 3412

  △ : 1234 → 4321

  □ : 각 자릿수 +1, −1, +1, −1

  ㄱㅌWN → ㄴㅋXM → XMㄴㅋ
  　　　　　　 □ 　　　　　 ♡

21 [정답] ④

IUㄹㅅ → ㅅㄹUI → UIㅅㄹ
　　　　 △ 　　　　 ♡

22 [정답] ③

ㅎBㄱG → ㄱAㄴF → FㄴAㄱ
　　　　 □ 　　　　 △

06 독해추론

01	02	03	04	05	06				
⑤	④	②	③	②	⑤				

01 [정답] ⑤

케플러식 망원경은 상의 상하좌우가 뒤집힌 도립상을 보여주며, 갈릴레이식 망원경은 상의 상하좌우가 같은 정립상을 보여준다.

[오답분석]

① 최초의 망원경은 네덜란드의 안경 제작자인 한스 리퍼쉬(Hans Lippershey)에 의해 만들어졌지만, 이 최초의 망원경 발명에는 리퍼쉬의 아들이 발견한 렌즈 조합이 계기가 되었다.

② 갈릴레오는 초점거리가 긴 볼록렌즈를 망원경의 대물렌즈로 사용하고 초점 거리가 짧은 오목렌즈를 초점면 앞에 놓아 접안렌즈로 사용하였다.

③ 갈릴레오는 자신이 발명한 망원경으로 금성의 각크기가 변한다는 것을 관측함으로써 금성이 지구를 중심으로 공전하는 것이 아니라 태양을 중심으로 공전하고 있다는 것을 증명하였다.

④ 케플러식 망원경은 장초점의 볼록렌즈를 대물렌즈로 하고 단초점의 볼록렌즈를 초점면 뒤에 놓아 접안렌즈로 사용한 구조이다.

02 [정답] ④

제시문에서는 비타민D의 결핍으로 인해 발생하는 건강문제를 근거로 신체를 태양빛에 노출하여 건강을 유지해야 한다고 주장하고 있다. 따라서 태양빛에 노출되지 않고도 충분한 비타민D 생성이 가능하다는 근거가 있다면 지문에 대한 반박이 되므로 ④가 정답이 된다.

[오답분석]

① 태양빛에 노출될 경우 피부암 등의 질환이 발생하는 것은 사실이나, 이것이 비타민D의 결핍을 해결하는 또 다른 방법을 제시하거나 지문에서 주장하는 내용을 반박하고 있지는 않다.

② 비타민D는 칼슘과 인의 흡수 외에도 흉선에서 면역세포를 생산하는 작용에 관여하고 있다. 따라서 칼슘과 인의 주기적인 섭취만으로는 문제를 해결할 수 없으며, 지문에 대한 반박이 되지 못한다.

③ 제시문에서는 비타민D 보충제에 대해 언급하고 있지 않다. 따라서 비타민D 보충제가 태양빛 노출을 대체할 수 있을지 판단하기 어렵다.

⑤ 제시문에서는 자외선 차단제를 사용했을 때 중파장 자외선이 어떻게 작용하는지 언급하고 있지 않다. 또한 자외선 차단제를 사용한다는 사실이 태양빛에 노출되어야 한다는 지문의 주장을 반박한다고는 보기 어렵다.

PART 1 / 01 / 02 / 03

03 정답 ②

제시문에서는 제품의 굽혀진 곡률을 나타내는 R의 값이 작을수록 패널이 받는 폴딩 스트레스가 높아진다고 언급하고 있다. 따라서 1.4R의 곡률인 S전자의 인폴딩 폴더블 스마트폰은 H기업의 아웃폴딩 스마트폰보다 곡률이 작을 것이므로 폴딩 스트레스가 높다고 할 수 있다.

오답분석

① H기업은 아웃폴딩 패널을 사용하였다.
③ 동일한 인폴딩 패널이라고 해도 S전자의 R값이 작으며, R값의 차이에 따른 개발 난이도는 제시문에서 확인할 수 없다.
④ 인폴딩 패널은 아웃폴딩 패널보다 상대적으로 곡률이 작아 개발 난이도가 높다. 따라서 아웃폴딩 패널을 사용한 H기업의 폴더블 스마트폰의 R값이 인폴딩 패널을 사용한 A기업의 폴더블 스마트폰보다 작을 것이라고 보기엔 어렵다.
⑤ 제시문에서 여러 층으로 구성된 패널을 접었을 때 압축응력과 인장응력이 동시에 발생한다고는 언급하고 있으나 패널의 수가 스트레스와 연관된다는 사실은 확인할 수 없다. 따라서 S전자의 폴더블 스마트폰의 R값이 작은 이유라고는 판단하기 어렵다.

04 정답 ③

오골계는 살과 가죽, 뼈 등이 검은 것 외에도 일반 닭에 비해 발가락 수가 5개로 하나 더 많기 때문에 일반 닭과 큰 차이가 없다고 보기는 어렵다.

오답분석

① 검은색 털을 지닌 오계와 달리 오골계는 흰색이나 붉은 갈색의 털을 지니고 있어 털의 색으로도 구분이 가능하다.
② 손질된 오골계와 오계 고기는 살과 가죽, 뼈가 모두 검정이기 때문에 구분이 쉽지 않을 것이다.
④ 오계의 병아리는 일반 병아리와 달리 털이 검은색이며 발가락 수가 다르기 때문에 구분하기가 쉽다고 할 수 있다.
⑤ 오계는 야생성이 강하고 사육기간이 길어 기르는 것이 쉽지 않은 데다 동의보감에서 약효와 쓰임새가 기록되어 있는 것을 통해 식재보다는 약용으로 더 많이 쓰였을 것으로 짐작할 수 있다.

05 정답 ②

어떤 글에 대한 논리적인 반박은 그 글의 중심 주장이 성립할 수 없다는 것을 증명하는 것이다. 따라서 제시문의 주장이 성립할 수 없다는 근거를 제시해야 한다. 제시문의 중심 주장은 '아마란스를 쌀 대신 대량으로 재배해야 한다.'이고, ②는 아마란스를 쌀 대신 대량으로 재배할 수 없다는 근거가 되므로, 제시문에 대한 가장 논리적인 반박이라고 할 수 있다.

오답분석

① 마지막 문단에서 '백미 대신 동일한 양의 아마란스를 섭취하는 것은 ~ 체중 조절에 훨씬 유리하다.'라고 하였으므로, 아마란스를 과량으로 섭취했을 때 체중이 증가한다는 것은 논리적인 반박으로 볼 수 없다.
③ · ④ · ⑤ 제시문의 주장이 성립할 수 없다는 근거를 제시하지 않았으므로 논리적인 반박으로 볼 수 없다.

06 정답 ⑤

오답분석

① 처거제는 '장가가다'와 일맥상통한다.
② 두 번째 문장을 통해 확인할 수 있다.
③ 마지막 문장을 통해 확인할 수 있다.
④ 제시문을 통해서는 알 수 없다.

직무상식 정답 및 해설

01	02	03	04	05	06	07	08	09	10
④	①	①	④	②	⑤	⑤	③	①	②
11	12	13	14	15	16	17	18	19	20
①	①	③	③	③	③	①	①	②	③
21	22	23	24	25	26	27	28	29	30
②	①	④	⑤	④	③	①	⑤	①	①
31	32								
③	②								

01　정답　④

외과적 무균법
- 고압증기로 소독한 멸균포의 유효기간은 1 ∼ 2주이다.
- 외과적 손 씻기에서는 손 끝을 위로하여 씻는다.
- 구멍난 장갑은 사용하지 못한다.
- 소독간호사와 순환간호사의 옷이 닿지 않게 한다.
- 멸균통 뚜껑이 아래로 하여 든다.

오답분석
① 물품의 멸균성에 의심이 가면 그 물품은 오염되었다고 간주한다.
② 손 소독을 했어도 장갑이 찢어지면 안전을 위협한다.
③ 소독간호사의 팔이 순환간호사의 옷에 닿으면 오염되었다고 간주한다.
⑤ 멸균된 통의 뚜껑을 열 때는 뚜껑의 안쪽이 아래를 향하도록 들거나 뚜껑을 완전히 뒤집어서 옆에 내려놓는다.

02　정답　①

아트로핀의 효능
- 항콜린성 약물, 부교감 신경 차단제로 산동과 조절 마비
- 기관지 분비물 억제

03　정답　①

오답분석
㉣ 똑바로 누운 자세에서는 손목은 신전시키고 손가락은 모양이 자연스럽게 구부러지도록 적당한 크기의 핸드롤을 손에 쥐어 준다.

04　정답　④

계단 목발보행
- 오르기 : 양쪽 목발을 한 손으로 잡고 다른 한 손은 계단 난간을 잡고 상체를 밀어올려 계단 위로 올라간다. 계단 오를 때 정상 하지를 다음 계단에 먼저 올린다.
- 내려오기 : 양쪽 목발을 한 손에 잡고 다른 한 손은 계단 난간을 잡고 먼저 목발을 한 계단 내려놓고 상체를 내린다. 또 계단 내려갈 때 약한 하지를 먼저 내린다.
- 목발로 걸을 때는 앞 6 ∼ 10inch, 옆 4 ∼ 6inch의 적당한 위치에 둔다.
- 겨드랑이에서 손가락 2 ∼ 3마디 정도 거리를 둔다(상완신경층 손상 예방).
- 대상자를 도와줄 때는 다친부위에서 서서 도와준다.
- 팔꿈치는 20 ∼ 30° 구부려 준다.

05　정답　②

자연주기법에 의한 피임
- 기초체온법 : 이른 아침 4 ∼ 6시 사이 안정된 상태에서의 체온을 기준으로 월경 시작부터 배란이 일어나기까지는 체온이 저온상태로 유지, 배란기 무렵에 약 0.3℃ 정도 하락했다가 약 3일이 지나면 상승하여 월경 전까지 고온기를 유지하는 것을 이용하는 피임방법이다.
- 배란법(Ovulation Method) : 자궁경부에서 만들어지는 점액양과 그것이 어떻게 느껴지는가의 변화에 기초하여 배란 여부를 판명하는 방법이다. 이 방법은 질입구의 점액과 이의 변화를 정기적으로 측정해야 한다.
- 증상체온법(Symptothermal Method) : 기초체온법과 배란법의 혼합형이며 점액의 변화와 체온변화의 측정 이외에 배란을 시사하는 다른 현상을 관찰해야 한다. 즉, 유방의 압통, 복통, 질의 점상 출혈, 자궁의 위치와 경도의 변화 등을 관찰해야 한다.

06 정답 ⑤

임신성 당뇨병의 식이요법
- 임신 후반기이므로 하루 에너지 섭취량은 350kcal를 추가한 2,350kcal로 처방한다.
- 식사 구성은 3대 영양소 당질 40~50%, 단백질 20~30%, 지방 30~40% 비율로 배분을 하며, 식사 배분은 아침 식사의 경우 전체 열량의 10%, 점심은 20~30%, 저녁은 30~40%, 간식은 30%의 비율이 권장된다.
- 혈당 조절과 저혈당증세, 케톤증을 예방하기 위해 3끼의 식사와 3번의 간식으로 식품 섭취 빈도를 자주 하는 것이 좋다.
- 가장 중요한 점은 음식을 골고루 섭취하는 것이다(곡류는 복합당질 이용).
- 기름기가 적은 양질의 단백질을 섭취하게 한다.
- 섬유질은 다양한 식품에서 하루 20~35g 정도를 섭취하도록 한다. 이는 섬유질이 당질의 흡수 속도를 지연시켜 주며 만복감을 줄 수 있는 이점이 있기 때문이다.
- 정상보다 몸무게가 많이 나가는 임부라도 불충분한 탄수화물을 섭취하는 당뇨병 임부는 EH 산성증과 케톤혈증의 위험이 있어 체중저하를 추천하지 않는다.

07 정답 ⑤

출산 직후 1kg 정도 되는 자궁은 출산 6주 정도가 지나면 60~70g으로 줄어든다.

[오답분석]
① 유즙은 선세포에서 분비되며, 선조직의 양과 관계된다.
④ 비수유부는 평균 7~9주경에 시작되며 1년 이내에 90% 정도의 비수유부가 월경을 경험한다.

08 정답 ③

분만 시 가장 흔한 태위는 LOA이다.
- LOA : 좌전방후두위[태위], Left Occipitoanterior(position of the fetus)의 약자

[오답분석]
① LOP : 좌후방후두위[태위], Left Occipitoposterior의 약자
④ LMP : 좌악후위[태위], Left Mentoposterior(position of the fetus)의 약자
⑤ LMA : 좌악전위[태위], Left Mentoanterior(position of the fetus)의 약자

09 정답 ①

소아의 당뇨병과 성인의 당뇨병의 차이점
- 성인은 비만형으로 식이요법 중심으로 치료한다.
- 소아는 약년형으로 인슐린 주사를 중심으로 치료한다.

10 정답 ②

자율성의 원리
- 개인 스스로 선택한 계획에 따라 행동 과정을 결정하는 자유를 의미한다.
- 다만 아동환자는 자율성의 원리를 실천하는 데 제약이 있다.

11 정답 ①

생후 1주일 된 신생아가 자주 놀라는 것은 신생아의 정상적인 신경반사이다. 모로(Moro)반사, 긴장성 경반사, 파악반사 등이 있다.

12 정답 ①

- 편도선 수술 후 출혈 여부 확인 : 잦은 연하반응, 안절부절못함, 빈맥, 창백함, 차고 축축한 피부 등
- 편도선절제술 후 간호중재
  - 엎드려 눕히거나 옆으로 눕힘(측위, 복위) → 분비물 배액 촉진, 흡인 방지
  - 침상 안정, 휴식
  - 기침 금지 : 수술 부위 자극
  - 분비물과 구토물 관찰 : 출혈여부 확인 위해
  - 인후통 : 차가운 얼음 목도리나 진통제 투여(직장, 비경구)
  - 아스피린 투여금지 : 출혈 위험

13 정답 ③

대장균이 음식물에 오염되었다는 것은 음식물에 분변오염이 있다는 증거이다. 즉, 대장균이 분변오염의 지표가 되기 때문이다.

14 정답 ③

지역사회에서 건강의 의미는 건강과 질병은 따로 떨어져 있는 것이 아니라 연속선상에 있는 개념으로 파악하였다.

15 정답 ③

세계보건기구의 알마타 선언
- 1978년 소련의 Almata에서 일차보건의료에 대한 국제회의를 개최하고 ALMATA 선언을 하였다.
- 'Health for all by the year 2000'이라는 슬로건을 내걸고 일차보건의료에 대한 개념을 발표하였다.
- 우리나라는 국가전략으로 "농어촌 보건의료를 위한 특별조치법"을 제정하고 1981년 구체적인 행동 계획인 일차보건의료를 위한 국가전략으로 보건진료원제도를 제출하였다.

16 정답 ③

모유수유로 얻는 면역은 자동피(수)동 면역이다. 자동피(수)동 면역은 모유수유를 통해 면역글로불린이 생성되는 것이며 인공수동 면역은 면역글로불린을 투여받거나 항독소를 투여받은 경우 생성된다.

17 정답 ①

오답분석
ㄹ 위협적인 상황에 대하여 장시간 구체적으로 대화하는 것은 대상자의 불안을 더욱 증가시킬 우려가 있다.

18 정답 ①

잠복기
- 잠복기는 6세에서 12 ~ 13세까지로 리비도의 신체적 부위는 특별히 한정된 데가 없고 성적인 힘도 잠재된 시기이다.
- 이 시기에는 오이디푸스 콤플렉스를 극복하고 난 후의 평온한 때로 성적 욕구가 철저히 억압되어 비교적 자유롭지만 그 감정은 무의식 속에 계속 존재한다.
- 원초아는 약해지고 자아와 초자아는 강력해지며 성격에서 이루어지는 주요한 발달은 초자아의 기능이다.
- 리비도의 지향 대상은 친구 특히 동성의 친구로 향하고 동일시 대상도 주로 친구가 된다. 잠복기 아동의 에너지는 지적인 활동, 운동, 친구와의 우정 등에 집중된다.
- 잠복기에 고착되면 성인이 되어서도 이성에 대한 정상적인 친밀감을 갖지 못하고 이성과의 관계를 회피하거나 정서적 감정 없이 단지 공격적인 방식으로 성적 행동을 한다.

19 정답 ②

전환장애의 증상이다. 이 변은 마음이 문제이므로 환자의 신체적 기능장애에 지나친 관심을 두지 말고 사무적인 태도로 대하는 것이 현실적인 간호접근이다.

20 정답 ③

성도착증 대상자의 간호
- 개방적이고 정직하며 객관적으로 대한다.
- 환자를 하나의 인간으로서 받아들여야 하며, 대상자를 있는 그대로 수용한다.
- 간호사는 환자와 공감할 수 있어야 하며, 비지시적이고 비판단적으로 대한다.
- 간호사는 전이와 역전이 현상을 이해할 수 있어야 하며, 과잉반응이나 과소반응을 보이지 않아야 한다.

21 정답 ②

대량의 응급 혹은 재해와 같은 위기상황 발생시에는 각자에게 업무를 분담시켜 업무를 손쉽고 빠르게 수행할 수 있는 것으로 기능적 관리방법이 효과적이다.

오답분석
③ 팀 간호 : 간호의 질을 높이기 위하여 팀을 조직하여 운영하는 간호 체계
④ 일차간호 : 환자가 입원해서 퇴원할 때까지 24시간 간호를 계획하고 수행하며 평가할 수 있도록 간호를 분담하는 방법
⑤ 사례관리법 : 최적의 기간 내에 기대하는 결과에 도달할 수 있도록 환자에게 제공하는 간호

22 정답 ①

간호윤리강령 전문 중 '인류 건강과 사회복지를 지향하고, 간호사업의 발전을 도모하며, 아울러 간호사의 권익과 전문인으로서의 도덕적 의무를 실현하기 위하여 대한간호협회는 이 윤리강령을 제정한다.'라는 내용이 있다.

23 정답 ④

환자에 대한 비밀을 누설할 수 있는 예외조항
- 본인의 동의가 있는 경우
- 법령에 의해 요구되는 경우 : 감염병 신고
- 정당한 업무행위 : 직장에서 집단 검진 결과 결핵 환자 발견 시 회사에 보고 등

24 정답 ⑤

수도원의 청빈 노력과 복종을 추구하는 생활신조는 수도자들의 생활이 점차 제도화되면서 중세에 수도원의 전성기를 이루었다.

25 정답 ④

총체적 간호접근법에서 질병과 건강에 대한 일차적인 책임자는 환자이다.

26 정답 ③

체액량이 감소하는 경우 신체의 조절반응

- 심한 탈수나 출혈시 체내의 시상하부에 있는 갈증중추의 활동증가로 갈증을 느끼게 되어 수분을 섭취하게 되며, 뇌하수체 후엽에서는 항이뇨호르몬(ADH)이 분비되므로 신장의 원위 세뇨관과 집합관에서 수분의 재흡수가 증가된다.
- 레닌(Renin)이 분비되어 안지오텐신(Angiotensin) 1을 2로 전환시켜 혈관을 수축시키고, Aldosterone에 의해 신장의 원위 세뇨관에서 Na^+ 재흡수가 증가되므로 체액량이 보충된다.
- 체액량이 감소되므로 혈액량이 감소되고 심박출량도 감소된다.

27 정답 ①

- 굴곡 : 앞을 똑바로 보는 자세에서 턱을 가슴 쪽으로 당긴다.
- 신전 : 머리를 다시 똑바로 든다.
- 과신전 : 목을 가능한 뒤로 젖힌다.
- 측면굴곡 : 머리 양측을 손으로 지지하여 귀가 어깨에 닿도록 옆으로 기울인다.
- 회전 : 머리 양측을 손으로 지지하여 머리를 좌우로 돌린다.

28 정답 ⑤

침상목욕의 목적

- 불쾌한 몸 냄새를 없애기 위해서
- 신체 표면에 묻어 있는 단기균·신체분비물과 배설물·죽은 피부세포를 제거하기 위해서
- 피부의 순환을 촉진하기 위해서
- 이완과 편안감을 주기 위해서
- 촉각을 자극하기 위해서

29 정답 ①

면허 취소와 재교부(의료법 제65조 제1항)

보건복지부장관은 의료인이 다음의 어느 하나에 해당할 때에는 그 면허를 취소할 수 있다. 다만, 법령이 정하는 결격사유에 해당하게 된 경우에는 면허를 취소하여야 한다.

- 자격 정지 처분 기간 중에 의료행위를 하거나 3회 이상 자격 정지 처분을 받은 경우
- 조건부 면허를 받은 자가 면허 조건을 이행하지 아니한 경우
- 면허를 대여한 경우
- 사람의 생명 또는 신체에 중대한 위해를 발생하게 한 경우

30 정답 ①

담배에 관한 경고문구 등 표시(국민건강증진법 제9조의2)

담배사업법에 따른 담배의 제조자 또는 수입판매업자(이하 "제조자 등"이라 한다)는 담뱃갑포장지 앞면·뒷면·옆면 및 대통령령으로 정하는 광고(판매촉진 활동을 포함한다)에 다음의 내용을 인쇄하여 표기하여야 한다. 다만, 흡연의 폐해를 나타내는 내용의 경고그림(사진을 포함한다)은 담뱃갑포장지에 한정하되 앞면과 뒷면에 하여야 한다.

- 흡연이 폐암 등 질병의 원인이 될 수 있다는 내용 및 다른 사람의 건강을 위협할 수 있다는 내용의 경고문구
- 타르 흡입량은 흡연자의 흡연습관에 따라 다르다는 내용의 경고문구
- 담배에 포함된 다음의 발암성물질
  - 나프틸아민
  - 니켈
  - 벤젠
  - 비닐 크로라이드
  - 비소
  - 카드뮴
- 보건복지부령으로 정하는 금연상담전화의 전화번호

31 정답 ③

혈액관리업무(혈액관리법 제6조 제1항)

혈액관리업무는 다음의 어느 하나에 해당하는 자만이 할 수 있다. 다만, 혈액제제 제조업자는 혈액관리업무 중 채혈을 할 수 없다.

- 의료법에 따른 의료기관
- 대한적십자사
- 혈액제제 제조업자

32 정답 ②

의료인(간호사 제외)이면 의료기관을 개설할 수 있는 것이지, 개설 의무가 있는 것은 아니다.

최종점검 모의고사 정답 및 해설

01 수리논리

01	02	03	04	05	06	07	08	09	10	11	12	13	14	15	16	17	18	19	20
②	④	①	③	③	③	②	⑤	⑤	⑤	⑤	②	④	③	②	②	①	③	②	①

01 정답 ②

증발하기 전 농도가 20%인 소금물의 양을 xg이라고 하자. 이 소금물의 소금의 양은 $0.2x$g이고, 20% 증발했으므로 증발한 후의 소금물의 양은 $0.8x$g이다. 또한 농도가 10%인 소금물의 소금의 양은 $200 \times 0.1 = 20$g이다.

$$\frac{0.2x+20}{0.8x+200}=0.2 \rightarrow 0.2x+20=0.2 \times (0.8x+200) \rightarrow 0.2x+20=0.16x+40 \rightarrow 0.04x=20 \rightarrow x=500$$

증발 전 소금물의 양은 500g이고 소금의 양은 $500 \times 0.2 = 100$g이다. 따라서 여기에 소금 20g과 물 80g을 섞으면

$$\frac{100+20}{500+100} \times 100 = \frac{120}{600} \times 100 = 20\%이다.$$

02 정답 ④

민호가 이동한 시간을 x초, 수지가 이동한 시간을 $(x-180)$초라고 하면
$3x+2(x-180)=900 \rightarrow x=252$
∴ 4분 12초

03 정답 ①

- 주말 입장료 : $11,000+15,000+20,000 \times 2 + 20,000 \times \frac{1}{2} = 76,000$원

- 주중 입장료 : $10,000+13,000+18,000 \times 2 + 18,000 \times \frac{1}{2} = 68,000$원

따라서 요금 차이는 $76,000-68,000=8,000$원이다.

04 정답 ③

사업 대상 전체 기록물 중 전부공개로 재분류된 기록물의 비율은 $\frac{269,599}{6,891,460} \times 100 \fallingdotseq 3.9\%$이고, 30년 경과 비공개기록물 중 전부공개로 재분류된 기록물의 비율은 $\frac{199,517}{6,228,952} \times 100 \fallingdotseq 3.2\%$이다.

오답분석

① 사업 대상 전체 기록물 중 비공개로 분류된 자료는 $\frac{630,358}{6,891,460} \times 100 \fallingdotseq 9\%$로 10% 미만이다.

② 30년 미경과 비공개기록물 중 전부공개로 재분류된 기록물은 70,082건이고, 30년 경과 비공개기록물 중 '개인 사생활 침해' 사유에 해당하여 비공개로 재분류된 기록물의 건수는 99,645건이다.

④ 제시된 자료를 통해 알 수 있다.

⑤ '국민의 생명 등 공익침해'에 해당하는 건수는 11,952건이고, '개인 사생활 침해'에 해당하는 건수는 99,645건으로 이 항목의 합은 11,952+99,645=111,597건이다. 이는 전체의 $\frac{111,597}{6,891,460} \times 100 ≒ 1.6\%$로 3% 이하이다.

05 정답 ③

• 2020년 전년 대비 감소율 : $\frac{23-24}{24} \times 100 ≒ -4.17\%$

• 2021년 전년 대비 감소율 : $\frac{22-23}{23} \times 100 ≒ -4.35\%$

따라서 2021년이 2020년보다 더 큰 비율로 감소하였다.

오답분석

① 2022년 총지출을 a억 원이라고 가정하면, $a \times 0.06 = 21$억 원 $\rightarrow a = \frac{21}{0.06} = 350$, 총지출은 350억 원이므로 320억 원 이상이다.

② 2019년 경제 분야 투자규모의 전년 대비 증가율은 $\frac{24-20}{20} \times 100 = 20\%$이다.

④ 2018 ~ 2022년 동안 경제 분야에 투자한 금액은 20+24+23+22+21=110억 원이다.

⑤ 2019 ~ 2022년 동안 경제 분야 투자규모의 전년 대비 증감추이는 '증가 – 감소 – 감소 – 감소'이고, 총지출 대비 경제 분야 투자규모 비중의 경우 '증가 – 증가 – 감소 – 감소'이다.

06 정답 ③

2017년부터 공정자산총액과 부채총액의 차를 순서대로 나열하면 952, 1,067, 1,383, 1,127, 1,864, 1,908억 원이다.

오답분석

① 2020년에는 자본총액이 전년 대비 감소했다.

② 직전 해에 비해 당기순이익이 가장 많이 증가한 해는 2021년이다.

④ 총액 규모가 가장 큰 것은 공정자산총액이다.

⑤ 2017 ~ 2020년의 자본총액 중 자본금의 비율을 구하면 다음과 같다.

• 2017년 : $\frac{464}{952} \times 100 ≒ 48.7\%$ • 2018년 : $\frac{481}{1,067} \times 100 ≒ 45.1\%$

• 2019년 : $\frac{660}{1,383} \times 100 ≒ 47.7\%$ • 2020년 : $\frac{700}{1,127} \times 100 ≒ 62.1\%$

따라서 2018년에는 자본금의 비중이 감소했다.

07 정답 ②

뉴질랜드 무역수지는 8월에서 10월까지 증가했다가 11월에 감소한 후 12월에 다시 증가했다.

오답분석

① 한국의 무역수지가 전월 대비 증가한 달은 9월, 10월, 11월이며 증가량이 가장 많았던 달은 45,300-41,983=3,326백만 USD인 11월이다.

③ 그리스의 12월 무역수지는 2,426백만 USD이며 11월 무역수지는 2,409백만 USD이므로, 12월 무역수지의 전월 대비 증가율은 $\frac{2,426-2,409}{2,409} \times 100 ≒ 0.7\%$이다.

④ 10월부터 12월 사이 한국의 무역수지는 '증가 → 감소'의 추이이다. 이와 같은 양상을 보이는 나라는 독일과 미국으로 2개국이다.

⑤ 그리스(2,490 → 2,426), 독일(106,308 → 102,742), 미국(125,208 → 123,557)

08 정답 ⑤

ㄷ. 2018년 대비 2022년 청소년 비만율의 증가율은 $\frac{26.1-18}{18}\times100=45\%$이다.

ㄹ. 2022년과 2020년의 비만율 차이를 구하면 다음과 같다.
- 유아 : $10.2-5.8=4.4\%p$
- 어린이 : $19.7-14.5=5.2\%p$
- 청소년 : $26.1-21.5=4.6\%p$

따라서 2022년과 2020년의 비만율 차이가 가장 큰 아동은 어린이임을 알 수 있다.

[오답분석]

ㄱ. 유아의 비만율은 전년 대비 감소하고 있고, 어린이와 청소년의 비만율은 전년 대비 증가하고 있다.

ㄴ. 2019년 이후의 어린이 비만율은 유아보다 크고 청소년보다 작지만, 2018년 어린이 비만율은 9.8%로, 유아 비만율인 11%와 청소년 비만율인 18%보다 작다.

09 정답 ⑤

ㄱ. 2021년 어린이보호구역 지정대상은 전년 대비 감소한 것을 알 수 있다.

ㄷ. 2021년 어린이보호구역으로 지정된 구역 중 학원이 차지하는 비중은 $\frac{36}{16,355}\times100≒0.22\%$이며, 2020년에는 $\frac{56}{16,085}\times100≒0.35\%$이므로 2021년도는 전년 대비 감소한 것을 알 수 있다.

[풀이 꿀팁]

분모인 어린이보호구역 지정 구역은 증가하였고, 분자인 학원 수는 감소하였다가 증가하였으므로 매년 증가하지 않았다.

ㄹ. 2016년 어린이보호구역으로 지정된 구역 중 초등학교가 차지하는 비중은 $\frac{5,917}{14,921}\times100≒39.7\%$이므로 적절하지 않은 설명이며, 나머지 해에도 모두 40% 이하의 비중을 차지한다.

[오답분석]

ㄴ. 2017년 어린이보호구역 지정대상 중 어린이보호구역으로 지정된 구역의 비율은 $\frac{15,136}{18,706}\times100≒80.9\%$이므로 적절한 설명이다.

10 정답 ⑤

ㄴ. 보험금 지급 부문에서 지원된 금융 구조조정 자금 중 저축은행이 지원받은 금액의 비중은 $\frac{72,892}{303,125}\times100≒24.0\%$로 20%를 초과한다.

ㄷ. 제2금융에서 지원받은 금융 구조조정 자금 중 보험금 지급 부문으로 지원받은 금액이 차지하는 비중은 $\frac{182,718}{217,080}\times100≒84.2\%$로, 80% 이상이다.

ㄹ. 부실자산 매입 부문에서 지원된 금융 구조조정 자금 중 은행이 지급받은 금액의 비중은 $\frac{81,064}{105,798}\times100≒76.6\%$로, 보험사가 지급받은 금액의 비중의 20배인 $\frac{3,495}{105,798}\times100\times20≒66.1\%$ 이상이다.

[풀이 꿀팁]

비교할 비중의 분모는 같으므로 분자만으로 계산한다. $81,064>3,495\times20$

[오답분석]

ㄱ. 출자 부문에서 은행이 지원받은 금융 구조조정 자금은 222,039억 원으로, 증권사가 지원받은 금융 구조조정 자금의 3배인 $99,769\times3=299,307$억 원보다 작다.

11 정답 ⑤

생산이 증가한 해에는 수출과 내수 모두 증가했다.

오답분석
① 표에서 ▽는 감소수치를 나타내고 있으므로 적절한 판단이다.
② 내수가 가장 큰 폭으로 증가한 해는 2020년으로 생산과 수출 모두 감소했다.
③ 수출이 증가한 해는 2018, 2021, 2022년으로 내수와 생산 모두 증가했다.
④ 2020년이 이에 해당한다.

12 정답 ②

제주공항 화물은 김해공항 화물의 $\frac{23,245}{14,469} ≒ 1.6$배이다.

오답분석
① 제주공항, 대구공항은 도착 여객보다 출발 여객의 수가 많다.
③ $\frac{31,721}{70,699} \times 100 ≒ 44.9\%$
④ 도착편이 두 번째로 많은 공항은 제주공항이다. 그러나 도착 화물이 두 번째로 많은 공항은 김포공항이다.
⑤ 김해공항 운항은 9,094편, 제주공항 운항은 14,591편이다. 김해공항 운항과 제주공항 운항의 값을 합하면 9,094+14,591= 23,685이므로, 김포공항 화물의 값인 23,100보다 크다.

13 정답 ④

20대의 실업자 수가 30대의 실업자 수보다 약 2배 많지만, 실업률의 차이가 2배 이상인 것은 20대의 경제활동인구가 더 적기 때문이다.

오답분석
① 연령별 실업률은 40대까지 감소하다가 50대에서 다시 증가하고, 60세 이상에서 다시 감소한다. 따라서 적절하지 않은 설명이다.
② 30대 경제활동인구는 6,415천 명이고, 50대 경제활동인구는 3,441천 명이므로 6,415<3,441×2=6,882이다. 따라서 2배 미만이다.
③ 연령별 취업자 수와 실업자 수의 증감 추이는 다음과 같다.
  • 취업자 수 : 증가 – 증가 – 증가 – 감소 – 감소
  • 실업자 수 : 증가 – 감소 – 감소 – 감소 – 감소
  따라서 연령별 취업자 수와 실업자 수의 증감 추이는 동일하지 않다.
⑤ 60세 이상의 경제활동참가율은 $\frac{2,383}{6,110} \times 100 ≒ 39.0\%$이므로 40% 미만이다.

14 정답 ③

경제활동인구가 가장 많은 연령대는 30대(6,415천 명)이고, 30대의 실업률은 2.6%이다. 비경제활동인구가 가장 적은 연령대는 50대(1,462천 명)이고, 50대의 실업률은 2.0%이다. 따라서 30대의 실업률과 50대의 실업률 차이는 2.6−2.0=0.6%p이다.

15 정답 ②

조사 기간 동안 한 번도 0%를 기록하지 못한 곳은 '강원, 경남, 대전, 부산, 울산, 충남' 6곳이다.

오답분석

① 광주가 7.37%로 가장 적다.
③ 2020년부터 전년 대비 유출된 예산 비중이 지속적으로 상승하고 있다.
④ 조사 기간 동안 가장 높은 예산 비중을 기록한 지역은 2020년 수도권으로 비중은 23.71%이다.
⑤ 강원은 2022년에 2021년 대비 5.73%p로 가장 큰 폭으로 증가하였다.

16 정답 ②

㉠ 대전은 2020, 2021, 2022년에 유출된 예산 비중이 전년 대비 감소하였다.
㉣ 2018년 강원의 유출된 예산 비중은 21.9%로 다른 모든 지역의 비중의 합인 18.11%p보다 높다.

오답분석

㉡ 지역별로 유출된 예산 비중의 총합이 가장 높은 연도는 2020년이다.
㉢ 2020년에 전년 대비 유출된 예산 비중이 1%p 이상 오르지 못한 곳은 경남, 광주, 대전 총 3곳이다.

17 정답 ①

ㄱ. 2022년 서울의 단독 멸실 수는 전년 서울의 단독 멸실 수에서 5% 증가한 8,559보다 작다.
ㄴ. 2020년에 아파트 멸실 수가 네 번째로 많았던 지역은 대구이지만 2022년에도 아파트 멸실 수가 네 번째로 많은 지역은 부산이다.
ㄷ. 2021년 서울의 연립 멸실 수는 경기의 연립 밀실 수의 4배인 1,872보다 작다.

오답분석

ㄹ. 전국의 단독 멸실 수와 충남의 단독 멸실 수는 2021년 전년 대비 증가하고, 2022년 전년 대비 감소하여 증감 추이가 동일하다.

18 정답 ③

멸실된 연립 주택의 경우, 2020년에는 1,000호 이상 멸실된 지역은 없었으며, 2022년에는 서울 1곳이었다.

오답분석

① 2020년부터 2022년까지 전국의 아파트 멸실 주택 수는 계속하여 증가하였다.
② 단독 주택의 멸실 주택은 서울의 경우, 2022년에 2020년 대비 약 18% 증가하였으며, 대전의 경우 2분의 1인 888.5 이하로 감소하였다.
④ 2022년에 멸실된 아파트가 없는 지역은 총 7곳이다.
⑤ 2022년에 멸실된 연립 주택이 전년 대비 6% 감소한 것으로 나타났다.

19 정답 ②

남녀 국회의원의 여야별 SNS 이용자 구성비 중 여자의 경우 여당이 $(22 \div 38) \times 100 ≒ 57.9\%$이고, 야당은 $(16 \div 38) \times 100 ≒ 42.1\%$이므로 잘못된 그래프이다.

오답분석

① 국회의원의 여야별 SNS 이용자 수는 각각 145명, 85명이다.
③ 야당 국회의원의 당선 횟수별 SNS 이용자 구성비는 85명 중 초선 36명, 2선 28명, 3선 14명, 4선 이상 7명이므로 각각 계산해 보면 42.4%, 32.9%, 16.5%, 8.2%이다.
④ 2선 이상 국회의원의 정당별 SNS 이용자는 A당 63명, B당 44명, C당 5명이다.
⑤ 여당 국회의원의 당선 유형별 SNS 이용자 구성비는 145명 중 지역구가 126명이고, 비례대표가 19명이므로 각각 86.9%와 13.1%이다.

20 정답 ①

1. 규칙 파악

- A물고기 알의 부화 수

$$2 \quad\to\quad 4 \quad\to\quad 10 \quad\to\quad 28 \quad\to\quad 82$$
$$\quad\quad\times3-2 \quad\quad \times3-2 \quad\quad \times3-2 \quad\quad \times3-2$$

∴ A물고기 알의 부화 수는 바로 앞 항 ×3−2의 규칙을 가진 수열이다.

- B물고기 알의 부화 수

$$1 \quad\to\quad 3 \quad\to\quad 7 \quad\to\quad 15 \quad\to\quad 31$$
$$\quad\quad\times2+1 \quad\quad \times2+1 \quad\quad \times2+1 \quad\quad \times2+1$$

∴ A물고기 알의 부화 수는 바로 앞 항 ×2+1의 규칙을 가진 수열이다.

2. 계산

- A물고기 알의 부화 수

5번째 주		6번째 주		7번째 주		8번째 주		9번째 주
82	→	244	→	730	→	2,188	→	6,562

$$\quad\quad\times3-2 \quad\quad \times3-2 \quad\quad \times3-2 \quad\quad \times3-2$$

- B물고기 알의 부화 수

5번째 주		6번째 주		7번째 주		8번째 주		9번째 주
31	→	63	→	127	→	255	→	511

$$\quad\quad\times2+1 \quad\quad \times2+1 \quad\quad \times2+1 \quad\quad \times2+1$$

02 추리

01	02	03	04	05	06	07	08	09	10	11	12	13	14	15	16	17	18	19	20
④	④	④	①	④	⑤	③	①	③	⑤	①	①	④	④	①	③	④	②	④	⑤
21	22	23	24	25	26	27	28	29	30										
④	③	④	④	①	④	⑤	③	③	②										

01 정답 ④

비가 옴=p, 한강 물이 불어남=q, 보트를 탐=r, 자전거를 탐=s 라고 하면, 각 명제는 순서대로 $p \to q$, $\sim p \to \sim r$, $\sim s \to q$이다. 앞의 두 명제를 연결하면 $r \to p \to q$이고, 결론이 $\sim s \to q$가 되기 위해서는 $\sim s \to r$이라는 명제가 추가로 필요하다. 따라서 빈칸에 들어갈 명제는 ④이다.

02 정답 ④

'에어컨을 과도하게 쓰다.'를 A, '프레온 가스가 나온다.'를 B, '오존층이 파괴된다.'를 C, '지구 온난화가 진행된다.'를 D로 놓고 보면 첫 번째 명제는 $\sim C \to \sim B$, 세 번째 명제는 $\sim D \to C$, 네 번째 명제는 $\sim D \to A$이므로 네 번째 명제가 도출되기 위해서는 빈칸에 $\sim B \to \sim A$가 필요하다. 따라서 그 대우 명제인 ④가 빈칸에 들어가야 한다.

03 정답 ④

'환경정화 봉사활동에 참여하는 사람'을 A, '재난복구 봉사활동에 참여하는 사람'을 B, '유기동물 봉사활동에 참여하는 사람'을 C라고 하면, 전제1과 결론을 다음과 같은 벤다이어그램으로 나타낼 수 있다.

1) 전제1

2) 결론

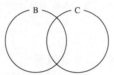

결론이 참이 되기 위해서는 B와 공통되는 부분의 A와 C가 연결되어야 한다. 즉, 다음과 같은 벤다이어그램이 성립할 때 결론이 참이 될 수 있으므로 전제2에 들어갈 명제는 '환경정화 봉사활동에 참여하는 어떤 사람은 유기동물 봉사활동에 참여한다.'의 ④이다.

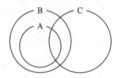

04 정답 ①

연쇄 삼단논법이다. 어떤 ♣ → 산을 좋아함 → 여행 → 자유

05 정답 ④

서울 대표를 기준으로 하여 시계 방향으로 '서울 – 대구 – 춘천 – 경인 – 부산 – 광주 – 대전 – 속초' 순서로 앉아 있다. 따라서 경인 대표의 맞은편에 앉은 사람은 속초 대표이다.

오답분석

원탁에서 오른쪽은 시계 반대 방향을 말하고, 왼쪽은 시계 방향을 말한다.

06 정답 ⑤

가장 높은 등급을 1등급, 가장 낮은 등급을 5등급이라 하면, 네 번째 조건에 의해 A는 3등급을 받는다. 또한 첫 번째 조건에 의해, E는 4등급 또는 5등급이다. 이때, 두 번째 조건에 의해, C가 5등급, E가 4등급을 받고, 세 번째 조건에 의해, B는 1등급, D는 2등급을 받는다. 측정결과를 표로 정리하면 다음과 같다.

등급	1등급	2등급	3등급	4등급	5등급
환자	B	D	A	E	C

따라서 발송 대상자는 C와 E이다.

07 정답 ③

주어진 조건을 정리하면 다음과 같다.

구분	(가)	(나)	(다)	(라)	(마)
영어	○	○		×	
수학	×	○	○		○
국어					
체육	×		○	○	

따라서 (가) 학생이 듣는 수업은 영어와 국어이므로 (마) 학생은 이와 겹치지 않는 수학과 체육 수업을 듣는다.

08 정답 ①

첫 번째 조건에서 원탁 의자에 임의로 번호를 적고 회의 참석자들을 앉혀 본다.

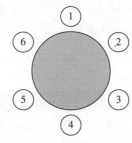

네 번째 조건에서 A와 B 사이에 2명이 앉으므로 임의로 1번 자리에 A가 앉으면 4번 자리에 B가 앉는다. 그리고 B자리 바로 왼쪽에 F가 앉기 때문에 F는 5번 자리에 앉는다. 만약 6번 자리에 C 또는 E가 앉게 되면 2번과 3번 자리에 D와 E 또는 D와 C가 나란히 앉게 되어 세 번째 조건에 부합하지 않는다. 따라서 6번 자리에 D가 앉아야 하고 두 번째 조건에서 C가 A 옆자리에 앉아야 하므로 2번 자리에 C가, 나머지 3번 자리에는 E가 앉게 된다.

따라서 나란히 앉게 되는 참석자들은 선택지 중 A와 D이다.

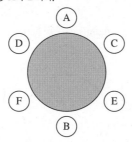

09 정답 ③

주어진 조건을 정리하면 다음과 같다.

구분	A	B	C	D	E
짱구		×		×	
철수				×	
유리			○		
훈이		×			
맹구		×		×	×

유리는 C를 제안하였으므로 D는 훈이가, B는 철수가 제안하였음을 알 수 있고, A는 맹구가, 나머지 E는 짱구가 제안하였음을 알 수 있다. 따라서 제안자와 그 제안이 바르게 연결된 것은 철수 B, 짱구 E이다.

10 정답 ⑤

E는 교양 수업을 신청한 A보다 나중에 수강한다고 하였으므로 목요일 또는 금요일에 강의를 들을 수 있다. 이때, 목요일과 금요일에는 교양 수업이 진행되므로 'E는 반드시 교양 수업을 듣는다.'의 ⑤는 항상 참이 된다.

오답분석

① A가 수요일에 강의를 듣는다면 E는 교양2 또는 교양3 강의를 들을 수 있다.

② B가 수강하는 전공 수업의 정확한 요일을 알 수 없으므로 C는 전공1 또는 전공2 강의를 들을 수 있다.

③ C가 화요일에 강의를 듣는다면 D는 교양 강의를 듣는다. 이때, 교양 수업을 듣는 A는 E보다 앞선 요일에 수강하므로 E는 교양2 또는 교양3 강의를 들을 수 있다.

구분	월(전공1)	화(전공2)	수(교양1)	목(교양2)	금(교양3)
경우1	B	C	D	A	E
경우2	B	C	A	D	E
경우3	B	C	A	E	D

④ D는 전공 수업을 신청한 C보다 나중에 수강하므로 전공 또는 교양 수업을 들을 수 있다.

11 정답 ①

조건을 충족하는 경우를 표로 나타내보면 다음과 같다.

구분	첫 번째	두 번째	세 번째	네 번째	다섯 번째	여섯 번째
경우 1	교육	보건	농림	행정	국방	외교
경우 2	교육	보건	농림	국방	행정	외교
경우 3	보건	교육	농림	행정	국방	외교
경우 4	보건	교육	농림	국방	행정	외교

12 정답 ①

원탁 자리에 다음과 같이 임의로 번호를 지정하고, 기준이 되는 C를 앉히고 나머지를 배치한다.

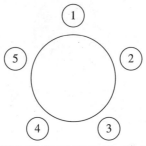

C를 1번에 앉히면, 첫 번째 조건에서 C 바로 옆에 E가 앉아야 하므로 E는 5번 또는 2번에 앉는다. 만약 E가 2번에 앉으면 세 번째 조건에 따라 D가 A의 오른쪽에 앉아야 한다. A, D가 4번과 3번에 앉으면 B가 5번에 앉게 되어 첫 번째 조건에 부합하지 않는다. 또한 A가 5번, D가 4번에 앉는 경우 B는 3번에 앉게 되지만 두 번째 조건에서 D와 B는 나란히 앉을 수 없어 불가능하다. E를 5번에 앉히고 A는 3번, D는 2번에 앉게 되면 B는 4번에 앉아야 하므로 모든 조건을 만족하게 된다. 따라서 C를 포함하여 세 번째에 있는 사람은 3번 자리에 앉는 A이다.

13 정답 ④

주어진 조건에 따라 부서별 위치를 정리하면 다음과 같다.

구분	경우 1	경우 2
1층	해외사업부	해외사업부
2층	인사 교육부	인사 교육부
3층	기획부	기획부
4층	디자인부	서비스개선부
5층	서비스개선부	디자인부
6층	연구·개발부	연구·개발부

따라서 3층에 위치한 기획부의 직원은 출근 시 반드시 계단을 이용해야 하므로 ④는 항상 옳다.

[오답분석]
① 경우 1일 때 김대리는 출근 시 엘리베이터를 타고 4층에서 내린다.
② 경우 2일 때 디자인부의 김대리는 서비스개선부의 조대리보다 엘리베이터에서 나중에 내린다.
③ 커피숍과 같은 층에 위치한 부서는 해외사업부이다.
⑤ 엘리베이터 이용에만 제한이 있을 뿐 계단 이용에는 층별 이용 제한이 없다.

14 정답 ④

지원자 4의 진술이 거짓이면 지원자 5의 진술도 거짓이고, 지원자 4의 진술이 참이면 지원자 5의 진술도 참이다. 1명의 진술만 거짓이므로 지원자 4, 5의 진술은 참이다.
다음으로, 지원자 1과 지원자 2의 진술이 모순이므로 둘 중 한 명은 거짓이다.
ⅰ) 지원자 1의 진술이 참인 경우
　지원자 2는 A 부서에 선발이 되었고, 지원자 3은 B 또는 C부서에 선발되었다. 이때, 지원자 3의 진술에 따라, 지원자 4가 B부서, 지원자 3이 C부서에 선발되었다.
　∴ A – 지원자 2, B – 지원자 4, C – 지원자 3, D – 지원자 5
ⅱ) 지원자 2의 진술이 참인 경우
　지원자 3은 A부서에 선발이 되었고, 지원자 2는 B 또는 C부서에 선발되었다. 이때, 지원자 3의 진술에 따라, 지원자 4가 B부서, 지원자 2가 C부서에 선발되었다.
　∴ A – 지원자 3, B – 지원자 4, C – 지원자 2, D – 지원자 5

15 정답 ①

거짓말은 한 명이고, C와 D가 C의 역할에 대해 서로 다른 진술을 하고 있으므로 둘 중 한 명이 거짓을 말하고 나머지 한 명이 참인 것을 알 수 있다. 그러면 A의 말은 반드시 참이므로 C의 말도 참이 되며, 따라서 D의 말이 거짓이 된다.
따라서 A는 홍보, C는 섭외, E는 예산을 담당하고 있다. D의 말은 거짓이므로 '구매' 담당은 B가 되며, D는 '기획'을 맡게 된다.

16 정답 ③

제시된 단어의 대응 관계는 유의 관계이다.
'보유하다'는 '가지고 있거나 간직하고 있다.'는 뜻으로 '가지고 있다.'라는 뜻인 '소유하다'와 유의 관계이다. 따라서 '어떤 큰 현상이나 사업 따위를 이루다.'라는 뜻을 가진 '이룩하다'와 유의 관계인 단어는 '꿈, 기대 따위를 실제로 이루다.'라는 뜻인 '실현하다'이다.

[오답분석]
① 벗어나다 : 어떤 힘이나 영향 밖으로 빠져나오다.
② 내보내다 : 밖으로 나가게 하다.
④ 받아들이다 : 다른 문화, 문물을 받아서 자기 것으로 되게 하다.
⑤ 실패하다 : 일을 잘못하여 뜻한 대로 되지 아니하거나 그르치다.

17 정답 ④

'전거(轉居)'는 '살던 곳을 떠나 다른 곳으로 옮겨 삶'이라는 뜻이므로 '장소나 주소 따위를 다른 데로 옮김'이라는 뜻인 '이전'과 유의 관계이고, 나머지는 반의 관계이다.

오답분석
① • 개방 : 문이나 어떠한 공간 따위를 열어 자유롭게 드나들고 이용하게 함
  • 폐쇄 : 문 따위를 닫아걸거나 막아 버림
② • 환희 : 매우 기뻐함. 또는 큰 기쁨
  • 비애 : 슬퍼하고 서러워함. 또는 그런 것
③ • 자립 : 남에게 예속되거나 의지하지 아니하고 스스로 섬
  • 의존 : 다른 것에 의지하여 존재함
⑤ • 일반 : 특별하지 아니하고 평범한 수준
  • 특수 : 특별히 다름

풀이 꿀팁

먼저 단어의 뜻을 정확하게 알고 있는 선택지 2개를 기준으로 대응 관계를 파악한다. 선택지 2개 각각의 대응 관계가 같다면 이와 반대되는 대응 관계가 정답이다.

18 정답 ②

규칙은 세로로 적용된다. 각 칸의 2×2칸 안에 있는 도형들(▲, △, ○, ●)이 시계 방향으로 한 칸씩 이동하고 있다.

19 정답 ④

규칙은 세로로 적용된다. 첫 번째 도형과 두 번째 도형을 합쳤을 때, 색이 같은 부분만을 나타낸 도형이 세 번째 도형이다.

20 정답 ⑤

규칙은 가로로 적용된다. 첫 번째 도형을 색 반전시킨 도형이 두 번째 도형이고, 두 번째 도형을 시계 방향으로 90° 회전시킨 도형이 세 번째 도형이다.

21 정답 ④

• 문자표

A	B	C	D	E	F	G	H	I	J	K	L	M	N
O	P	Q	R	S	T	U	V	W	X	Y	Z		
ㄱ	ㄴ	ㄷ	ㄹ	ㅁ	ㅂ	ㅅ	ㅇ	ㅈ	ㅊ	ㅋ	ㅌ	ㅍ	ㅎ

• 규칙
◁ : 각 자릿수 +2, +1, +1, +2
⌒ : 1234 → 3412
▲ : 각 자릿수 -4, -3, -2, -1
□ : 1234 → 1324

ㄷ5○6 → □6ㅈ8 → ㄱ3ㅅ7
　　　◁　　　　　▲

22 정답 ③

ㅇ2ㄴ8 → ㅇㄴ28 → 28ㅇㄴ
　　　　　□　　　　　♣

23 정답 ④

ㅅ7ㄷ3 → ㄷ4ㄱ2 → ㄷㄱ42
　　　▲　　　　　□

24 정답 ④

ㄱKN2 → N2ㄱK → P3ㄴM
　　　♣　　　　　◁

25 정답 ①

연금술사들은 유럽에 창궐한 매독을 치료하기 위해 연금술에서 가장 강력한 금속으로 간주된 수은을 바탕으로 한 치료법을 개발했다. 하지만 모든 치료행위에 수은을 사용하였는지는 알 수 없다.

오답분석
② 연금술사들은 그때까지의 의약품이 대체로 약초에 의존한 것에서 벗어나 거리낌 없이 의학에 금속을 도입했다고 하였다.
③ 연금술사들은 모든 금속들은 수은과 황이 합성되어 자라난다고 하였다.
④ 연금술사들은 연금술을 의학에도 도입하여 자연만이 아니라 인간에게도 적용했다.
⑤ 연금술사들은 우주 안의 모든 물체들이 수은과 황으로 만들어졌다고 하였다.

26 정답 ④

제국이 시장경제의 출현과 함께 생산자와 소비자 사이의 교환을 촉진했다고 하였으므로 경제의 독점과는 거리가 멀다.

오답분석
①·③ 제국이 발전함에 따라 낡은 자급자족 경제 대신 시장경제가 출현하여 독립된 생산자와 소비자 사이의 교환을 촉진했다고 하였다.
② 지배 엘리트가 사용하는 언어가 사회의 보편적인 언어가 되었으며, 각 지방의 토속신은 왕과 제국이 섬겨왔던 범접하기 어려운 강력한 신들, 즉 일종의 만신전에 모신 우주의 신들에게 자리를 양보했다고 하였다.
⑤ 제국은 개인이 씨족이나 종교 조직 또는 유력 집단에 흡수되는 것을 막는 언어적·종교적·법적 여건을 마련함으로써 개인이 좀 더 개방된 사회에서 활동할 수 있게 해주었다고 하였다.

27 정답 ⑤

제시문의 화제는 '과학적 용어'이다. 필자는 '모래언덕'의 높이, '바람'의 세기, '저온'의 온도를 사례로 들어 과학자들은 모호한 것은 싫어하지만 '대화를 통해 그 상황에 적절한 합의를 도출'하는 것으로 문제화하지 않는다고 한다. 따라서 ⑤의 주장을 들어 제시문의 논지를 반박할 수 있다.

28 정답 ③

제시문의 핵심 논지는 4차 산업혁명의 신기술로 인해 금융의 종말이 올 것임을 예상하는 것이다. 따라서 앞으로도 기술 발전은 금융업의 본질을 바꾸지 못할 것임을 나타내는 ③이 비판 내용으로 가장 적절하다.

29 정답 ③

밑줄 친 부분을 반박하는 주장은 '인간에게 동물의 복제 기술을 적용해서는 안 된다.'이므로, 이를 뒷받침하는 근거이되 인터뷰의 내용과 부합하지 않는 것이 문제가 요구하는 답이다. 인터뷰에서 복제 기술을 인간에게 적용했을 때 발생할 수 있는 문제점으로 지적한 것은, '기존 인간관계의 근간을 파괴하는 사회 문제'와 '바이러스 등 통제 불능한 생물체가 만들어질 가능성', 그리고 '어느 국가 또는 특정 집단이 복제 기술을 악용할 위험성' 등이다. 그러나 ③의 내용은 인간에게 복제 기술을 적용했을 때 나타날 수 있는 부작용인지를 판단할 자료가 인터뷰에 제시되지 않았다. 또한 상식적인 수준에서도 생산되는 복제 인간의 수는 통제할 수 있으므로 밑줄 친 부분을 반박할 근거로는 부적절하다.

30 정답 ②

『일리아스』는 객관적 서술 태도와는 거리가 멀다고 할 수 있다.

---

03 직무상식

01	02	03	04	05	06	07	08	09	10	11	12	13	14	15	16	17	18	19	20
⑤	③	①	③	③	②	③	⑤	④	①	①	③	③	②	④	⑤	①	②	②	②
21	22	23	24	25	26	27	28	29	30										
④	②	②	③	②	①	③	③	②	⑤										

01 정답 ⑤

임부의 과도한 흡연이 태아에게 미치는 영향
• 태아의 지능발육·성장부전, 조산
• 저체중아, 사산
• 영아 돌연사
• 선천성 기형
• 태아나 신생아 이환율과 사망률 증가

02 정답 ③

x＝백의 부피(mL)/백속의 약물량(g)×지시된 단위/min×투여세트(gtt/mL)

$\quad$＝250mL/1g×2mg/min×10^{-3}g/mg×60gtt/mL

$\quad$＝30gtt/mL

03 정답 ①

집단검진의 조건
• 민감하고 특수한 검진도구가 있어 검진방법이 정확해야 한다.
• 검사방법이 기술적으로 시행이 쉽고 검사의 단가가 싸며 일반 대중에게 검사방법이 수용되어야 한다.
• 조기 발견이 가능하며 발견시 효과적인 치료방법이 있어야 한다.
• 검진을 위해 투자하는 비용, 시간, 노력이 질병의 초기발견에 효과적이어야 한다.

ⓔ 특정 질병이 아니라 기초적 질병에 대한 예방이 우선이다.

04 정답 ③

3점 보행(Three Point Gait)
한쪽 다리가 약해서 체중부하를 못하고 다른 한쪽 다리는 튼튼하여 전체 체중유지가 가능할 때, 균형을 잡을 수 있어야 하기 때문에 양쪽 목발로 허약한 쪽 다리를 지지하면서 동시에 나가고 그 뒤에 강한 쪽 다리를 내딛는다.

05 정답 ③

반좌위(半座位;Fowler's Position)
머리를 45° 정도 세운 자세로 근위부 식도낭으로부터의 분비물 흡인과 위내용물이 루를 통해 기도로 역류되는 것을 예방하기 위함이다.

④ 쇄석위 : 내진대나 수술대 또는 분만대 위에 위를 보고 눕혀, 양대퇴를 벌리고 복부에 가깝게 양무릎을 굽히는 자세
⑤ 슬흉위 : 엎드린 채로 무릎을 구부리고 가슴을 바닥에 댄 자세

06 정답 ②

알코올 의존환자 간호의 질적인 삶을 위한 궁극적인 목적은 음주행위를 감소시켜 가정적·직업적·사회적 적응능력을 개선시키는 것이다.

07 정답 ③

인슐린은 췌장에 있는 랑게르한스 섬의 β세포에서 생성되는 호르몬이다. 기능은 당이 세포 내로 들어가도록 분해해서 간에 저장되도록 하는 것이다.

인슐린	글루카곤
• 간에 작용하여 포도당을 글리코겐으로 합성	• 간에 작용하여 글리코겐을 포도당으로 분해
• 근육세포, 지방세포 내로 포도당 이동 촉진	• 비탄수화물류에서 포도당으로의 전환을 촉진
• 조절인자(자극)는 혈액 내의 고혈당 농도	• 조절인자(자극)는 혈액 내의 저혈당 농도

08 정답 ⑤

조직화의 기본원리
명령통일의 원리, 통솔범위의 원리, 조정의 원리, 계층제의 원리, 분업 전문화의 원리

09 정답 ④

의료인은 그 실태와 취업상황 등을 면허증을 발급 또는 재발급 받은 날부터 매 3년이 되는 해의 12월 31일까지 보건복지부장관에게 신고하여야 한다(의료법 시행령 제11조 제1항).

10 정답 ①

산업간호의 목적
근로자의 신체적·정신적·사회적 건강을 고도로 유지·증진하기 위하여 근로자와 작업환경으로 구성되어 있는 산업공동체를 대상으로 근로자의 건강관리, 산업위생관리, 보건교육을 일차보건의료 수준에서 제공함으로서 산업체의 자기건강관리능력을 적정기능 수준까지 향상시키는 목표를 달성하고자 하는 것이다.

오답분석
ⓔ은 의사의 권한이다.

11 정답 ①

포도막염
• 포도막은 눈의 가장 바깥쪽의 공막과 가장 안쪽의 망막 사이에 있는 막으로, 혈관이 분포하여 눈에 영양공급을 하고 있다. 이 막에 염증이 생기면 주변의 망막, 공막은 물론 수정체, 각막 등 눈의 중요한 부분에 손상을 입히므로 시력저하나 실명까지 초래할 수 있다.
• 아트로핀은 동공을 확대시키므로 수정체와 홍채의 유착을 방지하고 안과에서 산동제로써 내복, 주사, 점안제로 홍채염, 홍채모양염, 각막염, 포도막염 치료에 사용하나 녹내장에는 사용하지 않는다.

12 정답 ③

사전유서는 법적인 문서는 아니지만 사전의뢰서를 간호사 단독으로 인정해서도, 무시해서도 안 되며 간호사는 가족, 의사, 법률가 등과 의논해야 한다.

13 정답 ③

정신보건은 입원치료에 역점을 두던 과거와는 달리 1차예방으로서의 정신건강증진, 2차예방인 조기 발견과 조기치료, 그리고 3차예방으로서의 재활치료를 강조하고 있다.

14 정답 ②

베개나 침구 덮개는 면으로 하고 모직침구를 사용하지 않는다.

알러지성 비염 예방법
• 알러젠과 분리
• 먼지 생성 물질 제거
• 부교감 자극상황 피하기(알코올, 흡연, 기온과 습도 변화)

---

15 정답 ④

자궁탈수
자궁이 정상위치에서 아래로 내려간 질환을 자궁하수 또는 자궁탈이라고 한다. 자궁의 탈수는 주로 잦은 분만으로 인한 손상과 선천적으로 약한 경우, 나이가 많은 여성에게 발생한다. 자궁탈이 방광질탈, 그리고 직장질탈을 일으켰을 때는 빈뇨, 배뇨와 배변장애가 있고 분비물 이상이 있게 된다.

16 정답 ⑤

⑤는 의사의 진료기록부 기재사항이다.

> **간호기록부의 기재사항**
> • 체온·맥박·호흡·혈압에 관한 사항
> • 투약에 관한 사항
> • 섭취 및 배설물에 관한 사항
> • 처치와 간호에 관한 사항
> • 간호를 받는 사람의 성명
> • 간호 일시

17 정답 ①

유아기의 특징
• 새롭게 획득한 보행 등의 기술을 사용하려 함
• 다른 사람들의 행동을 모방하는 시기
• 부모의 가치관과 신념에 동일화
• 평행놀이 : 아동은 독립적으로 놀지만 선택한 활동이 자연스럽게 다른 아동들과 섞이게 하고, 주위의 아동들과 비슷한 장난감을 가지고 놀지만 가까이에 있는 아동들의 활동에 의해 영향을 받으려 하지 않는다.

[오답분석]
ㄹ 동성부모를 동일시하면서 이성부모에 대한 애착을 가지는 시기는 학령전기 아동의 특성이다.

18 정답 ②

일차간호방법
• 입원이나 치료의 시작부터 퇴원이나 치료가 끝날 때까지 한 명의 간호사가 환자의 24시간 전체의 간호를 책임지는 방식
• 자율성과 권위 확대
• 자율성과 전문성을 가지고 책임을 지므로 간호결과에 대한 확인이 가능
• 부분적이 아니고 전체적인 확인 요구

19 정답 ②

[오답분석]
ㄴ 망상환자에게 작은 목소리로 낮게 속삭이는 경우 망상을 더 조장할 수 있다.
ㄹ 단순하고 명료한 언어를 사용하여 최근의 생활이나 느낌을 표현하도록 한다.

20 정답 ②

요붕증 환자의 소변검사 결과에서는 당이 검출되지 않으며 소변비중이 낮다.

21 정답 ④

$1g=1,000mg$
$1,000mg : 250mL = x\,mg : 1mL$
$x=1,000/250=4$

22 정답 ②

눈의 편위(사시)는 외안근 기능검사를 통해 알 수 있다.
㉠ 외안근 운동검사 : 방향검사
㉢ 차폐검사 : 개폐검사
그 외 각막 빛 반사법, 눈의 폭주검사(양쪽 동공의 거리 확인) 등이 있다.

23 정답 ②

• 산업안전보건법 : 1981년에 제정, 1990년 개정되어 산업간호사의 독자적 산업간호활동 시작

오답분석

① 농어촌 보건의료를 위한 특별조치법 : 1980년 제정
③ 교육공무원법 : 1953년에 제정되어 양호교사가 처음으로 제도화
④ 가정간호사 제도 : 1989년에 도입하여 법제화
⑤ 의료법에 분야별 간호사로서 보건간호사 명칭 사용 : 1970년대

24 정답 ③

양수천자를 해야 하는 경우
• 산모가 35세 이상일 때
• 산모가 전에 다운증후군 등의 기형을 가지고 있을 때
• 엄마와 아빠 두 가족 중에 기형의 가족력이 있을 때
• 엄마나 아빠가 어떤 유전질환을 가지고 있을 때
• 산모가 3번 이상의 유산을 경험했을 때

25 정답 ②

심한 탈수가 있을 때 투여 가능한 수액
5% 포도당 용액, 0.9% 생리식염수 용액, 하트만 용액

26 정답 ①

오답분석

㉣ 갑상선기능저하증 환자에 대한 간호중재이다.

27 정답 ③

자율성의 원칙
인간존중의 원리로 자율적인 인간은 독립적으로 자신이 결정하고 행위할 능력을 가진다는 것으로 개인의 독립성, 자립성, 사전동의의 원칙이 있다. 이러한 자율성을 보장하기 위하여 환자는 충분한 설명을 듣고 이를 완전히 이해한 후에 동의를 한다는 원칙이다.

28 정답 ③

발한, 허약감, 현기증은 당뇨병 환자의 저혈당 증상으로, 대체로 혈당이 70mg/dL 이하로 떨어졌을 때 나타나게 된다. 가장 신속히 흡수되어 신체에 작용할 수 있는 단순당질을 섭취하여 혈당을 올려주도록 한다.

29 정답 ②

화상을 입은 환자의 경우 기도를 확보한 후에 가장 먼저 수분보충을 해야 한다. 전해질 불균형을 교정하고 환부를 심장보다 높게 올려 부종을 완화하도록 한다.

30 정답 ⑤

오답분석
① 충분한 수분 섭취가 필요하다.
② 구강간호를 제공한다.
③ 부드러운 칫솔을 사용한다.
④ 탄산음료는 피한다.

01 수리논리

01	02	03	04	05	06	07	08	09	10	11	12	13	14	15	16	17	18	19	20
④	②	④	③	②	②	①	④	④	③	②	②	②	①	④	②	⑤	③	③	④

01 　정답　④

B를 거치는 A와 C의 최단 경로는 A와 B 사이의 경로와 B와 C 사이의 경로를 나눠서 구할 수 있다.

ⅰ) A와 B의 최단 경로의 경우의 수 : $\dfrac{5!}{3! \times 2!} = 10$가지

ⅱ) B와 C의 최단 경로의 경우의 수 : $\dfrac{3!}{1! \times 2!} = 3$가지

따라서 B를 거치는 A와 C의 최단 경로의 경우의 수는 $3 \times 10 = 30$가지이다.

02 　정답　②

각설탕 하나의 무게를 xg라 하면, 각설탕 10개의 무게는 $10x$g이 된다.

또한 20%의 설탕물 400g에 들어있던 설탕의 양과 각설탕 10개의 합은 25% 설탕물 $(400+10x)$g에 들어있는 설탕의 양과 같으므로, $\dfrac{20}{100} \times 400 + 10x = \dfrac{25}{100} \times (400+10x)$으로 식을 세울 수 있다. 각설탕 하나의 무게 $x = \dfrac{8}{3}$g이므로, 각설탕 3개의 무게는 8g이다.

03 　정답　④

2022년 소포우편 분야의 2018년 대비 매출액 증가율은 $\dfrac{5,017-3,390}{3,390} \times 100 ≒ 48.0\%$이므로 적절하지 않은 설명이다.

오답분석

① 매년 매출액이 가장 높은 분야는 일반통상 분야인 것을 확인할 수 있다.

② 일반통상 분야의 매출액은 2019년, 2020년, 2022년, 특수통상 분야의 매출액은 2021년, 2022년에 감소했고, 소포우편 분야는 매년 매출액이 꾸준히 증가한다.

③ 2022년 1분기 특수통상 분야의 매출액이 차지하고 있는 비율은 $\dfrac{1,406}{5,354} \times 100 ≒ 26.3\%$이므로 20% 이상이다.

⑤ 2021년에는 일반통상 분야의 매출액이 전체의 $\dfrac{11,107}{21,722} \times 100 ≒ 51.1\%$이므로 적절한 설명이다.

04 정답 ③

2021년 3/4분기에도 감소하였다.

오답분석

① 조회 서비스 이용 실적은 817 → 849 → 886 → 1,081 → 1,106로 매 분기 계속 증가하였다.
② 2021년 2/4분기 조회 서비스 이용 실적은 849천 건이고, 전 분기의 이용 실적은 817천 건이므로 849-817=32, 즉 3만 2천 건 증가하였다.
④ 모바일 뱅킹 서비스 이용 실적의 전 분기 대비 증가율이 가장 높은 분기는 21.8%인 2021년 4/4분기이다.
⑤ 2021년 4/4분기의 조회 서비스 이용 실적은 자금 이체 서비스 이용 실적의 1,081÷14=77, 약 77배이다.

05 정답 ②

음식점까지의 거리를 $x$km라 하면
역에서 음식점까지 왕복하는 데 걸리는 시간과 음식을 포장하는 데 걸리는 시간이 1시간 30분 이내여야 하므로

$$\frac{x}{3}+\frac{15}{60}+\frac{x}{3}\leq\frac{3}{2}$$

양변에 60을 곱하면

$$20x+15+20x\leq90 \rightarrow 40x\leq75 \rightarrow x\leq\frac{75}{40}=1.875$$

즉, 역과 음식점 사이 거리는 1.875km 이내여야 하므로 갈 수 있는 음식점은 'N버거'와 'B도시락'이다. 따라서 K사원이 구입할 수 있는 음식은 햄버거와 도시락이다.

06 정답 ②

B빌라 월세+한 달 교통비=250,000+2.1×2×20×1,000=334,000원
따라서 B빌라에서 33만4천 원으로 살 수 있다.

오답분석

① A빌라는 392,000원, B빌라는 334,000원, C아파트는 372,800원으로 모두 40만 원으로 가능하다.
③ C아파트가 편도 거리 1.82km로 교통비가 가장 적게 든다.
④ C아파트는 372,800원으로 A빌라보다 19,200원 덜 든다.
⑤ B빌라에 두 달 살 때 668,000원이고 A빌라와 C아파트를 합한 금액은 764,800원이므로 적절하지 않다.

07 정답 ①

자료를 분석하면 다음과 같다.

생산량(개)	0	1	2	3	4	5
총 판매수입(만 원)	0	7	14	21	28	35
총 생산비용(만 원)	5	9	12	17	24	33
이윤(만 원)	-5	-2	+2	+4	+4	+2

ㄱ. 2개와 5개를 생산할 때의 이윤은 +2로 동일하다.
ㄴ. 이윤은 생산량 3개와 4개에서 +4로 가장 크지만, 최대 생산량을 묻고 있으므로, 극대화할 수 있는 최대 생산량은 4개이다

오답분석

ㄷ. 생산량을 4개에서 5개로 늘리면 이윤은 4만원에서 2만 원으로 감소한다.
ㄹ. 1개를 생산하면 -2만 원이지만, 생산하지 않을 때는 -5만 원이다.

08 정답 ④

세 지역 모두 핵가족 가구 비중이 더 높으므로, 핵가족 수가 더 많다.

오답분석
① 핵가족 가구의 비중이 가장 높은 곳은 71%인 B지역이다.
② 1인 가구는 기타 가구의 일부이므로, 1인 가구만의 비중은 알 수 없다.
③ 확대가족 가구의 비중이 가장 높은 곳은 C지역이지만 이 수치는 어디까지나 비중이므로 가구 수는 알 수가 없다.
⑤ 부부 가구의 구성비는 B지역이 가장 높다.

09 정답 ④

남성의 골다공증 진료율이 높은 연령대는 70대$\left(\dfrac{20,780}{53,741}\times100≒38.7\%\right)$, 60대$\left(\dfrac{12,504}{53,741}\times100≒23.3\%\right)$, 80대 이상$\left(\dfrac{8,611}{53,741}\times\right.$

$\left.100≒16.0\%\right)$ 순서이며, 여성의 골다공증 진료율이 높은 연령대는 60대$\left(\dfrac{282,049}{802,234}\times100≒35.2\%\right)$, 70대$\left(\dfrac{254,939}{802,234}\times100≒\right.$

$\left.31.8\%\right)$, 50대$\left(\dfrac{147,352}{802,234}\times100≒18.4\%\right)$ 순서로 나타났다. 따라서 연령별 골다공증 진료율이 높은 순서는 남성과 여성이 다르다.

오답분석
① 골다공증 발병이 진료로 이어진다면 여성의 진료 인원이 남성보다 많으므로 여성의 발병률이 남성보다 높음을 추론할 수 있다.
② 전체 진료 인원 중 40대 이하가 차지하는 비율은 $\dfrac{44+181+1,666+6,548+21,654}{855,975}≒3.5\%$이다.
③ 전체 진료 인원 중 가장 높은 비율을 보이는 것은 60대이며, 그 비율은 $\dfrac{294,553}{855,975}\times100≒34.4\%$이다.
⑤ 자료를 통해 쉽게 알 수 있다.

10 정답 ③

남자가 소설을 대여한 횟수는 690회이고, 여자가 소설을 대여한 횟수는 1,060회이므로 $\dfrac{690}{1,060}\times100=65\%$이다.

오답분석
① 소설 전체 대여 횟수는 1,750회, 비소설 전체 대여 횟수는 1,620회이므로 적절하다.
② 40세 미만 전체 대여 횟수는 1,950회, 40세 이상 전체 대여 횟수는 1,420회이므로 적절하다.
④ 40세 미만의 전체 대여 횟수는 1,950회이고, 그중 비소설 대여는 900회이므로 $\dfrac{900}{1,950}\times100=46.1\%$이다.
⑤ 40세 이상의 전체 대여 횟수는 1,420회이고, 그중 소설 대여는 700회이므로 $\dfrac{700}{1,420}\times100=49.3\%$이다.

11 정답 ②

주어진 표를 토대로 각 마을의 판매량과 구매량을 구해 보면 다음과 같은 데이터를 얻을 수 있다.

구분	판매량	구매량	거래량 계
갑 마을	570	610	1,180
을 마을	640	530	1,170
병 마을	510	570	1,080
정 마을	570	580	1,150
합계	2,290	2,290	4,580

따라서 갑 마을이 을 마을에 40kW를 더 판매했다면, 을 마을의 구매량은 530+40=570kW가 되어 병 마을의 구매량과 같게 된다.

① 거래량 표에서 보듯이 총거래량이 같은 마을은 없다.
③ 위의 거래량 표에서 알 수 있듯이 을 마을의 거래 수지만 양의 값을 가짐을 알 수 있다.
④ 위의 거래량 표에서 알 수 있듯이 판매량과 구매량이 가장 큰 마을은 각각 을 마을과 갑 마을이다.
⑤ 마을별 거래량 대비 구매량의 비율은 다음과 같으므로 40% 이하인 마을은 없다.
- 갑 마을 : $610 \div 1,180 \times 100 \fallingdotseq 51.7\%$
- 을 마을 : $530 \div 1,170 \times 100 \fallingdotseq 45.3\%$
- 병 마을 : $570 \div 1,080 \times 100 \fallingdotseq 52.8\%$
- 정 마을 : $580 \div 1,150 \times 100 \fallingdotseq 50.4\%$

12 정답 ②

직접 계산을 하면, $\frac{78,855}{275,484} \times 100 \fallingdotseq 28.6\%$이다. 하지만 직접 계산을 하지 않더라도 2017년과 2018년을 비교하면, 2018년이 전체 공무원 수는 적지만 여성 공무원 수는 더 많다. 따라서 2018년 여성 공무원 비율인 29.3%보다 낮다는 것을 알 수 있다.

13 정답 ②

100대 기업까지 48.7%이고, 200대 기업까지 54.5%이다. 따라서 101 ~ 200대 기업이 차지하고 있는 비율은 54.5－48.7＝5.8%이다.

①·③ 표를 통해 쉽게 확인할 수 있다.
④ 표를 통해 0.2%p 감소했음을 알 수 있다.
⑤ 등락률이 상승과 하락의 경향을 보이므로 적절한 판단이다.

14 정답 ①

- 2020년 전체 기업집단 대비 상위 10대 민간 기업집단이 차지하고 있는 비율 : $\frac{680.5}{1,095.0} \times 100 \fallingdotseq 62.1\%$
- 2022년 전체 기업집단 대비 상위 10대 민간 기업집단이 차지하고 있는 비율 : $\frac{874.1}{1,348.3} \times 100 \fallingdotseq 64.8\%$

② 상위 10대 민간 기업집단의 매출액은 상위 30대 민간 기업집단 매출액의 $\frac{874.1}{1,134.0} \times 100 \fallingdotseq 77.1\%$를 차지하고 있다.
③ 2020년 공공집단이 차지하고 있는 매출액은 전체 기업집단의 $\frac{(1,095.0-984.7)}{1,095.0} \times 100 \fallingdotseq 10.1\%$이다.
④ • 상위 10대 민간 기업집단의 매출액 증가율 : $\frac{(874.1-680.5)}{680.5} \times 100 \fallingdotseq 28.4\%$
   • 상위 30대 민간 기업집단의 매출액 증가율 : $\frac{(1,134.0-939.6)}{939.6} \times 100 \fallingdotseq 20.7\%$
⑤ 민간 기업집단의 총수(48 → 53 → 55)와 매출액(984.7 → 1,016.9 → 1,231.8)은 해마다 증가하고 있다.

15 정답 ④

농업에 종사하는 고령근로자 수는 $600 \times 0.2 = 120$명이고, 교육 서비스업은 $48,000 \times 0.11 = 5,280$명, 공공기관은 $92,000 \times 0.2 = 18,400$명이다. 따라서 총 $120 + 5,280 + 18,400 = 23,800$명으로, 과학 및 기술업에 종사하는 고령근로자 수인 $160,000 \times 0.125 = 20,000$명보다 많다.

오답분석

① 건설업에 종사하는 고령근로자 수는 $97,000 \times 0.1 = 9,700$명으로 외국기업에 종사하는 고령근로자 수의 3배인 $12,000 \times 0.35 \times 3 = 12,600$명보다 적다.

② 국가별 65세 이상 경제활동 조사 인구가 같을 경우 그래프에 나와 있는 비율로 비교하면 된다. 따라서 미국의 고령근로자 참가율 17.4%는 영국의 참가율의 2배인 $8.6 \times 2 = 17.2$%보다 낮지 않다.

③ 모든 업종의 전체 근로자 수에서 제조업에 종사하는 전체 근로자 비율은 $\dfrac{1,080}{(0.6 + 1,080 + 97 + 180 + 125 + 160 + 48 + 92 + 12)} \times 100 ≒ 60.2$%로 80% 미만이다.

⑤ 독일, 네덜란드와 아이슬란드의 65세 이상 경제활동 참가율의 합은 $4.0 + 5.9 + 15.2 = 25.1$%이고, 한국은 29.4%이다. 세 국가의 참가율 합이 한국의 참가율 합의 $\dfrac{25.1}{29.4} \times 100 ≒ 85.4$%로 90% 미만이다.

16 정답 ②

자료의 두 번째 그래프에 나온 비율을 전체 조사인구와 곱하여 고령근로자 수를 구한다.
- 한국 경제활동 고령근로자 수 : $750 \times 0.294 = 220.5$만 명
- 스웨덴 경제활동 고령근로자 수 : $5,600 \times 0.32 = 1,792$만 명

17 정답 ⑤

총무부서 직원은 총 $250 \times 0.16 = 40$명이다. 2021년과 2022년의 독감 예방접종 여부가 총무부서에 대한 자료라면, 총무부서 직원 중 2021년과 2022년의 예방접종자 수의 비율 차는 $56 - 38 = 18$%p이다. 따라서 $40 \times 0.18 ≒ 7.2$이므로 7명 증가하였다.

오답분석

① 2021년 독감 예방접종자 수는 $250 \times 0.38 = 95$명, 2022년 독감 예방접종자 수는 $250 \times 0.56 = 140$명이므로, 2021년에는 예방접종을 하지 않았지만, 2022년에는 예방접종을 한 직원은 총 $140 - 95 = 45$명이다.

② 2021년의 예방접종자 수는 95명이고, 2022년의 예방접종자 수는 140명이다. 따라서 $\dfrac{140 - 95}{95} \times 100 ≒ 47$% 이상 증가했다.

③ 2021년의 예방접종을 하지 않은 직원들을 대상으로 2022년의 독감 예방접종 여부를 조사한 자료라고 한다면, 2021년과 2022년 모두 예방접종을 하지 않은 직원은 총 $250 \times 0.62 \times 0.44 ≒ 68$명이다.

④ 제조부서를 제외한 직원은 $250 \times (1 - 0.44) = 140$명이고, 2022년 예방접종을 한 직원은 $250 \times 0.56 = 140$명이다. 따라서 제조부서 중 예방접종을 한 직원은 없다.

18 정답 ③

2021년 예방접종을 한 직원은 $250 \times 0.38 = 95$명이고, 부서별 예방접종을 한 직원은 $250 \times (0.08 + 0.06 + 0.14) = 70$명이다. 즉, 제조부서 직원 중 예방접종을 한 직원은 $95 - 70 = 25$명이다. 제조부서 직원은 총 $250 \times 0.44 = 110$명이므로 제조부서 직원 중 2021년 예방접종을 한 직원의 비율은 $\dfrac{25}{110} \times 100 ≒ 22$%이다.

19 정답 ③

총 전입자 수는 서울이 가장 높지만, 총 전입률은 인천이 가장 높다.

오답분석

① $\frac{132,012}{650,197} \times 100 = 20.3$이므로 옳다.

② 대구의 총 전입률이 1.14로 가장 낮다

④ 부산의 총 전입자 수는 42,243로 광주의 총 전입자 수 17,962의 약 2.35배이다$\left(\frac{42,243}{17,962} = 2.35\right)$.

⑤ 광주의 총 전입자 수는 17,962로 가장 적다.

20 정답 ④

2014년 대비 2022년 신장 증가량은 A가 22cm, B가 21cm, C가 28cm로 C가 가장 많이 증가하였다.

오답분석

① B의 2022년 체중은 2019년에 비해 감소하였다.

② 2014년의 신장 순위는 B, C, A 순서이지만 2022년의 신장 순위는 C, B, A 순서이다.

③ 2020년에 세 사람 중 가장 키가 큰 사람은 C이다.

⑤ 2014년 대비 2019년 체중 증가는 A, B, C 모두 6kg으로 같다.

02 추리

01	02	03	04	05	06	07	08	09	10	11	12	13	14	15	16	17	18	19	20
⑤	④	③	④	②	③	③	②	④	③	⑤	②	②	①	①	⑤	②	④	③	③
21	22	23	24	25	26	27	28	29	30										
②	①	②	①	⑤	②	①	②	②	①										

01 정답 ⑤

'회계팀 팀원'을 p, '회계 관련 자격증을 가지고 있다.'를 q, '돈 계산이 빠르다.'를 r이라고 하면, 첫 번째 명제는 $p \rightarrow q$이며, 마지막 명제는 $\sim r \rightarrow \sim p$이다. 이때, 마지막 명제의 대우는 $p \rightarrow r$이므로 마지막 명제가 참이 되기 위해서는 $q \rightarrow r$이 필요하다. 따라서 빈칸에 들어갈 명제는 $q \rightarrow r$의 대우에 해당하는 ⑤이다.

02 정답 ④

'낡은 것을 버리다.'를 p, '새로운 것을 채우다.'를 q, '더 많은 세계를 경험하다.'를 r이라고 하면, 첫 번째 명제는 $p \rightarrow q$이며, 마지막 명제는 $\sim q \rightarrow \sim r$이다. 이때, 첫 번째 명제의 대우는 $\sim q \rightarrow \sim p$이므로 마지막 명제가 참이 되기 위해서는 $\sim p \rightarrow \sim r$이 필요하다. 따라서 빈칸에 들어갈 명제는 $\sim p \rightarrow \sim r$의 ④이다.

03 정답 ③

'A세포가 있다.'를 p, '물체의 상을 감지하다.'를 q, 'B세포가 있다.'를 r, '빛의 유무를 감지하다.'를 s라 하면, 첫 번째, 두 번째, 마지막 명제는 각각 $p \rightarrow \sim q$, $\sim r \rightarrow q$, $p \rightarrow s$이다. 두 번째 명제의 대우와 첫 번째 명제에 따라 $p \rightarrow \sim q \rightarrow r$이 되어 $p \rightarrow r$이 성립하고, 마지막 명제가 $p \rightarrow s$가 되기 위해서는 $r \rightarrow s$가 추가로 필요하다. 따라서 빈칸에 들어갈 명제는 $r \rightarrow s$의 ③이다.

04 정답 ④

두 번째 조건에 따라 둘째 날에는 2시간 또는 1시간 30분의 발 마사지 코스를 선택할 수 있다.
- 둘째 날에 2시간의 발 마사지 코스를 선택하는 경우
  첫째 날에는 2시간, 셋째 날에는 1시간, 넷째 날에는 1시간 30분 동안 발 마사지를 받는다.
- 둘째 날에 1시간 30분의 발 마사지 코스를 선택하는 경우
  첫째 날에는 2시간, 셋째 날에는 30분, 넷째 날에는 1시간 또는 1시간 30분 동안 발 마사지를 받는다.
따라서 현수는 셋째 날에 가장 짧은 마사지 코스를 선택하였다.

05 정답 ②

주어진 조건에 따라 머리가 긴 순서대로 나열하면 '슬기 – 민경 – 경애– 정서 – 수영'이 된다. 따라서 슬기의 머리가 가장 긴 것을 알 수 있다. 또한 경애가 단발머리인지는 주어진 조건만으로 알 수 없다.

06 정답 ③

a는 'A가 외근을 나감', b는 'B가 외근을 나감', c는 'C가 외근을 나감', d는 'D가 외근을 나감', e는 'E가 외근을 나감'이라고 할 때, 네 번째 조건과 다섯 번째 조건의 대우인 $b \rightarrow c$, $c \rightarrow d$에 따라 $a \rightarrow b \rightarrow c \rightarrow d \rightarrow e$가 성립한다. 따라서 'A가 외근을 나가면 E도 외근을 나간다.'는 항상 참이 된다.

07 정답 ③

주어진 조건에 따라 A ~ E의 시험 결과를 정리하면 다음과 같다.

구분	맞힌 문제의 수	틀린 문제의 수
A	19개	1개
B	10개	10개
C	20개	0개
D	9개 이하	11개 이상
E	16개 이상 19개 이하	1개 이상 4개 이하

따라서 B는 D보다 많은 문제의 답을 맞혔지만, E보다는 적게 답을 맞혔다.

08 정답 ②

창조적인 기업은 융통성이 있고, 융통성이 있는 기업 중의 일부는 오래간다. 즉, 창조적인 기업이 오래 갈지 아닐지 알 수 없다.

09 정답 ④

제시된 명제를 정리하면 다음과 같다.
- 테니스 ○ → 가족 여행 ×
- 가족 여행 ○ → 독서 ○
- 독서 ○ → 쇼핑 ×
- 쇼핑 ○ → 그림 그리기 ○
- 그림 그리기 ○ → 테니스 ○

위 조건을 정리하면 '쇼핑 ○ → 그림 그리기 ○ → 테니스 ○ → 가족 여행 ×'이므로 ④가 참이다.

10 정답 ③

여자 1호는 남자 3호와 커플이 될 수 있고, 여자 2호는 남자 2호와 커플이 될 수 있으며 여자 3호는 남자 2호, 남자 3호와 커플이 될 수 있으므로 서로에게 호감을 보인 남녀 커플의 여자가 3호일 확률은 여자 1호와 여자 2호일 확률보다 높다. 따라서 보기의 명제는 '확실하지는 않지만 맞을 확률이 높다.'고 해야 옳다.

11 정답 ⑤

제시된 조건을 표로 정리하면 다음과 같다.

구분	월	화	수	목	금	토	일
첫째	○	×		×	○		
둘째						○	
셋째							○
넷째			○				

첫째는 화·목요일에 병간호를 할 수 없고, 수·토·일요일은 다른 형제들이 간호를 하므로 월·금요일에 병간호를 할 것이다. 둘째와 셋째에게 남은 요일은 화·목요일이다. 그러나 둘 중 누가 화요일에 간호를 하고 목요일에 간호를 할지는 알 수 없다.

12 정답 ②

워터파크, 수도꼭지, 오아시스를 통해 '물'을 연상할 수 있다.

13 정답 ②

'몽룡'의 짝은 '춘향'이고, '피터팬'의 짝은 '웬디'이다.

14 정답 ①

♪ : 두 번째와 마지막 문자 자리 바꾸기
♬ : 각 자릿수에서 +2, -2, +2, -2
♩ : 두 번째 문자를 네 번째와 같은 문자로 바꾸기

ㅓㅓㅣㅣ → ㅣㅏㅜㅓ → ㅣㅓㅜㅓ
　　　　♬　　　　　　♩

15 정답 ①

rㄴㅠㅜ → rㅜㅠㄴ → tㅗ|ㅎ
  　♪　　　　♫

16 정답 ⑤

| —2ㅋ → |ㅋ2ㅋ → |ㅋ2ㅋ
  　♩　　　　♪

17 정답 ②

ㅁhㄷu → ㅅfㅁs → ㅅsㅁs → ㅈqㅅq
  　♫　　　♩　　　♫

18 정답 ④

규칙은 가로로 적용된다. 첫 번째 도형을 시계 방향으로 90° 회전시킨 도형이 두 번째 도형이고, 두 번째 도형을 x축 대칭시킨 도형이 세 번째 도형이다

19 정답 ③

규칙은 가로로 적용된다. 첫 번째 도형을 수직으로 반을 나눴을 때 왼쪽이 두 번째 도형, 오른쪽을 y축 대칭하고 시계 방향으로 90° 회전한 것이 세 번째 도형이다.

20 정답 ③

규칙은 가로로 적용된다. 첫 번째 도형을 수직으로 반을 잘랐을 때의 왼쪽 도형이 두 번째 도형이고, 두 번째 도형을 수평으로 반을 잘랐을 때의 위쪽 도형이 세 번째 도형이다.

21 정답 ②

Σ : 두 번째 문자를 맨 뒤에 추가
Δ : 역순으로 재배열
Φ : 각 자릿수마다 −2
Ω : 맨 뒤 문자 맨 앞으로 보내기

ㅁjㅓi → iㅁjㅓ → gㄷㅏ
  　Ω　　　　Φ

22 정답 ①

ㅗㅊㄷㅑ → ㅓㅇㄱ| → ㅓㅇㄱ|ㅇ
  　　Φ　　　　Σ

23 정답 ②

$$2 \text{ㄴㅠB} \text{ㅎ} \rightarrow \text{ㅎB} \text{ㅠㄴ} 2 \rightarrow \text{ㅎB} \text{ㅠㄴ} 2B$$
$$\qquad \Delta \qquad\qquad \Sigma$$

24 정답 ①

$$\text{ㅏㅜ}8\text{ㅋㅑ} \rightarrow \text{ㅏㅜ}8\text{ㅋㅑㅜ} \rightarrow \text{ㅡㅗ}6\text{ㅈㅣㅗ} \rightarrow \text{ㅗㅡㅗ}6\text{ㅈㅣ}$$
$$\qquad \Sigma \qquad\qquad \Phi \qquad\qquad \Omega$$

25 정답 ⑤

초기의 독서는 낭독이 보편적이었고, 12세기 무렵 책자형 책이 두루마리 책을 대체하면서 묵독이 가능하게 되었다. 따라서 책자형 책의 출현으로 낭독의 확산이 아닌 묵독의 확산이 가능해졌다고 할 수 있다.

오답분석
①・②・③ 세 번째 문단에서 확인할 수 있다.
④ 글 전체에서 확인할 수 있다.

26 정답 ②

놀이 공원이나 휴대전화 요금제 등을 미루어 생각해 볼 때, 이부가격제는 이윤 추구를 최대화하려는 기업의 가격 제도이다.

27 정답 ①

오답분석
ㄷ. 세계는 감각으로 인식될 때만 존재한다. 따라서 책상은 인식 이전에 그 자체로 존재할 수 없다.
ㄹ. 사과의 단맛은 주관적인 속성으로, 둥근 모양은 객관적으로 성립한다고 여겨지는 형태에 해당하지만, 버클리는 주관적 속성으로 인식했다.

28 정답 ②

제시문에서는 사치재와 필수재의 예에 대해서는 언급하고 있지 않다.
오답분석
①은 세 번째 문단, ③은 네 번째 문단, ④는 두 번째 문단에 제시되어 있다.

29 정답 ②

장독립성은 사물을 인식할 때 그 사물을 둘러싼 배경, 즉 장의 영향을 별로 받지 않는 인지 양식으로, 장독립적인 사람은 분석적 능력이 뛰어나다. 반면 장의존성은 장의 영향을 많이 받는 인지 양식을 말한다. 따라서 장의존적인 사람보다 장독립적인 사람이 숨은 그림 찾기에서 더 뛰어난 능력을 보여줄 것이라 추측할 수 있다.

30 정답 ①

제시문에서는 조상형 동물의 몸집이 커지면서 호흡의 필요성에 따라 아가미가 생겨났고, 호흡계 일부가 변형된 허파는 식도 아래쪽으로 생성되었으며, 이후 폐어 단계에서 척추동물로 진화하면서 호흡계와 소화계가 겹친 부위가 분리되기 시작하여 결국 하나의 교차점을 남기면서 인간의 음식물로 인한 질식 현상과 같은 단점을 남겼다고 설명하고 있다. 또한 마지막 문장에서 이러한 과정이 '당시에는 최선의 선택'이었다고 하였으므로, 진화가 순간순간에 필요한 대응일 뿐 최상의 결과를 내는 과정이 아님을 알 수 있다.

03 직무상식

01	02	03	04	05	06	07	08	09	10	11	12	13	14	15	16	17	18	19	20
②	④	③	④	②	②	②	②	①	③	①	①	①	②	②	⑤	⑤	②	②	②

21	22	23	24	25	26	27	28	29	30										
⑤	④	①	②	⑤	③	②	③	③	⑤										

01 정답 ②

갑상선 기능 항진증의 증상
• 일반증상 : 피로감, 권태감, 더위 민감, 미열, 체중감소
• 정신・신경계 : 예민, 두통, 진전, 반사항진
• 눈 : 안구돌출, 안검부종
• 순환기계 : 심계항진, 빈맥, 고혈압, 맥압증가, 부정맥, 심방세동, 심부전
• 근육계 : 근육저하, 근위축
• 골격계 : 골다공증, 병리적 골절
• 피부계 : 다온, 다습, 탈모, 발한
• 생식기계 : 과소월경, 무월경, 성욕감퇴, 불임증

02 정답 ④

자율성과 선행의 원칙
• 자율성의 원칙 : 개인 스스로 선택한 계획에 따라 행동과정을 결정하는 자유를 의미한다. 예를 들어 의사가 환자를 진단하고 치료하려고 할 때 치료과정과 방법, 이에 따른 부작용 등을 환자에게 상세히 설명하고 환자는 자발적 선택으로 의사의 치료에 동의하는 것이다. 이것은 환자가 자기 운명의 주인은 자기라고 생각하기 때문이다.
• 선행의 원칙 : 타인을 돕기 위해 적극적이고 긍정적으로 고려하는 것으로 일반적으로 의료인의 이타적・포괄적 자세를 말한다. 선행의 원리는 호의에서 나오는 친절과는 달리 의료인의 의무이다.

03 정답 ③

전형적인 ST 분절 상승 심근경색(ST Elevation Myocardial Infarction, STEMI)의 소견으로, 보통 관상동맥 폐색으로 인한 급성 심근허혈이 원인이다.

04 정답 ④

절대호중구수(Absolute Neutrophil Count, ANC)가 500/mm³ 이하이면 감염 위험성이 현저히 증가하므로 격리를 고려하여야한다.

05 정답 ②

일시적으로 풍선을 넣어서 좁아진 혈관을 넓혀 주거나 Stent라는 것을 넣어서 다시 좁아지는 것을 막아주는 시술이므로 계속 질병관리와 예후에 대하여 조심해야 한다.

06 정답 ②

ABGA(동맥혈가스분석) 결과

구분	정상	호흡성 산증	호흡성 알칼리증	대사성 산증	대사성 알칼리증
pH	7.35 ~ 7.45	<7.35	>7.45	<7.35	>7.45
PaO2	80 ~ 100mmHg	정상 or 감소	정상	정상	정상
PaCO2	35 ~ 45mmHg	>45mmHg	<35mmHg	정상	정상
HCO3-	22 ~ 26mEq/L	정상	정상	<22mEq/L	>26mEq/L

07 정답 ②

오답분석
ⓒ 장운동을 촉진하는 섬유질 음식, 과일, 커피 및 탄산음료 등은 제한한다.
ⓔ 콩, 맥주, 탄산음료, 오이, 무, 풋고추, 양배추, 옥수수 등이 가스를 생성시키는 음식물이며 천천히 말하면서 식사하는 것은 공기를 삼키는 행위(흡연, 빨대 사용, 껌 씹기, 말하면서 식사하기)이므로 피하도록 한다.

08 정답 ②

저칼슘혈증
선천적 혹은 후천적인 다양한 원인에 의하여 발생된다. 원인에 관계없이 이온화 칼슘의 감소로 인하여 신경근육계의 감각이상, 근육통, 강축 및 경련 등 신경근육계의 흥분도 증가에 의한 증상이 발생된다. 이상감각, 테타니, 후드경련, 심부정맥, 심장마비가 나타난다.

09 정답 ①

수두 환아의 간호
• 수두 환자를 치료하는 데 가장 중요한 요인은 합병증의 발생 위험도라 할 수 있는데 합병증이 동반하지 않는 경우 가장 흔한 증상은 가려움증과 발열이다.
• 소아에게는 대증요법으로, Acetaminophen, 항히스타민제, Calamine 외용 로션 등을 사용한다.
• 환아가 긁지 않도록 면으로 만든 벙어리장갑을 사용하고, 팔꿈치 억제대를 적용한다.
• 목욕은 비누를 사용하지 않으며 미지근한 물 중조, 전분목욕을 시킨다.

수두 간호중재
• 병원 내 격리(수포가 사라질 때까지 일주일 정도)
• 대증요법
• 느슨한 가피 제거
• 2차 감염 예방 위해 항생제 투여
• 긁을 수 없도록 장갑을 끼우거나 손톱을 짧게 깎기

- 소양증 완화 : 피부 병변 전분 목욕, 칼라민 로션 도포
- 오염된 물품 소독, 침구와 의복 청결 유지
- 소양증에서 관심을 돌리기 위해 재미있는 게임을 시킴
- 비누를 사용하지 않은 차가운 스펀지 목욕

10 정답 ③

화학요법을 받고 있는 암 환자의 영양결핍에 대한 간호중재
- 5대 영양소와 섬유질이 균형 잡힌 식사를 소량씩 자주 공급해준다.
- 고단백, 고열량 식이에 대한 필요성을 강조하고 구강영양을 증진시킨다.
- 자극성 있는 음식은 피한다.
- 항암제로 인해 간 기능, 신장 기능의 장애가 올 수 있으므로 모든 음식은 싱겁게 조리한다.
- 음식 냄새에 예민해졌을 때는 뜨겁고 향이 강한 것은 피한다.

11 정답 ①

오답분석
② 자세는 호흡하기에 편한 파울러 자세(반좌위)를 취하는 것이 좋다.

12 정답 ①

위액분비를 억제하는 요인
- 소장 내의 호르몬 기전
- 고농도 식이
- 미주신경 자극 억제
- 위염

13 정답 ①

대사성 산증의 원인
- CO_2 이외의 산이 혈액 내 축적
- HCO_2^- 소실
- 산성물질의 생성 증가(케톤산증, 요독성 산증)
- 산성물질의 섭취 증가
- 중탄산염의 손실(심한 설사, 장루)

14 정답 ②

척추 손상의 응급처치
- 기도유지
  - 하악견인법으로 기도 유지 후 호흡보조기구 삽입하여 기도 확보
  - 구강 내 이물질 있을 경우 손가락, 흡입기로 제거
  - 목이 전후좌우로 구부러진 경우도 하악견인법으로 몸체의 정중축에 평행한 일직선으로 위치시켜 기도 유지
  - 손상부위에 부목으로 고정한 후 움직이지 않게 신체선열을 유지해 안전하게 이동
- 척추 손상 시 고정 : 척추 손상 부위가 1 ~ 2mm만 전위되어도 척수 손상을 유발할 수 있음

15 　정답 ②

신증후군
- 다량의 단백뇨를 특징으로 하며, 흔히 저알부민혈증, 부종, 고지혈증 및 지질뇨(Lipiduria)를 동반한다.
- 저염식, 고단백식을 원칙으로 한다.
- 부종이 아주 심한 경우는 수분섭취도 제한할 수 있다.

16 　정답 ⑤

체중지지 보행(Weight-bearing Gait)
- 4점 보행 : 양측하지에 체중부하가 가능한 대상자, 오른쪽 목발, 왼쪽 발, 왼쪽 목발, 오른쪽 발의 순서
- 2점 보행 : 4점 보행보다 좀 더 빠른 방법. 양쪽 하지가 어느 정도 체중을 지탱할 수 있을 때, 좌측 목발과 우측 발이 동시에 나가고, 그다음에는 우측 목발과 좌측 발이 동시에 나가서 딛게 되는 보행
- 삼각보행 : 하지마비 대상자, 좌측 목발이 먼저 나가고, 그다음 우측 목발이 나간 후 몸을 앞으로 끌어당기는 방법
- 3점 보행(부분 체중지지 보행) : 한쪽 하지가 약해서 체중부하를 할 수 없지만 다른 한쪽 하지는 튼튼하여 전체 체중유지가 가능할 때, 양쪽 목발로 허약한 쪽 다리를 지탱하면서 동시에 나가고 그다음 강한 쪽 다리를 내딛음

17 　정답 ⑤

혈장 내 칼륨의 농도가 5.9mEq/L 이상인 고칼륨혈증으로 부정맥, 심장마비의 가능성이 높다. 이에 저칼륨 식이, 이뇨제 투여, 포도당+인슐린 수액 투여 등 칼륨을 떨어뜨리는 치료가 필요하다.

18 　정답 ②

식도이완불능증 환자의 경우 복압을 올릴 수 있는 보정 속옷 착용은 가능한 피해야 한다.

19 　정답 ②

아나필락틱 쇼크 시 간호중재에는 에피네프린 투여, 스테로이드 제제 투여(부종 감소), 얼음주머니(소양증 감소) 등이 있다.

20 　정답 ②

자간전증 간호중재
- 임신 후 혈중 특정 단백질 분자가 비정상적으로 많으면 임신중독증인 자간전증을 겪을 위험이 매우 높다.
- 혈압이 150/100mmHg 이상이고 단백뇨가 1g/24h 이상이면 병원에 입원하도록 권한다.
- 환자의 신변에 위험한 기구를 두지 말고, 머리를 차게 해주며, 조용하고 어두운 방에 왼쪽 옆으로 눕히고 항경련제인 $MgSO_4$를 투여한다.
- 발작 중에 혀 손상 방지를 위해 치열 사이에 설압자를 끼워 준다.

21 　정답 ⑤

신경성 식욕부진증 간호중재
- 음식섭취를 권장하고 행동프로그램을 활용하여 긍정적 자아정체감을 형성하도록 한다.
- 체중과 영양에 대한 인지를 사정하고 그에 맞게 교육한다.
- 체액결핍 방지 등을 위해 전해질과 소변량을 측정한다.

22 정답 ④

60kg 환자에게 헤파린을 15unit/kg/hr로 주어야 하므로 15×60=900unit/hr로 들어가야 한다. 생리식염수 500mL에 25,000unit의 헤파린이 희석되어 있으므로 생리식염수 1mL당 헤파린은 50unit이 섞여 있다. 따라서 1시간에 900unit을 주기 위해서는 희석된 생리식염수 900÷50=18mL를 1시간에 주면 된다.

23 정답 ①

오답분석
② 낙상 예방을 위해 밤 동안 희미한 불을 켜두거나 야간등을 사용한다.
③ 적절한 자극 및 기능 수준 유지를 위해 활동의 범위를 지나치게 제한해서는 안 된다.
④ 과잉 자극을 피하기 위해 가능한 일정한 간호사가 돌보는 것이 좋다.
⑤ 구조화된 그룹토의, 집단치료 및 생일잔치 등에 참여하게 한다.

24 정답 ②

주삿바늘에 의한 자상으로 감염될 수 있는 주요 질환으로 B형 간염, C형 간염, HIV(AIDS), 매독 등이 있다.

25 정답 ⑤

개인이 자신이나 타인의 신체적 안녕에 심각한 위협을 가져다주는 사건을 경험 또는 직면하고 나서 극심한 공포, 무력감, 죄의식 등의 심리적 반응이 동반되는 임상적 상태를 말한다.

26 정답 ③

매슬로우의 욕구 5단계설
• 1단계 : 생리적 욕구(음식, 산소, 물, 체온, 배설, 신체활동, 소화흡수, 휴식 등)로서 기본적 욕구라고도 하며 의식주 등 인간의 생명유지를 위한 기본욕구이다.
• 2단계 : 안전의 욕구로서 안전 및 신체적·정서적 피해로부터의 보호이다.
• 3단계 : 사회적 욕구로서 애정, 소속, 다른 사람에 의해 받아들여짐을 이르는 욕구이다.
• 4단계 : 존경의 욕구로서 자존, 자율, 성취하려는 욕구와 외적으로 인정을 받으며 집단 내에서 지위를 확보하려는 욕구이다.
• 5단계 : 자아실현의 욕구로서 자신의 잠재력을 극대화하여 자아를 완성시키는 욕구이다.

27 정답 ②

피부반응검사
표피 바로 아래의 진피층에 약물을 투여하고 발적 여부를 확인하는 것으로 발적(팽진) 부위가 직경 10mm 이상이면 양성, 발적 부위가 5~9mm 사이면 반대쪽 부위에 생리식염수 0.1mL를 피내주사하여 비교한다. 항생제와 같은 약물 반응검사 시에는 10~15분 후에 판독, 투베르쿨린 반응검사 시에는 48~72시간 경과 후에 판독한다. 피부검사 시에는 주삿바늘 삽입 후에 내관을 뒤로 당겨보거나, 주사 후 주사부위를 마사지하지 않는다.

28 정답 ③

진행성 위암 환자의 간호중재로는 비경구적 영양공급이나 공장루술을 이용할 수 있다.

29 정답 ③

발한, 허약감, 현기증은 당뇨병 환자의 저혈당 증상으로, 대체로 혈당이 70mg/dL 이하로 떨어졌을 때 나타나게 된다. 가장 신속히 흡수되어 신체에 작용할 수 있는 단순당질을 섭취하여 혈당을 올려주도록 한다.

30 정답 ⑤

대변자

어떤 개인이나 집단의 이익을 위해 행동하거나 그들의 입장에 서서 의견을 제시한다. 어떤 보건의료의 혜택을 받을 자격이 있는지, 어떻게 보건의료를 이용하거나 혜택을 받을 수 있는지에 대해서 스스로 정보를 얻을 능력이 생길 때까지 알려주고 안내한다.

제**3**회 최종점검 모의고사 정답 및 해설

01 수리논리

01	02	03	04	05	06	07	08	09	10	11	12	13	14	15	16	17	18	19	20
②	①	③	①	④	⑤	③	①	①	②	⑤	②	②	④	⑤	③	④	④	⑤	④

01 정답 ②

주사위를 세 번 던져서 점 P에 대응하는 수가 1이려면 오른쪽으로 두 번, 왼쪽으로 한 번 움직여야 한다. 즉, 짝수의 눈이 두 번, 홀수의 눈이 한 번 나와야 한다. 짝수의 눈이 두 번, 홀수의 눈이 한 번 나오는 경우의 수는 (홀수, 짝수, 짝수), (짝수, 홀수, 짝수), (짝수, 짝수, 홀수) 3가지이며 각각의 확률은 $\frac{1}{2} \times \frac{1}{2} \times \frac{1}{2} = \frac{1}{8}$ 로 같다. 따라서 점 P에 대응하는 수가 1일 확률은 $3 \times \frac{1}{8} = \frac{3}{8}$ 이다.

02 정답 ①

각 출장 지역마다 대리급 이상이 한 명 이상 포함되어야 하므로 과장 2명과 대리 2명을 먼저 각 지역에 배치하면 $(_2C_2 \times {}_3C_2 \times 4!)$가지이고, 남은 대리 1명과 사원 3명이 각 지역에 출장 가는 경우의 수는 4!가지이다.

즉, A, B, C, D지역으로 감사팀이 출장 가는 전체 경우의 수는 $(_2C_2 \times {}_3C_2 \times 4! \times 4!)$가지이다.

다음으로 대리급 이상이 네 지역에 한 명씩 출장을 가야하므로 한 명의 대리만 과장과 짝이 될 수 있다. 과장과 대리가 한 조가 되어 4개 지역 중 한 곳에 출장 가는 경우의 수는 $(_2C_1 \times {}_3C_1 \times 4)$가지이다. 그리고 남은 과장 1명, 대리 2명, 사원 3명이 세 지역으로 출장가는 경우의 수는 $(_1C_1 \times {}_2C_2 \times 3! \times 3!)$가지이다.

즉, 과장과 대리가 한 조가 되는 경우의 수는 $(_2C_1 \times {}_3C_1 \times 4 \times {}_1C_1 \times {}_2C_2 \times 3! \times 3!)$가지이다.

따라서 과장과 대리가 한 조로 출장에 갈 확률은 $\dfrac{24 \times 3! \times 3!}{_2C_2 \times {}_3C_2 \times 4! \times 4!} = \dfrac{1}{2}$ 이다.

03 정답 ③

- 대여기간 : 60개월
- A회사(20개월 단위로 대여) : $57,000 + 1,500,000 \times 3 = 4,557,000$원
- B회사 : $75,000 \times 60 = 4,500,000$원
- C회사(30개월 단위로 대여) : $2,200,000 \times 2 = 4,400,000$원
- D회사(55개월 대여) : $48,000 + 87,000 \times 55 = 4,833,000$원

따라서 H씨가 선택할 회사는 C회사이다.

04 정답 ①

ⓛ 2021년 대비 2022년 자동차 수출액의 감소율은 $\dfrac{713-650}{713}\times100 \fallingdotseq 8.8\%$이다.

풀이 꿀팁

2021년 대비 2022년 자동차 수출액의 감소량은 63(=713-650)억 불로 2021년 자동차 수출액인 713억 불의 10%인 71.3억 불 미만이다. 따라서 계산하지 않고도 10% 이상 감소했다는 ⓛ은 적절하지 않음을 알 수 있다.

오답분석

㉠ 각 연도별 전년 대비 자동차 생산량의 증가량을 구하면 다음과 같다.
- 2016년 : 4,272−3,513=759천 대
- 2017년 : 4,657−4,272=385천 대
- 2018년 : 4,562−4,657=−95천 대
- 2019년 : 4,521−4,562=−41천 대
- 2020년 : 4,524−4,521=3천 대
- 2021년 : 4,556−4,524=32천 대
- 2022년 : 4,229−4,556=−327천 대

즉, 전년 대비 자동차 생산량의 증가량이 가장 큰 해는 2016년이다.
㉢ 제시된 자료를 통해 자동차 수입액은 지속적으로 증가했음을 알 수 있다.
㉣ 2022년의 자동차 생산량 대비 내수량의 비율

$\dfrac{1,600}{4,229}\times100 \fallingdotseq 37.8\%$

05 정답 ④

서류 합격자 비율을 x라고 하면 최종 합격자를 구하는 식은 아래와 같다.
7,750명$\times x\%\times30\%$=93명이므로 7,750명$\times x\%$=310명 → $x=4$
따라서 서류 합격자 비율은 4%이다.

06 정답 ⑤

5년 동안 전체 사고 발생 수는 262,814+270,646+284,286+273,097+266,051=1,356,894건이고, 자전거사고 발생 수는 6,212+4,571+7,498+8,529+5,330=32,140건이다. 따라서 전체 사고 발생 수 중 자전거사고 발생 수의 비율은 $\dfrac{32,140건}{1,356,894건}\times100 \fallingdotseq 2.37\%$로 3% 미만이다.

오답분석

① 연도별 화재사고 발생 수의 5배와 도로교통사고 발생 수를 비교하면 다음과 같다.

구분	화재사고 건수 5배	도로교통사고 건수
2018년	40,932건×5=204,660건	215,354건
2019년	42,135건×5=210,675건	223,552건
2020년	44,435건×5=222,175건	232,035건
2021년	43,413건×5=217,065건	220,917건
2022년	44,178건×5=220,890건	216,335건

2022년에는 화재사고 건수의 5배가 도로교통사고 발생 수보다 많으므로 적절하지 않은 설명이다.
② 환경오염사고 발생 수는 2020년부터 2022년까지 전년보다 감소하므로 증가와 감소가 반복된다는 분석은 적절하지 않다.
③ 환경오염사고 발생 수는 2021년부터 가스사고 발생 수보다 적다.

④ 매년 사고 발생 총 건수를 구하면 다음과 같다.

구분	매년 사고 발생 총 건수
2018년	$215,354+40,932+72+244+6,212=262,814$건
2019년	$223,552+42,135+72+316+4,571=270,646$건
2020년	$232,035+44,435+72+246+7,498=284,286$건
2021년	$220,917+43,413+122+116+8,529=273,097$건
2022년	$216,335+44,178+121+87+5,330=266,051$건

2018년 ~ 2022년까지 사고 발생 수는 증가했다가 감소하는 추세이다.

07 정답 ③

ⓛ (교원 1인당 원아 수)=$\dfrac{(원아 수)}{(교원 수)}$이다. 따라서 교원 1인당 원아 수가 적어지는 것은 원아 수 대비 교원 수가 늘어나기 때문이다.

ⓔ 제시된 자료만으로는 알 수 없다.

08 정답 ①

영화의 매출액은 매년 전체 매출액의 약 50%를 차지함을 알 수 있다.

풀이 꿀팁

영화 매출액이 전체 매출액의 30% 이상임을 확인하려면 $\dfrac{(영화 매출액)}{(전체 매출액)}\times100$을 계산해봐야 한다. 하지만 모두 직접적으로 계산해

볼 수 없으므로 영화 매출액이 전체의 30%라고 생각하고 전체 매출액을 대략적으로 계산해본다. 2015년의 영화 매출액은 371억

원이므로 대략 300억 원이라 하면 전체 매출액은 $300\times\dfrac{100}{30}=3,000$억 원 이상이어야 한다. 이런 식으로 대략적인 계산을 하여

빠르게 풀이할 수 있다.

오답분석

② 2016 ~ 2017년 전년 대비 매출액의 증감 추이는 게임의 경우 '감소 - 증가'이고, 음원은 '증가 - 증가'이다.
③ 2020년과 2022년 음원 매출액은 SNS 매출액의 2배 미만이다.
④ 2017년에 SNS의 매출액은 전년에 비해 감소하였다.
⑤ 영화와 음원의 경우 2020년 매출액이 2019년 매출액의 2배 미만이지만, SNS의 경우 2020년 매출액이 전년 매출액의 5배
  이상이다.

09 정답 ①

2020년 프랑스의 자국 영화 점유율은 한국보다 높다.

오답분석

② 모든 국가에서 자국 영화 점유율이 감소한 해가 있다.
③ 2019년 대비 2022년 자국 영화 점유율이 하락한 국가는 한국, 영국, 독일, 프랑스, 스페인이고, 이 중 한국이 4.3%p 하락으로,
  가장 많이 하락한 국가이다.
④ 일본, 독일, 스페인, 호주, 미국이 해당하므로 절반이 넘는다.
⑤ 2021년을 제외하고 프랑스, 영국, 독일, 스페인 순서로 자국 영화 점유율이 높다.

10 정답 ②

2022년 3월에 가장 사고가 많이 발생한 도로 종류는 특별·광역시도이지만, 가장 사망자 수가 많은 도로는 시도이다.

오답분석

① 특별·광역시도의 교통사고 발생건수는 지속적으로 증가했다.
③ 해당 기간 동안 부상자 수가 감소하는 도로는 없다.
④ 사망자 수가 100명을 초과하는 것은 3월과 4월의 시도가 유일하다.
⑤ 고속국도는 2022년 2월부터 4월까지 부상자 수가 746명, 765명, 859명으로 가장 적다.

11 정답 ⑤

2016 ~ 2021년 평균 지진 발생 횟수는 $(42+52+56+93+49+44)\div6=56$회이다. 2022년에 발생한 지진은 2016 ~ 2021년 평균 지진 발생 횟수에 비해 $492\div56\fallingdotseq8.8$배 증가했으므로 적절한 설명이다.

오답분석

① 2020년과 2021년에 전년 대비 지진 횟수는 감소했다.
② 2019년의 지진 발생 횟수는 93회이고 2018년의 지진 발생 횟수는 56회이다. 2019년에는 2018년보다 지진이 $93-56=37$회 더 발생했다.
③ 2022년에 일어난 규모 5.8의 지진이 2016년 이후 우리나라에서 발생한 지진 중 가장 강력한 규모이다.
④ 2017년보다 2018년에 지진 횟수는 증가했지만 최고 규모는 감소했다.

12 정답 ②

• 김사원 : 전체 경쟁력 점수는 E국이 D국보다 1점 높다. 이때 E국과 D국의 총합을 각각 계산하는 것보다 D국을 기준으로 E국의 편차를 부문별로 계산하여 판단하는 것이 좋다. 부문별 편차는 변속감 -1, 내구성 -2, 소음 -4, 경량화 $+10$, 연비 -2이므로 총합은 E국이 $+1$이다.
• 최대리 : C국을 제외하고 국가 간 차이가 가장 큰 부문은 경량화 21점, 가장 작은 부문은 연비 9점이다.
• 오사원 : 내구성이 가장 높은 국가는 B, 경량화가 가장 낮은 국가는 D이다.

13 정답 ②

폐기물을 통한 신재생에너지 공급량은 2016년에 감소하였으므로 적절하지 않은 설명이다.

오답분석

① 2017년 수력 공급량은 792.3천 TOE로, 같은 해 바이오와 태양열의 공급량 합인 $754.6+29.3=783.9$천 TOE보다 크다.
③ 2017년부터 수소·연료전지를 통한 공급량은 지열을 통한 공급량을 추월한 것을 확인할 수 있다.
④ 2018년부터 전년 대비 공급량이 증가한 신재생에너지는 '태양광, 폐기물, 지열, 수소·연료전지, 해양' 5가지이다.
⑤ 해양을 제외하고 2014년도에 비해 2022년도에 공급량이 감소한 신재생에너지는 '태양열, 수력' 2가지이다.

14 정답 ④

전년 대비 신재생에너지 총 공급량의 증가율은 다음과 같다.

• 2016년 : $\dfrac{6,006.2-5,050.4}{5,858.4}\times100\fallingdotseq3.9\%$

• 2017년 : $\dfrac{6,856.2-6,086.2}{6,086.2}\times100\fallingdotseq12.7\%$

• 2018년 : $\dfrac{7,582.7-6,856.2}{6,856.2}\times100\fallingdotseq10.6\%$

• 2019년 : $\dfrac{8,850.7-7,582.7}{7,582.7}\times100\fallingdotseq16.7\%$

• 2020년 : $\dfrac{9,879.3-8,850.7}{8,850.7}\times100\fallingdotseq11.6\%$

따라서 전년 대비 신재생에너지 총 공급량의 증가율이 가장 큰 해는 2019년이다.

15 정답 ⑤

건설업 분야의 취업자 수는 2019년과 2022년에 각각 전년 대비 감소했다.

[오답분석]

① 2014년 도소매·음식·숙박업 분야에 종사하는 사람의 수는 총 취업자 수의 $\frac{5,966}{21,156} \times 100 = 28.2\%$이므로 30% 미만이다.

② 2014 ~ 2022년 농·임·어업 분야의 취업자 수는 꾸준히 감소하는 것을 확인할 수 있다.

③ 2022년 사업·개인·공공서비스 및 기타 분야의 취업자 수는 2014년 대비 7,633−4,979=2,654천 명으로 가장 많이 증가했다.

④ 2021년 전기·운수·통신·금융업 분야 취업자 수는 2014년 대비 $\frac{7,600-2,074}{2,074} \times 100 = 266\%$ 증가했고, 사업·개인·공공서비스 및 기타 분야 취업자 수는 $\frac{4,979-2,393}{4,979} \times 100 = 52\%$ 감소했다.

16 정답 ③

ㄱ. 2017년 어업 분야의 취업자 수는 농·임·어업 분야의 취업자 수 합계에서 농·임업 분야 취업자 수를 제외한 수이다.
따라서 1,950−1,877=73천 명이다.

ㄴ. 전기·운수·통신·금융업 분야의 취업자 수가 7,600천 명으로 가장 많다.

[오답분석]

ㄷ. 농·임업 분야 종사자와 어업 분야 종사자 수는 계속 감소하기 때문에 어업 분야 종사자 수가 현상을 유지하거나 늘어난다고 보기 어렵다.

17 정답 ④

졸업 후 창업하는 학생들은 총 118+5+5+1+37=166명이며, 이 중 특성화고 졸업생은 37명이다. 따라서 졸업 후 창업하는 졸업생들 중 특성화고 졸업생이 차지하는 비율은 $\frac{37}{166} \times 100 = 22.3\%$이다.

[오답분석]

① 일반고 졸업생 중 대학에 진학하는 졸업생 수는 6,773명, 특성화고 졸업생 중 대학에 진학하는 졸업생 수는 512명이다. 따라서 일반고 졸업생 중 대학에 진학하는 졸업생 수는 특성화고 졸업생 중 대학에 진학하는 졸업생 수보다 $\frac{6,773}{512} = 13.2$배 많다.

② 졸업 후 군입대를 하거나 해외 유학을 가는 졸업생들은 297+5+3+6+86=397명이며 이 중 과학고·외고·국제고와 마이스터고 졸업생들은 5+6=11명이다. 따라서 졸업 후 군 입대를 하거나 해외 유학을 가는 졸업생들 중 과학고·외고·국제고와 마이스터고 졸업생들이 차지하는 비율은 $\frac{11}{397} \times 100 = 2.8\%$이다.

③ 진로를 결정하지 못한 졸업생의 수가 가장 많은 학교유형은 일반고이다.

⑤ 졸업생들 중 대학 진학률이 가장 높은 학교유형은 과학고·외고·국제고이며, 창업률이 가장 높은 학교유형은 예술·체육고이다.

18 정답 ④

ㄴ. 졸업 후 취업한 인원은 457+11+3+64+752=1,287명으로 1,200명을 넘었다.

ㄹ. 특성화고 졸업생 중 진로를 결정하지 못한 졸업생 수는 260명, 대학에 진학한 졸업생 수는 512명이다.

따라서 특성화고에서 진로를 결정하지 못한 졸업생은 대학에 진학한 졸업생의 수의 $\frac{260}{512} \times 100 = 50.8\%$이다.

[오답분석]

ㄱ. 마이스터고와 특성화고의 경우 대학에 진학한 졸업생 수보다 취업한 졸업생 수가 더 많았다.

ㄷ. 일반고 졸업생 중 취업한 졸업생 수는 457명으로 창업한 졸업생 수의 4배인 118명×4=472명보다 적으므로 적절하지 않은 설명이다.

19 정답 ⑤

4월의 전월 대비 수출액은 감소했고, 5월의 전월 대비 수출액은 증가했는데, 반대로 나타나 있다.

20 정답 ④

1. 규칙 파악
   - A지역

$$87 \quad \to \quad 85 \quad \to \quad 82 \quad \to \quad 78 \quad \to \quad 73 \quad \to \quad 67 \quad \to \quad 60$$
$$\quad\quad -2 \quad\quad\quad -3 \quad\quad\quad -4 \quad\quad\quad -5 \quad\quad\quad -6 \quad\quad\quad -7$$

   ∴ A지역의 지진 발생 건수는 감소하고 있으며, 감소량은 첫째 항이 2이고 공차가 1인 등차수열이다.
   - B지역

$$2 \quad \to \quad 3 \quad \to \quad 4 \quad \to \quad 6 \quad \to \quad 9 \quad \to \quad 14 \quad \to \quad 22$$
$$\quad +1 \quad \to \quad +1 \quad \to \quad +2 \quad \to \quad +3 \quad \to \quad +5 \quad \to \quad +8$$
$$\quad\quad\quad\quad +(1+1) \quad\quad +(1+2) \quad\quad +(2+3) \quad\quad +(3+5)$$

   ∴ B지역의 지진 발생 건수는 증가하고 있으며, 증가량은 처음 두 항이 1이고 세 번째 항부터는 바로 앞 두 항의 합인 피보나치 수열이다.

2. 계산
   ㉠ 직접 계산하기
   - A지역

2022년		2023년		2024년		2025년		2026년		2027년
60	→	52	→	43	→	33	→	22	→	10
	−8		−9		−10		−11		−12	

   - B지역

2022년		2023년		2024년		2025년		2026년		2027년
22	→	35	→	56	→	90	→	145	→	234
	+13		+21		+34		+55		+89	

   ㉡ 식 세워 계산하기
   - A지역

구분	2016년	2017년	⋯	2027년
n번째 항	1번째 항	2번째 항	⋯	12번째 항
A지역	87	85	⋯	?

2016년의 지진 발생 건수를 첫 항이라 하면 $a_1 = 87$이다. 감소량은 2016년 대비 2017년에 감소한 지진 발생 건수를 첫 항이라 하면 $b_1 = 2$이고 공비 $d = 1$이므로 $b_n = 2 + 1 \times (n-1) = n + 1$이다. 그러므로 $a_n = a_1 - \sum_{k=1}^{n-1}(k+1)$이고, 2027년은 12번째 항이므로 $a_{12} = 87 - \sum_{k=1}^{11}(k+1) = 87 - \left(\frac{11 \times 12}{2} + 11\right) = 100$이다.

02 추리

01	02	03	04	05	06	07	08	09	10	11	12	13	14	15	16	17	18	19	20
⑤	⑤	③	②	②	⑤	⑤	①	③	③	①	③	①	②	①	②	①	④	①	②
21	22	23	24	25	26	27	28	29	30										
④	①	③	④	④	②	④	④	②	⑤										

01 정답 ⑤

'홍보실'을 A, '워크숍에 간다.'를 B, '출장을 간다.'를 C라 하면, 첫 번째 명제와 마지막 명제는 각각 A → B, ~C → B이다. 따라서 마지막 명제가 참이 되려면 ~C → A 또는 ~A → C가 필요하므로 빈칸에 들어갈 명제는 '홍보실이 아니면 출장을 간다.'가 적절하다.

02 정답 ⑤

내구성을 따지지 않는 사람 → 속도에 관심이 없는 사람 → 디자인에 관심 없는 사람

03 정답 ③

'환경 보호 단체'를 A, '일회용품을 사용하는 단체'를 B, '에너지 절약 캠페인에 참여하는 단체'를 C라고 하면, 전제1과 전제2를 다음과 같은 벤다이어그램으로 나타낼 수 있다.
1) 전제1

2) 전제2

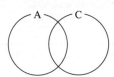

이를 정리하면 다음과 같은 벤다이어그램이 성립한다.

04 정답 ②

첫 번째, 네 번째 조건을 이용하면 미국 – 일본 – 캐나다 순서로 여행한 사람의 수가 많음을 알 수 있다.
두 번째 조건에 의해 일본을 여행한 사람은 미국 또는 캐나다 여행을 했다. 따라서 일본을 여행했지만 미국을 여행하지 않은 사람은 캐나다 여행을 했고, 세 번째 조건에 의해 중국을 여행하지 않았다.

오답분석
①・④・⑤ 주어진 조건만으로는 알 수 없다.
③ 미국을 여행한 사람이 가장 많지만 일본과 중국을 여행한 사람을 합한 수보다 많은지는 알 수 없다.

05 정답 ②

조건에 의해서 A, B, C, D는 1층에 살 수 없다. 따라서 E는 1층에 산다.
조건에 따라 가능한 경우를 정리하면 다음과 같다.

구분	1층	2층	3층	4층	5층
경우 1	E	A	B	C	D
경우 2	E	A	B	D	C
경우 3	E	A	C	D	B
경우 4	E	A	D	C	B

06 정답 ⑤

첫 번째와 네 번째 조건에서 여학생 X와 남학생 B가 동점이 아니므로, 여학생 X와 남학생 C가 동점 이다. 세 번째 조건에서 여학생 Z와 남학생 A가 동점임을 알 수 있고, 두 번째 조건에서 여학생 Y와 남학생 B가 동점임을 알 수 있다. 남는 남학생 D는 당연히 여학생 W와 동점임을 알 수 있다.

07 정답 ⑤

은진이가 예상한 '브라질, 불가리아, 이탈리아, 루마니아'는 서로 대결할 수 없다.
수린이가 예상한 팀은 은진이가 예상한 팀과 비교했을 때, '스웨덴과 독일'이 다르다.
따라서 '불가리아와 스웨덴' 또는 '불가리아와 독일', '루마니아와 스웨덴' 또는 '루마니아와 독일'이 대결함을 알 수 있다.
여기서 민수가 예상한 팀에 루마니아와 독일이 함께 있으므로, '루마니아와 스웨덴', '불가리아와 독일'이 대결함을 알 수 있다.
또한 수린이가 예상한 팀과 비교했을 때, 이탈리아 대신에 스페인이 있으므로 '이탈리아와 스페인'이 대결함을 알 수 있다.
결국 네덜란드와 상대할 팀은 브라질이다.

08 정답 ①

A고등학교 학생은 봉사활동을 해야 졸업한다. 즉, A고등학교 졸업생 중에는 봉사활동을 하지 않은 학생이 없다.

09 정답 ③

네 번째, 다섯 번째 조건에 의해, A와 C는 각각 2종류의 동물을 키운다. 또한 두 번째, 세 번째 조건에 의해, A는 토끼를 키우지 않는다. 따라서 A는 개와 닭, C는 고양이와 토끼를 키운다.
이를 표로 정리하면 다음과 같다.

구분	개	고양이	닭	토끼
A	○	×	○	×
B	○		○	×
C	×	○	×	○
D			○	

① 세 번째 조건에 의해, B는 개를 키운다.
② B는 고양이를 키울 수도 아닐 수도 있다.
④ A, B, D 또는 B, C, D가 같은 동물을 키울 수 있다.
⑤ B 또는 D는 3종류의 동물을 키울 수 있다.

10 정답 ③

B는 영어·독어만, D는 중국어·프랑스어만 하기 때문에 서로 언어가 통하지 않는다.

구분	A	B	C	D
한국어	O	×	O	×
영어	O	O	×	×
독일어	×	O	×	×
프랑스어	×	×	O	O
중국어	×	×	×	O

11 정답 ①

다섯 번째 조건에 따르면 나타날 수 있는 경우는 다음과 같다.

구분	1순위	2순위	3순위
경우 1	A	B	C
경우 2	B	A	C
경우 3	A	C	B
경우 4	B	C	A

두 번째 조건 : 경우 1+경우 3=11
세 번째 조건 : 경우 1+경우 2+경우 4=14
네 번째 조건 : 경우 4=6
따라서 C에 3순위를 부여한 사람의 수는 14−6=8명이다.

12 정답 ③

ⅰ) 월요일에 진료를 하는 경우
첫 번째 명제에 의해, 수요일에 진료를 하지 않는다. 그러면 네 번째 명제에 의해, 금요일에 진료를 한다. 또한 세 번째 명제의 대우에 의해, 화요일에 진료를 하지 않는다. 따라서 월요일, 금요일에 진료를 한다.

ⅱ) 월요일에 진료를 하지 않는 경우
두 번째 명제에 의해, 화요일에 진료를 한다. 그러면 세 번째 명제에 의해, 금요일에 진료를 하지 않는다. 또한 네 번째 명제의 대우에 의해, 수요일에 진료를 한다. 따라서 화요일, 수요일에 진료를 한다.

13 정답 ①

ⅰ) F영화가 3일에 상영되는 경우
C영화와 D영화는 이틀 차이로 봐야 하고, 이보다 앞서 B영화를 봐야 하므로 C영화와 D영화를 2일과 4일에 보는 경우와 4일과 6일에 보는 경우 두 가지로 나눌 수 있다. C영화를 2일에 보는 경우 B영화는 1일에 보고, C영화를 4일에 보는 경우 B영화는 1일에 보거나 2일에 본다.

ⅱ) F영화가 4일에 상영되는 경우
C영화와 D영화는 3일과 5일에 보고, 그보다 앞서 봐야 하는 B영화는 1일 또는 2일에 본다.

F영화가 3일이나 4일에 상영될 경우의 수는 다음 표와 같다.

1일	2일	3일	4일	5일	6일
B	C	F	D	A 또는 E	A 또는 E
B	A 또는 E	F	C	A 또는 E	D
A 또는 E	B	F	C	A 또는 E	D
B	A 또는 E	C	F	D	A 또는 E
A 또는 E	B	C	F	D	A 또는 E

1일에 A, E영화보다는 B영화를 볼 가능성이 높다. 따라서 5일에 A영화를 보게 된다. 표를 다시 정리하면 다음과 같다.

1일	2일	3일	4일	5일	6일
B	C	F	D	A	E
B	E	F	C	A	D
E	B	F	C	A	D

14 정답 ②

조건에 따라 배정된 객실을 정리하면 다음과 같다.

301호	302호	303호	304호
C, D, F사원(영업팀) / H사원(홍보팀)			
201호	202호	203호	204호
사용 불가			
101호	102호	103호	104호
I사원	A사원(영업팀) / B, E사원(홍보팀)		

※ 홍보팀 G사원은 201, 203, 204호 중 한 곳에 묵는다.

먼저 주어진 조건에 따르면 A, C, D, F사원은 영업팀이며, B, E, G, H사원은 홍보팀임을 알 수 있다.

2층에 A, B, E사원이 묵으면 첫 번째와 네 번째 조건에 맞지 않기 때문에 A, B, E사원은 1층에 묵는다. 네 번째 조건에 의해 H사원은 3층에 묵어야 하고 홍보팀 G사원은 2층에 묵는다.

오답분석

① 주어진 조건만으로는 I사원의 소속팀을 확인할 수 없으므로 워크숍에 참석한 영업팀의 직원 수는 정확히 알 수 없다.
③ 주어진 조건만으로는 C사원이 사용하는 객실 호수와 2층 객실을 사용하는 G사원의 객실 호수를 정확히 알 수 없으므로 항상 참이 될 수 없다.
④ 1층 객실을 사용하는 A, B, E, I사원을 제외한 C, D, F, G, H사원은 객실에 가기 위해 반드시 엘리베이터를 이용해야 한다. 이들 중 C, D, F사원은 영업팀이므로 영업팀의 수가 더 많다.
⑤ E사원은 1층의 숙소를 사용하므로 엘리베이터를 이용할 필요가 없다.

15 정답 ①

제시된 문제의 조건과 안내문에 따라 정리하면 다음과 같다.
㉠ 방 A의 안내문이 참일 때 : 방 B에는 폭발물이 들어 있고, 방 C는 비어 있고, 방 A에는 지역특산물이 들어 있다.
㉡ 방 B의 안내문이 참일 때 : 방 B는 비어 있고, 방 C에는 폭발물이 들어 있고, 방 A에는 지역특산물이 들어 있다.
㉢ 방 C의 안내문이 참일 때 : 방 B는 비어있지도, 폭발물이 들어 있지도 않아야 하므로 지역특산물이 들어 있어야 한다. 따라서 모순이 발생한다.
따라서 ㉠, ㉡ 모두 방 A에는 지역특산물이 들어있다.

16 정답 ②

제시된 단어의 대응 관계는 반의 관계이다.
'사마하다'는 '어수선하여 질서나 통일성이 없다.'는 뜻으로 '가지런하고 질서가 있다.'라는 뜻인 '정연하다'와 반의 관계이다. 따라서 '빨아서 거두어들이다.'라는 뜻을 가진 '흡수하다'와 반의 관계인 단어는 '안에서 밖으로 밀어 내보내다.'라는 뜻인 '배출하다'이다.

오답분석

① 섭취하다 : 좋은 요소를 받아들이다.
③ 영입하다 : 환영하여 받아들이다.
④ 흡착하다 : 어떤 물질이 달라붙다.
⑤ 흡인하다 : 빨아들이거나 끌어당기다.

17 정답 ①

'과실'은 '부주의나 태만 등에서 비롯되어 발생된 잘못이나 허물'을 뜻하므로 '일부러 하는 태도나 생각'이라는 뜻인 '고의'와 반의 관계이고, 나머지는 유의 관계이다.

오답분석

② • 구속(拘束) : 행동이나 의사의 자유를 제한하거나 속박함
   • 속박 : 어떤 행위나 권리의 행사를 자유로이 하지 못하도록 강압적으로 얽어매거나 제한함
③ • 구획 : 토지 따위를 경계를 지어 가름. 또는 그런 구역
   • 경계(境界) : 사물이 어떠한 기준에 의하여 분간되는 한계. 또는 지역이 구분되는 한계
④ • 귀향 : 고향으로 돌아가거나 돌아옴
   • 귀성(歸省) : 부모를 뵙기 위하여 객지에서 고향으로 돌아가거나 돌아옴
⑤ • 추적(追跡) : 도망하는 사람의 뒤를 밟아서 쫓음
   • 수사(搜査) : 찾아서 조사함

18 정답 ④

규칙은 가로로 적용된다. 첫 번째 도형을 180° 회전시킨 도형이 두 번째 도형이고, 두 번째 도형을 색 반전시킨 도형이 세 번째 도형이다.

19 정답 ①

규칙은 가로로 적용된다. 첫 번째 도형과 두 번째 도형을 겹쳤을 때, 검은색이 안 들어가면 줄이 안 들어간 마름모, 한 번 들어가면 가로세로 줄이 들어간 마름모, 두 번 들어가면 세로 줄이 들어간 마름모로 세 번째 칸에서 나타난다.

20 정답 ②

규칙은 세로로 적용된다. 위쪽 도형과 가운데 도형을 더하면 아래쪽 도형이 되고 중복되는 획은 생략된다.

21 정답 ④

• 문자표

A	B	C	D	E	F	G	H	I	J	K	L	M	N
O	P	Q	R	S	T	U	V	W	X	Y	Z		
ㄱ	ㄴ	ㄷ	ㄹ	ㅁ	ㅂ	ㅅ	ㅇ	ㅈ	ㅊ	ㅋ	ㅌ	ㅍ	ㅎ

• 규칙

▲ : 1234 → 2143
△ : 각 자릿수마다 +2
⊙ : 1234 → 3214
■ : 각 자릿수 −4, +3, −2, +1

N ㄷ ㄱ T → ㄷ N T ㄱ → ㅁ P V ㄷ
    ▲   △

22 정답 ①

ㅍ I M ㄹ → M I ㅍ ㄹ → I L ㅋ ㅁ
    ⊙   ■

23 정답 ③

H ㅊ G ㅁ → D ㅍ E ㅂ → ㅍ D ㅂ E
　　■　　　　　　▲

24 정답 ④

waqp → ycsr → ufqs
　△　　　　■

25 정답 ④

북극성은 자기 나침반보다 더 정확하게 천구의 북극점을 가리킨다고 하였으므로 적절하지 않은 내용이다.

오답분석

① 고대에는 별이 뜨고 지는 것을 통해 방위를 파악하였는데, 최근까지 서태평양 캐롤라인 제도의 주민은 이 방법을 통해 현대식 항해 장치 없이도 방위를 파악하였다고 하였으므로 적절한 내용이다.
② 캐롤라인 제도의 주민은 남극점 자체를 볼 수 없으나 남십자성이 천구의 남극점 주위를 돌고 있으므로 남쪽을 파악하는 데 큰 어려움이 없다고 하였으므로 적절한 내용이다.
③ 천구의 북극점은 지구 자전축의 북쪽 연장선상에 있기 때문에 천구의 북극점에 있는 별은 공전을 하지 않고 정지된 것처럼 보인다고 하였으므로 적절한 내용이다.
⑤ 천구의 북극점에 있는 별을 제외하고 북극성을 포함한 별이 천구의 북극점을 중심으로 공전하는 것처럼 보이는 것은 지구가 자전하기 때문이라고 하였으므로 적절한 내용이다.

26 정답 ②

사그레도와 살비아티 모두 지동설을 인정하는 것은 동일하지만 항성의 시차에 대한 관점은 다르다고 볼 수 있다. 살비아티는 이를 기하학적으로 예측하여 받아들이지만, 사그레도는 실제로 그것이 관측된 바 없다는 심플리치오의 반박으로 인해 이를 지동설의 근거로 명시적으로는 받아들이고 있지 않기 때문이다.

오답분석

① 심플리치오는 아리스토텔레스의 자연철학을 대변하는 인물이며, 세 번째 날의 대화에서 아리스토텔레스의 이론을 옹호하면서 지동설에 대해 반박했다고 하였으므로 적절한 내용이다.
③ 사그레도가 지동설을 지지하는 세 가지 근거 중 행성의 겉보기 운동이 포함되어 있으며, 살비아티 역시 지동설을 입증하기 위한 첫 번째 단계로 행성의 겉보기 운동을 언급하고 있으므로 적절한 내용이다.
④ 세 번째 날의 대화에서 심플리치오가 아리스토텔레스의 이론을 옹호하면서 지동설에 대한 반박 근거로 공전에 의한 항성의 시차가 관측되지 않음을 지적하였다고 하였으므로 적절한 내용이다.
⑤ 살비아티의 입장에서는 지구의 공전을 전제로 해야만 공전 궤도의 두 맞은편 지점에서 관측자에게 보이는 항성의 위치가 달라지는 현상, 곧 항성의 시차를 기하학적으로 설명할 수 있다고 하였으므로 적절한 내용이다.

27 정답 ④

제시문에서는 인간에게 사회성과 반사회성이 공존하고 있다고 설명하고 있으며, 이 중 반사회성이 없다면 재능을 꽃피울 수 없다고 하였으므로 사회성만으로도 자신의 재능을 키울 수 있다는 주장인 ④가 반론이 될 수 있다.

오답분석

② 반사회성이 재능을 계발한다는 주장을 포함하는 동시에 반사회성을 포함한 다른 어떤 요소가 있어야 한다는 주장은 제시문에 대한 직접적인 반론은 될 수 없다.

28 정답 ④

제시문에서는 드론이 개인의 정보 수집과 활용에 대한 사전 동의 없이도 개인 정보를 저장할 수 있어 사생활 침해 위험이 높으므로 '사전 규제' 방식을 적용해야 한다고 주장한다. 따라서 이러한 주장에 대한 반박으로는 개인 정보의 복제, 유포, 위조에 대해 엄격한 책임을 묻는다면 사전 규제 없이도 개인 정보를 보호할 수 있다는 ④가 가장 적절하다.

29 정답 ②

보기에 따르면 피카소의 그림 「게르니카」는 1937년 게르니카에서 발생한 비극적 사건의 참상을 그린 작품으로, 보기는 그림 「게르니카」가 창작된 당시의 역사적 정보를 바탕으로 작품이 사회에 미친 효과를 평가하고 있다. 따라서 보기는 예술 작품이 창작된 사회적·역사적 배경을 중요시하는 맥락주의 비평의 관점에 따라 비평한 내용임을 알 수 있다.

오답분석
①·④·⑤ 형식주의 비평
③ 인상주의 비평

30 정답 ⑤

제도론에 따르면 일정한 절차와 관례를 거쳐 감상의 후보 자격을 수여받은 인공물은 모두 예술 작품으로 볼 수 있다. 따라서 제도론자는 뒤샹이 전시한 「샘」을 예술 작품으로 인정할 것이며, 일반적인 변기 역시 절차를 거친다면 예술 작품으로 인정할 것이다.

오답분석
① 모방론자는 대상을 그대로 모방한 작품을 예술로 인정하는 입장이지만, 뒤샹의 「샘」은 변기를 모방한 것이 아닌 변기 그 자체의 작품이므로 적절하지 않다.
② 작가의 내면보다 작품 자체의 고유 형식을 중시한 형식론자의 입장에 해당하므로 적절하지 않다.
③ 예술가의 마음을 예술의 조건으로 규정한 표현론자의 입장에 해당하므로 적절하지 않다.
④ 예술 정의 불가론에 따르면 예술의 정의에 대한 논의 자체가 불필요하며, 예술 감각이 있는 비평가들만이 예술 작품을 식별할 수 있다는 것은 형식론자의 입장에 해당한다.

03 직무상식

01	02	03	04	05	06	07	08	09	10	11	12	13	14	15	16	17	18	19	20
⑤	⑤	③	①	②	③	①	④	④	④	③	①	④	①	④	②	③	④	⑤	④
21	22	23	24	25	26	27	28	29	30										
②	②	③	①	④	②	④	①	③	②										

01 정답 ⑤

백혈병의 증상
• 정상 백혈구가 감소한다.
• 빈혈에 의한 만성 피로감, 허약감, 식욕부진 등이 나타난다.
• 혈소판 감소에 의한 출혈(잇몸, 코, 피부의 점막 출혈 등)이 나타난다.
• 전신의 림프절 종대, 비종대, 간종대 등이 나타난다.
• 세포의 골수 내 증식으로 골격의 통증을 초래한다.
• 중추신경계의 침범으로 두통, 오심, 구토, 유두수종(Papilledema), 뇌신경 마비, 발작, 혼수 등을 유발한다.

02 정답 ⑤

철분제제나 영양제 등은 오히려 위장기능에 좋지 않으므로 빈혈이 있는 산모가 아니라면 공급할 필요 없다.

임신오조증 간호중재
- 체중 감소 예방, 수액과 전해질 불균형 교정, 산증 – 알칼리증 치료에 초점 두기
- 탈수치료 : 수분공급(3000ml/day) I10 체크
- 기아상태 치료 : 5 ∼ 10% DW IV, 위관영양 및 고비타민, 고칼로리 음식 제공, Thiamin SC, 지방분 적은 음식 소량씩 제공
- 자극 피함

03 정답 ③

산모의 질 출혈은 위험한 상황이고 유산의 징후일 수 있으므로 먼저 절대안정시키고 의사에게 의뢰해야 한다.

04 정답 ①

혈액의 기능
- 가스(산소, 탄산가스), 영양소, 호르몬, 노폐물 운반
- 체액, 산도, 체온 조절
- 면역, 식균 작용, 혈액응고 기능

오답분석
ⓔ 혈압조절은 혈액량, 혈관의 용적, 혈관의 탄력성과 관계가 있다.

05 정답 ②

㉠ · ㉢ 마약류 환자는 입원한 지 2일째가 되면 마약금단현상이 절정에 이르게 되므로 2차예방인 응급 간호가 중요하므로 길항제 투여계획과 전해질의 균형을 위해 영양제 투여 및 수액요법을 실시해야 한다.

오답분석
㉡ 마약사용으로 인한 결과에 대한 교육은 1차예방이다.
㉣ 12단계의 자조 Program은 제3단계인 장기적인 간호계획이다.

06 정답 ③

검안경검사
- 녹내장환자의 시신경 손상을 알아보는 검사
- 안압측정(정상안압 10 ∼ 21mmHg)
- 검안경으로 눈 안을 들여다 보아 시신경 유두함몰의 정도 및 경과를 관찰해야 한다.
- 주기적으로 시야검사를 하여 시야의 축소 혹은 녹내장성 시야변화가 있는지를 확인한다.
- 우각경 검사로 방수유출로가 있는 전 방각을 직접 관찰하여야 한다.

07 정답 ①

투약시 주의사항으로는 ㉠, ㉡, ㉢ 이외에 정확한 방법, 정확한 시간의 확인 등이 있다.

오답분석
㉣ 주사약의 선택은 의사의 권한이다.

08 정답 ④

$x = $ 지시량(mL)/지시시간(min)×투여세트(gtt/mL)
= 100mL/60min×30gtt/mL
= 50gtt/min

09 정답 ④

자궁절제술을 받은 환자의 교육내용
- 자궁절제술은 자궁을 제거하는 것으로 난관과 난소절제가 함께 이루어지기도 하는데, 자궁이 제거되었으므로 출산과 월경은 불가능하나 성교는 가능하다.
- 성교는 6∼8주부터 할 수 있으며, 수술로 인하여 일시적으로 줄어든 질을 확장하는 데 도움을 줄 수 있다.
- 남편의 자극과 격려가 대상자가 능동적인 성반응과 성만족감을 얻는 데 도움을 준다.

10 정답 ④

의식수준 중 혼미상태
혼미상태에서는 강한 자극에는 반응을 보이지만 불러도 눈을 뜨지 않는다. 자발적 움직임이 없고 고통스러운 자극을 주면 반응한다.

11 정답 ③

가족간호자의 부재로 인한 분리불안이 문제가 되는데, 특히 만 2세에 분리불안이 가장 심하다.

12 정답 ①

간호사와 대상자 사이에 신뢰감을 형성하고, 간호활동은 대상자와 함께 수행해야 한다.

13 정답 ④

환자의 침상발치를 높여주는 이유는 상대적 견인력을 유지하기 위해서이다.

14 정답 ①

의료인의 품위손상행위의 범위(의료법 시행령 제32조)
- 학문적으로 인정되지 아니하는 진료행위
- 비도덕적 진료행위
- 거짓 또는 과대 광고행위
- 방송, 신문·인터넷신문 또는 정기간행물의 매체에서 다음의 건강·의학정보에 대하여 거짓 또는 과장하여 제공하는 행위
  - 식품에 대한 건강·의학정보
  - 건강기능식품에 대한 건강·의학정보
  - 의약품, 한약, 한약제제 또는 의약외품에 대한 건강·의학정보
  - 의료기기에 대한 건강·의학정보
  - 화장품, 기능성화장품 또는 유기농화장품에 대한 건강·의학정보
- 불필요한 검사·투약·수술 등 과잉진료행위를 하거나 부당하게 많은 진료비를 요구하는 행위
- 전공의의 선발 등 직무와 관련하여 부당하게 금품을 수수하는 행위
- 다른 의료기관을 이용하려는 환자를 영리를 목적으로 자신이 종사하거나 개설한 의료기관으로 유인하거나 유인하게 하는 행위
- 자신이 처방전을 교부한 환자를 영리를 목적으로 특정약국에 유치하기 위하여 약국개설자 또는 약국에 종사하는 자와 담합하는 행위

15 정답 ④

난소 섬유종(갈색세포종) 환자 간호중재
- 고섬유식이를 취하고 복압이 올라가지 않도록 한다.
- 스트레스를 관리한다.
- 난관난소 절제술을 시행한다.
- 흉수와 복수 제거를 한다.

16 정답 ②

주입속도와 정맥 수액병의 넓이는 관계없다.

> **주입속도에 영향을 미치는 요인**
> 정맥 천자 바늘의 굵기, 정맥 수액병의 높이, 정맥 내 바늘의 위치변화, 환자의 자세변화(전완의 위치), 용액의 온도변화, 바늘과 카테터의 막힘, 수액병 공기구멍의 막힘, 점적용 필터의 막힘, 수액의 점도, 수액관의 위치, 침윤, 튜브의 매듭과 꼬임 등이 있다.

17 정답 ③

일반적으로 50% 포도당(D50W)에는 100mL의 물에 포도당 50g이 들어있으므로 5% 포도당(D5W)에는 100mL의 물에 포도당 5g이 들어있다.

$100mL : 5g = 250mL : xg$

$x = (5g \times 250mL)/100mL = 12.5g$

18 정답 ④

소아당뇨 환아와 가족교육
- 인슐린 쇼크와 당뇨병 산증의 증상과 치료에 대한 지식을 교육한다.
- 운동을 매일 규칙적으로 하도록 교육한다.
- 감염의 예방을 위해 목욕을 자주 하며, 특히 발 간호에 유의한다.
- 꽉 끼는 신발을 신지 않는다.
- 정확하게 소변 검사를 할 수 있도록 격려하고 기록 방법을 교육한다.
- 저혈당에 대비하여 오렌지 주스, 각설탕 등을 가지고 다니도록 교육한다.

19 정답 ⑤

교차감염
어떤 증상을 가지고 병원에 이미 입원한 사람에게 2차적인 감염병이 부가되는 것, 즉 한 환자의 병원균이 다른 환자에게 옮겨지는 것이다.

20 정답 ④

쇼크환자의 적절한 체위는 하지를 45° 상승해야 하며, 머리는 가슴과 같거나 다소 높게 유지한다.

21　정답 ②

우울증의 치료에서 가장 중요한 것은 따뜻한 마음과 자상한 태도로 환자를 돌보는 것이다. 모든 병에서 마찬가지이지만 우울증 환자는 혼자 버림받은 것 같고 만사가 잘 안 되는 것 같은 생각이 심하기 때문에 주변인의 태도에 쉽게 영향을 받게 된다. 우울증 환자는 음식거부에서부터 자살생각에 이르기까지 자신에게 해가 되는 생각을 많이 한다. 따라서 치료 중 환자를 잘 관찰하여 치료자에게 알려주는 역할을 충실히 하여야 한다. 또한 환자가 할 수 있는 행동반경을 치료자와 의논하여 한 가지씩 실천하는 데 동반자가 되어야 한다.

22　정답 ②

간호전문직의 준거적 특징

전문지식에 기초한 실무, 전문교육의 발전, 사회에 대한 봉사와 책임, 자율성, 철학적 사고 및 윤리

23　정답 ③

고관절의 내회전을 예방하기 위해 장골능에서 대퇴의 중간부위까지 베개를 대준다.

24　정답 ①

근로자들이 자신의 건강문제를 스스로 해결할 수 있도록 동기부여 및 당면한 근로환경의 개선을 위해 능동적 접근을 촉구하는 것, 즉 의사결정에 영향력을 행사하여 보건의료를 위한 변화를 효과적으로 가져오도록 돕는 것은 산업장 간호사의 변화촉진자로서의 역할에 해당된다.

25　정답 ④

Koplik 반점은 첫 번째 하구치 맞은편 구강 점막에 충혈된 작은 점막으로 둘러싸여 있는 회백색의 모래알 크기의 작은 반점으로 발진 1 ~ 2일 전에 나타나 12 ~ 18시간 내에 소실되는데, 이것은 증식된 내피세포로 되어 있으며, 홍역을 조기 진단하는 지표가 되는 중요한 임상소견이다.

26　정답 ②

'값이 싸서 경제적으로 유리한 반면에 갑상선 기능 저하증을 유발할 수 있습니다'라고 대답하는 것이 좋다.

> **갑상선 기능 항진증 환자의 치료**
> • 항갑상선제 약물복용 : 소아와 25세 이하의 젊은 환자나 임신 중이나 수유 중일 때, 최근에 발병한 경한 갑상선 기능 항진증일 경우에 사용한다.
> • 방사성 동위원소인 요오드 투여 : 경제적으로 값이 싸서 유리한 반면에 갑상선 기능 저하증을 유발할 수 있으며, 임신 중인 환자에게는 금기이다.
> • 수술 : 비교적 젊고 갑상선종이 매우 큰 경우, 항갑상선제 사용 후 재발하였으나 방사성 요오드 치료를 거부하는 경우에 한다.

27　정답　④

리팜핀(rifampin)을 복용하게 되면 소변이 오렌지색으로 변할 수도 있다. 리팜핀의 대사과정에서 그 부산물이 소변을 통해 배출되는 자연적인 과정으로서 걱정하지 않아도 된다.

28　정답　①

파킨슨병 환자 치료
- 약물치료법 : 파킨슨병 치료의 목표는 일상생활을 무리 없이 영위할 수 있도록 하는 것이다. 따라서 파킨슨병 약물치료의 원칙은 이러한 목표를 달성할 수 있는 최소 용량의 약물을 사용하는 것이다. 증상을 완전히 없애기 위해서 처음부터 많은 약물을 복용하게 되면 약으로 인한 부작용이 빨리 나타날 수 있기 때문에 조심하여야 한다.
- 비약물치료법 : 운동치료(반복적 물리치료, 자세교정, 보행훈련, 호흡훈련 및 말하기 등), 언어치료, 작업치료, 건강한 식습관과 영양에 대한 교육 등이 필요할 수 있다.
- 파킨슨 치료약물 중 레보도파는 약물의 작용을 방해하기 때문에 단백질 음식 섭취를 제한해야 한다. 단, 레보도파 약물이 들어가지 않는다면 단백질 섭취가 필요하다.

29　정답　③

선행의 원리
타인을 돕기 위해 적극적이고 긍정적으로 고려하는 것으로 일반적으로 의료인의 이타적·포괄적 자세를 말한다. 선행의 원리는 호의에서 나오는 친절과는 달리 의료인의 의무다.

30　정답　②

복막 투석의 합병증인 복막염이 의심되는 소견으로 유출액 배양검사 및 항생제 민감도 검사가 필요하다

"오늘 당신의 노력은 아름다운 꽃의 물이 될 것입니다."

그러나, 이 꽃을 볼 때 사람들은 이 꽃의 아름다움과 향기만을 사랑하고 칭찬하였지, 이 꽃을 그렇게 아름답게 어여쁘게 만들어 주는 병 속의 물은 조금도 생각지 않는 것이 보통입니다.

아무리 아름답고 어여쁜 꽃이기로서니 단 한 송이의 꽃을 피울 수 있으며, 단 한 번이라도 꽃 향기를 날릴 수 있겠는가? 우리는 여기서 아무리 본바탕이 좋고 아름다운 꽃이라도 보이지 않는 물의 숨은 힘이 없으면 도저히 그 빛과 향기를 자랑할 수 없는 것을 알았습니다.

－방정환의 우리 뒤에 숨은 힘 중

남에게 이기는 방법의 하나는 예의범절로 이기는 것이다.

- 조쉬 빌링스 -

최종점검 모의고사 수리논리 문제풀이 용지

성명 :   수험번호 :

①

②

③

④

수리논리

⑤

성명 :   수험번호 :

⑥

⑦

⑧

⑨

수리논리

⑩

최종점검 모의고사 수리논리 문제풀이 용지

성명 :   수험번호 :

⑪

⑫

⑬

⑭

⑮

성명 :   수험번호 :

⑯

⑰

⑱

⑲

수리논리

⑳

최종점검 모의고사 추리 문제풀이 용지

성명 :   수험번호 :

①   ②

③   ④

추리

⑤   ⑥

최종점검 모의고사 추리 문제풀이 용지

성명 :   수험번호 :

⑦

⑧

⑨

⑩

추리

⑪

⑫

최종점검 모의고사 추리 문제풀이 용지

성명 :   수험번호 :

⑬

⑭

⑮

⑯

추리

⑰

⑱

⑲

⑳

㉑

㉒

㉓

㉔

최종점검 모의고사 추리 문제풀이 용지

성명 :　　　　　　　　　　　　　　　수험번호 :

㉕

㉖

㉗

㉘

추리

㉙

㉚

2023 채용대비 삼성병원 간호사 통합 GSAT 직무적성검사
최신기출유형 + 모의고사 5회 + 무료삼성특강

개정5판1쇄 발행	2023년 03월 20일 (인쇄 2023년 01월 19일)
초 판 발 행	2018년 04월 10일 (인쇄 2018년 03월 26일)
발 행 인	박영일
책 임 편 집	이해욱
편 저	NCS직무능력연구소
편 집 진 행	한성윤 · 구현정
표지디자인	박수영
편집디자인	김지수 · 채현주
발 행 처	(주)시대고시기획
출 판 등 록	제10-1521호
주 소	서울시 마포구 큰우물로 75 [도화동 538 성지 B/D] 9F
전 화	1600-3600
팩 스	02-701-8823
홈 페 이 지	www.sdedu.co.kr

I S B N	979-11-383-4258-2 (13320)
정 가	25,000원

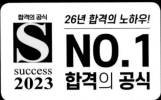

GSAT
삼성병원 간호사

(주)시대고시기획 시대교육(주)	고득점 합격 노하우를 집약한 최고의 전략 수험서
	www.sidaegosi.com
시대에듀	자격증 · 공무원 · 취업까지 분야별 BEST 온라인 강의
	www.sdedu.co.kr
이슈&시사상식	한 달간의 주요 시사이슈 논술 · 면접 등 취업 필독서
	매달 25일 발간
시대인	외국어 · IT · 취미 · 요리 생활 밀착형 교육 연구
	실용서 전문 브랜드

꿈을 지원하는 행복···

여러분이 구입해 주신 도서 판매수익금의 일부가
국군장병 1인 1자격 취득 및 학점취득 지원사업과
낙도 도서관 지원사업에 쓰이고 있습니다.

대기업 인적성 "기출이 답이다" 시리즈

역대 기출문제와 주요기업 기출문제를 한 권에! 합격을 위한

Only Way!

대기업 인적성 "봉투모의고사" 시리즈

실제 시험과 동일하게 마무리! 합격으로 가는

Last Spurt!

SD에듀가 합격을 준비하는 당신에게 제안합니다.

성공의 기회! **SD에듀**를 잡으십시오.
성공의 Next Step!

결심하셨다면 지금 당장 실행하십시오.
SD에듀와 함께라면 문제없습니다.

기회란 포착되어 활용되기 전에는
기회인지조차 알 수 없는 것이다.

– 마크 트웨인 –